Lucian O. Meysels

DER AUSTROFASCHISMUS

Lucian O. Meysels

DER AUSTRO-FASCHISMUS

Das Ende der ersten Republik und ihr letzter Kanzler

Amalthea

Bildnachweis

Bildarchiv der Österr. Nationalbibliothek, Wien:
1–8, 11, 12, 13, 17, 19–25
Dokumentationsarchiv des österr. Widerstandes: 27
Camera-Press, Wien: 28
Rudolf Czermak, Wien: 9
Helmut Gartner, Wien: 14
Keystone-Bilddokumente, Hamburg: 15
Pressefoto F. Klinsky, Wien: 18
Privat: 10, 16, 26, 29

Umschlag: Wolfgang Heinzel
Herstellung: VerlagsService Dr. Helmut Neuberger
& Karl Schaumann GmbH, Heimstetten
Satz: Ludwig Auer GmbH, Donauwörth
Gesetzt aus der 10/12,5 Punkt Times
Druck und Bindung: Wiener Verlag, Himberg bei Wien
Printed in Austria 1992
ISBN 3-85002-320-6

Inhalt

Vorwort

Weit mehr als ein halbes Jahrhundert ist vergangen. Kriege haben die Welt überzogen. Nach der nationalsozialistischen Gewaltherrschaft, zehn Jahre alliierter Besatzung. Dann die Zeit des Wiederaufbaus und der internationalen Anerkennung, aber auch Rückschläge, Anlaß zu Gedenken und Bedenken.
Dennoch hat sich in einem Punkt nicht viel geändert. In der österreichischen Geschichte gibt es zwar keine völlig weißen Flecken mehr, aber eine umfangreiche Grauzone. Und innerhalb des Personenkreises, welcher diese Epoche der österreichischen Geschichte prägte, gibt es noch immer eine Art »Unperson«.
Die NS-Epoche in Österreich wurde eingehend erforscht, nicht zuletzt dank der Arbeit des Instituts für Zeitgeschichte an der Universität Wien und anderer Institutionen, wie etwa des Dokumentationsarchivs des österreichischen Widerstandes. Die Grauzone dagegen umfaßt die Jahre zwischen 1933 und 1938, eine Zeitspanne, die unter dem Schlagwort »Austrofaschismus« in die Geschichte des Landes eingegangen ist – eine Bezeichnung, die naturgemäß von den Anhängern des Regimes abgelehnt wurde, trotz ihrer so engen Verbindungen zum »echten« italienischen Faschismus. Dennoch fand – und findet – der Ausdruck Austrofaschismus größere Verbreitung, weil er als Schlagwort soviel einleuchtender klingt als die Eigendefinition vom »freien und deutschen, unabhängigen und sozialen, christlichen und einigen, dabei keine Parteienzerklüftung duldenden Vaterland« – wie es der umkämpfte Kanzler der ersten Republik, Kurt von Schuschnigg, bei seinem letzten Aufschrei in Innsbruck am 9. März 1938 formulierte.
Diesem letzten Kanzler war es bestimmt, zu jener »Unperson«

der Zweiten Republik zu werden. Ein Mann, der gegen seinen eigenen Willen in die Rolle des Vollstreckers des autoritären bis austrofaschistischen Systems gepreßt worden war. Er verschwand zwei Tage nach seinem Innsbrucker Appell vorerst sieben Jahre in Hitlers Kerkern und Konzentrationslagern und wurde nach der Befreiung mehr als zwei Jahrzehnte lang, wenn nicht bis zu seinem Tod, weitgehend aus dem Bewußtsein der österreichischen Nation gestrichen.

Wie überhaupt die ganze Grauzone 1933–1938, sieht man von Monographien über einzelne Episoden, wie den Februarkämpfen von 1934, ab. Von der rechten Reichshälfte wurde sie pauschal als logische Fortsetzung der demokratischen Republik von 1918 bis 1933, »als Kind einer schweren Zeit«, anderen nicht gerade demokratischen, aber dennoch allgemein anerkannten europäischen Staatsformen gleichgesetzt. Von der linken Reichshälfte dagegen als blutrünstige Diktatur und unvermeidliche Vorläuferin der nationalsozialistischen Gewaltära mit dieser gleichsam in einen Topf geworfen.

Eine objektive Betrachtung dieser kurzen, aber entscheidenden Zwischenperiode wird der heutigen Generation von Österreichern, die sich an keine der alten Lager gebunden fühlt, sehr schwer, wenn nicht fast unmöglich gemacht.

Eine neutrale Erfassung der austrofaschistischen Epoche ist aber ohne eine kritische Betrachtung ihres »Vollstreckers« Kurt von Schuschnigg unmöglich. Natürlich hat Schuschnigg den Austrofaschismus nicht erfunden, ja nicht einmal eingeführt; wiewohl er sich auch nicht dagegen gewehrt hat. Das war die historische Rolle seines charismatischen Vorgängers, des kleinen Engelbert Dollfuß, der, zusammen mit einem eher bunten Haufen von Gesinnungsfreunden, den Austrofaschismus anstelle der Parteiendemokratie an die Macht gebracht hatte, doch dieses System nicht voll verwirklichen konnte. Weil er bereits ein knappes Vierteljahr, nachdem er seine neue Staatsdoktrin – und auch das nur vage – verkündet hatte, von den Nationalsozialisten ermordet wurde.

Die eigentliche Einführung des austrofaschistischen oder – vielleicht besser ausgedrückt – des »austro-klerikal-autoritären« Systems blieb danach seinem »Testamentsvollstrecker« Schuschnigg überlassen: unter normalen Umständen eine Sisyphus-Arbeit, unter den damals herrschenden Umständen ein Himmelfahrtskommando. Zwangsläufig verstrickten sich Schuschnigg und der Austrofaschismus in einen tödlichen Zweifrontenkrieg gegen die Systemgegner von links und rechts. Bei dem sie – geradezu rettungslos unterlegen – auf der Strecke bleiben mußten.

Sieben Jahre in der Haft der Nazis waren sicherlich Buße genug für Schuschniggs Fehler und sechs Jahre Krieg für jenen Teil des österreichischen Volkes, das, vielfach in gutem Glauben, Hitler im März 1938 zugejubelt hatte.

Doch der neue Anfang dürfte nicht durch Verdrängen der Grauzone zwischen der Ausschaltung der Demokratie und dem Anschluß kompensiert werden. War doch auch diese Zeit eine Periode, die es verdient hätte, als ganze und bis in den letzten Winkel durchleuchtet zu werden. Dasselbe gilt für die Personen Dollfuß und Schuschnigg – Namen, die heute noch Emotionen auslösen, etwa wenn es darum geht, ob ihre Bilder in den Ministerien, denen sie einst vorstanden, aufgehängt werden dürfen. Diese Grauzone zu analysieren und darzustellen, wie sie wirklich war, ist die vordringliche Aufgabe dieses Buches.

Ich selbst, wiewohl einer etwas späteren Generation angehörend, habe das Bild des »Ständestaates« und seiner Führer noch vor Augen. Als Schulbub wurde ich in das Wiener Stadion »abkommandiert«, als Dollfuß seine austroklerikale Verfassung am 1. Mai 1934 verkündete. Auch Schuschnigg stand ich einige Mal vor dem Krieg gegenüber, als mich mein Vater, damals Redakteur der »Neuen Freien Presse«, auf die Journalistentribüne bei vaterländischen Kundgebungen mitnahm.

Danach folgte eine Periode von zwei Jahrzehnten. 1958 besuchte ich Schuschnigg in St. Louis, um ihn im Zusammenhang mit meiner eigenen Dissertation über Aspekte der österreichischen Zwischenkriegszeitpolitik zu befragen. Es war übrigens kein leichtes Unterfangen. Der Altkanzler, damals Professor an der lokalen katholischen Universität, war nur ungern und zögernd bereit, über Österreichs Vergangenheit zu sprechen – über seine eigene Rolle und jene seiner Zeitgenossen.

Unser zweites Treffen fand mehr als ein Jahrzehnt später im tirolerischen Mutters statt, dem Refugium des Altkanzlers nach seiner späten Rückkehr nach Österreich. Schuschnigg hatte inzwischen ein zweites autobiographisches Buch geschrieben, unter dem Titel »Im Kampf gegen Hitler«, über das ich mit ihm sprechen wollte, nachdem ich selbst bereits einige Beiträge zu diesem Thema veröffentlicht hatte. Wieder hatten wir Anfangsschwierigkeiten. Erst nach einer Flasche Rotwein, gemeinsam genossen, taute er auf. Nun konnte er gar nicht zu reden aufhören. »Wissen Sie, wer gestern auf Ihrem Stuhl gesessen ist?«, fragte er. »Es war der Dr. Tavs (ein berüchtigter Nazi, von dem noch die Rede sein wird).« Ich war erstaunt: Hatte Schuschnigg niemanden so gehaßt oder zumindest aus ganzer Seele verabscheut, so daß er niemals mit ihm reden würde? »Nur den Papen (Hitlers Wiener Botschafter von 1934–38), weil er so scheinheilig auftrat«, kam die überraschende Antwort.

Unser Gespräch dauerte bis in die frühen Morgenstunden. Mein Gastgeber weckte dann den lokalen Taxiunternehmer, der mich nach Innsbruck zurückfuhr.

Damals erkannte ich, welche Faszination von diesem nur oberflächlich farblosen Mann ausging. Den Entschluß, ein kritisches Buch über den Austrofaschismus und das Ende der Ersten Republik zu schreiben, faßte ich allerdings erst zwei Jahrzehnte später, als ich, unter anderem, jene deutschen Geheimakten zu lesen bekam, welche das Bundesarchiv in Koblenz dem Österreichischen Staatsarchiv eben erst übergeben hatte.

Es wäre vermessen zu behaupten, daß diese Dokumente, wie es so schön heißt, die Historie »in einem neuen Licht« hätten erscheinen lassen. Aber vielleicht in einem »anderen Licht«, noch differenzierter und komplizierter, als ich es bisher bei doch beträchtlicher Kenntnis der Materie angenommen hatte.

Natürlich gibt es eine umfangreiche Literatur zu einzelnen Aspekten, neben den autobiographischen Werken Schuschniggs

und seiner Zeitgenossen. Wie etwa jene von seinem einstigen Partner und Rivalen Ernst Rüdiger Fürst Starhemberg, seinem engsten Mitkämpfer Guido Zernatto, Erinnerungen aus der Feder des Diplomaten Max Löwenthal-Chlumetzky, sowie, auf der anderen Seite, die Memoiren des »nationalen« Ministers Edmund Glaise-Horstenau, der nach dem Krieg Selbstmord verübte, und anderer Nationalsozialisten. Und auch die linken Zeitgenossen waren nicht untätig geblieben.
Dazu kommt noch die Schuschnigg-Biographie des Innsbrucker Historikers Anton Hopfgartner.
Einblicke gewähren überdies die umfangreichen Protokolle des Hochverratsprozesses gegen Schuschniggs einstigen Außenminister Guido Schmidt sowie die bislang unveröffentlichten Memoiren des eher farblosen Vizekanzlers Eduard Baar-Barenfels im österreichischen Kriegsarchiv.
Im Rahmen des Gedenkjahres 1988 wurde zusätzlich eine ganze Reihe von Beiträgen verschiedener Zeitgenossen aus allen politischen Lagern gedruckt, die sich insbesondere mit den Ereignissen um den 11. März 1938 befassen.
Als wahre Schatztruhe an Information erwies sich die Niederschrift eines nahezu fünfstündigen Gespräches, das Schuschnigg vor seinem Tod mit Professor Gerhard Jagschitz vom Institut für Zeitgeschichte geführt hatte und welche dieser dem Autor freundlicherweise zur Verfügung gestellt hat.
Einen Blick hinter die Kulissen der Zeitgeschichte erlauben überdies die zum Teil veröffentlichten, zum Teil noch nicht publizierten Dokumente aus den Staatskanzleien Österreichs, Deutschlands, Großbritanniens, Frankreichs, Italiens und der USA. Dazu kommen weiters die bislang noch nicht vollständig veröffentlichten Akten der »Historischen Kommission des Reichsführers SS« im Zusammenhang mit einer geplanten Anklageerhebung gegen Persönlichkeiten des Ständestaates sowie die Protokolle der Gestapo über den Häftling Schuschnigg im Wiener Hotel Metropol, der lokalen Zentrale der Geheimpolizei.
Von besonderer Wichtigkeit erschienen mir persönliche Gesprä-

che mit überlebenden Zeitgenossen wie Mitgliedern der Familie Schuschnigg, dem ehemaligen Vizekanzler Fritz Bock, Ex-Innenminister Franz Olah, den Diplomaten Max Löwenthal-Chlumetzky, Friedrich Frölichsthal und Stefan Verosta, sowie dem ehemaligen Armeekommandanten Emil Spanocchi, Führern der »Ostmärkischen Sturmscharen« (Schuschniggs »privatem« Wehrverband) und vielen anderen.
Ihnen allen bin ich zu Dank verpflichtet.

1. Kapitel

»Der Rest ist Österreich«

Eine Republik ohne Staatsbewußtsein

Es geschah in Wien, am 12. November 1918:
Die Provisorische Nationalversammlung erklärte »Deutsch-Österreich zur demokratischen Republik ... und einem Bestandteil der deutschen Republik«.
Tausende Wiener scharten sich um die Statue der Pallas Athene vor dem Parlamentsgebäude am Ring, um den Anbruch einer neuen Ära, wenn schon nicht zu feiern, so doch zumindest mitzuerleben.
Zwei Kompanien der 49er – zumeist ratlose Bauernburschen aus dem Waldviertel – bewachten den leeren Palast in Schönbrunn, nachdem Kaiser Karl am Vortag »von seinen Herrscherpflichten zurückgetreten« war, ohne formell abzudanken, und sich in das Schloß Eckartsau an der Donau begeben hatte.
Angehörige der Roten Garde und der Hoch- und Deutschmeister, unter der Führung des späteren »rasenden Reporters« Egon Erwin Kisch, besetzten das Gebäude der liberal-konservativen »Neuen Freien Presse«, der »Times« des Donauraumes, und brachten die erste und zugleich letzte Nummer dieser Zeitung heraus, die ihrer politischen Gesinnung entsprach.
Scharen fremder Truppen, die noch wenige Wochen zuvor brav für Kaiser und Vaterland gekämpft hatten, strömten durch die alte Haupt- und Residenzstadt neuen Heimaten entgegen, deren Namen viele von ihnen noch gar nicht kannten.
Und in der Leichenhalle des Zentralfriedhofs stand der Sarg des ersten Außenministers Deutsch-Österreichs, eines Republikaners wider Willen, der die Geburt der Republik nicht mehr erlebt hatte: Dr. Viktor Adler, Symbolfigur der österreichischen Sozialdemokratie, war am Vorabend des 12. November gestorben.

Ein halbes Jahrhundert später erinnerte sich das letzte, damals noch überlebende Mitglied des »Staatsrates« der Republik, der erste Heeresminister Julius Deutsch, an diesen stürmischen Novembertag: »Wir waren am frühen Nachmittag ins Parlament gekommen, um die Republik zu proklamieren. Der erste Punkt auf der Tagesordnung war das Gesetz über die Staats- und Regierungsform. Staatskanzler Karl Renner begründete den Antrag, der mit Applaus angenommen wurde. Es meldete sich nur ein einziger Redner, der spätere Bundespräsident Wilhelm Miklas, der im Namen seiner Partei erklärte, seine Christlichsozialen hätten es vorgezogen, daß nicht die Provisorische Nationalversammlung über die künftige Staatsform zu entscheiden hätte, sondern eine Volksabstimmung. Im Interesse der Einstimmigkeit würden die Christlichsozialen aber keinen eigenen Antrag einbringen. So wurde en bloc abgestimmt und das Gesetz in allen drei Lesungen angenommen.«

Dieses erste Parlament Deutsch-Österreichs stand auf schwachen Beinen. Nicht einmal die Grenzen des Staates standen fest. Noch waren die 1911 bei den letzten Wahlen gekürten Vertreter der deutschsprachigen Gebiete der Monarchie dabei, deren Heimat längst unter fremder Besetzung stand.

Die Annahme, oder zumindest die Hoffnung, die Siegermächte würden das Selbstbestimmungsrecht der Völker respektieren, erwies sich als trügerisch. Und auch jener »Rest«, der verblieben war, erwies sich alles andere als einig. Renner wollte nach der Sitzung seine Staatsproklamation »vor dem deutsch-österreichischen Volk« vorlesen. Dazu sollte es nicht mehr kommen. Als die rot-weiß-rote Fahne vor dem Parlament gehißt wurde, rissen die Kommunisten sie herunter. Der weiße Streifen wurde herausgetrennt und eine rote Fahne gehißt, »die sich aber nicht entfalten wollte«, wie die »Presse« später hämisch bemerkte.

Plötzlich fielen Schüsse. Mit blankem Bayonett stürmte die Rote Garde gegen die auf der Parlamentsrampe versammelten Abgeordneten vor, die sich gerade noch ins Hohe Haus flüchten konnten, bevor Julius Deutsch den Befehl gab, die schweren Tore zu schließen. Die Gardisten hämmerten gegen das Tor, neuerlich fielen Schüsse, und es gab Tote und Verwundete. Am Abend zog die Rote Garde unverrichteter Dinge ab. Die Gefahr einer Revolution war vorerst gebannt.

Mit seltener Einstimmigkeit sehen sowohl moderne Historiker als auch sozialistische Theoretiker einen direkten Zusammenhang zwischen dem Tod Viktor Adlers und der Tragödie der Ersten Republik. Er allein hätte den »Staat, den niemand wollte«, vielleicht in konstruktive Bahnen lenken können. Und Julius Deutsch meinte dazu: »Schon im Staatsrat, dem Vorläufer der ersten Regierung, trat Adler für die Zusammenarbeit der Parteien, also eine große Koalition, ein. Tragisch ist, daß er seiner Zeit voraus war.«

»Was wäre geschehen, wenn . . .«-Fragen sind in der Geschichtsschreibung immer reine Spekulation. So oder so, die neugeborene Republik mußte sich ein Machtinstrument schaffen, um sich überhaupt halten zu können. Das Ergebnis war die Bildung der »Volkswehr«, in der die Roten Garden integriert wurden und damit als unabhängige Kraft zu existieren aufhörten. »Natürlich fühlte sich die Volkswehr als Trägerin der Revolution«, erklärte Adlers charismatischer, aber viel weniger konzilianter Nachfolger in der Partei und Regierung, Otto Bauer. Dennoch war es die Volkswehr, die das Land im entscheidenden Augenblick vor der Anarchie bewahrte. Auch ohne Anarchie war die Lage der Ersten Republik trostlos. Die Alliierten hatten vorerst die Lieferung dringend benötigter Lebensmittel unterbunden, die spanische Grippe raffte Tausende hinweg. Südtirol, die Südsteiermark sowie die deutschsprachigen Teile Böhmens und Mährens waren verloren, slowenische Freischärler in Südkärnten eingedrungen. Unter diesen Umständen mutet es fast wie ein Wunder an, daß am 16. Februar 1919 allgemeine Wahlen zu einer Verfassungsgebenden Versammlung abgehalten werden konnten. Sie erbrachten ein Kopf-an-Kopf-Rennen zwischen Sozialdemokraten und Christlichsozialen. Die Linke hatte mit 72 Mandaten die relative Mehrheit, die Christlichsozialen kamen auf 69. Das Gros der übrigen Sitze ging an deutschnationale Parteien. Dazu kamen noch ein Tscheche und ein Zionist.

Noch schwebte aber der Geist der Zusammenarbeit über dem schwer geprüften Land. Sozialdemokraten und Christlichsoziale bildeten eine große Koalition.
Eine demokratisch gewählte Volksvertretung und eine Regierung auf parlamentarischer Basis bedeuteten indes noch lange keine Rückkehr zur Stabilität. Wiewohl die Nationalversammlung sofort an die Arbeit ging und am 12. März Deutsch-Österreich in einem ersten Verfassungsgrundsatz neuerlich zum Bestandteil der deutschen Republik erklärte. Wobei hinzugefügt werden muß, daß das republikanische Prinzip nicht von den Sozialdemokraten, sondern ursprünglich von großdeutschen und liberalen Abgeordneten des kaiserlichen Reichstags aufs Tapet gebracht worden war.
Durch die Bekräftigung dieses Prinzips ergaben sich Schwierigkeiten mit dem noch immer in Eckartsau lebenden Kaiser, der sich weigerte formell abzudanken. Daraufhin mußte er das Land verlassen – stilgerecht im kaiserlichen Hofzug in Richtung Schweiz.
Auch ohne die Präsenz des Ex-Monarchen wurde die Lage in und um Österreich immer schwieriger. Am 21. März wurde in Ungarn nach dem Rücktritt des Ministerpräsidenten Graf Michael Karoly die Räterepublik unter Bela Kun ausgerufen. Wenige Wochen später ging Bayern den gleichen Weg, nachdem ein Rechtsextremist den linkssozialistischen Regierungschef Kurt Eisner erschossen hatte.
Da konnten Österreichs Kommunisten nicht zurückstehen. Zweimal versuchten sie im April, die Macht an sich zu reißen, doch gelang es ihnen nicht, die Volkswehr zur Solidarisierung zu bringen. Damit sahen sie von weiteren Putschversuchen ab, um so mehr da die deutsche Reichswehr das »Rote München« am 2. Mai erobert hatte. Und in Ungarn waren es rumänische Truppen, welche Bela Kun aus Budapest vertrieben. Unter ihrem Schutz kam der ehemalige k. u. k. Admiral Nikolaus von Horthy an die Macht und erklärte das Land neuerlich zu einer Monarchie – mit sich selbst als Reichsverweser. Zwei Versuche des gesalbten Königs Karl, den vakanten Thron wiederzugewinnen, schei-

terten am Widerstand Horthys und des Prätorianers Julius Gömbös. Karl mußte nun nach Madeira ins Exil, wo er 1922 starb.
Doch wir eilen der Zeit voraus: Den Schlußpunkt des ereignisreichen Jahres 1919 bildete die Unterzeichnung des Vertrages von St. Germain am 10. September durch Staatskanzler Renner, der zehn Monate lang erfolglos versucht hatte, die Bedingungen des Diktats zu mildern. Nun war es definitiv: Das Staatsgebiet wurde auf die noch heute gültigen Grenzen beschränkt, wobei in Kärnten noch eine Volksabstimmung abgehalten werden mußte und das Burgenland erst 1922 effektiv besetzt werden konnte. Die Ententemächte versetzten der Republik noch einen moralischen Schlag, der Sozialdemokraten und Deutschnationale besonders hart traf: Deutsch-Österreich mußte das „Deutsch" aus seinem Staatsnamen streichen und der Vertrag enthielt ein ausdrückliches Anschlußverbot. »Der Rest ist Österreich«, kommentierte Frankreichs Premier Georges Clemenceau. Dazu das erste Staatsoberhaupt, der Sozialdemokrat Karl Seitz: »Was uns geboten wird, ist kein Friede der Versöhnung, es ist ein Vernichtungsfriede.«
Erste Aufgabe der Nationalversammlung nach Inkrafttreten des Vertrages von St. Germain ist die Ausarbeitung einer definitiven Verfassung. Österreich soll ein Bundesstaat werden, darin ist man sich einig, aber in den Details gehen die Meinungen der eher zentralistischen Sozialdemokraten und der föderalistischen Christlichsozialen auseinander. In diesem gereizten Klima bricht die große Koalition am 10. Juni zusammen – aus eher belanglosen Gründen. Beide Seiten sind schlechte Verlierer, schieben einander die Schuld zu. Um so bemerkenswerter ist es, daß am 1. Oktober 1920 die endgültige Verfassung beschlossen wird und am 10. November in Kraft tritt.
Dazwischen hat sich einiges ereignet. Am 17. Oktober wird zum zweitenmal gewählt, und die Sozialdemokraten verlieren die relative Mehrheit, mit 16 Sitzen Abstand, an die Christlichsozialen. Die Kommunisten, die erstmals auf Geheiß Lenins an den Wahlen teilnehmen, bleiben ohne Mandat.
Die Christlichsozialen zeigen sich als überhebliche Sieger und

versuchen, das Rad der Zeit, so gut es geht, zurückzudrehen. Vorerst mit der Wahl von Michael Hainisch zum Präsidenten am 15. Dezember. Die Sozialdemokraten wählen ihrerseits den Weg in die totale Opposition. Womit der Untergang der Ersten Republik und der Weg zum Austrofaschismus gleichsam vorprogrammiert wird.

In den folgenden Jahren geht tatsächlich die Macht von Regierung und Parlament immer mehr auf die Straße, das heißt an die Wehrverbände der beiden Lager, über. Bürgerwehren waren bereits unmittelbar nach dem Krieg aus dem Boden geschossen, als legitime Verteidigungskräfte gegen marodierende Banden von Ex-Soldaten aus allen Teilen der Monarchie und kriminelle Elemente. Als sich die Lage beruhigt, lösen sich die Wehrverbände jedoch nicht auf, sondern entwickeln ihre eigene Dynamik, nur lose von der Regierung oder den Parteien abhängig.

Schon im Mai 1920 hatte der Tiroler Rechtsanwalt Wilhelm Steidle existierende, rechtsstehende paramilitärische Gruppen in einer »Tiroler Heimatwehr« zusammengefaßt. Ähnliche Organisationen des bürgerlich-reaktionären Lagers schießen in den anderen Bundesländern aus dem Boden, teils als rechtsextreme Heimwehren, teils als Frontkämpferverbände mit eher monarchistischer Tendenz deklariert.

Diesen Gruppen stellen die Sozialdemokraten den »Republikanischen Schutzbund« ab 1923 entgegen, der, wie sein Name sagt, die Errungenschaften der Sozialdemokratie vor der Reaktion – man hat den »weißen Terror« in Bayern und Ungarn, der auf den roten folgte, nicht vergessen – schützen soll. Aber selbst sozialdemokratische Theoretiker geben rückblickend zu, daß das radikale Linzer Parteiprogramm von 1926 Anlaß zu anderen, revolutionären Interpretationen geben konnte.

Rein zahlenmäßig stellen die Wehrverbände das kleine Bundesheer – durch den Vertrag von St. Germain auf 30000 Mann begrenzt – bei weitem in den Schatten. Doch auch das Bundesheer spiegelt nun, anders als die erste Volkswehr, die konservative Tendenz der Regierung wider.

Im Gegensatz zum marxistisch orientierten Schutzbund fehlt es

den Heimwehren – sieht man von der treibenden Kraft des Antimarxismus ab – an einer konkreten Ideologie. Diese wird jedoch »importiert«, als Italiens Faschisten unter Benito Mussolini 1922 in Rom die Macht an sich reißen. Genau dieses Vorgehen schwebt auch den Heimwehrführern vor und bildet die Grundlage des späteren Austrofaschismus.
Das Verhältnis zwischen der Regierung, die sich nunmehr aus Christlichsozialen und kleineren Rechtsparteien (Deutschnationale und später dem Landbund) zusammensetzt, und den Heimwehren gestaltet sich immer schwieriger. Die Heimwehren plädieren offen für einen autoritären Staat ohne Parlament und Parteien. So etwa verkündet Steidle: »Man verkennt den Charakter der Heimwehren, wenn sie sich nach den Weisungen politischer Parteien einrichten sollen.«
Noch bekennt sich das Gros der Christlichsozialen zur parlamentarischen Demokratie, aber andererseits glauben sie, auf den Schutz der Heimwehren gegen die radikalisierte Sozialdemokratie nicht verzichten zu können.
So treten die gemäßigten Politiker in beiden Lagern immer mehr in den Hintergrund, seien es die Christgewerkschafter oder die Gruppe um Karl Renner bei den Sozialdemokraten.
Was aber nicht bedeutet, daß die beiden Großparteien keine bedeutenden Persönlichkeiten hervorbringen. Bei den Christlichsozialen überschattet der Prälat und Universitätsprofessor Ignaz Seipel alle seine Kollegen, der im Mai 1922 erstmals das Amt des Bundeskanzlers, nach fünf kurzlebigen Kabinetten in zwei Jahren, übernimmt. Er leitet die Sanierung der österreichischen Staatsfinanzen ein, nicht zuletzt mit Hilfe einer Völkerbundanleihe, die an ein weiteres Anschlußverbot geknüpft ist.
Seipel war ursprünglich »antisemitisch angehaucht«, wandelt sich aber in späteren Jahren und macht zum Beispiel einen Glaubensjuden zu seinem engsten Finanzberater.
Auf sozialistischer Seite ist es Otto Bauer, ein brillianter Redner und Analytiker jüdischer Herkunft, der die Führung der Sozialdemokratie unter Betonung des Marxismus übernimmt.
Die Tragik der österreichischen Geschichte ist, daß die beiden

bedeutendsten Politiker der Ersten Republik, die gemeinsam so viel hätten erreichen können, einfach »miteinander nicht konnten«.

1923 wurde wieder gewählt. Die Sozialdemokraten sackten auf ihren tiefsten Stand von 68 Sitzen ab, doch auch die Christlichsozialen verloren einige Mandate. An der politischen Konstellation änderte sich indessen nichts. Das Barometer wies weiterhin auf Sturm. Unmittelbares Ergebnis dieser Radikalisierung war ein Attentat eines Linksextremisten auf Bundeskanzler Seipel am 1. Juni 1924, der sich von dessen Folgen nie mehr vollständig erholen sollte. Jedenfalls konnte er erst 1926 wieder das Amt des Bundeskanzlers übernehmen.

Und wieder steht Österreich vor Neuwahlen. Am 24. April 1927 erholen sich die Sozialdemokraten aus ihrem Tief, die Christlichsozialen erreichen jedoch ihr erklärtes Ziel, die mandatsstärkste Partei zu bleiben – wiewohl ihr Vorsprung auf die Linke auf zwei Sitze schrumpft. Am 19. Mai kann Seipel sein letztes – das fünfte – Kabinett bilden.

Eines hatten die Wahlen indessen bewirkt: Eine wesentliche Verjüngung der Volksvertreter. Und der Nationalrat hat seinen neuen »Benjamin«, den erst 30jährigen Innsbrucker Rechtsanwalt Kurt Schuschnigg, der auf der Liste der »Tiroler Volkspartei«, des westlichen Ablegers der Christlichsozialen, ins Hohe Haus eingezogen war.

Wer aber war dieser, in Wien bislang völlig unbekannte »jüngste Abgeordnete«, der in der Geschichte der Ersten Republik eine Schlüsselrolle übernehmen sollte: für die einen die eines Helden, für die anderen jene eines Diktators.

»Slowenischen Blutes, aus Kreisen der habsburgisch eingestellten Militärkaste entstammend und klerikal erzogen«, urteilte über ihn einige Jahre später der deutsche Legationsrat Otto von Stein, zweiter Mann an der Mission des Dritten Reiches in Wien. »Slowenischen Blutes«, das war, von der Warte des Freiherren in Hitlers Diensten betrachtet, natürlich abwertend. Und ein Zeichen mangelnder Geschichtskenntnis des Diplomaten, der offensichtlich nicht wußte, daß »Windische«, also Slawen, die »karan-

tische Mark«, das spätere Kärnten, lange vor den deutschsprachigen Siedlern bewohnt hatten.
Überhaupt lag die Beziehung der Familie Schuschnigg zu Kärnten schon mehr als ein Jahrhundert zurück. Bereits der Großvater des jungen Abgeordneten hatte seine unmittelbare Heimat verlassen und die Offizierslaufbahn eingeschlagen. Er hatte den Rang eines Generalmajors erreicht und war in den Adelsstand erhoben worden. Seine vier Söhne wurden ebenfalls Offiziere. Kurt von Schuschniggs Vater Arthur heiratete Anna Wopfner, die Tochter eines Innsbrucker Kaufmannes, und fühlte sich bereits von ganzem Herzen als Tiroler. Auch er brachte es bis zum Generalmajor. Was Legationsrat von Stein von der »Militärkaste« schrieb, stimmt wenigstens einigermaßen. Doch die war Preußens höchstes Gut.
Kurt Schuschnigg – der Einfachheit halber sei auf das »von« verzichtet – wurde am 14. Dezember 1897 in Riva am Südtiroler Nordende des Gardasees geboren – mehr oder weniger zufällig, dort war die Garnison seines Vaters. Die Tatsache seiner Geburt in Riva sollte ihm ein halbes Jahrhundert später noch Schwierigkeiten bereiten. Als er nach dem Zweiten Weltkrieg nach Amerika auswandern wollte, wurde ihm das Visum versagt, weil die italienische Einwanderungsquote – die Stadt war inzwischen italienisch geworden – hoffnungslos überzogen war. Nur mit Mühe konnte er sich in die günstigere österreichische Quote hineinschwindeln.
Wien war die nächste väterliche Garnison, wo auch Bruder Arthur geboren wurde. Da sich Vater Schuschnigg nie sehr lange an einem Ort aufhielt, wurde der ältere Sohn in das Gymnasium des hauptsächlich von deutschen Jesuiten geleiteten Internates »Stella Matutina« im vorarlbergischen Feldkirch geschickt. Zeitgenossen führten Schuschniggs lebenslange Sympathie für das »höhere Deutschtum« auf den Einfluß seiner Lehrer in Feldkirch zurück.
Die »Stella Matutina« war eine strenge Schule, streng war aber auch der zum General avancierte Vater. Deshalb fühlte sich der Sohn, wie er selbst bestätigte, eher zu seiner Mutter hingezogen.

Den Schulabschluß schaffte er leicht, denn im zweiten Kriegsjahr wurden keine allzu strengen Maßstäbe angelegt, und die Armee brauchte dringend Absolventen von patriotisch eingestellten Eliteschulen.
Wie so viele seiner Generation meldete sich der knapp 17jährige freiwillig zum Militärdienst. Im Mai 1916 wurde der zum Leutnant Ausgemusterte an die italienische Front geschickt, wo er die zwölfte Isonzoschlacht, eine der schwersten, mitmachte. Und der Krieg veränderte sein patriarchalisch eingefärbtes Weltbild: »An der Front bin ich ein starker Kriegsgegner geworden«, erzählte er später. »Ich bin aus dem Krieg als überzeugter Pazifist herausgekommen.«
Am Tag des Waffenstillstandes – der von österreichischer Seite einen Tag früher angesetzt worden war als von den Italienern – geriet er zusammen mit Hunderttausenden anderen in die Kriegsgefangenschaft, aus der er erst im August 1919 nach Innsbruck heimkehrte: »Es war natürlich, gemessen an all dem, was ich später erlebt habe, eine leichte Angelegenheit. Nur habe ich es schwer ertragen, daß meine Welt zusammengebrochen war.«
Es war keine Heimkehr an einen gedeckten Tisch. Von der miserablen Pension des abgerüsteten Generals konnte die Familie nicht einmal einen kleinbürgerlichen Haushalt aufbauen. Der Spätheimkehrer beschloß daher, einen Beruf zu ergreifen, der ihm möglichst rasch einen Verdienst bringen würde. Dazu bot sich nur das Jusstudium an – wobei der Student noch nicht wissen konnte, daß die Inskription an der Innsbrucker Universität bereits den Sprung in die Politik bedeuten würde.
Und das war keine normale Politik, wie wir sie heute kennen. An der Universität Innsbruck, wie überhaupt in Tirol, hatten die »Roten« nicht viel zu sagen. Dennoch gab es harte Bandagen zwischen den Klerikalen und Antiklerikalen – stellvertretend für die österreichisch-monarchistische und großdeutsche Richtung.
Schuschnigg tendierte zuerst zu Steidles Tiroler Heimwehren, distanzierte sich aber bald von ihnen, weil er sich mit ihren großdeutschen und zum Teil radikal antisemitischen Tendenzen nicht anfreunden konnte. »Ich habe bei der Tiroler Volksabstim-

mung gegen den Anschluß an Deutschland gestimmt«, erinnerte er sich mit einem gewissen Stolz.
Entscheidend für Distanzierung war vor allem sein Beitritt zu der 1864 gegründeten katholischen Studentenverbindung »Austria«. Auch in dieser Verbindung gab es damals einen »Arierparagraphen«, doch Freunde wie Kritiker sind sich einig, daß man Schuschnigg vieles, niemals aber Judenfeindlichkeit vorwerfen konnte. Es widersprach einfach seinem Naturell, Menschen wegen ihrer Herkunft abzulehnen. So sehr er später die »jüdischen« Führer der österreichischen Sozialdemokratie politisch bekämpfen mochte, fühlte er sich dennoch, in einer geradezu mystischen Weise, zu jüdischen Intellektuellen hingezogen.
Der Fairneß halber sei noch bemerkt, daß sich Steidle später von seiner großdeutschen Linie und seinem antisemitischen Anhang abwandte und schließlich als Opfer der Nazis im Konzentrationslager Buchenwald ums Leben kommen sollte.
Doch zurück zum Jungabgeordneten Schuschnigg. Nach seinem »fliegenden Wechsel« von der Heimwehr zum Frontkämpferverband fühlte er sich offensichtlich wohler. Lupenrein waren auch die Frontkämpfer nicht. Tendierten die Heimwehren zu den deutschen Freikorps, so waren die Frontkämpfer mit der deutschen Stahlhelm-Organisation gleichsam liiert, dem letzten Hort der deutschen Kaisertreuen. Demokraten waren weder die einen, noch die anderen.
In seiner Mitgliedschaft bei den Frontkämpfern sah Schuschnigg keinen Widerspruch zu seinem Pazifismus: »Diese Frontkämpfervereinigung war ursprünglich eine rein traditionalistische Angelegenheit. Sie sollte die Kriegsteilnehmer zusammenfassen und die alten Werte des Soldatentums hochhalten. Es war also ein Versuch, die eigene Vergangenheit nicht beschmutzen zu lassen.“
Sein eigentliches Interesse galt jedoch einer neuen Organisation, die sich unter der Ägide der »Austria« gebildet hatte, dem »Bruder Willram Bund«, der sich in erster Linie auf die Ausbildung christlicher Jungarbeiter konzentrierte. Dieser Bund existiert übrigens noch heute.

Aus dem Bund entwickelten sich – offiziell erst ab 1927 – die »Ostmärkischen Sturmscharen«, die später als »Schuschniggs Privatarmee« bezeichnet wurden – eine Etikettierung, welcher dieser stets widersprach: Die Sturmscharen seien keine verkappten Heimwehren oder Frontkämpfer gewesen, sondern eine unbewaffnete Gruppe. Zumindest in der Anfangsphase. Erst als die Sturmscharen in Wien Fuß faßten – was auch mit Schuschniggs Übersiedlung zusammenhing –, hätten sie sich Bewaffnung und militärische Adjustierung zugelegt – bis zu den weißen Handschuhen der Offiziere. Zeitgenossen bezeichneten sie jedenfalls als »jungkonservativ«.

Von einer führenden Rolle bei den Tiroler Traditionalisten war es nur ein kurzer Schritt in die Parteipolitik. Dafür sorgten schon die »alten Herren« der »Austria«. Konservative Politik in Innsbruck war gleichbedeutend mit einer Tätigkeit für die »Tiroler Volkspartei«, die sich zwar an die Bundespartei der Christlichsozialen gebunden hatte, was aber keineswegs einem Bekenntnis zu Wien gleichkam.

Inzwischen hatte Schuschnigg sein Jusstudium beendet und seine Anwärterzeit hinter sich gebracht. Er eröffnete eine Anwaltskanzlei, zuerst als Partner, dann als Chef. Wobei sich seine politischen Beziehungen als Vorteil erwiesen. »Das hatte es schon immer gegeben, um berufliche Startchancen zu verbessern«, erläuterte er Jahrzehnte später bei seinem Gespräch mit dem Wiener Historiker Gerhard Jagschitz.

Seine Praxis ist so erfolgreich, daß er zum erstenmal aller finanziellen Sorgen ledig ist. Und das ist für ihn wichtig, da er schon 1924 die Südtirolerin Herma Masera geheiratet hat. Zwei Jahre später wird ihr Sohn Kurt geboren.

Zu jener Zeit vollendet sich Schuschniggs Bruch mit den Heimwehren. Der gemeinsame Antimarxismus als Klammer genügt nicht mehr. Und die »Ostmärkischen Sturmscharen« unter dem Banner des Doppeladlers entwickeln sich, zumindest in Tirol, zu einem echten Gegengewicht zu den Heimatschützern.

Der berufliche Aufstieg Schuschniggs fordert ein noch stärkeres politisches Engagement. Vor den Wahlen von 1927 drängen die

»jungen Löwen« in der Tiroler Volkspartei auf einen Generationswechsel. Von den sechs »sitzenden Abgeordneten« werden vier ausgewechselt. Schuschnigg erhält den vierten Listenplatz und seine Wahl ist dadurch gesichert.
Daß die unvermeidliche Übersiedlung nach Wien sein ganzes Leben – und letztlich das Schicksal Österreichs – verändern würde, konnte zu jenem Zeitpunkt niemand ahnen.

2. Kapitel

Heimwehr gegen Schutzbund

Der Kampf verlegt sich auf die Straße

1927 wird zum ersten der sich danach häufenden »Schicksalsjahre« Österreichs. Wobei das Jahr, zumindest für die bürgerlichen Parteien, unter gemischten Vorzeichen beginnt. Die Christlichsozialen haben, wie bereits erwähnt, zwar neun Sitze verloren, aber ihre Stellung als mandatsstärkste Partei noch ein letztesmal behauptet. Am 19. Mai kann der oftmalige Kanzler Ignaz Seipel sein fünftes – und letztes – Kabinett bilden.

Die Mehrheit der Regierung ist durch die Koalition mit den kleinen Rechtsparteien abgesichert. Im Nationalrat droht ihr noch nicht jene Gefahr, die sechs Jahre später zum Sturz der demokratischen Republik beitragen wird.

Doch die Spannungen im Lande – das heißt im »außerparlamentarischen Raum« – haben sich beträchtlich verschärft. Schon Anfang des Jahres war es in den östlichen Bundesländern immer häufiger zu gewalttätigen Zusammenstößen zwischen Heimatschützern und Frontkämpfern (die Trennungslinie zwischen den beiden ist hier nicht so klar wie im Westen) auf der einen und dem Republikanischen Schutzbund auf der anderen Seite gekommen. Am 30. Jänner kommt es im burgenländischen Schattendorf zum Eklat. Als Anhänger des Schutzbundes nach einer Kundgebung an einem Gasthaus vorbeimarschieren, das als Versammlungsort der Frontkämpfer bekannt ist, kommt es zuerst zu gegenseitigen Beschimpfungen. Die Männer im Haus fühlen sich zu Recht oder Unrecht bedroht und schießen auf ihre Widersacher. Zwei von diesen – ein Invalide und ein Kind – werden erschossen.

Die Todesschützen werden verhaftet und unter Anklage gestellt. Doch es kommt zu keiner Beruhigung. Unabhängig vom Schattendorfer Blutbad – oder vielleicht sogar als Reaktion darauf – hat die Regierung ihr Vorgehen gegen den Schutzbund verstärkt. Dabei geht es in erster Linie um die Suche nach illegalen Waffenlagern. Am 2. März 1927 wird eines dieser versteckten Depots auf dem Gelände des Wiener Arsenals ausgehoben. Zweifellos handelt die Exekutive im Rahmen des Gesetzes, aber mit gleicher Berechtigung weisen die Sozialisten darauf hin, daß sich die Polizei gegenüber der noch wesentlich rasanteren Aufrüstung der Heimwehr, auf Weisung »von oben«, blind zeigt.

Aber es kommt noch ärger. Am 14. Juli spricht ein offensichtlich politisch beeinflußtes Gericht die Schattendorfer Frontkämpfer nicht nur von der Mordanklage, sondern auch von der Beschuldigung der Notwehrüberschreitung frei. Die Empörung im sozialdemokratischen Lager ist ungeheuer und wird durch einen Brandartikel im Parteiorgan »Arbeiterzeitung« noch angeheizt. Am folgenden Tag eskalieren Protestdemonstrationen in Wien zu schweren Ausschreitungen, die im Brand des Justizpalastes gipfeln. Der sozialdemokratischen Führung war es nicht gelungen, die Massen zu kontrollieren. Nicht einmal die Feuerwehr kann, trotz erregter Appelle von Wiens »rotem« Bürgermeister Seitz, den Brandherd erreichen. Außer Kontrolle – oder war es, wie die Linke später mutmaßte, mit voller Absicht? – gerät danach auch die Gegenaktion der Polizei. Schließlich zählt man 90 Tote und 600 Verletzte, zumeist aus den Reihen der Demonstranten.

Mit unverminderter Heftigkeit, wenn auch ohne Gewaltanwendung, wird der Konflikt im Parlament weiter ausgefochten. Bundeskanzler Seipel erhält von der Linken wegen seiner Weigerung, bei der Aburteilung der Demonstranten Gnade vor Recht walten zu lassen, das Attribut »Prälat ohne Gnade«, ausgerechnet von seinem Gegenspieler Otto Bauer. Was die Abneigung zwischen den beiden noch verschärft.

In ihrer historischen Beurteilung des Justizpalastbrandes gehen die beiden Reichshälften Österreichs noch heute auseinander, wenngleich ohne emotionelle Spitzentöne. Auf bürgerlicher Seite ist seit Jahren das Argument zu hören, daß die Unruhen als linker Putschversuch zu werten seien. Und der Justizpalast sei nicht zufällig zum Ziel der Aufrührer geworden. Vielmehr sollten wichtige Dokumente der Justizverwaltung zerstört werden. Auf der anderen Seite wird der brutale Polizeieinsatz nicht als spontane Überreaktion, sondern als gezielter Versuch gewertet, die politischen Gegner durch einen Kraftakt einzuschüchtern. Wahrscheinlich dürfte die historische Wahrheit – wie so oft – in der Mitte liegen.

Wie dem auch sei – die Gemüter in Wien hatten sich noch lange nicht beruhigt, als sich der Nationalrat mit einer wichtigen Materie zu befassen hatte, welche nicht Konfrontation, sondern Zusammenarbeit der beiden Großparteien unbedingt erforderte: Die Revision der Bundesverfassung, die Österreichs größter Verfassungsrechtler Hans Kelsen 1920 ausgearbeitet hatte. Für eine Neuauflage war eine Zwei-Drittel-Mehrheit erforderlich. Also wurden die Stimmen der Sozialdemokraten benötigt, da zu jenem Zeitpunkt – sieht man von extremistischen Gruppen rechts und links ab – niemand ernsthaft an eine Ausschaltung der Volksvertretung dachte. Was ja in Italien, im benachbarten Ungarn und etlichen anderen nordost- und osteuropäischen Republiken bereits geschehen war.

Also mußte man den Sozialdemokraten entgegenkommen, vorerst im unmittelbar mit der Ausarbeitung der Novelle befaßten Justizausschuß. Bei diesen Beratungen spielte Schuschnigg, als Starjurist der Christlichsozialen, erstmals eine wichtige Rolle. Eher als Bremser, wie die Parlamentsprotokolle zeigen.

Dabei befand sich auch die Linke in einer Zwickmühle. Beim Wiener Parteitag im Herbst 1928 setzte sich der gemäßigte Flügel unter dem ehemaligen Staatskanzler Karl Renner für eine Beteiligung an der Regierung ein. Der linke, austromarxistische Flügel unter Otto Bauer plädierte indessen für eine Beibehaltung der bisherigen Oppositionspolitik, gemäß dem radikalen Linzer Parteiprogramm. Und setzte sich damit durch.

Unter diesen Umständen mutet es wie ein kleines Wunder an, daß die neue Verfassung tatsächlich am 7. Dezember 1929 verabschiedet wurde. Unmittelbarer Nutznießer war der erst ein Jahr zuvor gewählte christlichsoziale Bundespräsident Wilhelm Miklas, dessen Position durch die neue Verfassung wesentlich aufgewertet wurde.

Niemand war mit der Lösung ganz zufrieden. Beide Seiten sprachen von einem faulen Kompromiß. Dennoch hätte die gemeinsam beschlossene Verfassung den Ausgangspunkt für eine Zusammenarbeit zwischen den Großparteien bilden können, wäre dies nicht durch innere und äußere Ereignisse verhindert worden. Der Zusammenbruch der angesehenen Bodencreditanstalt erschütterte das österreichische Finanzwesen, und die Zusammenstöße zwischen Heimwehren und dem Schutzbund dauerten unvermindert an.

Noch wesentlich schwerer wog ein »äußeres Ereignis«. Der »schwarze Freitag« (29. Oktober 1929) an der New Yorker Börse löste innerhalb kurzer Zeit eine Weltwirtschaftskrise aus. Diese wirkte sich in Deutschland besonders stark aus, das sich noch immer mit Reparationszahlungen herumzuschlagen hatte, auf die man gegenüber Österreich bereits im Jänner 1929 verzichtet hatte. Unmittelbare Folge der Wirtschaftskrise in Deutschland war das dramatische Aufkommen der Nationalsozialisten, die man zuvor bereits als Quantité négligeable abgeschrieben hatte. Bei den Reichstagswahlen (24. 9. 30) wurden die Nationalsozialisten (hinter den Sozialdemokraten) zur zweitstärksten Partei der Weimarer Republik, nachdem bereits im März 1929 die letzte Regierung mit parlamentarischer Mehrheit unter dem Sozialdemokraten Hermann Müller zurückgetreten war. Gleichsam als »kommissarischer Kanzler«, der nur noch dank des Verordnungsrechts des Bundespräsidenten Paul von Hindenburg regieren konnte, folgte der Zentrumspolitiker Heinrich Brüning. Brüning selbst war ein lupenreiner Demokrat, der unter anderen Umständen die Lage womöglich hätte stabilisieren können. Doch seine Stellung hing, wie bereits erwähnt, vom Vertrauen des greisen Präsidenten ab, der zu jenem Zeitpunkt bereits unter den Einfluß verschiedener reaktionärer Klüngel und seines zwielichtigen Sohnes Oskar geraten war.

Die Folgen für Österreich waren vorprogrammiert. Die Nazis,

die bei allen bisherigen Wahlen zum Nationalrat, trotz beginnender Wirtschaftskrise, noch kein einziges Mandat errungen hatten, wurden immer radikaler. Doch auch im bürgerlich-konservativen Lager setzte eine weitere Radikalisierung ein, die sich schon im Mai beim sogenannten »Korneuburger Eid« der Heimwehren manifestiert hatte. Die Heimwehren legten sich forthin auf einen faschistischen Kurs nach italienischem Muster fest. Aus dem Kampf »Linke gegen Rechte«, beziehungsweise dem Stellvertreterkrieg Heimwehr gegen Schutzbund, wurde nun dank des Auftretens der Nazis ein Kampf jeder gegen jeden.

In Wien hatten sich inzwischen im bürgerlichen Lager bedeutende Veränderungen ergeben. Im Mai 1930 hatte der langjährige Kriegsminister – sprich »Bundesminister für das Heerwesen« – Karl Vaugoin die Führung der Christlichsozialen Partei vom kränkelnden Ignaz Seipel übernommen. Seipel blieb weiter einflußreich – nicht zuletzt als Förderer Schuschniggs –, gab aber im Dezember 1930 sein letztes Regierungsamt, das Außenministerium, nach nur zweimonatiger Dienstzeit ab.

Umwälzungen gab es auch bei den Heimwehren. Im Juni war der »Bundesstabschef« Major a. D. Waldemar Papst, wegen seiner Hinwendung zu den Nationalsozialisten als deutscher Staatsbürger des Landes verwiesen worden. An seine Stelle trat Anfang September der neue starke Mann, Ernst Rüdiger Starhemberg. Der Fürst repräsentierte den in Österreich seltenen Typ des Condottiere. Er hatte das Kriegsende nicht verkraftet, kämpfte mit den deutschen Freikorps in Oberschlesien und marschierte mit Hitler bei dessen erfolglosem Putsch in München (1923).

Noch im Juli 1930 hatte Hitler Starhemberg aufgesucht, um diesen für seine Sache zu gewinnen. Doch Starhemberg tendierte bereits zu Benito Mussolini, mit dem er noch im gleichen Monat zusammengetroffen war. Der »Duce« zeigte damals noch keinerlei Sympathie für den deutsch-österreichischen Emporkömmling aus Braunau. Um so sympathischer fand er jedoch Starhemberg, wie er überhaupt für Angehörige des Uradels eine Schwäche hatte.

Entscheidend für Starhembergs Hinwendung zum alten Erzfeind

Italien war jedoch die militärische Hilfe, welche Mussolini und – in geringerem Maße Ungarns starker Mann, Julius Gömbös – den Heimwehren zukommen ließen. Diese Privatarmee hatte zu jenem Zeitpunkt einen beträchtlichen Aktivstand von 50000 Mann, aufgeteilt in bewaffnete »Sturmbataillone«. Sie war also eine militärische Kraft welche jene des kleinen Bundesheeres bei weitem übertraf. Mit einer Einschränkung: Die Heimwehren oder Heimatschützer waren keine einheitliche Streitmacht. Jeder lokale Führer hatte seine eigene, nur auf ihn selbst eingeschworene Truppe.

Als Heimwehr-Bundesführer war Starhemberg somit nur »primus inter pares«. Doch das genügte ihm nicht. Er strebte nun »politische Weihen« an. Mit einiger Mühe überredete er die Heimwehren als Bewegung – trotz ihrer prinzipiellen Ablehnung der parlamentarischen Demokratie –, im September 1930 Vertreter in die Regierung Vaugoin zu entsenden. Er selbst übernahm das Schlüsselressort des Innenministers.

Diese Wendung brachte für die Heimwehren politische Konsequenzen. Für sie als Regierungspartner war es klar, daß sie sich an den folgenden, übrigens letzten demokratischen Wahlen der Ersten Republik mit einer Kandidatenliste beteiligen mußten – trotz des Widerstandes des noch immer aktiven, total antiparlamentarischen Flügels. Starhemberg selbst verteidigte seinen Auftritt auf der parlamentarischen Szene mit der »Notwendigkeit, den Nationalsozialisten das Wasser abzugraben«, wie er es in seinen Memoiren formulierte. Und die Finanzhilfe Mussolinis kam seinen Leuten auch im Wahlkampf sicher nicht ungelegen.

Doch die Nazis unternahmen, trotz der de facto-Demütigung Hitlers durch den Fürsten, noch einen weiteren Versuch, diesen und seinen Anhang für sich zu gewinnen. Gregor Strasser, damals eindeutig der zweite Mann unter den deutschen Nationalsozialisten, machte sich erbötig, die österreichische SA in den Heimwehren zu integrieren, und bot Starhemberg die für damalige Verhältnisse gigantische Summe von zwei Millionen Schilling für einen gemeinsamen Wahlfonds an, davon 50000 Schilling zur persönlichen Disposition des Fürsten. Woher Hitler diese Millionen nehmen wollte, bleibt unklar, denn er hatte sich damals noch nicht mit Gruppen des deutschen Großkapitals verbündet. Und auch Starhemberg hatte offensichtlich seine Zweifel. So oder so: er lehnte ab, was von den Nazis als Kampfansage gewertet wurde.

Die Wahlen brachten dem »Heimatblock« nur sehr bescheidene acht Mandate, die laut Starhemberg »sonst an die Nazis gegangen wären«, während die Sozialdemokraten erstmals seit längerer Zeit mit 72 Sitzen wieder zur stärksten Fraktion wurden. Die Christlichsozialen sackten von 73 auf 66 Mandate ab. Der gemeinsam mit dem rechtsstehenden Landbund kandidierende »Nationale Wirtschaftsblock« des Großdeutschen Johannes Schober kam immerhin auf 19 Sitze.

An der Spitze eines so kleinen Häufleins wollte Starhemberg nicht ins Parlament einziehen und überließ die Fraktionsführung seinem Adlatus, Odo Neustädter-Stürmer, der dem autoritären Flügel der Heimwehren zugerechnet wurde. Vaugoin kam nach der Wahlschlappe als Kanzler nicht mehr in Frage, doch gelang es dem Vorarlberger Christlichsozialen Otto Ender, am 5. Dezember eine Mehrheitsregierung, bestehend aus Christlichsozialen, Großdeutschen und dem Landbund (der »Wirtschaftsblock« war inzwischen zerfallen), auf die Beine zu stellen. Vaugoin blieb jedoch Heeresminister.

Was aber war aus dem Abgeordneten Kurt Schuschnigg geworden, der 1930 bereits auf einem sicheren Listenplatz kandidierend, wiedergewählt worden war? Ender bot ihm das Sozialressort an, nachdem der amtierende Minister Josef Resch Anfang 1931 zurückgetreten war. Bevor jedoch eine Entscheidung getroffen war, mußte Ender – wahrscheinlich der letzte mehr oder weniger überzeugte Demokrat an der Spitze einer Regierung der Ersten Republik – zurücktreten.

Knapp zuvor hatte es allerdings ein für die Zukunft wichtiges Revirement gegeben: Am 18. März 1931 war der niederösterreichische Bauernbunddirektor Engelbert Dollfuß – ein Neuling in der Politik – als Landwirtschaftsminister ins Kabinett eingetreten.

Angesichts der sich häufenden wirtschaftlichen und politischen Schwierigkeiten hatte Ender versucht, das schwankende Schiff mit Hilfe seines deutschen Gegenübers Heinrich Brüning durch eine spektakuläre außenpolitische Initiative in ruhigere Gewässer zu steuern. Nachdem der deutsche Außenminister Julius Curtius Anfang März mit seinem österreichischen Kollegen Schober Gespräche über eine Zollunion geführt hatte, wurde wenige Wochen danach ein entsprechender Vertrag unterzeichnet.

Da aber in Österreich – wie so oft – trotz aller Geheimhaltung die Vertraulichkeit nicht gewahrt werden konnte, rief das Abkommen noch vor seiner offiziellen Veröffentlichung die Gesandten Frankreichs, Italiens und der Tschechoslowakei auf den Plan, die darin – in beispielloser politischer Kurzsichtigkeit – einen Verstoß gegen das Genfer Anleihe-Protokoll von 1922 (mit seinem Anschlußverbot) sahen.

Der Fall wurde schließlich dem Haager Gerichtshof unterbreitet, doch bevor dieser sein Urteil hatte fällen können, gab Schober in Genf Österreichs Verzicht auf die Zollunion bekannt. Zwei Tage später entschied der Gerichtshof mit knappster Mehrheit von 8 zu 7 Stimmen gegen die Zollunion. Die entscheidende Nein-Stimme kam übrigens von Italien – ein krasser Fehler, betrachtet man Roms spätere Österreichpolitik.

Zu jenem Zeitpunkt war Ender bereits zurückgetreten, und die innenpolitische Lage hatte sich durch den Zusammenbruch der Credit-Anstalt, der größten Bank, weiter verschärft. Da half es nicht mehr viel, daß der Nationalrat die Regierung ermächtigte, die Haftung für die Schulden der Bank zu übernehmen – was letztlich nur durch einen britischen Kredit von 150 Millionen Schilling ermöglicht wurde.

Entscheidenden Einfluß auf die Entwicklung in Österreich hatte ein Wort aus höherem moralischen Munde. Am 15. Mai 1931 wurde die päpstliche Encyclica »Quadragesimo Anno« von Papst Pius XI. erlassen, die – was zu jenem Zeitpunkt nur die wenigsten ahnen konnten – zu einer Art Bibel des autoritären österreichischen Staates werden sollte.

Der nächste österreichische Regierungschef war wieder ein

Christlichsozialer, Karl Buresch, bislang Landeshauptmann von Niederösterreich. Und neuerlich setzte die Regierung ihren ganzen Einsatz auf eine wacklige Koalition der Christlichsozialen mit dem Landbund und diesmal auch den Großdeutschen. Jenseits der Lagermentalität, die sich in Österreich eingebürgert hatte, zeichnete sich indessen erstmals ein Hoffnungsschimmer auf dem politischen Horizont ab. Ignaz Seipel, dank seiner Persönlichkeit noch immer die dominierende Kraft in christlichsozialen Kreisen, richtete ein Koalitionsangebot an die Sozialdemokraten, das jedoch mangels einer Vertrauensbasis abgelehnt wurde, obwohl sich auch Bundespräsident Miklas dafür eingesetzt hatte.

Wer trug die Schuld an dieser Entwicklung? Darüber wird noch heute in Historikerkreisen gestritten. Mag sein, daß die Gräben zu tief waren, wie Schuschnigg selbst Jahre später erklärte.

Es war übrigens nicht, wie vielfach angenommen, der allerletzte Versöhnungsversuch vor der Ausschaltung der Demokratie. Während einer Bahnfahrt nach Wien sah sich der ehemalige Kanzler Vaugoin unvermittelt allein in einem Abteil mit dem Sozialistenführer Julius Deutsch. Vaugoin wollte wissen, ob man nicht irgendwie zusammenkommen konnte. Deutsch machte sich erbötig, darüber mit seinen Parteifreunden zu sprechen, doch wieder verliefen die Kontakte im Sand des Mißtrauens. Deutsch selbst, im Alter tolerant geworden, machte dafür beide Seiten gleichermaßen verantwortlich.

Die eigentliche »Feuertaufe« stand Buresch indessen noch bevor. Am 13. September 1931 versuchte der steirische Heimwehrführer Walter Pfrimer nach Mussolinis Vorbild seinen eigenen »Marsch auf Wien«. Er erwies sich als dilettantisches Unternehmen mit untauglichen Mitteln. Pfrimers Recken blieben buchstäblich auf halbem Weg stecken. Heeresminister Vaugoin mußte nicht einmal ernsthafte Gegenmaßnahmen treffen.

Ins Zwielicht geriet jedoch der oberste Heimatschützer Starhemberg als nomineller Vorgesetzter Pfrimers, wiewohl man ihm glauben darf, er hätte von der Aktion wenig oder gar nichts gewußt. Mit diesem Argument konnte er jedenfalls seinen Kopf rasch aus der Schlinge ziehen.

Pfrimer floh nach Jugoslawien, damals das bevorzugte Refugium österreichischer Rechtsextremisten, stellte sich aber später den Wiener Behörden. Noch im Dezember 1931 wurde er von einem Grazer Schwurgericht zusammen mit seinen Handlangern freigesprochen. Das war, wie auch Schuschnigg nach dem Zweiten Weltkrieg offen zugab, der eigentliche Skandal, denn er bestärkte die Linke in der Überzeugung, daß sie, im Gegensatz zur Rechten, von der angeblich unabhängigen Justiz nichts zu erwarten hatte. Noch dazu war Gnade vor Recht in diesem Fall fehl am Platz, denn die steirischen Heimatschützer liefen alsbald ins Lager der Nazis über.

Der Pfrimer-Putsch war jedoch eine Lappalie, verglichen mit den wirtschaftlichen Problemen, denen die Regierung Buresch gegenüberstand. Anfang Jänner 1932 zählte man in Österreich fast eine halbe Million Arbeitslose, von denen nur noch 350 000 eine Unterstützung erhielten. Die übrigen waren, wie man es damals nannte, »Ausgesteuerte«. In dieser schier aussichtslosen Lage gingen die Großdeutschen als erste von Bord. Zu groß erschien ihnen die Gefahr, als Mitverantwortliche an der Wirtschaftskrise von den aufstrebenden Nazis aufgesogen zu werden. Was trotzdem prompt geschah.

Seiner parlamentarischen Mehrheit beraubt, trat Buresch zurück. Aber es war noch nicht sein Ende. Schon nach zwei Tagen, am 29. Jänner 1932, konnte er eine Minderheitsregierung der Christlichsozialen und des Landbundes auf die Beine stellen.

Buresch hatte viel versprochen, doch davon war wenig zu sehen. Die Wiener Presse sprach spöttisch von einem Kabinett Buresch-Winkler (Franz Winkler war der vom Landbund gestellte Vizekanzler, der in den folgenden Jahren eine zwielichtige Rolle spielen sollte). Doch es gab einen neuen Mann in diesem Kabinett: den Justizminister Kurt von Schuschnigg.

3. Kapitel

»Das Parlament hat sich ausgeschaltet«

Sozialistischer Aufstand und Nazi-Terror

Schuschniggs Debüt auf Regierungsebene löste widerspruchsvolle Kommentare in der damals noch völlig freien und pluralistischen österreichischen Presse aus. Wie überhaupt das Kabinett Buresch II nicht gerade mit Jubelfanfaren empfangen wurde.
Selbst das inoffizielle Regierungsorgan, die klerikale »Reichspost«, fand lediglich die Schnelligkeit lobenswert, mit welcher der Kanzler die Regierungskrise überwunden hatte, und seine Entschlossenheit, sich nicht auf lange Verhandlungen mit den aufmüpfigen und im Inneren gespaltenen Großdeutschen einzulassen.

Die ätzende Kritik der »Arbeiterzeitung« und der anderen Linksblätter war voraussehbar, doch auch das unabhängige »Neue Wiener Tagblatt« übte sich in Skepsis: »Die Regierung wird aus rein formalen, gesetzestechnischen Gründen (ohne parlamentarische Mehrheit, Anm. d. Autors) einen noch schwereren Stand haben als die Regierung Brüning in Berlin. Im übrigen handelt es sich nur um eine vorübergehende Lösung der Regierungskrise.« Eine weitere Prophezeiung des »Tagblattes« ging jedoch nicht in Erfüllung: »Über kurz oder lang wird eine Regierung Seipel kommen.« Wobei das Blatt anscheinend über den angegriffenen Gesundheitszustand des oftmaligen Kanzlers und Ministers nicht voll informiert war. Seipel starb am 2. August 1932, und 17 Tage später wurde ein weiterer ebenso profilierter wie umstrittener bürgerlicher Politiker zu Grabe getragen: Altkanzler und Ex-Außenminister Johannes Schober, der allerdings seinen Landsleuten eher als langjähriger Wiener Polizeipräsident in Erinnerung geblieben ist.

Was die personelle Zusammensetzung des Kabinetts Buresch II

betraf, so war es tatsächlich die Ernennung Schuschniggs, welche das größte Rauschen im Blätterwald hervorrief. Dazu neuerlich das »Tagblatt«: »Die Sozialdemokraten gedenken abzuwarten, obwohl in der neuen Regierung als Justizminister Dr. Schuschnigg, ein Wortführer der ausgesprochenen Antimarxisten sitzt... Die Sozialdemokraten haben besondere Ursache, den Justizminister Dr. Schuschnigg zu fürchten. Die neue Regierung wird nicht umhinkommen, zu den Ottakringer Waffenfunden (bei einer der vielen Waffensuchen in »roten« Gemeindebauten, Anm. d. Autors) in anderer Art Stellung zu nehmen, als es ihre Vorgängerin getan hat. Daß hierbei dem Justizminister wichtige Aufgaben zugefallen sind, ist ohne weiteres klar. Der Kurs der Regierung geht nach rechts: sie hat schon im vorhinein der Sozialdemokratie den Kampf angesagt, indem sie in ihre Reihen den Nationalrat Dr. Schuschnigg aufgenommen hat.«
Diese Meinung vertrat auch der amerikanische Historiker Charles Gulick, dessen fünfbändiges Werk »Österreich von Habsburg bis Hitler« als Standardwerk über Österreich eines eher links eingestellten ausländischen Autors angesehen werden kann: »Dieser junge Minister betrachtete es als seine wichtigste Aufgabe, die Suche nach versteckten Waffen und Sprengstoff fortzusetzen.«
Dabei war seine Wahl zum Leiter des damals indirekt auch mit beträchtlichen Sicherheitsagenden betrauten Ressorts sogar im eigenen Lager nicht unumstritten. Die meisten Zeitgenossen führten seine Beförderung auf einen letzten Akt der Protektion von Seiten Seipels zurück. Und auf die Tatsache, daß sich Buresch durch die Ernennung eines Tiroler Abgeordneten größeren Rückhalt im Westen Österreichs verschaffen wollte. Die »Tiroler Volkspartei« machte der Wiener Regierung laufend Schwierigkeiten, auch wenn diese von einer Schwesterpartei geführt wurde. Darüber wußte das immer wohlinformierte »Tagblatt« zu berichten: »Dem Eintritt Dr. Schuschniggs in die Regierung sind erregte Verhandlungen mit der Tiroler christlichsozialen Opposition und den ›Ostmärkischen Sturmscharen‹, deren Obmann Dr. Schuschnigg ist, vorangegangen. Die Opposition war durchaus

gegen den Eintritt. Die Bewilligung wurde erst erteilt, als bekannt wurde, daß Dr. Schuschnigg als Kontrollorgan der Regierung fungieren werde, und um zu verhindern, daß der Landbund, unterstützt von den Sozialdemokraten, eine einseitige Entwaffnung gegen die heimattreuen Verbände unternehme. Trotz dem Eintritt Dr. Schuschniggs bleiben die Tiroler Christlichsozialen in grundsätzlicher Opposition zur Regierung.«

Wiewohl sie diese natürlich aus »übergeordneten Gründen« im Nationalrat unterstützten.

Obwohl Schuschniggs Verhältnis zu den Tiroler Heimwehren schon seit Jahren belastet war, betrachteten ihn diese als »ihren« Mann im Kabinett. In diesem Sinne übersandte ihm der Innsbrucker Heimwehrführer Steidle noch im Frühjahr 1932 ein umfangreiches Elaborat, in dem seine politischen und wirtschaftlichen Ansichten, sprich Forderungen, enthalten waren. So sprach sich der Heimatschutz eindeutig für die Schaffung eines »Autoritäts-Staates über den Ständen und Parteien« aus. Was die noch immer aktuelle Anschlußfrage betraf, so plädierte er für den Zusammenschluß »aller Deutschen im mitteleuropäischen Raum als nationales Grundrecht« und lehnte alle Bedingungen, die dies unmöglich machten, also den Vertrag von St. Germain, grundsätzlich ab. Vorbedingung eines derartigen Zusammenschlusses sei daher die Revision des »Friedens-Diktats«.

Einerseits lehnte die Tiroler Heimwehr den Nationalsozialismus mit einer skurril anmutenden Begründung ab: »Die Heimwehr ist eine Wehrbewegung, der Nationalsozialismus ist eine politische Partei, die ihre Erfolge mit dem Stimmzettel sucht.«

Ein Zuviel an Demokratie hatte bisher noch niemand den Nazis vorgeworfen. Andererseits ergäben sich »trotz dieser grundlegenden Unterschiede gewisse Berührungspunkte. So der Kampf gegen den Marxismus und das jetzige System ... Daher sind Kämpfe und Feindseligkeiten zwischen Heimwehr und Nationalsozialismus überflüssig.«

Eine Antwort Schuschniggs auf dieses Elaborat ist in den Akten des österreichischen Justizministeriums nicht zu finden. Vielleicht ist sie mündlich erfolgt.

Dennoch akzeptierte Schuschnigg persönlich die These, er sei in erster Linie als Tiroler ins Kabinett genommen worden: »Buresch hat nicht vergessen, daß ich Innsbrucker war und in Tirol bereits eine starke politische Position einnahm.«
Daß er just mit dem Justizressort betraut wurde, betrachtete er als Herausforderung an die Großdeutschen, welche dieses Ressort als eine Art Erbhof an sich gebracht hatten.
Durchaus realistisch schätzte er die Lage der Christlichsozialen in der Endphase der Ersten Republik ein. Sie wären durch den Abgang Seipels als Parteiobmann geschwächt worden. Dieser hätte trotz seiner angegriffenen Gesundheit gerne anstelle von Miklas das Amt des Bundespräsidenten übernommen – wäre es ihm angeboten worden. Sich selbst bezeichnete Schnuschnigg als Bewunderer des Prälaten, bestritt aber, daß ein besonderes Nahverhältnis jemals zwischen ihnen bestanden hätte. An Reformen hätte Seipel zu jenem Zeitpunkt nicht mehr geglaubt und deshalb Schuschnigg als »Wahrer der Kontinuität« für das Justizressort vorgeschlagen.
Seipels wunder Punkt, laut Schuschnigg: Er reagierte immer äußerst betroffen, wenn von der Opposition ein Konnex zwischen seiner Politik und seinem Priesteramt hergestellt wurde.
Im Februar 1932 eröffnete sich für das wankende Kabinett Buresch unvermutet eine günstige Perspektive. Der französische Ministerpräsident André Tardieu schlug im Namen seines Landes einen engen wirtschaftlichen Zusammenschluß der Donauanrainer vor. Es war der erste – und, wie sich herausstellen sollte, auch der letzte – ernstzunehmende Versuch, die starren Freund-Feind-Bilder der Zeit nach dem Ersten Weltkrieg abzubauen. Der Tardieu-Plan wurde jedoch von Italien und Deutschland gleichermaßen abgelehnt. Mussolini hatte seine eigenen Pläne, die auf die Errichtung einer Landbrücke zum verbündeten Ungarn über ein von Jugoslawien abgetrenntes Kroatien hinausliefen. Und in Berlin fühlte sich Heinrich Brüning nicht stark genug, ohne parlamentarische Mehrheit so weitreichenden Plänen, gegen den Willen der Deutschnationalen und Nationalsozialisten, zuzustimmen.

Die einmalige Chance zur Rehabilitierung Österreichs vom Verlierer-Image wurde somit – ohne Zutun Wiens – vertan. Und eine weitere kalte Dusche folgte auf dem Fuß. Bei den Landtagswahlen in Wien, Niederösterreich und Salzburg versechsfachten die Nazis ihre Stimmen. Die Großdeutschen wurden praktisch aufgerieben; Christlichsoziale und Landbund erlitten schwere Einbußen. Die Sozialdemokraten konnten ihre Position mehr oder weniger halten, wenngleich sie Stimmen an die Kommunisten verloren, denen aber der Einzug in die Landtage weiterhin versagt blieb.
Die Christlichsozialen wußten nun, daß sie keine vorzeitigen Nationalratswahlen mehr wagen konnten. Die Sozialdemokraten zogen dagegen eine ganz andere Lehre aus dem letzten größeren Urnengang in der Geschichte der Ersten Republik. Sie drängten nunmehr unablässig auf Neuwahlen, bei denen sie eine dominierende Stellung gegenüber den bürgerlichen Parteien zu erringen hofften, ohne die nationalsozialistische Gefahr zu beachten.
Das Fazit: Die Regierung sah sich nach den Landtagswahlen einem Zweifrontenkrieg ausgesetzt und trat zurück.
Am 20. Mai 1932 wurde eine neue bürgerliche Koalition aus Christlichsozialen, Landbund und Heimatblock auf die Beine gestellt, mit einer Mehrheit von sage und schreibe einer Stimme. Das Bemerkenswerte war jedoch die Person des neuen Bundeskanzlers – der bisherige Landwirtschaftsminister Engelbert Dollfuß. Vor seinem Eintritt in das Kabinett hatte der neue Kanzler, aus ärmlichsten Verhältnissen stammend, niemals ein höheres politisches Amt eingenommen und unterschied sich schon dadurch von allen seinen Vorgängern aus dem alten christlichsozialen Lager.
Ein neuer Mann genügte indessen nicht für einen neuen Anfang. Auch das Kabinett Dollfuß wurde von Freund und Feind als eine weitere Übergangsregierung angesehen. Doch da hatten sie sich geirrt. Sie hatten nämlich nicht mit der starken Persönlichkeit des Regierungschefs gerechnet. Und diese Unkenntnis war nicht überraschend. In der Öffentlichkeit war Dollfuß weitestgehend unbekannt. Das einzige Auffällige an ihm war sein

kleiner Wuchs. Kaum 1,60 Meter groß wurde er bald als »Millimetternich« gehänselt. Er kam aus keinem Politikermilieu, sondern aus einer armen Bauernfamilie. Noch dazu als lediges Kind. Im Weltkrieg hatte er als schneidiger Kaiserschützenoffizier Ansehen bei seinen Soldaten und Vorgesetzten gewonnen. Unmittelbar nach dem Krieg war er der betont nationalen »Deutschen Gemeinschaft« beigetreten, die den Anschluß an Deutschland auf ihre Fahne geschrieben hatte. Die Gruppe löste sich jedoch bald auf, und Dollfuß distanzierte sich immer mehr von der Anschlußbewegung, nicht zuletzt, weil diese, vor dem Aufstieg Hitlers, vorwiegend von den Sozialdemokraten getragen wurde. Aber antisemitische Äußerungen zählten noch einige Jahre lang zu seinem politischen Vokabular.

Resümiert Schuschnigg nach vielen Jahren: »Dollfuß war ein echter Revoluzzer.« Und, resignierend: »Ich nicht.«

Am Anfang verstand sich der Bauer Dollfuß recht gut mit den Sozialdemokraten, doch er konnte deren wachsende Kritik im Nationalrat nicht so einfach wegstecken. »Vielleicht, weil sie seinem unbewußten Messianismus widersprachen«, erinnerte sich Schuschnigg an seinen Vorgänger. »Er war empfindlich, etwas schwerhörig, aber herzensgut. Er hätte einen tragbaren Kompromiß nicht abgelehnt. Zu einem bewußten Österreicher wurde er aber erst durch den Druck der Nationalsozialisten.«

Mehr als ein halbes Jahrhundert später wird die Rolle der Nationalsozialisten in Österreich vor ihrer Machtergreifung in Deutschland vielfach überschätzt. Das vordringliche Problem der Regierung lag nicht in der Politik, sondern in der Wirtschaft. Das Land benötigte dringend eine ausländische Anleihe, die nur unter größten Schwierigkeiten aufgetrieben werden konnte. Schließlich lag das Geld auch anderswo nicht auf der Straße. Doch Dollfuß hatte Erfolg. Im Juli wurde eine Anleihe in Lausanne unterzeichnet, sogar unter relativ günstigen Bedingungen. Was aber die Opposition, rechts und links, in Rage brachte, war das in der Lausanner Anleihe enthaltene neuerliche Anschlußverbot. Mit einemmal fanden sich Sozialdemokraten, Großdeutsche und Nazis in einem Boot.

Gerade die Opposition der in die Bedeutungslosigkeit absinkenden, aber im Nationalrat noch immer vertretenen Großdeutschen traf Dollfuß besonders hart. Solange diese nur die Teilnahme an der Regierung verweigerten, sich aber sonst im Nationalrat mehr oder weniger neutral verhielten, konnte Dollfuß mit seiner Mehrheit von nur einer Stimme regieren. Schalteten die Großdeutschen jedoch auf totale Opposition, so lief die Regierung Gefahr, von heute auf morgen gestürzt zu werden. Ohne daß sie hoffen konnte, ihre Position durch Neuwahlen zu retten. Kampflos wollte Dollfuß nicht aufgeben. Er versuchte vielmehr, die parlamentarische Maschinerie so weit wie möglich auszuschalten. Den Weg dazu wies ihm sein Verfassungsexperte Robert Hecht. Dieser »entdeckte« gleichsam das Kriegswirtschaftliche Ermächtigungsgesetz von 1917, welches der damaligen Regierung Befugnisse einräumte, sich über das Parlament hinwegzusetzen. Natürlich hatte dieses Gesetz 1918 seinen eigentlichen Sinn verloren, es war aber niemals formell abgeschafft worden. Die Sozialdemokraten hatten dies mehrmals gefordert – ohne allzu großen Nachdruck –, waren aber nicht durchgedrungen. So war das Gesetz formell noch immer in Kraft, zumindest gemäß der Rechtsauffassung von Dollfuß und dessen Adlatus Hecht. Es wurde übrigens erst nach dem Zweiten Weltkrieg aus den Statuten gelöscht.
Kurt Schuschnigg war von Dollfuß als Justizminister übernommen worden, zeitweilig agierte er auch als Unterrichtsminister. Gleichsam als Rechtswahrer innerhalb des Kabinetts hätte er eigentlich den offenkundigen Mißbrauch des Ermächtigungsgesetzes verhindern oder zumindest mißbilligen müssen. Er tat jedoch nichts dergleichen, unterstützte sogar den immer autoritäreren Kurs der Regierung. Zuletzt am 21. Oktober 1932, als die Sozialisten wieder einmal eine Interpellation gegen das Ermächtigungsgesetz und einseitige Polizeimaßnahmen einbrachten. Der Justizminister wich einfach einer klaren Antwort aus.
Dennoch herrscht noch im Sommer 1932 in Österreich eine ungewöhnliche politische Ruhepause, ausgelöst nicht zuletzt durch den Tod Seipels und Schobers. Im Nationalrat hält Otto Bauer

die wahrscheinlich bedeutendste und rhetorisch beste Rede seiner gesamten politischen Laufbahn. Seine posthume Würdigung des über so viele Jahre bekämpften politischen Gegners wird in allen Lagern gelobt. Mögliche Konsequenzen – also die Chance, an der Bahre des Verstorbenen zu einer Versöhnung zu gelangen – werden jedoch nicht gezogen.

Und auch dieser Waffenstillstand hält nicht lange. Nur vier Tage später wird die Lausanner Anleihe nach einer Kampfabstimmung im Nationalrat mit knappster Mehrheit angenommen. Dazu Schuschnigg: »Dollfuß wußte jetzt, daß eine Versöhnung mit den Großdeutschen nicht mehr in Frage kam.«

Von den Sozialdemokraten ganz zu schweigen.

Das Schicksal der Regierung stand nun auf des Messers Schneide. Und die Minister wußten es. Um einen Sturz zu vermeiden, wurde am 1. 10. 1932 das Kriegswirtschaftliche Ermächtigungsgesetz erstmals in einer substantiellen politischen Frage, nämlich in Zusammenhang mit der Haftbarmachung der Spitzen der Credit-Anstalt für die Verluste der Bank, angewendet.

Um nicht sofort zu stürzen, war Dollfuß mehr denn je von seinen unberechenbaren Heimwehr-Partnern abhängig. Deren »starker Mann« Fürst Starhemberg hatte sich geweigert, nach seinem kurzen ersten »Gastspiel« als Innenminister, neuerlich selbst in die Regierung einzutreten, um nicht persönlich für eventuelle Konflikte oder unpopuläre Maßnahmen mitverantwortlich gemacht zu werden. Er war aber bereit, einen Kontakt zwischen Dollfuß und Mussolini, seinem neuen Freund, herzustellen – ohne zu wissen (oder vielleicht mit Absicht?), daß diese Beziehung, die sich bald in ein Abhängigkeitsverhältnis verwandeln sollte, Österreich direkt in den Bürgerkrieg führen würde.

Dollfuß drängte indessen auf eine stärkere Teilnahme der Heimwehr an der Regierungsverantwortung. Wieder verweigerte sich Starhemberg und schlug dem Kanzler vor, an seiner Stelle den Führer der Wiener Heimwehr, Major Emil Fey, als Staatssekretär für das Sicherheitswesen – also mit Befehlsgewalt über die Polizei – ins Kabinett zu nehmen. In seinen Erinnerungen beschreibt Starhemberg diesen Schritt als »den schwersten Fehler meines Lebens. Etwas mildernd mag für mich die Tatsache in die Waagschale fallen, daß mir Fey beinahe von Dollfuß in den Mund gelegt wurde: ›Weiß't, ich brauch' einen primitiven Draufgänger, der nicht zuviel Skrupel hat, vor allem den Nazis gegenüber, der persönlichen Mut besitzt und ja kein Bürokrat ist.‹ Allerdings kannte ich zu jener Zeit schon den großen Ehrgeiz des Majors Fey und ich hätte mir sagen müssen, daß Menschen mit einem solchen Ehrgeiz einmal gefährlich werden können.«

Schuschnigg trat zu jener Zeit wenig in Erscheinung. Nach eigenen Angaben befaßte er sich weiter mit der großen Strafrechtsreform, an der er schon als Abgeordneter mitgewirkt hatte. Bis 1932 war man damit allerdings nicht sehr weit gekommen. Besonders in der Frage der Rückgabe des Habsburger-Vermögens schien kein Kompromiß möglich, obwohl der Justizminister darüber Gespräche mit dem sozialdemokratischen Rechtsexperten Robert Danneberg geführt hatte.

Nun aber müssen wir den Blick ins Ausland wenden, weil sich die Ereignisse in Deutschland überstürzen. Am 10. April 1932 hatte die deutsche Demokratie ihren letzten Sieg erfochten. Staatspräsident Hindenburg war mit 53 Prozent der Stimmen für eine zweite Amtszeit wiedergewählt worden, während Hitler deutlich im geschlagenen Feld landete. Den Sieg verdankte der alte Feldmarschall in erster Linie dem Einsatz von Reichskanzler Brüning, doch Undank war dessen Lohn. Er fiel einer Verschwörung der Camarilla um den greisen Hindenburg zum Opfer und trat am 30. Mai »fünf Schritte vor dem Ziel« zurück.

Sein Nachfolger wurde der zu jenem Zeitpunkt weniger als Politiker denn als Herrenreiter bekannte Franz von Papen, ein Zentrumspolitiker wie Brüning, der das höchste Regierungsamt gegen den Wunsch seiner Partei übernahm. Papen ließ sofort den Reichstag auflösen und setzte Neuwahlen für den 31. Juli an, die den Nationalsozialisten ihren bisher größten Sieg, aber nicht annähernd die absolute Mehrheit brachten, da Hitlers Gewinne in erster Linie auf Kosten der Deutschnationalen gingen. Papen bot Hitler daraufhin das Amt des Vizekanzlers an, doch dieser war entschlossen, aufs Ganze zu gehen.

Im Reichstag erleidet der Kanzler schon bei der ersten Sitzung eine vernichtende Niederlage und läßt danach das Parlament von Hindenburg zum zweitenmal auflösen.
Die nächsten Wahlen am 6. November bringen für die Nazis erstmals einen Rückschlag, aber sie bleiben weiter stärkste Einzelfraktion. Jetzt glaubt Papen, Hitler sei reif für eine Koalition, aber dieser will, wie ein Vierteljahr zuvor, selbst Kanzler werden. Doch Hindenburg lehnt den »böhmischen Gefreiten« als Chef eines Präsidialkabinetts vorerst ab.
Die Chance eines letzten Aufbegehrens gegen den momentan gestoppten nationalsozialistischen Vormarsch bleibt indessen ungenützt: Papen wird von seinem eigenen Kreis gestürzt. General Otto Schleicher wird neuer Reichskanzler. Das wird ihm Papen nie verzeihen, und der »Herrenreiter« arbeitet von nun an konsequent an Schleichers Sturz. Aber noch ist es nicht soweit.
Die österreichische Regierung hat natürlich die Entwicklung in Deutschland mit wachsender Besorgnis verfolgt. Dollfuß möchte sich über die veränderte Lage in Berlin informieren, natürlich diskret. Einen Vorwand für eine Erkundungsmission bietet da eine Einladung an Schuschnigg, ein Referat vor der Deutschen Juridischen Gesellschaft zu halten. Dieser trifft in der von Gerüchten schwirrenden deutschen Hauptstadt nur wenige Wochen vor der Machtübernahme durch Adolf Hitler ein. Obwohl es sich um einen Privatbesuch handelt, wird der Gast von Präsident Hindenburg in Audienz empfangen, wobei allerdings kein Wort über Politik fällt. Er trifft auch mit Kanzler Schleicher und dessen Vorgänger Papen zusammen, der zu Schuschniggs Erstaunen noch immer in der offiziellen Wohnung des Reichskanzlers residiert und »offensichtlich nicht die Absicht hatte, von dort auszuziehen«. Schleicher versichert seinem Gast im Brustton seiner militärischen Überzeugung, die Nazi-Gefahr sei gebannt. Er habe Kontakte zu allen Gruppen – von den Gewerkschaften bis zu dem von Gregor Strasser geführten Flügel der NSDAP.
Heute wissen wir, daß ein »Separatfrieden« mit Strasser durchaus im Bereich des Möglichen lag, daß dieser aber das Feld, nicht zuletzt wegen eines Mißverständnisses, Hitler kampflos überließ.

Soviel für eine nicht genutzte Chance, die Weltgeschichte zu verändern.

Dollfuß blickt jedoch nicht nur nach Deutschland. Von rechts und links bedrängt, sucht er engeren Kontakt zu Italien. Er bittet Mussolini um Waffen, um sich besser verteidigen zu können. Das paßt genau in Mussolinis Pläne, und es fällt ihm leicht, den Wunsch zu erfüllen, weil er genügend österreichische Beutewaffen aus den letzten Tagen des Krieges besitzt – etwas ramponiert, aber noch immer benutzbar. Der Handel darf natürlich nicht bekannt werden, da er gegen die Bestimmungen von St. Germain verstößt, und so einigt man sich auf eine »Umleitung«: Das Kriegsgerät soll mit falscher Deklaration von Italien über Österreich nach Ungarn geschickt werden. Beim Zwischenstopp in Österreich sollen die Waffen instandgesetzt und ein Teil soll an die Heimwehren abgezweigt werden.

Dieses »Service« – immerhin handelt es sich um 50 000 Gewehre und 200 Maschinengewehre – soll in der Hirtenberger Waffenfabrik stattfinden. Die Transaktion wird jedoch am 8. Jänner 1933 in der »Arbeiterzeitung« auf Grund eines Tips von Hirtenberger Arbeitern enthüllt. Das Ergebnis ist eine totale Blamage für die Regierung, und auch Mussolini gerät ins Kreuzfeuer der britischen und französischen Kritik.

Dollfuß betrachtet die Hirtenberger Affäre als eine offene Kriegserklärung der Linken, und Mussolini drängt ihn nun immer stärker, mit dem demokratischen Spuk ein für allemal aufzuräumen.

Die Aufregung legt sich indessen bald, weil Hitler am 30. Jänner 1933 die Macht in Deutschland übernimmt, ein Schritt, der die Weltgeschichte grundlegend verändern wird, wiewohl dies noch niemand zu jenem Zeitpunkt ahnt.

Die österreichischen Nazis sehen jedoch ihr Ziel in greifbare Nähe gerückt und verstärken den Terror auf der Straße, während sie gleichzeitig scheinheilig Neuwahlen fordern. Intern haben sie den Anschluß längst vollzogen. Für sie ist Österreich ein Gau des Reiches und ihr Führer ist konsequenterweise ein Reichsdeutscher, Theo Habicht, übrigens ein ehemaliger Linksextremist.

Dollfuß und Schuschnigg, die sich immer näher kommen, wissen genau, daß sie Neuwahlen nicht riskieren können, obwohl die Nazis bei den allerletzten Landtagswahlen in Vorarlberg am 6. November – am selben Tag hatten sie auch in Deutschland Stimmen verloren – geringere Gewinne als erwartet zu verzeichnen hatten. Die Regierung kann sich aber an fünf Fingern ausrechnen, daß bei einem derartigen Urnengang die Sozialdemokraten als die bei weitem stärkste Partei in den Nationalrat einziehen würden, die eigene Partei jedoch auf den dritten Platz hinter den Nazis abrutschen könnte. Das will sie unter allen Umständen verhindern.

Dem Mann auf der Straße geht es dabei gar nicht um die Politik, sondern ums tägliche Brot. Anfang März treten Österreichs Eisenbahner in den Streik. Die Regierung läßt daraufhin die Bahnhöfe – zum erstenmal seit Kriegsende – vom Bundesheer besetzen.

Naturgemäß wird der Kampf im Nationalrat fortgesetzt. Die Großdeutschen stehen diesmal eindeutig auf Seiten der Linksopposition. Bei der Ministerbesprechung vor der entscheidenden Parlamentssitzung prallen die Meinungen schroff aneinander. Einige Minister fordern ein Einlenken; man möge Gnade (gegenüber den Eisenbahnern) vor Recht walten lassen. Schuschnigg befindet sich unter den »Falken«, wie man sie heute nennen würde: Das Kabinett müsse an ihrem harten Kurs festhalten. Es komme darauf an, die christlichsozialen Arbeitervertreter in der Fraktion dazu zu bewegen, den sozialdemokratischen Mißtrauensantrag nicht durch Stimmenthaltung zum Durchbruch zu verhelfen.

Die Regierung entscheidet sich für Härte. Die Abstimmung im Parlament endet mit einem Patt und einem heftigen Streit über eine angeblich zweimal abgegebene sozialdemokratische Stimme. Der darauffolgende Rücktritt der drei Nationalratspräsidenten führt vorerst zu einer Geschäftsordnungskrise. An eine Staatskrise denkt noch niemand.

Der Nationalrat scheint jedenfalls momentan gelähmt. Was nun? Es ist schwer zu sagen, ob Dollfuß auf diesen Eklat nur gewartet hat, um das Parlament auszuschalten. Er und seine Anhänger sprechen jedenfalls von einer »Selbstausschaltung« der Volksvertretung, die Sozialdemokraten von einer gezielten Ausschaltung der gewählten Repräsentanten des österreichischen Volkes. Und noch heute gehen die beiden traditionellen Lager in ihrer Interpretation der Ereignisse vom 4. März 1933 – deren Bedeutung der damaligen Öffentlichkeit noch gar nicht bewußt war – diametral auseinander.

Neutrale Beobachter sind in dieser Situation Mangelware, wie Ludwig Jedlicka, Gründer des Österreichischen Instituts für Zeitgeschichte an der Wiener Universität, der die Ereignisse in einem Satz treffend zusammenfaßt: »Bestehende verfassungsmäßige Möglichkeiten zur Beilegung der Parlamentskrise wurden bewußt nicht genutzt.«

Jedenfalls sprechen sich die damaligen christlichsozialen Führer – unter ihnen auch Schuschnigg – schon am folgenden Tag dafür aus, vorerst eine Zeitlang ohne Nationalrat zu regieren. Als Mittel zum Zweck dient ihnen neuerlich das ominöse Kriegswirtschaftliche Ermächtigungsgesetz in seiner weitestreichenden Auslegung. Die eher fadenscheinige rechtliche Grundlage hat wieder der spitzfindige Robert Hecht geliefert. Dagegen hätte Schuschnigg, als Justizminister und Jurist in eigenem Recht, eigentlich Einspruch erheben müssen. Doch er tut es nicht und gibt sogar dem Ermächtigungsgesetz gegenüber dem Verordnungsrecht der Bundespräsidenten, das in den Debatten ebenfalls erwähnt wird, den Vorzug. Und zwar in einer noch weiter reichenden Interpretation, welche auch die Vorzensur von Zeitungen und die Beschlagnahme von Publikationen ohne Entschädigung vorsieht. Die Regierung schließt sich dieser Meinung an.

Noch am selben Tag bezeichnet sich das Kabinett per Proklamation als noch im Amt befindlich und von der »Parlamentskrise« nicht betroffen. Präsident Miklas, auf Grund seines Amtseides zur Wahrung der Verfassung verpflichtet, nimmt dies, wenn auch mit offen zur Schau getragenem Widerwillen, zur Kenntnis.

Die von Schuschnigg angeregten autoritären Maßnahmen werden sofort in die Tat umgesetzt. Neben der Einschränkung der

Pressefreiheit wird auch ein Aufmarsch- und Versammlungsverbot verhängt. Nur normale Vereinsveranstaltungen sind von diesem Verbot ausgenommen, wenn sie, wie Schuschnigg bei der nächsten Ministerratssitzung am 9. März betont, »sich innerhalb der normalen Grenzen halten«. Angekündigte Veranstaltungen der Sozialdemokratischen Partei seien jedoch schon nach ihrer Aufmachung als »Trutzversammlungen« anzusehen und daher zu verbieten. Und der Justizminister weist noch auf einen weiteren heiklen Punkt hin: Der Bundesrat sei von der Krise nicht betroffen und seine Anrufung könnte Schwierigkeiten bereiten.

Die Oppositionsparteien suchten indessen einen Ausweg aus der Krise, zu der sie ja wohl selbst, durch das Verhalten ihrer Parlamentspräsidenten, beigetragen hatten. Der letzte amtierende Nationalratsvorsitzende, der Großdeutsche Sepp Straffner, nahm seine Demission zurück und berief eine weitere Sitzung des Parlaments für den 15. März ein.

Im Ministerrat wandte sich gerade Schuschnigg besonders heftig gegen diesen Schachzug. Das Kabinett müsse gegen diesen Schritt öffentlich Stellung beziehen, sonst desavouiere es sich selbst: »Dabei wäre zu unterstreichen, daß die Regierung auf dem Boden der Verfassung stehe und Straffner derjenige sei, der die Verfassung, gelinde gesagt, irrig auslege und sich ein Recht usurpiere.« (Auszug aus dem Protokoll.)

So geschieht es auch. Als sich die Oppositionsabgeordneten am 15. Mai in – oder vor – dem Hohen Haus einfinden, werden diejenigen, die in das Gebäude gelangt sind, von der Polizei gewaltsam vertrieben. Die Präsidententribüne wird von der Exekutive besetzt, um zu verhindern, daß ein Abgeordneter das Präsidium übernehme.

Nun folgt Schlag auf Schlag. Nachdem die Regierung bereits den sozialdemokratischen Wiener Polizeipräsidenten abgesetzt hat – er hatte bei der Parlamentsbesetzung »mangelnden Eifer« gezeigt –, wird am 31. März der Republikanische Schutzbund aufgelöst, und Dollfuß beschließt kurz danach die Aufstellung »freiwilliger Assistenzkörper«, wodurch die Heimwehren durch die Hintertür legalisiert werden.

International erregen diese Maßnahmen nur wenig Aufsehen. Sie muten geradezu milde an, verglichen mit dem, was sich gleichzeitig im Deutschen Reich abspielt, wo der unter schwerstem Terror »gewählte« neue Reichstag dem »Führer« diktatorische Vollmachten eingeräumt hat.

Bereits am 13. März ist Dollfuß zu seinem ersten Treffen nach der totalen Machtübernahme nach Rom gefahren, wo er von Mussolini mit offenen Armen aufgenommen wird, der ihm zu den getroffenen Maßnahmen gratuliert. Auch auf persönlicher Ebene entwickelt sich ein Nahverhältnis, das sich für Österreich noch schicksalhaft auswirken wird. Überdies bietet der Duce nicht nur militärische, sondern auch wirtschaftliche Hilfe, die in den folgenden Jahren einen Pfeiler der österreichischen Wirtschaftspolitik bilden wird.

Allerdings gibt es kein direktes Nahverhältnis zwischen den Ländern Österreich und Italien. Die »Hot-Line« zum Duce wird immer persönlich nur von Dollfuß und Starhemberg benützt. Wer Schuschnigg ist, hat der Duce wahrscheinlich zu jenem Zeitpunkt gar nicht gewußt.

Kurz nach der Dollfußreise halten Österreichs Sozialdemokraten in einer kampfbetonten Stimmung ihre letzte Landeskonferenz ab. Der Kanzler reagiert darauf mit einem Streikverbot. Bei 365 000 Arbeitslosen kann er sich das leisten.

Er wagt es sogar, den traditionellen Maiaufmarsch der Sozialisten durch militärische Absperrmaßnahmen zu verhindern. Die »Roten« reagieren mit einem »Bummelkorso«, den sie nunmehr regelmäßig wiederholen. Von einer Machtdemonstration ist dies aber weit entfernt.

Die rechte Opposition hat die Gewaltmaßnahmen gegen die Linke begrüßt. Und dies verleitet den Kanzler zu einem Fehler. Zum letztenmal gestattet er einen freien Wahlgang – zum Innsbrucker Gemeinderat. Das Ergebnis ist eine katastrophale Niederlage für die in Tirol so siegesgewohnten »Schwarzen«. Die Nationalsozialisten werden mit 40 Prozent der Stimmen stärkste Partei, ein Schlag, der nicht nur die Tiroler Volkspartei, sondern auch den Wahlinnsbrucker Schuschnigg besonders hart trifft.

Zur Ehrenrettung der Christlichsozialen muß gesagt werden, daß der autoritäre Kurs der Regierung von dem noch immer aktiven demokratischen Flügel innerhalb der Partei scharf mißbilligt wird. Beim Bundesparteitag vom 5. bis 7. Mai setzt sich jedoch der autoritäre Flügel eindeutig durch und spricht Dollfuß volles Vertrauen aus.

Dieser Rechtsdruck manifestiert sich schon wenige Tage später bei der Umbildung des Kabinetts Dollfuß. Schuschniggs Position – er hatte in den vorhergegangenen Monaten, unauffällig wie es seine Art war, seine eigene Stellung gefestigt – ist dadurch nicht betroffen. Seine Macht wird sogar verstärkt, durch die zusätzliche Übernahme des Unterrichtsministeriums (dessen Chef, der ehemalige steirische Landeshauptmann Anton Rintelen, nach Rom abgeschoben wird). Nicht zuletzt weil der Kanzler, gerade nach der Innsbrucker Schlappe, einen Tiroler in der Regierung dringend braucht.

Aufgewertet wird aber auch die Stellung der Heimwehr. Fey avanciert zum Minister für das Sicherheitswesen, und ein weiterer Rechtsaußen, Starhembergs ehemaliger Adlatus Neustädter-Stürmer, wird gleich doppelter Staatssekretär im Sozial- und Handelsministerium.

Da die Sozialdemokraten nicht mehr an eine ordnungsmäßige Wiederbelebung des Parlaments glauben, rufen sie nun über die Wiener Landesregierung den noch amtierenden Verfassungsgerichtshof an. Dollfuß kontert, indem er die den Christlichsozialen nahestehenden Richter aus dem Senat abruft. Der Gerichtshof ist dadurch lahmgelegt. Bundespräsident Miklas fordert die Ernennung von neuen Verfassungsrichtern, doch diesmal ist es Schuschnigg, der sich als Chef des Justizressorts querlegt.

Gleichzeitig werden die Beamten an die Kandare genommen und Schuschnigg ist es auch, der sich gegen die weitere Abhaltung von Betriebsratswahlen ausspricht. Später wird gerade er als Kanzler versuchen, die mehr oder weniger freie Wahl von Betriebsräten als Mittel zur vorsichtigen Erweiterung seiner Regierung nach links zu forcieren. Die Neuwahl von Landtagen war schon sistiert und dann auf Dauer ausgeschlossen worden.

Wobei der Historiker Anton Hopfgartner, der Schuschnigg sicher nicht böse gesinnt ist, diesem einen maßgeblichen Anteil am systematischen Aufbau des autoritären Regimes beimißt. Das Verhältnis zwischen Bund und Ländern hätte jedoch eine mäßigende Rolle gespielt.
Ihren wachsenden Machtanspruch wollen die Heimwehren durch einen Großaufmarsch am 14. Mai dokumentieren, der durch die demonstrative Teilnahme des Bundeskanzlers einen offiziellen Anstrich erhält. Gleichzeitig kommt es zu einer weiteren Verschärfung der Beziehungen zum Deutschen Reich. Hitlers »Reichsjustizkommissar« Hans Frank wird aus Österreich ausgewiesen, nachdem die heimischen Nazis seinen Besuch in eine Propagandatournee umfunktioniert hatten. Die Visite Franks fällt übrigens mit dem Abschluß eines Schutz- und Trutz-Bündnisses zwischen den Nationalsozialisten und den Großdeutschen zusammen, welches das Ende dieser traditionsreichen Partei bedeutet.
Dollfuß arbeitet indessen konsequent am Ausbau seines neuen Systems. Am 20. Mai hebt er die »Vaterländische Front« aus der Taufe, von der vorerst niemand genau weiß, was sie darstellen soll. Immerhin gibt es ja noch die alten Parteien. Dennoch ist es gerade Schuschnigg, der die Gründung der »VF« in verschiedenen Ansprachen begrüßt. Er will sie nicht als eine Art faschistische Partei angesehen wissen, sondern als Sammelbewegung aller staatstragenden Kräfte. Sie entwickelt sich jedoch sehr langsam und dringt eigentlich nie als Alternative zu den Parteien in das Bewußtsein der Österreicher ein. Noch ist die Konkurrenz zu groß und ihre Konzepte sind zu vage. Nur die Kommunistische Partei wird eine Woche später als erste politische Gruppierung aufgelöst.
Da die Großdeutsche Partei als politische Kraft de facto ausgeschieden ist und eine Versöhnung mit den Sozialdemokraten nunmehr unmöglich erscheint, glaubt sich Dollfuß gezwungen, trotz der immer aggressiveren Politik des Dritten Reiches mit den Nazis, sowohl in Österreich als auch jenseits der Grenze Kontakt aufzunehmen.
Dabei spielt Schuschnigg von Anfang an eine wichtige Rolle –

zumindest als Zwischenträger. Hier müssen wir etwas zurückgreifen: Schon vor der Kabinettsumbildung im Mai fand im Unterrichtsministerium – damals noch unter dem windigen Rintelen – ein erstes Zusammentreffen zwischen Nazichef Habicht und Regierungsvertretern statt, darunter auch Schuschnigg.
Dazu der damalige Justizminister in einem späteren Gespräch mit dem Historiker Jagschitz: »Dollfuß hat mich persönlich beauftragt dabeizusein. Bei dieser Gelegenheit stellte sich heraus, daß die Forderungen der Nazis natürlich unerfüllbar waren und sie eigentlich auf einen politischen Umsturz abzielten. Habicht sagte, daß man Dollfuß im Amt belassen würde. Wir müßten uns jedoch von der Heimwehr trennen und dafür Nationalsozialisten in die Regierung aufnehmen. Ich war derjenige, der sagte, dies wäre eine Felonie, so etwas könne man in der Politik nicht machen. Ich bekam zur Antwort: ›Sie würden sich wundern, denn die Heimwehr hat die gleichen Ideen.‹ Dabei ist es geblieben. Eine weitere Kontaktaufnahme, an der ich beteiligt war, gab es damals nicht.«
Nach diesem erfolglosen Gespräch verschärfen die Nazis – von innen und außen – den Druck. Hitler reagiert auf die Ausweisung Hans Franks mit der Verhängung der berüchtigten Tausend-Mark-Sperre. Das heißt, deutsche Touristen, die Österreich besuchen wollen, müssen tausend Mark, damals eine gigantische Summe, hinterlegen. Was zu katastrophalen Verlusten für die österreichische Fremdenverkehrswirtschaft, besonders in den westlichen Bundesländern, führt.
Nun herrscht zwischen der Regierung und den Nazis ein offener, wenn auch nicht erklärter Krieg. Am 13. Juni wird Habicht als »unerwünschter Ausländer« nach Deutschland abgeschoben, und in der folgenden Woche – Dollfuß befindet sich gerade bei einer Weltwirtschaftskonferenz in London – wird die österreichische NSDAP nach einem blutigen Anschlag auf katholische Turner in Krems verboten. Und, im gleichen Aufwaschen, löst die Regierung den steirischen Heimatschutz auf, der vollends ins Nazi-Lager übergelaufen war.
In jenen Tagen hatte der immer radikalere Antisemitismus –

nicht nur auf seiten der erklärten Nazis – unter den österreichischen, besonders den Wiener Juden wachsende Besorgnis hervorgerufen. In den Augen der Öffentlichkeit waren die österreichischen Juden zumeist pauschal mit den Sozialdemokraten identifiziert worden, nicht zuletzt weil die prominentesten sozialistischen Führer wie Otto Bauer und Julius Deutsch jüdischer Abstammung waren. In Wirklichkeit gab es innerhalb der jüdischen Gemeinde verschiedene politische Strömungen, sieht man von den an der Politik desinteressierten Orthodoxen ab. Die Zionisten sollten erst einige Jahre später die Dominanz in der Israelitischen Kultusgemeinde, der offiziellen Vertretung, gewinnen.

Ende Mai 1933 suchte das Gremium der jüdischen Kaufmannschaft, also die inoffiziellen Repräsentanten der bürgerlichen Juden, Kontakt zur Regierung. Bezeichnenderweise wandte sich der Präsident dieser Organisation, A. M. Ehrlich, mit einer längeren Denkschrift nicht an den Kanzler, sondern an Schuschnigg, wahrscheinlich weil sich dessen ablehnende Haltung gegenüber dem Judenhaß bereits herumgesprochen hatte. Darin wurde die positive Haltung der österreichischen Juden, besonders in der Wirtschaft des Landes, hervorgehoben – auch als Arbeitgeber für Tausende nichtjüdische Angestellte. »Mit diesem Österreich enger verbunden als alle ihre Verfolger, werden wir unbeirrbar auch weiterhin zu jenen Elementen gehören, die dem Staat und allen Bürgern zum Nutzen und zur Ehre gereichen.«

Schuschnigg bedankte sich höflich und unterhielt weiterhin laufend Kontakte zu bürgerlichen jüdischen Gruppen, besonders zum »Bund jüdischer Frontkämpfer«, für den er als alter Soldat verständlicherweise besondere Sympathie zeigte.

Später suchte der ehemalige Unterrichtsminister Emmerich Czermak im Auftrag Schuschniggs Kontakte zu »nationalen Juden«, die damals von Oskar Karbach geführt wurden. In einem Schreiben an Karbach erklärte der Ex-Minister: ». . . Wir begegnen dem jüdischen Volk und auch seiner nationalen Religion gerne mit voller Achtung. Wir wollen sie geschützt sehen, aber auch uns selbst schützen. Nicht etwa vor den Bekennern der jüdischen Religion und Nation, sondern vor den national und religiös heimatlos gewordenen Schädlingen, welche an der Zerstörung der ihnen unverständlich gewordenen Werte des eigenen und des Wirtsvolkes Schuld tragen.«

Mit »Schädlingen« waren offensichtlich die »roten« Juden gemeint. In dieser Hinsicht hatte sich seit Luegers berühmtem Ausspruch »Wer a Jud' ist, bestimm' ich« nichts geändert.

Jahre später bezog sich der angesprochene Karbach auf Czermaks Brief: »Im Rückblick muß festgestellt werden, daß der Ständestaat die Juden auf politischem und rechtlichem Gebiet unangetastet gelassen hat... Andererseits muß aber festgehalten werden, daß Versuchungen, den antijüdischen Kurs des Dritten Reiches in Österreich zu kopieren oder einen spezifisch österreichisch-katholischen Antisemitismus herauszuarbeiten, dadurch leicht zu bekämpfen waren, da es sich die belagerte Alpenrepublik... einfach nicht leisten konnte, auf diesem Gebiet gefährliche Experimente zu unternehmen. Die Regierung war sich sehr wohl bewußt, daß derartige Improvisationen die Lebensdauer des Ständestaates auch nicht um einen Tag verlängern, wohl aber möglicherweise verkürzen würden.«

Einer Einschätzung, der Schuschnigg selbst in seinem letzten Buch »Im Kampf gegen Hitler« beipflichtet und gleichzeitig betont, ernste Schwierigkeiten mit jüdischen Organisationen, insbesondere der Kultusgemeinde, hätte es in den Jahren 1933 bis 1938 nicht gegeben. Spitzen der Wiener Kultusgemeinde, wie Desider Friedmann, hätten auch versucht, die Hilfe und Unterstützung des internationalen Judentums für den österreichischen Kampf um die Unabhängigkeit und gegen den Nationalsozialismus zu erreichen sowie der Legende von der angeblich judenfeindlichen Haltung des österreichischen Regimes entgegenzuwirken.

Wenn Schuschnigg persönlich diese Bestrebungen bei einem Gespräch mit Friedmann begrüßte, so war diese Einstellung nicht bei allen Vertretern der Regierung offenkundig. Wie ein Beispiel aus Washington zeigt: Eine Delegation amerikanischer Juden sprach beim österreichischen Gesandten Edgar Prochnik vor und

machte sich erbötig, amerikanische Aufträge, die bisher an Deutschland gegangen waren, nach Österreich umzuleiten. Prochnik, der in den Märztagen von 1938 noch eine undurchsichtige Rolle spielen sollte, zeigte sich aber reserviert und, in seinen Bericht an das Außenministerium in Wien, sogar abwertend.
Angesichts der deutschen Wirtschaftsblockade – denn darauf lief die Tausend-Mark-Sperre hinaus – war Österreich noch mehr auf seinen einzigen Verbündeten, Benito Mussolini, angewiesen, denn von den Ungarn war mehr als Sympathie nicht zu erwarten. Im August 1933 traf Dollfuß neuerlich mit dem Duce, diesmal in Riccione an der Adria, zusammen. Wieder betonte Mussolini seine Sympathie für Österreich und erklärte sich bereit, jenseits der politischen Absicherungen, die Importe aus Österreich zu erhöhen.
Derart abgesichert, fühlte sich Dollfuß politisch gestärkt. Kaum war die Sommerpause zu Ende, da verkündete er am 11. September bei einer Massenversammlung auf dem Wiener Trabrennplatz sein politisches Ziel: Die Errichtung eines »sozialen, christlichen, deutschen Staates Österreich auf ständischer Grundlage unter starker autoritärer Führung«, gegen Marxismus, kapitalistische Weltordnung, Nationalsozialismus und Parteienherrschaft.
Ob sich irgend jemand, sogar unter den Anhängern der Regierung, unter dieser monströsen Wortkombination etwas Konkretes vorstellen konnte, muß aus damaliger und heutiger Sicht bezweifelt werden. Zumindest im Vergleich mit den einfachen, populistischen Parolen der Rechten und Linken. Sogar das rein austrofaschistische Programm der Heimwehren war leichter zu verstehen. So rühmte sich Starhemberg: »Den Kampf gegen den Nationalsozialismus habe ich allein geführt.«
Dollfuß genoß jedenfalls das Bad in der Menge. Vom 8. bis 12. September fand in Wien der große Katholikentag statt, der von der Regierung für ihre eigenen Zwecke genutzt wurde, ebenso wie die gleichzeitigen Feiern des 250. Jahrestages des Entsatzes von Wien von der Türkenbelagerung. Bei dieser Gelegenheit überließ der Kanzler, der nicht überall gleichzeitig sein konnte,

Schuschnigg das Hauptreferat, wobei dieser, im Einklang mit seiner Schwäche für das »höhere Deutschtum«, auch auf die »Sendung des deutschen Volkes« zu sprechen kam. Was in Berlin wohlwollend bemerkt wurde.
Die Kontakte zu den Nationalsozialisten waren nämlich nicht, wie Schuschnigg nach dem fehlgeschlagenen ersten Treffen geglaubt hatte, abgebrochen. Nur beabsichtigte Dollfuß, nunmehr über die Köpfe der österreichischen Nazis hinweg, mit deren Drahtziehern im »Altreich« zu verhandeln.
Im Oktober erhielt er einen Wink, daß die oberste deutsche Führung zu Gesprächen bereit wäre, wobei der Name Schuschnigg als Kontaktmann genannt wurde. Auf Wunsch des Kanzlers war dieser dazu bereit. Am 31. Oktober sollte er Hitler in München treffen, um eine Zusammenkunft zwischen dem »Führer« und Dollfuß in die Wege zu leiten.
Der damalige Justiz- und Unterrichtsminister will sich an dieses Zwischenspiel genau erinnern: »Dollfuß hat mir gesagt: ›Bist Du bereit hinauszufahren?‹ Ich war natürlich sehr überrascht und gar nicht erfreut. Notabene sollte der Zug nach München bereits in einer Stunde abfahren.«
In München angekommen, mußte der Gast feststellen, daß er von niemandem von Rang oder Namen erwartet wurde. Hitler war gar nicht in der bayerischen Metropole. Letztlich kam doch ein Treffen mit »Führer-Stellvertreter« Rudolf Heß zustande, das aber völlig ergebnislos blieb. Wer Dollfuß den Floh ins Ohr gesetzt hat, ist bis heute unklar.
Die Zeit ist nun reif für eine große Kabinettsumbildung. Die alte Garde wird ausgebootet, so Landbund-Vizekanzler Franz Winkler, der dem Kanzler diese Demütigung sehr übel nimmt. Nicht besser ergeht es Ex-Kanzler und Heeresminister Vaugoin, der mit einem Wirtschaftsposten großzügig entschädigt wird. Großer Aufsteiger ist Fey, der es bis zum Vizekanzler bringt. Ruhender Pol bleibt Schuschnigg, der vorerst seine beiden Ressorts behält. Und Dollfuß wird sein eigener Heeresminister.
Erster Schritt der neuen Regierung ist die Errichtung von Anhaltelagern für politische Gegner. Das erste wird in Wöllersdorf,

südlich von Wien, errichtet, das später von den Nazis mit ihren eigenen Konzentrationslagern verglichen wird, nicht zuletzt als Rechtfertigung dieser Einrichtung. All jene, die durch beide Lager gegangen sind – und das sind viele –, sind sich in einem Punkt einig: »Beides versucht, kein Vergleich.«
Tatsächlich wird Wöllersdorf sogar von einstigen Häftlingen als eher »gemütliches Lager« beschrieben, wobei sich die Lebensbedingungen der Insassen durchaus mit jenen in einer Kaserne messen konnten.
Die Sitten sind indessen rauher geworden. Am 3. Oktober 1933 verübt der Nationalsozialist Rudolf Dertil einen Anschlag auf Dollfuß, der jedoch mit einer leichten Verwundung davonkommt. Die NS-Führung spricht von der »Tat eines Einzelgängers«, und die Regierung strengt sich nicht gerade an, die Hintermänner zu ermitteln.
Kurz darauf hält die Sozialdemokratische Partei ihren letzten Parteitag unter strenger Polizeikontrolle und mit beträchtlichen Behinderungen ab. Wobei die wachsende Distanz zwischen der auf Beschwichtigung hinarbeitenden Parteiführung und der immer radikaleren Basis von der Regierung mit einer gewissen Schadenfreude registriert wird, die sicherlich fehl am Platze ist. Der einzige konkrete Beschluß des Parteitags betrifft die Streichung des Anschlußparagraphen aus dem Parteiprogramm. Es ist übrigens ein halbherziger Entschluß, der sich nur gegen Hitler-Deutschland richtet. Dem Traum vom Anschluß an ein demokratisches Deutschland werden Österreichs Sozialdemokraten erst ganze zehn Jahre später, nach der Moskauer Vier-Mächte-Deklaration von 1943, endgültig abschwören.
Auf die Regierung macht dies keinen Eindruck. Sie setzt konsequent ihren autoritären Kurs fort. Im November 1933 wird die 1919 abgeschaffte Todesstrafe bei Anwendung des Standrechts wiedereingeführt, eine Maßnahme für die sich Schuschnigg im Kabinett stark gemacht hat. So schrieb der Minister in einem Artikel in der offiziellen »Wiener Zeitung« am 12. November unter der Überschrift »Warum Einführung der Todesstrafe«: »Es kann nun gar nicht geleugnet werden, daß weit über die Unter-

schiede der politischen Meinungen im einzelnen hinaus, die Wiedereinführung der Todesstrafe von der österreichischen Bevölkerung als derzeit notwendig empfunden wird.«
Die Proteste blieben relativ leise. Einer der wenigen aus dem Ausland kam (über die Gesandtschaft in London) vom »National Council for the Abolition of the Death Penalty«. Schuschniggs Ministerium antwortete mit einer langen Darstellung, in der darauf hingewiesen wurden, daß unmittelbar nach dem Krieg die Abschaffung der Todesstrafe nur im ordentlichen Verfahren beschlossen worden sei. Auf standrechtliche Verfahren habe sich diese Aufhebung nie bezogen. Mit der Wiedereinführung habe Österreich sein Strafrecht jenem der benachbarten Staaten angeglichen: »Das Deutsche Reich, Ungarn und die Tschechoslowakei hatten bekanntlich dieses äußerste Mittel im ordentlichen Verfahren stets beibehalten. Italien aber hat sich genötigt gesehen, die Todesstrafe ebenfalls wieder einzuführen.«
Die Initiative zur Wiedereinführung der Todesstrafe war nicht allein von der Regierung befürwortet worden. Die großdeutschen Abgeordneten in beiden Kammern hatten bereits im Mai 1932 eine entsprechende Vorlage eingebracht, wobei im Nationalrat lobend auf einen ähnlichen Schritt im Deutschen Reichstag hingewiesen wurde. Ausdrücklich wurde dabei die Todesstrafe nicht nur für gemeinen Mord, sondern auch »Hochverrat gegenüber deutschen Nationen« und für jegliche Art von »Anschlägen gegen die nationale Freiheit und Unabhängigkeit unseres Staats und unserer Wirtschaft, also insbesondere Bankverbrecher, Wucherer, Schieber, Spekulanten und andere Wirtschaftsattentäter« gefordert.
Damals fühlte sich die Regierung noch stark genug, um diese demagogische Initiative abzulehnen, die ohnehin am Widerstand der Sozialdemokraten gescheitert wäre.
In der offiziellen Sprachregelung gegenüber ausländischen Journalisten wurde sodann die Wiedereinführung der Todesstrafe als Abschreckungsmaßnahme gegen nationalsozialistische Terroristen dargestellt. Die Praxis sah vorerst anders aus. Im Dezember 1933 wurde der Sohn eines Großbauern für einen besonders

bestialischen Mord an einer Dienstmagd zu Tode verurteilt. Jetzt war Justizminister Schuschnigg am Zug, denn es war seine Aufgabe, eventuelle Begnadigungsanträge an den Bundespräsidenten weiterzuleiten, der aus Eigenem nicht aktiv werden konnte. Die Bauern aus der Umgebung der Mordtat übten einen starken Druck auf den Minister aus: Er möge den »Buben« doch begnadigen. Und trotz der erschwerenden Umstände der Tat gab Schuschnigg nach. Der Großbauernsohn wurde begnadigt.

Ein ganz anderer Maßstab wurde im nächsten Fall angewendet. Ein Landstreicher namens Peter Strauß wurde ebenfalls zum Tod verurteilt, obwohl er nur einen Heuschober jenes Bauern angezündet hatte, der ihn zuvor herausgeschmissen hatte. Der Täter war überdies grenzdebil, nicht imstande, die Schwere seiner Tat zu ermessen, wie sogar das Gericht feststellte. Dennoch blieb Schuschnigg in dieser Causa beinhart und weigerte sich, einen Gnadenantrag zu stellen. Am 11. Jänner 1934 wurde Strauß zum Galgen gezerrt. Es war die erste Hinrichtung seit der Abschaffung der Todesstrafe.

Schuschnigg verteidigte seinen Entschluß mit dem Hinweis, eine weitere Begnadigung hätte die Glaubwürdigkeit der Regierung und der Gerichte untergraben. Dennoch sprach die Opposition von »Klassenjustiz«, eine Meinung die auch von Auslandskorrespondenten, insbesondere deren inoffiziellen Doyen, dem Briten G. E. R. (»Eric«) Gedye, geteilt wurde, einem der scharfsichtigsten, wenn auch nicht immer ganz objektiven Beobachter der österreichischen Szene.

Anfang Jänner 1934 nahm Dollfuß wieder Gespräche mit den Nationalsozialisten auf, doch auch diese Runde blieb erfolglos. Nach einer neuerlichen Welle des Nazi-Terrors machten Dollfuß ein letztes Koalitionsangebot an die »ehrlichen Arbeiterführer« zum gemeinsamen Kampf für Österreichs Unabhängigkeit. Allein schon die Formulierung – eine offene Absage an die Führerschaft der österreichischen Sozialdemokratie – machte eine Annahme unmöglich. Wie ehrlich das Angebot gemeint war, läßt sich, angesichts der knapp bevorstehenden dramatischen Ereignisse, nicht eindeutig feststellen.

Am 18. Jänner 1934 traf ein wichtiger Gast in Wien ein: Mussolinis Staatssekretär für Auswärtige Angelegenheiten, Fulvio Suvich. Der Inhalt der Gespräche des de facto-Außenministers mit Dollfuß ist umstritten, da auch die Protokolle in dieser heiklen Angelegenheit keinen vollen Aufschluß geben. »Linke« Historiker behaupten jedenfalls, Suvich hätte dem Kanzler den »Befehl« Mussolinis überbracht, die österreichische Sozialdemokratie endgültig zu liquidieren, um Peinlichkeiten wie die Hirtenberger Waffenaffäre ein für allemal unmöglich zu machen. Suvich selbst bestritt später, die Anwendung von Gewalt direkt gefordert zu haben, gab jedoch zu, weitere italienische Hilfe von der Ausschaltung der Sozialdemokraten abhängig gemacht zu haben. Wie dem auch sei, der Suvich-Besuch ermutigte die Heimwehren, ihren radikalen Kurs gegenüber dem Kabinett und besonders den Landesregierungen zu verschärfen. Schon am 10. Jänner hatte Starhemberg die »uneingeschränkte Durchsetzung der faschistischen Ideenwelt« zum Ziel seiner Bewegung erklärt. Knapp vier Wochen später erzwang die Tiroler Heimwehr die Umwandlung der konservativen Landesregierung in einen autoritären Landesausschuß. Worauf zwei Tage später die oberösterreichischen Heimwehren diesem Beispiel folgten.
Dennoch verteidigt Schuschnigg seinen damaligen Mitkämpfer Starhemberg. Dieser sei kein Faschist im eigentlichen Sinn gewesen.
Jedenfalls richteten sich die Operationen der Exekutive nach dem Suvich-Besuch fast ausschließlich gegen Einrichtungen der Linken und nicht der Nazis. Am 8. Februar kam es zu umfangreichen Razzien in sozialdemokratischen Parteibüros und Jugendheimen. Gleichzeitig wurden alle bekannten höheren Führer des zwar aufgelösten, aber in der Praxis noch immer aktiven Schutzbundes verhaftet, darunter der eigentliche Kommandant Major a. D. Alexander Eifler, der Sohn eines hohen k. u. k. Offiziers. Der politischen Führung der Sozialdemokratie mußte es klar sein, daß es sich hier nicht um die üblichen sporadischen Aktionen, sondern um eine konzertierte Operation handelte. Dennoch blieb sie gespalten, gelähmt oder zumindest inaktiv.

Daran änderte sich auch nichts, als Leopold Kunschak, der Führer des demokratischen Flügels der Christlichsozialen im Wiener Gemeinderat, eine ausgesprochen versöhnliche Rede hielt und auch Ex-Bundeskanzler Rudolf Ramek in einem Gespräch mit sozialdemokratischen Vertretern herbe Kritik an den Scharfmachern in der Regierung und den Heimwehren übte. Die beiden waren längst zu Anachronismen im eigenen Lager geworden.
Am 11. Februar hielt Sicherheitsminister Fey als Führer der Wiener Heimwehren in Großenzersdorf eine Rede, die in die Geschichte eingegangen ist – wegen eines einzigen Passus: »Wir werden morgen an die Arbeit gehen und ganze Arbeit leisten.« Die meisten Historiker, unter ihnen alle aus dem linken Lager, interpretieren die Aussage als Signal für den Beginn des blutigen Bürgerkriegs, der am nächsten Tag ausbrechen und den Anfang vom Ende Österreich bilden sollte. Einige konservative Historiker meinen indes, Fey, den übrigens kein geringerer als sein Intimfeind Starhemberg als Hauptverantwortlichen für den blutigen Februar bezeichnet, sei falsch interpretiert worden. Sein »an die Arbeit gehen« hätte sich nicht gegen die Sozialdemokraten, sondern die noch immer amtierenden demokratischen Landesregierungen gerichtet.
Lassen wir die Tatsachen für sich sprechen: Am Tag der Fey-Rede meldete der oberösterreichische Sozialistenführer Richard Bernašek der Wiener Zentrale, er habe Informationen erhalten, wonach die Exekutive am folgenden Tag eine Waffensuche im Linzer Parteiheim, dem Hotel Schiff, plane. Und daß er sich dieser Aktion mit Waffengewalt widersetzen werde, nachdem der oberösterreichische Landeshauptmann jede Einmischung verweigert hätte.
Otto Bauer und Genossen sandten sofort ein Chiffretelegramm nach Linz, um Bernašek von einem Zusammenstoß mit den überlegenen Kräften der Exekutive abzuhalten. Es war jedoch zu spät. Bernašek, des ewigen Nachgebens der Parteibosse müde, gab die Devise »Bis hierher und nicht weiter« aus. Als die Polizisten in das Parteilokal eindringen wollten, wurde »zurückgeschossen«.

Der Rest ist Geschichte: Innerhalb von Stunden breiteten sich die Zusammenstöße auf Wien und andere »rote« Hochburgen in Ostösterreich aus. Bei aller Tapferkeit, die auch von einem Gegner wie Starhemberg gewürdigt wurde, hatten die Schutzbündler gegen die Panzer und Artillerie des Bundesheeres (deren Granaten allerdings nicht mit Sprengköpfen versehen waren) und der gesammelten Heimwehren keine Chance. Überdies war die oberste Kommandostruktur durch die vorhergegangene Verhaftung der militärischen Führer schon vor dem 12. Februar gelähmt. Auch der Ruf nach einem Generalstreik blieb praktisch unwirksam, weil das Abschalten des Stroms durch die Wiener Elektrizitätsarbeiter die Druckerpressen des sozialdemokratischen »Vorwärts«-Verlags lahmlegte. Überdies war die Idee eines Generalstreiks in einem Land mit rund einer halben Million Arbeitslosen a priori nicht populär.

Die Hoffnung der Verteidiger einiger Wiener Gemeindebauten auf militärische Hilfe aus der Tschechoslowakei erwies sich als Chimäre. Die Prager Regierung dachte gar nicht daran, zu intervenieren. Der maximale Beweis ihrer Sympathie bestand in der Bereitschaft, Otto Bauer und Julius Deutsch am dritten Tag der Kämpfe aufzunehmen – eine Flucht, die von der österreichischen Regierungspropaganda als »Im-Stich-lassen der braven Arbeiter« weidlich ausgenutzt wurde. Mochte darin ein Körnchen Wahrheit liegen, die Behauptung, das linke Führergespann hätte auch das Vermögen der Partei in die Tschechoslowakei gebracht, war eine reine Lüge.

Die »Schuldfrage« für die Februartragödie ist bis heute umstritten. War es eine Provokation der Regierung und der Heimwehr auf Geheiß Mussolinis oder ein legitimes Vorgehen gegen illegale Wehrformationen der Linken?

Die meisten Historiker lasten die Hauptschuld Fey an. Eklatante Unterschiede ergeben sich jedoch in der Beurteilung der Ereignisse durch Diplomaten und Auslandsjournalisten, die damals in Wien akkreditiert waren: Die meisten Gesandtschaftsberichte geben weitgehend die Regierungsversion wieder, die Korrespondenten dagegen bürden die Last der Verantwortung dem Regime auf. Wobei verschiedene Minister unterschiedliche »Noten« erhalten. Gedye, sicher kein Freund des Regimes, zum Beispiel, spricht Schuschnigg von jeder Verantwortung für die Kämpfe frei, nicht aber für die darauffolgenden Standgerichtsurteile, von denen noch die Rede sein wird. Er sieht die Hauptschuldigen in Dollfuß und Fey.

Was die »Initialzündung«, also den Ausbruch der Kämpfe betrifft, so weist Schuschnigg daraufhin, daß der Befehl zur Aktion gegen das Hotel Schiff vom oberösterreichischen Sicherheitsdirektor Hans Hammerstein-Equord gegeben wurde, einem besonders integren Beamten und späteren patriotischen Politiker. Der Ex-Kanzler schließt jedoch nicht aus, daß Hammerstein lediglich Instruktionen seines Chefs, Sicherheitsminister Fey, befolgte.

Noch während der Kämpfe in Wien und anderen Industriestädten setzte eine gewaltige Verhaftungswelle ein. Die Liste der Festgenommenen liest sich heute wie ein »Who's Who« der österreichischen Sozialdemokratie: Nationalratspräsident Karl Renner, um dessen auf dem Papier noch immer bestehende parlamentarische Immunität sich niemand kümmerte, der spätere Bundespräsident General a. D. Theodor Körner, Wiens Bürgermeister Karl Seitz, der spätere Innenminister der Zweiten Republik Oskar Helmer, der im KZ umgekommene Robert Danneberg und ein Dutzend andere. Als Draufgabe wurde gegen Otto Bauer und Julius Deutsch Anklage erhoben, denen man auch Veruntreuung vorwarf.

Enttäuschend für die Exekutive verlief die Durchsuchung der seit dem März 1933 unbenützten Klubräume der Sozialdemokraten im Parlament. Dort wurden lediglich 17 zerbrochene Polizeisäbel gefunden, offensichtlich Relikte aus der Zeit der Justizpalast-Unruhen.

Ebenso unbefriedigend für die Regierung erwies sich die Prüfung der bei etlichen Razzien in sozialdemokratischen Einrichtungen gefundenen Dokumente. So bewies ein Protokoll der Sitzung der Parteiexekutive vom 7. Jänner 1934, daß die Sozialdemokraten durchaus bereit waren, bei einer Rückkehr zur Verfassungsmä-

ßigkeit im Falle einer nationalsozialistischen Bedrohung ihre wehrfähigen Kräfte dem Kommando der staatlichen Organe zu unterstellen. Weiter hieß es in dem Protokoll: »Hätte die Sozialdemokratie das gegenwärtige Regierungssystem mit ähnlichen Waffen bekämpft, wie jene, die die Nationalsozialisten verwendet haben und verwenden, so wäre der Staatsapparat sicherlich nicht imstande gewesen, den Abwehrkampf gegen die Sozialdemokratie und die Nationalsozialisten gleichzeitig zu bestehen.«
Gemäßigte Sozialdemokraten gingen sogar noch weiter. Renner und Helmer gaben bei ihrer Vernehmung durch die Polizei an, die Partei wäre bereit gewesen, eine starke Regierung der konservativen Kräfte mit Sondervollmachten zu tolerieren. Seitz hätte sich dieser Ansicht angeschlossen und wäre gewillt gewesen, die Zustimmung der Sozialdemokraten in der zweiten Jännerhälfte bekanntzugeben. Dazu sei es wegen verschiedener Polizeiaktionen nicht mehr gekommen, wiewohl die gemäßigten »Roten« noch immer auf den mäßigenden Einfluß der alten Christlichsozialen gesetzt hätten. Eine ähnliche Ansicht vertrat übrigens der spätere Generalsekretär der Vaterländischen Front, Guido Zernatto, in seinen Memoiren.
Bekannt wurden die Dokumente und Vernehmungsprotokolle allerdings erst vor etlichen Jahren, als die relevanten Akten im Staatsarchiv von der bisherigen Sperre befreit wurden. Die Verschwörungstheorie der »Roten« läßt sich somit schwer aufrechterhalten.
Doch zurück zur Februar-Tragödie von 1934. Schon wenige Stunden nach Ausbruch der Kämpfe hatte die Regierung die Sozialdemokratische Partei aufgelöst, doch die Feindseligkeiten gingen weiter. Erst ein Amnestieangebot bewog die letzten Kämpfer, die Waffen niederzulegen.
Was die Verluste betraf, so gingen die Angaben beziehungsweise Schätzungen weit auseinander. Der amerikanische Gesandte in Wien, George Earle, der sich zur Zeit der Kämpfe in den USA befunden hatte, doch sofort zurückgekehrt war, berichtete dem State Department, daß die Anzahl der Toten »auf Grund der höchsten, von den Sozialisten genannten Zahlen« 102 Mitglieder

der Exekutive (später wurde diese Zahl offiziell auf 47 reduziert), 153 Sozialisten und 40 unbeteiligte Zivilisten betragen habe.

Diese Zahlen sind weit niedriger als die Schätzungen anderer Gewährsleute. Die seriöse amerikanische Zeitschrift »Foreign Policy Reports« gibt die Verluste mit »tausend oder mehr Toten, zumeist Sozialisten« an. Auch der weltbekannte amerikanische Schriftsteller John Gunther sprach in seinem Buch »Inside Europe« von »fast tausend getöteten Männern, Frauen und Kindern«.

Sieht man von den Verlusten der Exekutive ab, wurden die genauen Zahlen niemals ermittelt, da es die meisten sozialistischen Verwundeten nicht wagten, sich in öffentlichen Spitälern behandeln zu lassen, die unter der Kontrolle der Polizei standen. Ein weiterer Regierungskritiker, Eric Gedye, befaßte sich auch mit den rein materiellen Aspekten und meinte eher zynisch, die Niederschlagung der Sozialisten sei für die Regierung ein ausgesprochen gutes Geschäft gewesen, da sie das Vermögen und den Besitz der aufgelösten »linken« Gemeinde Wien hatte einstreichen können. Außerdem sei das Regime durch die neuernannten kommissarischen Gemeindeführungen zum direkten Arbeitgeber Zehntausender geworden. Wodurch diese in der Ausübung ihrer Rechte gehindert worden seien. Wer wollte sich bei Hunderttausenden von Arbeitslosen schon gegen seinen Arbeitgeber auflehnen? Wobei aktive Sozialdemokraten ohnehin schon summarisch entlassen worden waren.

Zentrum der Gleichschaltung war naturgemäß die Gemeinde Wien. An die Stelle von Bürgermeister Seitz trat Richard Schmitz, dem in den folgenden Jahren sogar politische Gegner professionelles und menschliches Format nicht absprechen konnten. Er sollte noch zu einer Schlüsselfigur des Widerstandes gegen die Nazis werden. Weswegen ihm von deutscher Seite sogar »Volksfronttendenzen« vorgeworfen wurden.

Davon war allerdings im Februar 1934 noch nichts zu verspüren. Die verlustreichen Kämpfe hatten einen tiefen Graben zwischen den beiden traditionellen Lagern Österreichs aufgerissen. Und dieser wurde zu einer schier unüberwindbaren Kluft durch die Standgerichtsprozesse – und besonders die Hinrichtungen –, die unmittelbar auf den Zusammenbruch des linken Widerstandes folgten.

Vielleicht hätte die Arbeiterschaft den Tod jener Männer verziehen, die im Kampf gefallen waren. Die Hinrichtungen waren jedoch in ihren Augen unverzeihlich. In diesem Sinne erklärte einer der letzten überlebenden Februarkämpfer, der spätere – in seiner eigenen Partei umstrittene – Innenminister Franz Olah dem Autor dieses Buches: »Natürlich wußten wir sehr bald, daß die Nazis der eigentliche Feind waren, doch die Opfer der Standgerichte warfen einen Schatten auf jeden Versuch einer Verständigung mit der Regierung Schuschnigg. Und mit Schuschnigg als Regierungschef.«

Diese Hinrichtungen waren es nämlich, die Schuschnigg persönlich – und sei es mittelbar – angekreidet wurden. An der Unterdrückung des Widerstandes hatte er keinen Anteil, und auch die Urteile der Standgerichte lagen außerhalb seines unmittelbaren Bereiches. Er hatte jedoch die Möglichkeit, dem Bundespräsidenten die Begnadigung der Verurteilten vorzuschlagen. Das aber hat er nicht getan, obwohl er wissen mußte, daß Miklas einer entsprechenden Empfehlung sehr wohl nachgekommen wäre.

Insgesamt wurden neun Februarkämpfer sofort hingerichtet, davon sechs in Wien, die übrigen in Oberösterreich und der Steiermark. Einige Exekutierungen sprachen sogar der dehnbaren Rechtsauffassung von 1934 Hohn. So etwa wurde der schwerverletzte Karl Münichreiter trotz seiner Verwundung gehenkt – ein klarer Verstoß gegen das Gesetz. Darauf Jahre später angesprochen, meinte Schuschnigg, er hätte von der Schwere der Verletzung Münichreiters nichts gewußt. Der Arzt hätte von einer »leichten Wunde« gesprochen. Und im Fall des Feuerwehrmannes Georg Weissel sprach sogar der Richter dem Angeklagten seine Hochachtung aus. Nach der Gesetzeslage hätte er jedoch ein Todesurteil fällen müssen.

Besondere Empörung in der Arbeiterschaft löste schließlich die summarische Hinrichtung des beliebten Schutzbundkommandanten von Bruck an der Mur und steirischen Landtagsabgeordneten Koloman Wallisch aus. Wallisch war auf der Flucht von einem Eisenbahner verraten, verhaftet, abgeurteilt und gehenkt worden. Die Tatsache, daß der Verräter bald danach am Ort der Verhaftung tot aufgefunden wurde, konnte die Verbitterung nicht schmälern.

In einem Gespräch mit dem Historiker Gerhard Jagschitz gab Schuschnigg einige Jahre vor seinem Tod zu, die Hinrichtungen seien »ein Fehler« gewesen. Er hätte sich jedoch in den neun Fällen (ein zehnter Sozialdemokrat, Josef Gerl, wurde übrigens am 24. Juli, einen Tag vor der Ermordung Dollfuß' justifiziert) eine Begnadigung nicht empfehlen können. Dies sei ihm sicherlich nicht leicht gefallen. Und dann fügte der sonst so zurückhaltende Kanzler in einem seltenen Anflug von Emotion hinzu: »Diese Hinrichtungen werden mich bis an mein Lebensende verfolgen.«

Seltsamerweise sind wohl die Prozeßakten der Standgerichtsprozesse vorhanden, die relevanten Akten des Justizministeriums jedoch im österreichischen Verwaltungsarchiv »unauffindbar«. Für ihr Verschwinden gibt es keine schlüssige Erklärung. Vielleicht wurden sie von den Nationalsozialisten nach dem Anschluß entnommen, um belastendes Material gegen Schuschnigg zu sammeln. Beweise gibt es dafür keine.

Und so findet sich im Archiv des Justizministeriums in diesem Zusammenhang nur ein einziges Schreiben, das pikanterweise auf eine Intervention des Bundesamts für Statistik hinweist. Dieses monierte nämlich von April 1935, daß die Strafkarten aller 1934 Hingerichteten (also auch der später justifizierten Dollfuß-Mörder und nationalsozialistischen Verschwörer) bis dato dem Amt noch nicht übergeben worden waren.

Am 17. Februar hielt die Regierung ihre erste reguläre Sitzung seit der »Wiederherstellung der Ruhe« ab – in einer eher selbstgefälligen Stimmung, wie sich aus dem Protokoll herauslesen läßt. Bundespräsident Miklas, der sich seit dem 12. Februar nicht mehr gemeldet hatte, stellte sich nun voll und ganz hinter das

Kabinett. In einer von Dollfuß verlesenen Botschaft erklärte das Staatsoberhaupt, der festen Haltung und der unbeugsamen Entschlossenheit der Regierung sei es zu verdanken, daß der ihr aufgezwungene Kampf mit dem Einsatz gesetzlicher Mittel geendet hätte. Dafür gebühre dem Bundeskanzler und allen seinen Mitarbeitern der aufrichtigste Dank.

Wichtigster Punkt auf der Tagesordnung war die Frage, ob und wie lange noch das Standrecht aufrecht erhalten werden solle, nun, da der letzte Widerstand zusammengebrochen war. Bis zu jenem Zeitpunkt waren bereits sieben der neun Todesurteile vollstreckt worden (Koloman Wallisch wurde erst am 19. Februar, Anton Bulgari am 22. hingerichtet) und zu diesem Faktum entspann sich eine für eine autoritär geführte Regierung recht temperamentvolle Debatte, wobei das Sitzungsprotokoll beweist, daß die Richter bei den Standgerichten ihr Menschenmöglichstes getan hatten, um die Zahl der Todesurteile gering zu halten.

Dollfuß selbst, von vielen Historikern als Scharfmacher dargestellt, nahm im Ministerrat eine eher gemäßigte Haltung ein – sofern man in diesem Zusammenhang von Mäßigung sprechen konnte. So schlug er vor, »das Standrecht zu verkürzen und überhaupt zu trachten, so rasch wie möglich davon wegzukommen«. In Wien, meinte er, sei seine Aufrechterhaltung zumindest bis nach dem Begräbnis der Opfer wohl notwendig, desgleichen in jenen Bundesländern, »in denen Aufruhrakte vorgekommen und Strafrechtsverfahren noch anhängig« seien. Dagegen sollte man in den übrigen Bundesländern das Standrecht sofort aufheben: »Das wird bestimmt einen guten Eindruck machen und es ist im Interesse der Regierung die ganze Welt zu überzeugen, daß der Aufruhr erledigt ist.«

Äußerst zwiespältig fiel dagegen die Reaktion Schuschniggs aus. Dieser wies einerseits auf die negative Reaktion des Auslandes, besonders der Schweiz (für Österreich besonders wichtig als Sitz des Völkerbundes), hin, verteidigte aber gleichzeitig die bereits gefällten und zum Großteil vollzogenen Todesurteile. Darüber hinaus machte er als Justizminister seine Kollegen darauf auf-

merksam, daß sich bei den Standgerichten Bestrebungen bemerkbar gemacht hätten, die meisten Fälle den ordentlichen Gerichten zu überweisen. Dadurch gehe die abschreckende Wirkung des Prozesses weitgehend verloren.
An der Spitze der »Falken« stand nicht, wie man hätte erwarten können, Major Fey, sondern Staatssekretär Neustädter-Stürmer. Über seine Wortmeldung vermerkt das Protokoll: »Der Staatssekretär erklärt, er verstehe, daß die Richter bei den vielen Todesurteilen das Grauen erfasse; man müsse aber auch auf die Mentalität der Exekutive Rücksicht nehmen. Es sei ein Kampf gewesen, der mit unmenschlicher Grausamkeit geführt worden sei. So seien Verletzte (der Exekutive) in Steyr mit Hacken erschlagen worden. Man habe wohl keinen Einfluß auf die Standgerichtsurteile, aber je härter bei den Standgerichten geurteilt werde, desto gerechter sei dies. Je milder man jetzt sei, um so größer sei die Gefahr, daß ein solcher Aufstand neuerlich riskiert würde. Man solle daher alles tun, was man machen könne, um möglichst viele harte Urteile herbeizuführen."
Neustädter-Stürmer, das sei jetzt schon vermerkt, schwankte in den folgenden Jahren zwischen nationalen und patriotischen Extremen. Er verübte kurz nach dem Anschluß Selbstmord, sofern er nicht ermordet wurde.
Für Härte plädierte ein weiterer Staatssekretär, Carl Karwinsky, den die zeitgeschichtliche Forschung sonst als gemäßigt einstuft. Er erklärte, er habe eine »gewisse Depression« (bei der Exekutive) darüber feststellen können, daß die Ahndung der Verbrechen mit diesen nicht in Einklang stehe. Es sei unbedingt notwendig, einige Exempel zu statuieren.
Letztlich einigte man sich auf einen Kompromiß. Das Standrecht wurde in allen Bundesländern mit Ausnahme von Wien, Nieder- und Oberösterreich und der Steiermark aufgehoben. Im übrigen Bundesgebiet sollte die Aufhebung »möglichst bald« erfolgen.
Noch am selben Tag veröffentlichte das Bundeskanzleramt – als Reaktion auf die massive Kritik des Auslands – eine Gegendarstellung, die telegraphisch an die österreichischen Gesandtschaften in London, Paris, Den Haag, Warschau, Budapest und Prag

zur Weiterleitung an die lokale Presse übermittelt wurde. Keine Kopie ging nach Rom oder Berlin – vor Hitler und Mussolini mußte man das Vorgehen nicht verteidigen –, Moskau und, bemerkenswerterweise, Washington. Dazu erklärte Schuschnigg dem Autor: »Ich gebe zu, die Art, in der wir die USA unterschätzten, war ein schwerer Fehler.«

Die Wiener Erklärung setzte sich in gewundenen Formulierungen in erster Linie mit der Berichterstattung der in Wien akkreditierten Auslandskorrespondenten, besonders über den Artilleriebeschuß von Wohnhäusern, auseinander. Da sich die Fakten nicht abstreiten ließen, wurde behauptet, die Artillerie sei erst nach wiederholten eindringlichen Warnungen eingesetzt worden.

Dagegen gab die offizielle Reaktion des westlichen Auslands der Regierung Dollfuß wenig Anlaß zur Besorgnis. Sie lief vielmehr auf ein Musterbeispiel diplomatischen »Wegschauens« hinaus.

Der isolierte Versuch der britischen liberalen Abgeordneten George Mander und Josiah Wedgwood – beide wurden übrigens zu den besten Freunden Österreichs im Zweiten Weltkrieg –, die Unruhen im House of Commons zur Sprache zu bringen, wurden vom »Speaker« (Vorsitzenden) mit dem für heutige Begriffe unverständlichen Hinweis abgewehrt, man solle sich nicht in die inneren Angelegenheiten eines anderen Landes einmischen. Derartiges hört man jetzt nur in den Vereinten Nationen.

Die einzige offizielle Reaktion war für Dollfuß sogar ermutigend. Am 17. Februar veröffentlichten Großbritannien, Frankreich und Italien eine gemeinsame Erklärung, in der sie sich zur Eigenstaatlichkeit Österreichs bekannten. Die bürgerkriegsähnlichen Unruhen wurden nicht erwähnt.

Wesentlich härter fiel die Kritik von Einzelpersonen und privaten Organisationen im Westen aus. In der Londoner Gesandtschaft häuften sich die Protestschreiben. Der Einfachheit halber sandte sie der Gesandte Georg Franckenstein in einem Bündel nach Wien. In den Akten des Staatsarchivs ruhen noch heute 41 derartige Schreiben – von linksextremen Gruppen, welche die Regierung glaubte ignorieren zu können, aber auch von angesehenen Persönlichkeiten und anglikanischen Klerikern.

Im Gegensatz zur passiven Haltung der Demokratien machte sich die italienische Diplomatie in verschiedenen europäischen Hauptstädten für Dollfuß und dessen Team stark. So forderte der italienische Gesandte in Prag, Rocco, die tschechoslowakische Regierung auf, ihre Sympathie für den österreichischen Bundeskanzler offen zu bekunden. Was Außenminister Edvard Beneš allerdings ablehnte.
Bedingungslose Unterstützung für Dollfuß kam auch aus Ungarn. Reichsverweser Nikolaus von Horthy drückte gegenüber dem österreichischen Gesandten Leopold Hernet »seine Freude« darüber aus, daß die Revolte der Sozialdemokraten niedergeschlagen worden sei. Die »rote Gefahr« sei, wie man sehe, weit größer gewesen als bisher angenommen. Gleichzeitig forderte Horthy ausdrücklich die »gerechte Bestrafung« seines ehemaligen Kampfgenossen aus dem Ersten Weltkrieg, »des Verräters Theodor Körner«, der sich übrigens an den Kämpfen gar nicht beteiligt hatte.
Bemerkenswert ist die Tatsache, daß sich die Regierung in jenen Tagen mit der andauernden Gefahr von rechts überhaupt nicht befaßte. Offensichtlich gab sie sich dem Irrglauben hin, den Nazis Angst eingejagt zu haben. Dieser Schluß wurde ausländischen Diplomaten brühwarm mitgeteilt und von diesen kritiklos an ihre Außenministerien weitergeleitet. So etwa kabelte der amerikanische Geschäftsträger Alfred Kliefoth an das State Department: »Die Nazis bleiben völlig still und sind offensichtlich durch das harte Vorgehen der Behörden ordentlich eingeschüchtert.«
Wie sehr sich doch die Regierung und etliche Diplomaten geirrt hatten! Schon bei Ausbruch der Unruhen waren die prominentesten Nazi-Führer in der Wohnung des Rittmeisters a. D. Gilbert in der Maur zusammengetroffen, um ihre Haltung zu erörtern – worüber der Gastgeber sofort und eingehend an die zuständigen deutschen Stellen berichtete. Die Idee, man könnte in die Kämpfe gegen die Linke eingreifen, wurde rasch verworfen. Man einigte sich auf Abwarten, denn, wie In der Maur festhielt, »durch das Abwarten bleiben die Hände der NSDAP frei von

Bürgerblut und liefern der Partei daher das gegebene Reservoir, in welche die im Aufstand stehenden Arbeitermassen geleitet werden können.«
Die versammelten Nazi-Größen, darunter der Sohn des Staatssekretärs für das Heerwesen, Fürst Alois Schönburg-Hartenstein, entschieden sich ferner für einen Versuch, letzteren für die Partei zu gewinnen, doch der Fürst lehnte ab. Ein weiterer Teilnehmer, Hofrat Edmund Glaise-Horstenau, der Leiter des Kriegsarchivs, sollte Schuschnigg kontaktieren. Ein Gespräch mit diesem fand tatsächlich statt, und der Justizminister versprach, den Kanzler über die »Kooperationsbereitschaft« der Nazis zu informieren.
Auch der deutsche Gesandte in Wien, Kurt Rieth, übrigens ein ehemaliger Zentrumspolitiker, der sich mit seinen streng katholischen Parteifreunden überworfen hatte, informierte das Auswärtige Amt, daß Dollfuß zwar einen Kompromiß mit den Nationalsozialisten anstrebe, dabei aber von der Heimwehr behindert werde. Letztlich kamen auch die österreichischen Nazis zu dem Schluß, daß mit »dieser Regierung keine Verständigung möglich ist. Sie wird fallen.«
Dollfuß' Protektor Mussolini war ebenfalls skeptisch, was die Chancen eines Arrangements mit den Nazis betraf. Am 24. Februar übte er bei einem Treffen mit dem deutschen Gesandten Ullrich von Hassel heftige Kritik an der politischen Linie des österreichischen Nazi-Chefs Theo Habicht. Von Hassel fühlt sich gezwungen, Habicht in Schutz zu nehmen. Dieser, versicherte er dem Duce, genieße Hitlers volles Vertrauen.
In Berlin schätzte man die Chancen der österreichischen Regierung nach deren »Sieg« über die Linke nicht sehr hoch ein. Außenminister von Neurath, ein alter Deutschnationaler, den Hitler ebenso wie Vizekanzler Franz von Papen als Feigenblatt in seinem Kabinett behalten hatte, erklärte dem italienischen Vertreter Cerutti ganz offen: »Dollfuß, Fey und Starhemberg werden weiterraufen. Diesem Schauspiel werden wir ruhig zusehen.« Der Name Schuschnigg wurde übrigens in diesem Zusammenhang nicht genannt.

Um nicht allein von Italien abhängig zu sein, versuchte Dollfuß eine stärkere Anlehnung an Ungarn. Reichsverweser Horthy empfing ihn und den italienischen Staatssekretär Suvich zwar mit offenen Armen, erwies sich jedoch sofort als jener unsichere Kantonist, der Anfang der zwanziger Jahre sogar seinen eigenen König – den er nun in Budapest als Regent zu vertreten vorgab – verraten hatte. Unmittelbar nach der Dollfußvisite erklärte er dem deutschen Gesandten Mackensen, jede politische Bindung seines Landes an Österreich sei absurd: »Zwei schwerkranke Krüppel werden durch eine Vereinigung nicht lebensfähig.« Er hätte Dollfuß überdies vor einer Initiative beim Völkerbund gewarnt, die man als »Verrat am Deutschtum« auffassen würde. Er selbst sei jedoch bereit, in Berchtesgaden bei Hitler zu vermitteln.

Rom blieb indessen weiter die Drehscheibe der österreichischen Politik, sowohl was die offizelle Regierungslinie betraf als auch die konspirative Tätigkeit. Anfang März 1934 kreuzte der Stabsleiter der österreichischen NSDAP, Rudolf Weydenhammer, in der italienischen Hauptstadt auf, um den österreichischen Gesandten Rintelen für die nationalsozialistische Sache zu gewinnen. Der von Dollfuß nach Rom abgeschobene, ehemalige Landeshauptmann und Unterrichtsminister – Schuschnigg saß nun auf dessen Stuhl in Wien – dürstete nach Rache. Bei ihm fand Weydenhammer ein offenes Ohr. Rintelen erklärte sich bedingungslos bereit, die Autorität Habichts anzuerkennen. Und nicht nur das: Er würde alles tun, um den bevorstehenden Besuch Dollfuß' in Rom zu einem Fiasko werden zu lassen.

Was die österreichischen und deutschen Nazis jedoch zu – und ab – jenem Zeitpunkt am meisten beunruhigte, war die Möglichkeit einer Restauration der Habsburger. So ließ die treudeutsche Außenpolitik nichts unversucht, um traditionell deutschfeindliche Staaten wie die Tschechoslowakei und Jugoslawien gegen Österreich aufzuhetzen. Mit besonderem Erfolg in Belgrad. Die Jugoslawen versicherten Berlin, ihr Land würde bei einer Rückkehr der Habsburger mobilisieren. Noch waren dies inoffizielle Kontakte, aber die Furcht vor einer Heimkehr der Thronprätendenten sollte sich in den folgenden Jahren zu einer fixen Idee Hitlers entwickeln.

Inzwischen war Dollfuß tatsächlich in Rom eingetroffen, ohne daß Rintelen seine Gespräche hätte sabotieren können. Gegenüber dem deutschen Gesandten verhielt sich der Kanzler bei einem Treffen sehr zurückhaltend. Er erklärte von Hassel, er sei einer Verständigung mit Berlin durchaus nicht abgeneigt, sollte Hitler die Eigenstaatlichkeit Österreichs formell anerkennen. Mehr Glück hatte der deutsche Diplomat bei dem ebenfalls in Rom anwesenden ungarischen Ministerpräsidenten Julius Gömbös, der nichts so sehr fürchtete wie eine Habsburger-Restauration. Er machte den Deutschen sogar heftige Vorwürfe, weil sich die Nazis bei den Februarkämpfen nicht aktiv auf die Seite der Regierung gestellt hätten.

Tatsächlich waren es Mussolini und Dollfuß – und in geringerem Maße Gömbös – gelungen, die Deutschen hinters Licht zu führen, was den Zweck des Treffens in Rom betraf. Vor seiner Abfahrt nach Italien hatte Dollfuß noch dem deutschen Gesandten Rieht versichert, daß er kein Abkommen mit Mussolini anstrebe. Dann aber wurden am 17. März die sogenannten »Römischen Protokolle« zwischen Italien, Österreich und Ungarn unterzeichnet. Die Form eines Protokolls war aus taktischen Gründen gewählt worden, weil dadurch die Notwendigkeit einer Ratifizierung durch eine Volksvertretung umgangen wurde.

Jedenfalls hatte Österreich erstmals eine, wenn auch bescheidene internationale Garantie erlangt, was zu jenem Zeitpunkt – Italien hatte sich mit den Westmächten noch nicht zerstritten – neue Möglichkeiten auf dem Weg zu einer Anti-Hitler-Front eröffnete.

Das Hauptaugenmerk des Kabinetts Dollfuß galt indes dem weiteren Aufbau autoritärer Staatsstrukturen im Inneren des Landes – wobei zur Verteidigung des Regimes bemerkt werden muß, daß Österreich in dieser Hinsicht kein Einzelfall in Europa war. Mit Ausnahme der Tschechoslowakei hatten alle mittel- und osteuropäischen Staaten schon Jahre zuvor ihre Bekenntnisse zur Demokratie über Bord geworfen.

Doch zurück nach Wien. Als nächsten Schritt leitete die Regierung eine umfangreiche Säuberung im öffentlichen Dienst ein. Als Grundlage für die Entlassung »politisch unverläßlicher Beamter« diente ein verkürztes Verfahren, das bereits im Februar vom Ministerrat beschlossen worden war.

Einige dieser Maßnahmen gingen sogar dem Scharfmacher Fey zu weit. Man könne einem Ressortchef nicht zumuten, argumentierte er, daß ihm über Nacht wichtige Beamte entzogen würden. Damit setzte er sich durch, und der Ministerrat räumte den Ressortchefs ein Einspruchsrecht bei Amtsenthebungen in ihren Bereichen ein. Überdies wurde den unmittelbar Betroffenen gestattet, innerhalb von drei Tagen Einspruch gegen »Disziplinarmaßnahmen« zu erheben. Diesem wurde jedoch keine aufschiebende Wirkung zugestanden.

Vier Tage später hielt sich die Regierung bereits für stark genug, um sich der längerfristigen Planung zu widmen. Wichtiger Punkt auf der Tagesordnung des Ministerrats war der Entwurf einer neuen ständischen Verfassung, in deren Präambel es hieß, das Recht gehe von Gott dem Allmächtigen aus, und nicht vom Volk, wie in der Verfassung von 1929.

Der neue Verfassungsentwurf war naturgemäß über das zuständige Justizministerium gegangen, doch in der Praxis hatte Schuschnigg mit diesem Werk wenig zu tun, für dessen Ausarbeitung der frühere Bundeskanzler Otto Ender herangezogen worden war – sei es auf Grund seiner Kenntnisse als Verfassungsrechtler oder seines guten Rufes als gemäßigter Politiker.

Demnach war es nicht überraschend, daß Enders erster Entwurf den Scharfmachern noch nicht autoritär genug war. So wandte sich Dollfuß persönlich gegen den vorgesehenen Text des Artikels 1, in dem es hieß: »Österreich ist eine berufsständische Republik«. Das Wort Republik, meinte der Kanzler, passe ihm ganz und gar nicht, da es ihn an die französische Republik mit deren demokratischen Institutionen erinnere. Deshalb müsse dieser Ausdruck aus dem Entwurf verschwinden.

Die Minister machten es sich leicht und strichen ganz einfach den ganzen Artikel ersatzlos aus dem Entwurf. An seine Stelle trat der Artikel 2 (nun Artikel 1 genannt), in dem es hieß: »Österreich ist ein Bundesstaat. Der Bundesstaat ist berufsständisch geordnet und besteht aus der bundesunmittelbaren Hauptstadt Wien und den Bundesländern.«

Auch die Stellung des ehemals »roten« Wien als Bundeshauptstadt bereitete den Ministern einiges Kopfzerbrechen. Schließlich konnte es gerade dort wieder zu Unruhen kommen. So einigte man sich auf die folgende Bestimmung: »Bundeshauptstadt und Sitz der obersten Organe des Bundes ist Wien. Für die Dauer außerordentlicher Verhältnisse kann der Bundespräsident auf Antrag der Bundesregierung den Sitz der obersten Organe des Bundes an einen anderen Ort des Bundesgebietes verlegen.« Wie etwa zuletzt 1848, als der Hof während der Revolution aus der Haupt- und Residenzstadt geflohen war.

Was die neuen bundesstaatlichen Institutionen betraf, so würde ihre Analyse eine eigene Dokumentation erfordern. Kurz gefaßt, sah die Verfassung vier »vorberatende« und eine beschließende Körperschaft vor. Die vorberatenden Institutionen bestanden aus einem Staatsrat mit 40 bis 50 vom Bundespräsidenten (sprich Bundeskanzler) ernannten Vertretern, zweitens aus einem Bundeskulturrat mit 30 bis 40 Mitgliedern aus den gesetzlich anerkannten Konfessionen, der Wissenschaft und Kunst. Drittens aus einem Bundeswirtschaftsrat mit 70 bis 80 Vertretern der Berufsstände (also Arbeitgeber und Arbeitnehmer zusammen, letztere aber in einer untergeordneten Funktion) und viertens aus einem Länderrat, der sich aus den Landeshauptleuten, dem Wiener Bürgermeister und den Finanzreferenten der Länder zusammensetzte.

Als beschließendes Organ, das, wie jedermann wußte, wenig zu beschließen hatte, gab es noch einen Bundestag mit 59 Mitgliedern, die von den Körperschaften in geheimer Wahl gekürt werden sollten. Für außerordentliche Ereignisse war eine Bundesversammlung, zusammengesetzt aus den Mitgliedern der vorberatenden Gremien, vorgesehen. Ihre vordringlichsten Aufträge: Die Erstattung eines Dreiervorschlags für die Wahl des Bundespräsidenten, dessen Vereidigung und der allfähige Beschluß einer Kriegserklärung. Keiner dieser Aufträge sollte je erfüllt werden.

Als Berufsstände galten übrigens: Land- und Forstwirtschaft, öffentlicher Dienst, Industrie und Bergbau, Gewerbe, Handel und Verkehr, Geld-, Kredit- und Versicherungswesen sowie die Gruppe der freien Berufe.

Es ist unbekannt, wie viele von den damals rund sechs Millionen Österreichern die geplante neue Verfassung gelesen, geschweige denn verstanden haben. Schuschnigg selbst konzedierte später, Dollfuß selbst hätte die komplizierte Verfassung nicht als »letztes Wort« angesehen und sie wahrscheinlich sehr bald, den Umständen entsprechend, adaptiert. Er, Schuschnigg, hätte bei seiner Amtsübernahme die Verpflichtung zur Kontinuität übernommen und daher keine raschen Veränderungen vornehmen können. Dies sei aber in seiner festen Absicht gelegen. Bei der Verwirklichung sei er »kurz vor dem Ziel« gescheitert.

Zur Verteidigung der Verfassung schrieb Schuschnigg in seinem kurz nach Kriegsende erschienenen »Requiem in Rot-Weiß-Rot«: »Nun bekannten wir uns zwar als autoritärer Staat. Dabei hatten wir aber – wenigtens nach deutschem Urteil – einen anscheinend kardinalen und tödlichen Fehler begangen: wir versuchten den autoritären, aber nicht den totalen Staat zu gestalten; mag sein, daß wir darum in unserer innerstaatlichen Gestalt auf halbem Weg steckenblieben... Praktisch läßt sich zwar schwer leugnen, daß wir einer Zwischenlösung erlegen sind; jede Zwischenlösung ist Halbheit und Halbheit ist nie krisenfest.«

Also ein autoritärer Staat, gemildert durch Schlamperei.

Eine Halbheit blieb auch die politische Dachorganisation der »Vaterländischen Front«. Sie war nie eine Partei, wie die »Fasces« in Italien, von der NSDAP ganz zu schweigen. Später versuchte Schuschnigg, die »VF« durch verschiedene »Arbeitsgemeinschaften« aufzulockern, was aber niemanden befriedigte. Ihrer Mission als »Sammlung aller patriotisch denkenden Österreicher« konnte sie nie gerecht werden.

Nachdem sich die Regierung auf eine überarbeitete Fassung von Enders Verfassungsentwurf geeinigt hatte, stand sie nun vor einem heiklen Problem. Bisher hatte sie, wenn nicht problemlos, so doch effektiv, mit Hilfe des kriegswirtschaftlichen Ermächtigungsgesetzes operiert. Eine Verfassung mußte jedoch von einer Konstituante, also einer Art Volksvertretung, und nicht per Dekret approbiert werden. Nun war das Regime gezwungen, über den eigenen Schatten zu springen, weil sie doch selbst diese Volksvertretung ausgeschaltet hatte. Durch den zurückgetretenen zweiten Nationalratspräsidenten, den Christlichsozialen Rudolf Ramek, ließ die Regierung also das Parlament zu einer einzigen Sitzung am 30. April wieder einberufen, wobei natürlich jene Abgeordneten ausgeschlossen waren, deren Mandate die Regierung durch einen Federstrich aberkannt hatte. Für das »Rumpfparlament« – es war ein kläglicher Haufen, gezählte 76 Abgeordnete, darunter zwei oppositionelle Großdeutsche – war es dann kein Problem, es sei denn des Gewissens, in einem Aufwaschen nicht nur alle 446 von der Regierung seit der Ausschaltung des »echten« Nationalrats erlassenen Notverordnungen, sondern auch die neue christlich-sozial-ständische Verfassung zu bestätigen. Außerhalb des Parlaments waren die Sozialdemokraten ohnehin mundtot, aber die auf dem Papier noch immer existierenden Großdeutschen und der Landbund wagten zumindest einen formellen Protest.

Mit ihrem Votum hatten auch die Christlichsozialen, als traditionelle Regierungspartei, ihre Schuldigkeit getan. Der christlichsoziale Klub wurde zwei Wochen später aufgelöst, die Partei selbst im September.

Getäuscht wurde dadurch niemand. Selbst Schuschnigg sprach nach dem Krieg von einer »parlamentarischen Farce«.

Mit der neuen Verfassung in Händen verlor Dollfuß keine Zeit. Schon am 1. Mai, dem ehemaligen Tag der Arbeit, ließ er Österreichs neue Konstitution bei einer Massenkundgebung im Wiener Stadion, zu der auch Tausende von Schulkindern herbeikommandiert worden waren, feierlich dem Volk verkünden.

International erregte das formelle Ende der Ersten Republik kein großes Aufsehen. Interessant war lediglich der Kommentar der »New York Times« mit einem Seitenhieb auf die damals in

Amerika recht verbreitete »Ständische Bewegung«: »Der neue österreichische Ständestaat sollte jene Leute interessieren, die noch vor wenigen Jahren von ständischem Sozialismus (guild socialism) träumten. Das neue Österreich ist ein Musterbeispiel ständischer Gliederung. Das Parlament wird durch eine Ständekammer ersetzt. Eine eindrucksvolle und komplizierte Staatsmaschinerie hält die Bevölkerung unter der Leitung eines einzelnen oder einiger weniger. Die alten ständischen Sozialisten glaubten, es handle sich dabei nur um die Verschiedenheit des Apparats. Tatsächlich bedeutet der Ständestaat den ganzen Unterschied zwischen Freiheit und Unfreiheit.«

Mit der Proklamierung der Mai-Verfassung konnte Justizminister Schuchschnigg sein Lieblingsprojekt durchbringen: Seit Frühjahr 1933 hatte er am Text eines Konkordats mit dem Vatikan gearbeitet und zu diesem Zweck mehrmals Rom besucht. Das Konkordat war bereits am 5. Juni 1933 im Vatikan vom päpstlichen Staatssekretär Eugenio Pacelli (dem späteren Pius XII.) und auf österreichischer Seite von Dollfuß und Schuschnigg unterzeichnet worden. Dennoch wurde das Dokument aus taktischen Gründen – noch waren die Sozialdemokraten und anderen laizistischen Gruppen nicht völlig ausgeschaltet – nicht veröffentlicht. Dies nahm Dollfuß nun gleichzeitig mit der Proklamation der Mai-Verfassung vor.

Das Konkordat räumte der katholischen Kirche und dem Klerus einen verstärkten Einfluß innerhalb des Staates ein, besonders in Fragen des persönlichen Status, wie etwa Eherecht und Scheidung, wobei allerdings nicht alle strittigen Fragen bereinigt werden konnten.

Nutznießer waren aber auch, zumindest indirekt, die anderen religiösen Gemeinschaften, die den Katholiken rechtlich nachzogen. Nur die Freidenker und Konfessionslosen kamen sozusagen unter die klerikalen Räder.

Künftig stellte das Konkordat, das später noch einige Male geringfügig novelliert wurde – wobei wiederum auf österreichischer Seite Schuschnigg die Feder führte – einen der Grundpfeiler des christlichen Ständestaates dar. Wobei Schuschnigg in den folgenden Jahren immer wieder betonte, daß es sich um einen »christlichen« und nicht einen »katholischen« Staat gehandelt habe, eine Differenzierung, die Dollfuß damals vielleicht wichtiger erschienen war als seinem Justizminister.

Gerade dieser Unterschied in religiösen Fragen zwischen Dollfuß und Schuschnigg spielte eine wichtige Rolle in der österreichischen Politik. Für den kleinen Kanzler war immer Mussolini und nicht der Vatikan der wichtigste Ansprechpartner. Ebenso für Dollfuß' Vizekanzler Starhemberg. Mussolinis Italien hatte sich zwar durch den Lateran-Vertrag mit dem Heiligen Stuhl versöhnt, das Land war aber niemals zu einem christlichen Staat geworden. Schuschnigg dagegen suchte zeitlebens den moralischen und politischen Beistand der Kirche und, im übertragenen Sinn, des Vatikans. Der übrigens Österreich die Treue länger bewahrte als der Duce.

Es wäre unfair, Dollfuß totale Intransigenz gegenüber der geschlagenen Linken vorzuwerfen. Tatsächlich strebt er eine Versöhnung an – zu seinen eigenen Bedingungen. Als Mittelsmann hatte er den seit Anfang März amtierenden dritten Vizebürgermeister in der gleichgeschalteten Wiener Gemeindeverwaltung, Ernst Karl Winter, erkoren. Winter war zweifellos ein zutiefst sozial denkender Idealist, vom Wunsch beseelt, eine Versöhnung mit den Arbeitern herbeizuführen. Wobei er sich keineswegs als Handlanger des Regimes betrachtete. Seine Schwierigkeit lag indessen darin, daß ihm Dollfuß nur geringen Spielraum einräumte und ihm die Sozialdemokraten mit verständlichem Mißtrauen gegenüberstanden.

Winter fand keine Gesprächspartner, die über echten Einfluß in der aufgelösten sozialdemokratischen Partei verfügten, bestenfalls einige mittlere Funktionäre, die zu »Friedensgesprächen« bereit waren, wie den Niederösterreicher Heinrich Schneidmadl. Dieser – er traf später auch mit Schuschnigg selbst zusammen – genoß aber nicht mehr das Vertrauen seiner Genossen, nachdem er versucht hatte, bei seiner Einvernahme durch die Polizei im »blutigen Februar«, die ganze Schuld – soferne man von einer Schuld sprechen konnte – auf die geflohenen Parteiführer Bauer

und Deutsch abzuwälzen. Über die er sich sehr unschön äußerte. Und weil in Österreich nichts geheim blieb, hatten die Parteifreunde von dieser Aussage erfahren.
Immerhin, solange Dollfuß am Ruder war, wurde die »Aktion Winter«, nicht zuletzt wegen der persönlichen Freundschaft zwischen den beiden Männern, nicht abgebrochen. Sie versandete endgültig erst in der Ära Schuschnigg, dem diese persönliche Beziehung zu Winter fehlte. Doch da eilen wir den Ereignissen voraus.
Vom Pomp der Feiern bei der Proklamation der Mai-Verfassung vielleicht geblendet, ebenso wie der positiven Aufnahme des Konkordats, ließ sich die Regierung über das wahre Ausmaß der Gefährdung des Staates – nämlich von rechts – hinwegtäuschen. Und das war ein katastrophaler Fehler. Vor und nach den Februarkämpfen hatten die österreichischen Nazis mit aktiver Unterstützung der Münchner Exilführung, wenn nicht der höchsten Stellen in Berlin, ihre Bestrebungen keinen Moment lang unterbrochen, die österreichische Regierung gewaltsam zu stürzen – nachdem sich diese geweigert hatte, den Nazis freiwillig eine führende Rolle innerhalb des Regimes und der »Vaterländischen Front« einzuräumen.
Die erfolgreichen Versuche der österreichischen NS-Landesleitung, den in seinem Stolz gekränkten Gesandten in Rom, Anton Rintelen, als Galionsfigur zu gewinnen, wurden bereits erwähnt. Danach streckten die Nazis Fühler zu anderen geschaßten Regierungspolitikern aus, wie dem ehemaligen Landbund-Vizekanzler Franz Winkler. Er sollte im Falle einer nationalsozialistischen Machtübernahme die tschechoslowakische Regierung, zu der er alte Kontakte hatte, überzeugen, daß sie nichts zu befürchten habe. Ob Winkler wirklich bereit war, diese Rolle zu übernehmen, wurde nie geklärt.
Einige besonders rabiate Parteigenossen wandten sich direkt an die deutsche Gesandtschaft in Wien und forderten militärische Unterstützung für einen offenen Aufstand. Die Gesandtschaft reagierte eher negativ. In Berichten an das Auswärtige Amt in Berlin wurde ersucht, die österreichische Partei an die Kandare

zu nehmen, um derartig dilettantische Unterfangen – der Militärattaché General Wolfgang Muff hielt sie angesichts der waffenstarrenden Heimwehr für undurchführbar – zu unterbinden. Überdies sollten direkte Vorsprachen in der Mission unterbleiben.

Wesentlich ernster zu nehmen waren die konspirativen Treffen in der Exil-Zentrale der österreichischen NSDAP in München, die auf eine Kombination von Staatsstreich und militärischem Putsch abzielten. Ursprünglich waren alle Gliederungen der Exil-Partei, also auch die SA, an dieser Verschwörung beteiligt, bis die sogenannte »Nacht der langen Messer«, die Eliminierung der deutschen SA-Führung um Ernst Röhm am 30. Juni 1934, die »Sturmabteilungen« zeitweilig ins Abseits drängte. Dennoch rechnete Theo Habicht in München noch immer mit der vollen Unterstützung durch die zahlenstarke österreichische SA.

Ein Komplott derartigen Ausmaßes konnte natürlich dem österreichischen Sicherheitsapparat, trotz teilweiser Unterwanderung durch die Nazis, nicht verborgen bleiben. Die eingelangten Hinweise von Vertrauensmännern wurden indes auf geradezu fatale Weise unterschätzt. Schuschnigg selbst meinte dazu: »Es trafen fast täglich Warnungen vor einer großen nationalsozialistischen Verschwörung ein. Als diese Prognosen, sieht man von kleinen Anschlägen ab, nicht eintraten, wurden sie nach einiger Zeit nicht mehr wirklich ernstgenommen.«

Inzwischen hatte sich in der österreichischen Innenpolitik etwas »getan«. Aus einer, durch die Mai-Verfassung gestärkten Position, beschloß Dollfuß, sein Kabinett am 1. Juli neuerlich umzubilden. Wichtigste Änderung war die de-facto-Entmachtung Emil Feys als Sicherheitsminister. Dieser hatte bereits am 1. Mai den Posten des Vizekanzlers an seinen »heimwehrinternen« Rivalen Starhemberg abgeben müssen. Er blieb weiterhin in der Regierung, hatte aber in der Praxis keine Befugnisse mehr. Was einen ehrgeizigen Mann wie ihn besonders hart treffen mußte. In den folgenden zwei Wochen – mehr waren diesem »Interregnum« nicht gewährt – ließ er nichts unversucht, um seinen Einfluß zurückzugewinnen. Womöglich durch einen spektakulären Coup, der allen zeigen würde, wie unersetzbar er war. Wobei offensichtlich niemand ahnte, daß er durch diese Bestrebungen zum wunden Punkt und schwächsten Glied des Systems geworden war.

Vom Revirement betroffen war auch Schuschnigg. Er verlor das Justizressort an den Heimwehrmann Egon Berger-Waldenegg, einem der engsten Mitarbeiter Starhembergs, blieb aber weiter Unterrichtsminister. Von der Öffentlichkeit wurde dieser Wechsel, angesichts der unmittelbar bevorstehenden dramatischen Ereignisse, kaum zur Kenntnis genommen. Starhemberg sprach sogar in seinen Memoiren von einer Maßregelung Schuschniggs: »Er war (als Justizminister) zu weich.«

Rückblickend bedeutete der Wechsel im Justizressort sogar eine Verbesserung für Schuschniggs Image. So war er für die Verschärfung des Bundesgesetzes zur Abwehr politischer Gewalttaten, das für Sprengstoffvergehen nur noch die Todesstrafe vorsah, nicht mehr direkt verantwortlich. Die erste Hinrichtung auf Grund dieses Gesetzes, jene des Sozialdemokraten Josef Gerl, fand am 24. Juli 1934 statt.

Zu jenem Zeitpunkt war Kanzler Dollfuß in gewissem Sinne bereits ein toter Mann. Was aber wußte die österreichische Exekutive, in den Augen des Historikers Gulick »die beste in Europa«, von dem bevorstehenden Putsch? Eigentlich hätte sie sehr viel, wenn nicht alles, wissen müssen, denn die Umsturzpläne waren fehlerhaft, das Korps der Verschwörer war von Verrätern durchsetzt. Vergleichsweise war die Ermordung des österreichischen Thronfolgers Franz Ferdinand, die ebenfalls hätte verhindert werden können, ein perfekt geplantes Verbrechen.

Der erste Hinweis, daß neben einem Umsturzversuch auch ein Mordanschlag auf die Spitzen der Regierung geplant war, findet sich in einem Memorandum des ungarischen Militärattachés in Paris nach einem Gespräch mit seinem österreichischen Kollegen, Oberst (dem nachmaligen Wehrmachtsgeneral) Lothar Rendulic. Dieser sprach von einem geplanten Putsch, bei dem »Dollfuß, Fey und andere« ums Leben kommen könnten. Er bestritt später, den Putsch vom 25. Juli gemeint zu haben, die Aussage

gegenüber seinem ungarischen Kollegen konnte er aber nicht abstreiten.
Die Einzelheiten des Putschplanes waren genau einen Monat vor der Tat, am 25. Juni, in einem Züricher Hotel festgelegt worden. Die Teilnehmer an diesem Gespräch waren Landesleiter Habicht, Otto Wächter, der Sohn eines österreichischen Heeresministers, der bereits erwähnte Stabsleiter Weydenhammer sowie Untersturmführer Fridolin Glass, Kommandant der illegalen Wiener SS-Standarte 89. Bei diesem Treffen wurde beschlossen, Ende Juli die Wiener Regierung gewaltsam zu stürzen. Kernpunkt des Unternehmens sollte die »Festsetzung« des Bundespräsidenten sowie des gesamten Kabinetts bilden.
Wächter wurde die politische, Glass die militärische Leitung des Putsches übertragen. Weydenhammer übernahm die Verbindung zur Münchner Landesleitung und zu Rintelen.
Kerntruppe des Putsches sollte die erwähnte 400 Mann starke SS-Standarte 89 bilden, die sich hauptsächlich aus ausgestoßenen NS-Soldaten des Bundesheeres, einigen ehemaligen Freikorpskämpfern und aktiven Polizeibeamten zusammensetzte.
Das Komplott Habichts unterschied sich sehr wesentlich von früheren und parallelen Verschwörungen. Es hatte nämlich einen politischen Unterbau. Weydenhammers Gespräche mit Rintelen und Kontakte zum ehemaligen Vizekanzler Winkler wurde bereits erwähnt, wobei letzterer auch finanzielle Motive hatte, mit den Nazis zu liebäugeln. Er befand sich in akuten Geldnöten.
Habicht war sicherlich keine bedeutende Persönlichkeit, aber er war erfahren genug, um zu wissen, daß er eine Mission von so historischer Dimension nicht im Alleingang abwickeln konnte. Deshalb unterhielt er Kontakte zu hohen und höchsten Parteistellen in Berlin sowie zum Auswärtigen Amt. Am 6. Juni 1934 hatte er ein persönliches Gespräch mit Hitler und erklärte diesem, das österreichische Bundesheer plane einen Putsch gegen Dollfuß. An diesem wollten sich die Nazis beteiligen, um danach der Regierung beizutreten. Unter diesem Gesichtspunkt stimmte Hitler zu, weshalb sich Habicht später gegen Anfeindungen mit Hinweis auf einen »Führerbefehl« verteidigen konnte.

Ganz traute Hitler seinem Landesleiter nicht. Er fragte den österreichischen SA-Führer Hermann Reschny (damals war der Bruch zwischen der SA-Führung und Hitler noch nicht vollzogen) und führende deutsche Militärs, ob sie eine Meuterei des österreichischen Bundesheeres für möglich hielten. Alle verneinten. Hitler mußte also spätestens Mitte Juni Habichts Lügengespinste durchschaut haben, tat jedoch nichts, um diesen von der Fortsetzung seiner Pläne – etwa dem Treffen in Zürich – abzubringen.

Am 16. Juli fand in München eine abschließende Besprechung der Hauptverschwörer statt, an der diesmal auch Reschny, der nach der Liquidierung Röhms zumindest formell der Parteiführung seine Loyalität beteuert hatte, der Wiener Landesleiter Alfred Frauenfeld und ein Vertrauensmann des in die Pläne eingeweihten Bundesheer-Oberstleutnants Sinzinger teilnahmen. Dabei wurde auch von Verhandlungen mit dem zweiten Mann der Wiener Polizei, Hofrat Steinhäusl, berichtet, der nach einem siegreichen Putsch Polizeichef der Bundeshauptstadt werden sollte. (Darauf mußte er bis zum Anschluß warten).

Bei diesem Gespräch wurde der Rahmen der Operation noch erweitert: Neben dem Bundeskanzleramt sollten auch das Gebäude von Radio Wien und die Telefonzentrale besetzt werden. Nun benötigte Habicht weitere Rückendeckung aus Berlin. Etwa eine Woche vor dem geplanten Umsturzversuch informierte er persönlich den Österreich-Referenten des Auswärtigen Amts, Legationsrat Höffner, von seinen Plänen. Auch Außenminister Neurath war offensichtlich im Bild. Vor dem Nürnberger Hauptkriegsverbrecher-Prozeß berief er sich allerdings auf Erinnerungslücken. Als ihm danach Dokumente seines Amtes vorgelegt wurden, meinte Neurath, er hätte das Ganze als Parteisache angesehen und sich daher nicht eingemischt. Und weiter: »Wenn ich für jeden einzelnen Mörder verantwortlich wäre, für jeden deutschen Mörder, der sich im Ausland betätigte, dann hätte ich viel zu tun gehabt.«

Am 23. Juli traf Anton Rintelen, der Kanzler-in-spe, in Wien ein, und nahm standesgemäß im Hotel Imperial Quartier. Sofort

kontaktierte er jene Persönlichkeiten, die in »seinem« Kabinett Ressorts übernehmen sollten. Die Identität dieser Herren wurde übrigens nie enthüllt.
Am selben Tag traf auch Weydenhammer, »jener nicht seriöse Handelsreisende in politischen Gewaltakten«, in Wien ein, um sich über den letzten Stand der Vorbereitungen zu informieren. Komplikationen gab es lediglich in Bezug auf den Bundespräsidenten, der sich auf Urlaub nach Velden am Wörther See begeben hatte. Unverzüglich wurde ein Terrorkommando entsandt, um das Staatsoberhaupt in Kärnten festzunehmen und zu zwingen, Rintelen zum Kanzler zu ernennen.
Eine seltsame, bis dato ungeklärte Rolle spielte in diesem Zusammenhang eine zweite Wiener SS-Standarte, die 11. Mitglieder dieser Einheit hatten – anscheinend unabhängig von der großen Aktion – beschlossen, ihren eigenen Putsch zu wagen und Dollfuß auf der Fahrt ins Kanzleramt auf dem nahen Michaelerplatz durch Handgranaten zu töten. Wie der Habicht-Putsch sollte diese Aktion am 24. Juli stattfinden und wie diese wurde auch die zweite Aktion auf den folgenden Tag verschoben, weil der Ministerrat vom 24. auf den 25. vertagt worden war. Durch den Verrat eines der Männer der Standarte 11 brachte diese Aktion, die dann gar nicht stattfand, Verwirrung in die Gegenmaßnahmen der Polizei am 25. Juli.
Doch auch der »große Putsch« war längst verraten worden und das gleich mehrmals. Die eindringlichste Warnung erhielt die Regierung über den SA-Führer Reschny, der offensichtlich die Pläne seines Rivalen Habicht durchkreuzen wollte. Er ließ den Behörden die Namen aller Hauptverschwörer mitteilen, übermittelte ihnen sogar Photos der Genannten und die Decknamen ihrer gefälschten Pässe. Diese Unterlagen wurden ohne Zweifel dem zur Heimwehr gehörigen Staatssekretär Neustädter-Stürmer und dem Generaldirektor für die öffentliche Sicherheit, Friedrich d'Elvert, übermittelt. Eine Reaktion blieb jedoch aus.
So war es der reine Zufall, der beim einzigen Erfolg der Exekutive an jenem Tag Regie führte. In Klagenfurt hielt die Polizei bei der Suche nach Sprengstoffterroristen jenen Mietwagen an,

mit dem drei der Verschwörer nach Kärnten gekommen waren, um Miklas zu entführen. Da die Verhafteten jedoch beharrlich schwiegen, wurden keine Konsequenzen gezogen.
Trotzdem hätten Habichts Pläne noch durchkreuzt werden können. Nicht nur die Exekutive war verwirrt, auch die Pläne der Verschwörer waren durch die Verschiebung des Ministerrates über den Haufen geworfen worden. Noch am 24. Juli hatte einer der »Eingeweihten«, der Holzhändler Paul Hudl, das ganze Konzept einem ihm bekannten Heimwehroffizier, Rudolf Wurmbrand, verraten, doch dieser Hinweis wurde nicht weiterverfolgt. Es bedurfte daher einer dritten Indiskretion, um den Sicherheitsapparat überhaupt erst in Gang zu bringen. Der dritte Informant war der Polizeirevierinspektor Johann Dobler, den ein Kollege für das Komplott hatte gewinnen wollen.
Was dann geschah, hätte aus einem skurrilen Roman von Herzmanovsky-Orlando entstammen können: Doblers Versuche, die Behörden zu warnen, führten ihn am Morgen des 25. Juli von einem Kaffeehaus ins andere, nachdem ein Telefonanruf in der Zentrale der »Vaterländischen Front« nicht ernst genommen worden war. Auf seiner letzten Station im »Café Weghuber« traf Dobler auf den Sekretär des Wiener Heimatschutzes – also einen Mann der Gruppe Fey –, Karl Mahrer, bei dem er endlich seine Geschichte anbringen konnte. Mahrer kontaktierte sofort seine Vorgesetzten, und um 10.45 erreichte die Meldung Emil Feys Adjutanten Major Wrabel, der seinen Chef informierte.
Dabei hatte Fey schon eine halbe Stunde zuvor Kenntnis von Doblers Angaben erhalten: Ein weiterer, zufällig im »Weghuber« anwesender Heimwehrmann hatte ihn informiert.
Dobler wurde indessen in ein weiteres Kaffeehaus, das »Central« gelotst, wo ihn Wrabel persönlich einvernahm. Der Major behauptete später, er hätte Dobler nicht voll vertraut, daher darauf bestanden, daß dieser seinen Einsatzbefehl persönlich abhole. Was auch geschah, wobei noch mehr Zeit verschwendet wurde. Der Befehl lautete »89¼1 Siebensterngasse, Bundesturnhalle«. Dobler übernahm diesen Befehl um 11.39. Es wäre also noch nicht zu spät gewesen, den Putsch zu vereiteln.

Aber noch immer geschah nichts. Es ist klar, daß Fey der Hauptverantwortliche dafür war, daß der Umsturzversuch nicht verhindert wurde. Doch auch der seit zwei Wochen unmittelbar zuständige Sicherheits-Staatssekretär Karwinsky und der Wiener Polizeipräsident Eugen Seydel zeigten nicht die nötige Tatkraft. So gebar der löwenhaft aufgeblähte Sicherheitsapparat eine jämmerliche Maus: die Exekutive beschränkte sich darauf, die Bundesturnhalle und die Umgebung des Ballhausplatzes zu »observieren«.
Nur aus diesem Grund konnte die Aktion der Putschisten mehr oder weniger ungestört anlaufen. Zwischen 12 und 12.15 trafen die Angehörigen der SS-Standarte 89 in der Siebensterngasse (im siebenten Wiener Bezirk) ein. Lastwagen mit Uniformen, Waffen und Munition waren ebenfalls zur Stelle. Die Zahl der aktiven Putschisten wurde in den Polizeiprotokollen mit 144 bis 154 angegeben, darunter etwa 100 ehemalige Soldaten und eine größere Anzahl aktiver Kriminalbeamter und Polizisten.
Vielleicht wäre die Aktion anders verlaufen, hätte sich der energische Starhemberg am entscheidenden Tag in Wien aufgehalten. Aber er befand sich mit einer Jugendgruppe in Rom.
Inzwischen war der Ministerrat kurz vor 12 Uhr zusammengetreten. Nach zehn Minuten erschien Fey und flüsterte Dollfuß etwas ins Ohr, worauf dieser zusammen mit ihm den Sitzungssaal verließ. Fünf Minuten später kehrten die beiden zurück, und Dollfuß vertagte die Sitzung auf 16 Uhr mit der Bemerkung, es seien Meldungen eingelangt, die ein Verweilen aller Minister im Kanzleramt nicht ratsam erscheinen ließen. Er sei von ihrer Stichhaltigkeit noch nicht restlos überzeugt, der Ballhausplatz könne jedoch zur Mausefalle werden. Nur Fey und die Staatssekretäre für Sicherheit und das Heerwesen, Karwinsky und Zehner, blieben bei Dollfuß zurück. Später ging auch Zehner, um die Wiener Garnison zu alarmieren. Als einer der ersten kehrte Schuschnigg in sein eigenes Büro im damaligen Kriegsministerium am Stubenring zurück, ohne zu wissen, daß die Anweisung des Kanzlers nicht nur dessen eigenen Tod, sondern auch eine völlige Änderung in Schuschniggs Leben bedeuten würde. Später erinnerte

sich Schuschnigg: »Der Kanzler schien keineswegs besonders beunruhigt, ich daher auch nicht.«
Über das seltsame Verhalten Feys wurde später viel gerätselt. Der Verdacht, er sei mit den Verschwörern im Bunde gewesen, wurde von den Nazis selbst widerlegt. Es scheint jedoch, daß er seinen Informationsvorsprung für einen spektakulären Coup nutzen wollte, um seinen eigenen Abstieg in einen kometenhaften Aufstieg zu verwandeln. Er hatte nämlich, ohne Dollfuß davon etwas zu sagen, seine Wiener Heimwehr alarmiert, mit deren Hilfe er anscheinend den Putsch im Alleingang verhindern wollte. Feys Leute befanden sich jedoch bei einer Übung im Prater, und der Befehl, auf den Ballhausplatz zu kommen, war offensichtlich nur vage formuliert. So erschien nicht die Heimwehr, sondern lediglich deren Kommandant, Oberstleutnant Polaczek-Wittek, im Kanzleramt, um die Gründe des Befehls zu erfahren. Und geriet prompt selbst in die Falle.
Die Wachmannschaft des Kanzleramtes hatte inzwischen von dem geplanten Putsch erfahren. Ohne genaue Anweisungen ergriff man jedoch nur halbe Maßnahmen. Niemand kam auf die naheliegende Idee, das schwere Tor des Gebäudes zu schließen oder eine Wache davor aufzustellen. Angeblich, weil man die Ablösung erwartete. Und die Polizei konzentrierte sich auf den Michaelerplatz, wo sie irrigerweise den eigentlichen Anschlag erwartete.
So konnten die Putschisten, genau fünf Minuten vor eins, mit fünf Lastwagen völlig unbehindert in den Hof des Kanzleramtes einfahren. Die übrigen Lkw blieben auf dem Ballhausplatz stehen, und die Insassen eilten ebenfalls in das Gebäude.
Die doppelte Ehrenwache von insgesamt 30 Mann – die Ablöse war inzwischen eingetroffen – war im Hof versammelt, mit ungeladenen Gewehren. Munition und das einzige MG befanden sich in einem Depot. Leichter hätte man es den Putschisten nicht machen können. Innerhalb weniger Minuten waren die »Verteidiger« entwaffnet.
Etwa gleichzeitig war eine andere Gruppe von 15 Putschisten in das Rundfunkgebäude, damals in der Innenstadt, eingedrungen

und hatte den anwesenden Nachrichtensprecher gezwungen, einen Text zu verlesen: »Die Regierung Dollfuß ist zurückgetreten. Dr. Rintelen hat die Regierungsgeschäfte übernommen."
Die Zahl der Angreifer war indes zu klein, um das ganze Gebäude zu besetzen. Aus dem Oberstock gelang es dem Generaldirektor Oskar Czeja, die Polizei zu verständigen und den Sender auf dem Bisamberg anzuweisen, direkt von dort aus zu senden. Kurz danach begann die Polizei das Funkhaus zu stürmen. Der ebenfalls geplante Anschlag auf die Telefonzentrale fand überhaupt nicht statt, da sich nur zwei Putschisten eingefunden hatten.

Doch zurück zum Ballhausplatz. Während die Putschisten noch beschäftigt waren, das Wachpersonal und die Beamten in den Hof zu treiben, war Major Wrabel in das Amtszimmer des Kanzlers geeilt: »Sie sind schon da!«, rief er. Karwinsky drängte darauf den Kanzler in den angrenzenden Säulensaal, um ihn dort in der eingebauten Garderobe zu verstecken. Dabei wurden sie jedoch vom getreuen Türsteher Eduard Hedvicek eingeholt, der seinerseits Dollfuß beim Arm nahm und mit ihm zurück durch das Arbeitszimmer in das auf der anderen Seite liegende Eckzimmer eilte. Über eine eiserne Wendeltreppe, die von den Anwesenden nur er kannte, wollte er Dollfuß in das Staatsarchiv auf dem Minoritenplatz bringen.

Im Eckzimmer stieß jedoch eine Putschistengruppe unter der Führung des ehemaligen Soldaten Otto Planetta auf die Flüchtenden. Was unmittelbar danach geschah, wurde nie restlos geklärt. Planetta behauptete vor Gericht, der couragierte kleine Kanzler hätte ihn »angesprungen«, und daraufhin hätte er geschossen. Nur einmal, wie er beteuerte. Die spätere Obduktion ergab jedoch zwei Einschüsse.

Nach dem Anschluß versuchten die Nazis, Planetta zumindest von der Mordanklage reinzuwaschen. Es stellte sich jedoch nach einer hochnotpeinlichen Untersuchung heraus, daß der zweite Schuß, wenn nicht von Planetta, dann von einem seiner Kameraden abgegeben worden war. Es war also auf jeden Fall Mord, und die Untersuchung – die auch schuldhaftes Verhalten Schusch-

niggs bei der Unterdrückung des Putsches hätte ermitteln sollen – wurde ziemlich abrupt abgebrochen.
Dollfuß war jedoch nicht sofort tot, sondern blieb noch eine Zeitlang bei vollem Bewußtsein. Und wenn die Putschisten vor Gericht beteuerten, die Ermordung des Kanzlers sei nicht von Anfang an eingeplant gewesen, konnten sie dennoch nicht bestreiten, daß dem Sterbenden die Hilfe eines Arztes und später der Beistand eines Priesters versagt wurde.
Die Haltung Feys bleibt indessen weiter das undurchsichtigste Kapitel der gesamten Episode. War seine Einstellung vor dem Eintreffen der Putschisten zumindest zwiespältig, so wurde sie während der Besetzung des Kanzleramtes so ungewöhnlich, daß man die Möglichkeit nicht gänzlich ausschließen kann, er hätte entweder mit dem Komplott doch etwas zu tun gehabt – wenn auch nicht mit der Ermordung Dollfuß' – oder zumindest versucht, noch einmal die Entwicklung zu seinen Gunsten auszunutzen. Fey war einer der letzten, die mit dem Kanzler sprachen. Dollfuß weigerte sich, dem Drängen der Putschisten nach politischen Konzessionen nachzugeben. Er betraute Schuschnigg mit seiner Vertretung, fügte aber – laut Fey – hinzu, daß Rintelen Frieden machen sollte.
Das Gespräch mit Fey hatte Dollfuß so sehr angestrengt, daß er das Bewußtsein verlor. Kurze Zeit darauf – um 15.15 Uhr - war er tot.
Warum wurde gerade Schuschnigg, der Junior im Kabinett, mit der Führung der Regierung betraut? In verschiedenen Werken wird er noch immer als rang- oder dienstältester Minister apostrophiert. Was aber so nicht stimmt. Immerhin saß mit Finanzminister Buresch noch ein Ex-Kanzler in der Regierung. Es scheint jedoch, daß der sterbende Kanzler dem jungen Schuschnigg mehr Durchschlagskraft zutraute als einem Politiker der alten Garde, notabene als dem Chef einer eigenen Wehrformation, die nicht zur Heimwehr gehörte. Und Vizekanzler Starhemberg befand sich ja im Ausland.
Was Fey betraf, so ging seine »Kollaboration« mit den Verschwörern weit über das Maß einer erzwungenen Hilfeleistung

hinaus. Er ließ nichts unversucht, um eine Kanzlerschaft Rintelens nach dem Tod Dollfuß' irgendwie durchzusetzen, verfaßte Anrufe und bemühte sich, deren Veröffentlichung durchzusetzen. Und gleichzeitig war er bestrebt, einen Angriff der Polizei und Heimwehr auf das inzwischen zernierte Gebäude zu verhindern. Danach betätigte sich Fey noch als Vermittler für die Putschisten, bei deren Verhandlungen mit Neustädter-Stürmer, der das Kommando vor Ort im Auftrag Schuschniggs übernommen hatte, und garantierte die getroffenen Vereinbarungen über freies Geleit der Nazis zur deutschen Grenze. Letztlich bedrängte er noch den zögernden deutschen Gesandten Rieth, der ebenfalls auf dem Ballhausplatz aufgekreuzt war, sich zugunsten des Abtransportes der Putschisten nach Deutschland einzusetzen. Was dieser auch tat, wofür er bald darauf von Hitler geschaßt wurde.

Jene Minister, die dem Staatsstreich entkommen waren, hatten sich um 14 Uhr im Kriegsministerium versammelt. Es war ein eher kleiner Kreis: die Minister Schuschnigg, Buresch und Neustädter-Stürmer sowie die Staatssekretäre Zehner und Ilg. Justizminister Berger-Waldenegg (Schuschniggs Nachfolger) lehnte zwar eine Teilnahme am Rumpfministerrat ab, sorgte aber für die Mobilisierung seiner eigenen, Starhemberg nahen Heimwehren.

Was das Angebot des freien Geleits betraf, so nahm die Regierung eine, wie von ihr selbst später zugegeben, eher zwiespältige Haltung ein. Schuschnigg erklärte in seinen Erinnerungen, er hätte dem freien Abzug zu einem Zeitpunkt zugestimmt, als er nur von einer schweren Verwundung, nicht aber vom Tod Dollfuß' Kenntnis gehabt hätte. Auf dem Ballhausplatz hätte Neustädter-Stürmer sicher den wahren Sachverhalt erfahren, aber auf einer Basis weiterverhandelt, als hätte sich nichts geändert.

In der Aufregung hatte man vergessen, Bundespräsident Miklas zu verständigen, der sich dann aus Velden – ohne vom geplanten Anschlag auf seine eigene Person zu wissen – höchst indigniert zu Wort meldete. Über den Stand der Dinge informiert, ernannte er Schuschnigg zum provisorischen Regierungschef, befahl die Niederschlagung des Putsches und die Befreiung der im Kanzleramt festgehaltenen Personen.

Während Dollfuß verblutete, wartete Rintelen nervös im »Imperial«. Nach 16 Uhr kamen Weydenhammer und Wächter und beschworen ihn, auf den Ballhausplatz zu kommen, um womöglich doch das Steuer noch herumzureißen. So hatte sich aber der Kanzler-in-spe seine Machtübernahme nicht vorgestellt und lehnte nun rundwegs ab. Inzwischen hatte sich seine Anwesenheit in Wien herumgesprochen, und Schuschnigg sandte einen gemeinsamen Freund, den »Reichspost«-Chefredakteur Friedrich Funder, zu ihm, um ihn ins Kriegsministerium zu bringen. Dort stritt Rintelen alles ab. Man sperrte ihn vorerst in ein Zimmer, wo er einen halbherzigen Selbstmordversuch unternahm. Er wurde später zu lebenslänglichem Kerker verurteilt, aber schon Anfang 1938, also noch vor dem Anschluß, amnestiert. Er starb 1946 in Graz als vergessener Mann.

Kurz nach 17 Uhr verlas Neustädter-Stürmer den Putschisten ein Ultimatum: Um 18 Uhr würde das Gebäude gestürmt werden. Dem auf dem Balkon erschienenen Fey teilte der Minister die genauen Bedingungen mit: Freier Abzug bei einer Räumung des Gebäudes innerhalb von 20 Minuten. Die Putschisten konterten vorerst mit einer eigenen Forderung: Freier Abzug zusammen mit den Geiseln; was aber sofort abgelehnt wurde.

Gegen 19 Uhr kapitulierten die Putschisten, warfen ihre Waffen weg und versammelten sich im Hof des Kanzleramts – übrigens noch in gehobener Stimmung, im Vertrauen auf einen freien Abzug. Einige träumten sogar – wie sie später gestanden – von einem triumphalen Empfang in Deutschland.

Erst nach etwa einer halben Stunde betraten Polizei und Heimwehr das Gebäude und nahmen die Verschwörer fest – wobei einige noch entkommen konnten. Die übrigen wurden in die Marokkanerkaserne im III. Gemeindebezirk abtransportiert.

Was aber war mit Starhemberg geschehen, der ja rangmäßig die Funktion des Kanzlers automatisch hätte übernehmen sollen? Er befand sich – zu seinem Glück oder Unglück – wie bereits erwähnt, weit weg vom Schuß bei seinem Protektor Mussolini. Im Laufe des Nachmittags wurde er von den Geschehnissen informiert. Der Duce stellte ihm sofort eine Militärmaschine zur

Verfügung, die bereits am frühen Abend in Richtung Wien abhob. Über den Alpen mußte sie jedoch wegen Schlechtwetters umkehren.

Gegner Starhembergs behaupteten später, dieser hätte es mit der Angst zu tun bekommen und die Umkehr angeordnet. Diese Behauptung ist absurd. Man konnte dem Fürsten vieles vorwerfen, nicht aber Feigheit. Noch dazu war es in seinem eigenen Interesse und dem Mussolinis, so rasch wie möglich die Zügel der Regierung zu übernehmen, eine Aufgabe, die er ja schon lange angestrebt hatte.

So aber konnte er erst am folgenden Tag nach Wien fliegen. Und da waren die Weichen bereits gestellt.

Unvermittelt war der schüchterne Kurt von Schuschnigg drauf und dran, zum mächtigsten Mann Österreichs zu werden.

4. Kapitel

Kanzler – fast wider Willen

Schuschnigg tritt die Nachfolge von Dollfuß an

Die Nachricht vom Dollfuß-Mord hatte sich in Wien wie ein Lauffeuer verbreitet. Als die Österreicher aber am Abend des 25. Juli im Rundfunk erfuhren – sofern sie ein Gerät besaßen –, daß »Minister Dr. Kurt von Schuschnigg vorläufig die Regierungsgeschäfte übernommen« hätte, wußten sie mit dieser Nachricht nicht viel anzufangen.

Obwohl er etliche Jahre dem Nationalrat und zwei Jahre dem Kabinett angehört hatte, war er – zumindest außerhalb seiner engeren Tiroler Heimat und dem Kreis der »Ostmärkischen Sturmscharen« – weitgehend unbekannt geblieben, nicht zuletzt, weil er selbst das Rampenlicht gescheut hatte. Nicht einmal seine, sagen wir es offen, negative Rolle nach den Februarkämpfen war der breiten Öffentlichkeit bekannt. Namen wie Starhemberg, Fey oder die der ehemaligen Kanzler Buresch, Vaugoin oder Ender waren dem Mann auf der Straße schon wesentlich geläufiger.

So herrschte in Wien allgemein die Ansicht, daß es sich nur um eine kurzfristige Zwischenlösung handeln könne. Zumindest bis Starhemberg nach Wien zurückkommen und mit seiner Privatarmee das Heft in die Hand nehmen werde.

Am Vormittag des 26. Juli traf der Fürst dann tatsächlich auf dem Flugplatz Aspern ein und rief sofort, kraft seiner Stellung als Vizekanzler, die Minister zusammen. Im Gegensatz zur landläufigen Meinung war die Wahl eines »definitiven Kanzlers« bei dieser Sitzung keineswegs das dominierende Thema der Diskussion. Nicht unbedingt aus Gründen der Pietät, sondern weil es viel dringendere Probleme zu besprechen gab. Wie im Februar waren in verschiedenen Landesteilen blutige Unruhen ausgebro-

Staatskanzler Karl Renner in St. Germain

2 Bundeskanzler Ignaz Seipel (M.) mit dem deutschen Reichskanzler Wilhelm Mar
(r.), 1929

3 Karl Renner bei der Republikfeier im Wiener Stadion, 1929

Polizeibereitschaft bei der Ausschaltung des Parlaments 1933

5 Das Kabinett Dollfuß II, 1933

6 Engelbert Dollfuß im Kreis von Offizieren während des Februaraufstands 1934

Bundesheereinheit in Floridsdorf am 12. Februar 1934

Polizeipanzerwagen

9 Das Denkmal der Republik wurde mit Fahnen der Vaterländischen Front verhüllt.

10 (links) Bundeskanzler Dollfuß mit Vizekanzler und Heimwehrführer Starhemberg (Plakat 1934)

11 (rechts) Ernst Rüdiger v. Starhemberg (M.) mit Heimwehrmännern

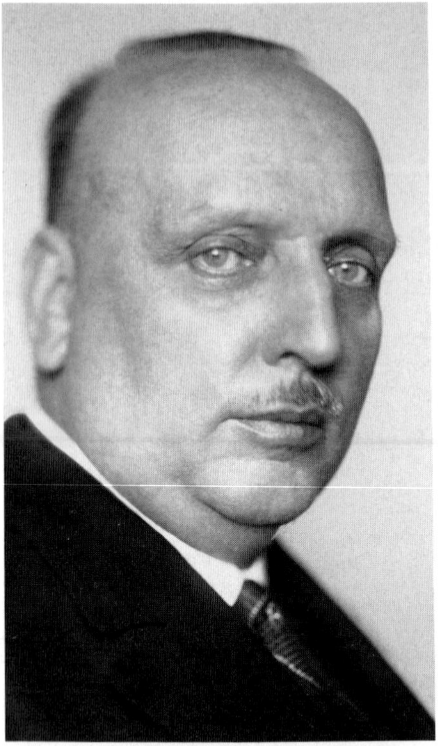

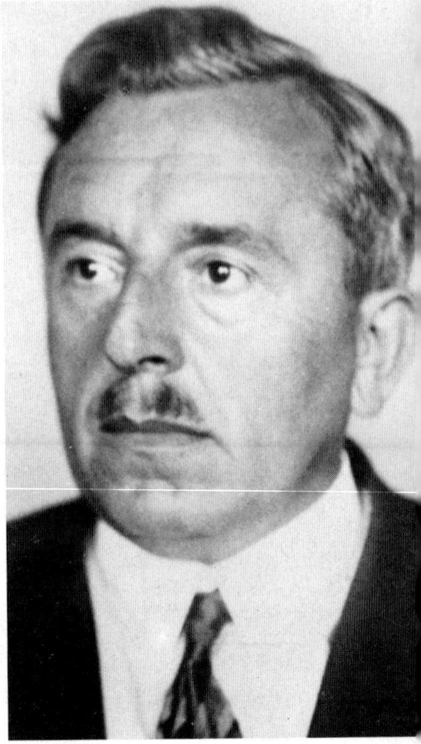

12 (links oben) Bundespräsident Wilhel
Miklas

13 (oben) Der steirische Schutzbundführer Koloman Wallisch

14 (links) Otto Bauer

chen. Und auch über das Schicksal der vorläufig nur provisorisch festgehaltenen Verschwörer mußte sofort entschieden werden.
Falls die Nazis, wie von Habicht Hitler gegenüber angedeutet, mit einer Rebellion innerhalb des Bundesheeres gerechnet hatten, wurden sie total enttäuscht. Das Heer stand fest zur Regierung. Sogar nationalsozialistische Offiziere und Soldaten befolgten ihre Befehle. Der höchste Offizier unter den Toten der Exekutive war übrigens ein nationalsozialistisch eingestellter Major, der im Kampf gegen seine Gesinnungsfreunde getötet wurde.
Die größte Gefahr in den Augen der Regierung bildete die Möglichkeit einer Invasion aus dem Dritten Reich – sei es durch die in Bayern stationierte »Österreichische Legion« illegaler Nazis, sei es gar durch reguläre deutsche Einheiten, wiewohl die Reichswehrführung damals eine derartige Operation sicher nicht unterstützt hätte. Doch wer sollte das in Wien mit Sicherheit wissen?
Gebannt wurde die militärische Gefährdung erst durch den Beschluß Mussolinis, seine Armee auf dem Brenner aufmarschieren zu lassen. Und damit waren der Putsch und die anschließenden Aufstände endgültig gescheitert.
Nicht so kritisch, doch politisch und juristisch äußerst brisant, war für die amtierende Regierung die Frage, was mit den Kanzleramts-Verschwörern geschehen sollte. Auf die anderen Putschisten traf dieses Problem nicht zu, da ihnen niemand freies Geleit versprochen hatte.
Vizekanzler Starhemberg, zum ersten- und letztenmal als Regierungschef agierend, vertrat einen äußerst ausgewogenen Standpunkt. Das Versprechen des freien Geleits bestünde weiter, argumentierte er, da es vor der Kapitulation nicht widerrufen worden wäre. Andererseits könne es sich kein Staat innen- oder außenpolitisch leisten, Kanzlermörder einfach ziehen zu lassen. Diesem Standpunkt schlossen sich Schuschnigg – der ja das ursprüngliche Angebot gemacht, wenngleich nicht persönlich übermittelt hatte – und die anderen Minister an; auch Neustädter-Stürmer, der die direkten Gespräche geführt hatte. Alle »Haupt-

verschwörer« sollten vor Gericht gestellt, die übrigen interniert werden. Letzteres war gar nicht so einfach, denn in Klagenfurt allein sammelten sich in den folgenden Tagen etliche tausend Nazis, die bei den Kämpfen gefangen genommen worden waren. Zu diesem Zweck mußte schließlich das bestehende Anhaltelager Wöllersdorf erweitert werden.

Falls die Minister bezüglich der gebrochenen Versprechungen Skrupel hatten, so half ihnen kein geringerer als Adolf Hitler persönlich aus dem Gewissenskonflikt. Mit der ihm eigenen Scheinheiligkeit distanzierte er sich in aller Form von der Verschwörung, versprach sogar, nach Deutschland geflohene Putschisten in ein KZ zu stecken. Mit Nachdruck widerrief er das Abkommen über freies Geleit, an dem sein Gesandter Rieth beteiligt gewesen war. Rieth wurde dafür in die Wüste geschickt. Wenn die Nationalsozialisten also später von einem »Eidesbruch« der österreichischen Regierung sprachen, so widersprachen sie dabei ihrem eigenen Reichskanzler.

Was aber wußten Hitler und seine Umgebung in Reichsregierung und Partei wirklich vom Komplott der österreichischen Parteifreunde? Der US-Botschafter in Berlin in jenem Jahre, William Dodd, schrieb in seinen Tagebüchern, die beim Nürnberger Hauptkriegsverbrecherprozeß verlesen wurden: »Heute (26. Juli) erhielt ich Beweise, daß gestern Abend, noch um 23 Uhr, die deutsche Regierung offizielle Erklärungen an die Presse abgab, in denen sie über den Sturz Dollfuß' jubelte und das kommende Großdeutsche Reich proklamierte.«

In ähnlichem Sinn sagte der ehemalige US-Gesandte in Wien, George Messersmith, in Nürnberg aus: Es könne kein Zweifel bestehen, daß der Putsch »von den Nazi-Behörden in Deutschland durch ihre Organisation in Österreich, bestehend aus österreichischen und deutschen Nazis, angeordnet und organisiert wurde. Mr. Rieth, der deutsche Gesandte, wußte genau, was sich ereignen sollte. Seinerzeit nahm ich mir die Mühe, auch anderes Beweismaterial zu verifizieren, welches darauf hinwies, daß der Putsch nicht nur mit Wissen der deutschen Regierung durchgeführt sondern auch organisiert wurde.«

Nach dem sich abzeichnenden Zusammenbruch der Rebellion in den Bundesländern und dem Beschluß, die Verschwörer nicht nach Deutschland zu überstellen – also in ein Land, das sie, glaubte man den Erklärungen des »Führers«, gar nicht wollte – sondern vor Gericht zu stellen, konnte die Bestellung eines definitiven Regierungschefs nicht mehr aufgeschoben werden. Und zum zweitenmal in knapp drei Tagen lag die Entscheidung in den Händen des kleinen kahlköpfigen Wilhelm Miklas, jenem Relikt aus der Ersten Republik.
Die österreichische Öffentlichkeit rechnete fest mit der Nominierung Starhembergs, dem bisherigen zweiten Mann in der Regierung, Kommandanten der stärksten Privatarmee und Protegé Benito Mussolinis, der eben erst den Weiterbestand des österreichischen Staates gesichert hatte. Zur allgemeinen Überraschung entschied sich der Präsident jedoch neuerlich für Schuschnigg – aus persönlichen und politischen Motiven. Persönlich war dem Kleinbürger Miklas der Condottiere Starhemberg zutiefst unsympathisch. Der alten Garde der christlichsozialen Politiker ging es indes in erster Linie darum, die Ernennung eines Heimwehrmannes zum Bundeskanzler zu verhindern. Dementsprechend setzten sie Miklas unter Druck: Vorsichtig hinter den Kulissen, um einen Staatsstreich der Heimwehren zu verhindern. Natürlich gab es bekanntere »zivile« Politiker, wie die ehemaligen Bundeskanzler Buresch und Ender oder den in Kreisen des Bundesheeres noch immer einflußreichen Vaugoin. Sie alle hatten aber während des kurzen autoritären Dollfuß-Regimes völlig abgewirtschaftet – und sei es, weil sie nichts dagegen unternommen hatten. So blieb nur Schuschnigg übrig, der am 25. Juli immerhin seine Tatkraft bewiesen hatte.
Trotz allem war Schuschniggs Aufstieg nicht selbstverständlich. Er selbst gestand im Gespräch mit dem Historiker Jagschitz: »Ich habe mich nicht um das Amt beworben, ich hatte keinen Ehrgeiz auf ein Himmelfahrtskommando.« Was die alte Garde betraf, so meinte er, Ender hätte das Amt sicherlich nicht angenommen. Der gemäßigte Leopold Kunschak sei für die Heimwehren inakzeptabel gewesen. Auch Wiens relativ neuer Bürgermeister

Schmitz sei bei den Wehrformationen unbeliebt gewesen und überdies hätte es im Wiener Rathaus keinen Ersatz für ihn gegeben. »Also mußte ich es machen, sonst wäre ich fahnenflüchtig gewesen.«

Die Frage war nur: Würde sich Starhemberg die Zurücksetzung gefallen lassen? Doch dieser agierte im entscheidenden Moment zurückhaltend bis unentschlossen. Er selbst beteuerte immer wieder – nicht unbedingt glaubwürdig – er hätte die Kanzlerschaft gar nicht angestrebt. Nicht zuletzt, weil er gewußt hätte, als Regierungschef mit einem Dolchstoß von seiten seines Intimfeindes, des abgerutschten, doch noch immer nicht völlig entmachteten Fey, rechnen zu müssen.

Mit seiner Ernennung, nicht zuletzt dank des Einflusses der alten Christlichsozialen, hatte Schuschnigg indessen keinen Blankoscheck erhalten, die Regierungsgeschäfte im Stil Dollfuß' als eine Ein-Mann-Schau weiterzuführen. Vielmehr kam es zwischen ihm und Starhemberg zu einer Art Macht- und Funktionsteilung. Schuschnigg sollte als Bundeskanzler die Regierungsgeschäfte führen; Starhemberg, als Vizekanzler, wurde gleichzeitig zum Obersten Führer der »Vaterländischen Front« samt ihrer paramilitärischen Formationen bestimmt.

Die meisten Zeitgenossen glaubten noch immer, in Starhemberg den mächtigeren Partner des Gespannes zu sehen, der über kurz oder lang die ganze Macht übernehmen würde. In den lammfrommen österreichischen Medien wurde gleichzeititg die Nachricht lanciert, sowohl Starhemberg als auch Schuschnigg hätten jeweils den anderen für den Posten des Regierungschefs vorgeschlagen. Damit sollte, wie die Historikerin Gertrud Eberle-Burcel feststellt, »die Einigkeit im Regierungslager demonstriert werden«. Starhemberg hätte jedoch damit spekuliert, von seiner Stellung als Vizekanzler aus den Regierungschef so einkreisen zu können, daß diesem wenig Bewegungsspielraum geblieben wäre. Überdies sei Starhembergs Stellung durch die Ernennung des bereits erwähnten oberösterreichischen Sicherheitsdirektors Hammerstein-Equord zum Staatssekretär für das gesamte Sicherheitswesen gestärkt worden.

Bissig bemerkt dazu ein anderer Historiker, Everard Holtmann: »Ein gerichtlich beglaubigter Kanzlermord bot die Gelegenheit, über einen Märtyrerbonus das chronische Popularitätsdefizit des ›vaterländischen Regimes‹ auszugleichen.«

In den österreichischen Medien wurden die Regierungserklärungen über die Weiterführung des Dollfußkurses naturgemäß unterstrichen. Ausländische Korrespondenten urteilten, wie nicht anders zu erwarten, weit skeptischer. Eric Gedye, der in die Rolle des Doyens unter den westlichen Korrespondenten immer mehr hineingewachsen war – er vertrat die »New York Times« und den Londoner »Daily Telegraph« – sah in Schuschnigg eine »völlig unbekannte Größe«. Und fügte, in einem späteren Kommentar hinzu: »Die Situation hätte noch immer durch einen großzügiger denkenden Nachfolger des Bundeskanzlers Dollfuß gerettet werden können, hätte dieser nur den Mut gehabt, das Unrecht, welches den Arbeitern am 12. Februar 1934 zugefügt worden war, soweit wie möglich wiedergutzumachen . . . Aber es hätte eine politische Wende erfordert, die zu vollziehen der österreichische Klerikalismus in seiner störrischen Halsstarrigkeit weder die notwendige Elastizität, noch den moralischen Mut hatte.«

Noch bissiger beurteilte der Historiker Gulick in seinem fünfbändigen Werk das erste Kabinett Schuschnigg: »Alle Minister waren Aristokraten, Faschisten oder beides: vier Adelige, vier Christlichsoziale und vier Heimwehrmänner.« Sicherlich urteilt Gulick, ein erbitterter Gegner des autoritären Regimes, dessen Wienbesuche in den dreißiger Jahren dem amerikanischen Gesandten Messersmith schlaflose Nächte bescherten, oberflächlich wenn nicht ungerecht. Aber in einem hatte er recht. Die neue Regierung Schuschnigg, die am 30. Juli zu ihrer ersten formellen Sitzung zusammentrat, war alles andere als homogen und erinnerte in dieser Hinsicht an die letzten wackligen Kabinette der Ersten Republik. Es fehlte die starke Hand eines Dollfuß, und überdies glaubten nur die wenigsten, daß ihn Schuschnigg auf Dauer würde ersetzen können.

Die allgemeine Unsicherheit zeigte sich bereits unmittelbar nach

der Vereidigung der neuen Regierung. Aus Angst vor einem neuen Putschversuch, der unter den gegebenen Umständen nur von rechts kommen konnte, wurde eine umfangreiche Nachfolgeregelung ausgearbeitet. Sollten der Bundespräsident, der Bundeskanzler und der Vizekanzler gleichzeitig ausgeschaltet werden, dann würde das Amt des Regierungschefs an den Wiener Polizeipräsidenten Michael Skubl übergehen. Sollte dieser ebenfalls »verhindert« werden, war Staatssekretär Hammerstein-Equord als Nachfolger vorgesehen.
Unter diesen Umständen nimmt es nicht Wunder, daß die Differenzen unter den Ministern schon bei der »Premierensitzung« zutage traten. Hauptsächlich zwischen den beiden Heimwehrführern Starhemberg und Fey, die von Kampfgefährten zu Todfeinden geworden waren. In Anbetracht seiner mehr als dubiosen Haltung während des Anschlages auf das Bundeskanzleramt hätte Fey eigentlich aus der Regierung ausscheiden müssen. Gerade aus diesem Grund wurde er aber, um Gerüchten entgegenzuwirken, gehalten. Aus dem gleichen Motiv wurde später sogar das »Braunbuch« über die Ereignisse am 25. Juli abgeändert, um den Wiener Heimwehrchef zu schonen. Im Kabinett versuchte Schuschnigg die Wogen zu glätten. Er versprach, dem Bundespräsidenten vorzuschlagen, die sachliche Leitung verschiedener, zum Bundeskanzleramt gehörender Agenden an Starhemberg oder Fey zu übertragen. Was der Ministerrat, wie es im Protokoll heißt, »zustimmend zur Kenntnis nahm«.
Von Feys Befugnissen war jedoch nicht viel übriggeblieben. Wohl erhielt er den imposant klingenden Titel eines »Staatskommissars für außerordentliche Maßnahmen zur Bekämpfung staats- und regierungsfeindlicher Bestrebungen«, doch just aus diesem Bereich hatte man das Sicherheitswesen vorsorglich ausgeklammert.
Schuschnigg selbst behielt noch zwei weitere Ressorts: Heerwesen und Unterricht, doch wurden diese Ministerien, wie er selbst zugab, in der Praxis von den Staatssekretären Zehner – einem besonders verdienstvollen Offizier – und Hans Perntner geleitet. Und nach einiger Zeit legte sich Schuschnigg noch einen Staats-

sekretär für auswärtige Angelegenheiten zu, den zum Starhemberg-Kreis zählenden bisherigen Justizminister Berger-Waldenegg. Seltsamerweise hatte es seit dem Kabinett Buresch II keinen Minister mehr für »die sachliche Leitung der auswärtigen Angelegenheiten« – so der offizielle Titel – gegeben.
Der erste Staatsakt des neuen Kanzlers war sein großer Auftritt beim Begräbnis Dollfuß', das sich zu einer eindrucksvollen patriotischen Demonstration gestaltete. Schuschnigg hielt die Grabrede, von welcher der US-Gesandte Messersmith dem State Department berichtete: »Es waren tapfere Worte, an die er auch glaubte.«
Tatsächlich fühlte sich Schuschnigg lange nicht so selbstsicher, wie er in der Öffentlichkeit erscheinen wollte. In seinen Memoiren verhehlte er nicht, daß er schon damals überzeugt gewesen sei, Österreich könne nur in Zusammenarbeit mit Deutschland weiter existieren.
So etwa wie das Schaf mit dem Wolf.
Beim Dollfuß-Begräbnis zeigte sich eine weitere positive Eigenschaft des »Aufsteigers«. »Er war ein ausgezeichneter Redner, wenn er auf einen wohlvorbereiteten Text zurückgreifen konnte«, erinnerte sich Milan Dubrovic, der Nestor der österreichischen Journalisten, der dem Staatsakt beiwohnte. Ansonsten war sich der scharfsichtige Beobachter nicht so sicher: »Er war jedoch kein Volkstribun, der die Massen spontan mitreißen konnte. Persönlich war er eher kontaktscheu und zurückhaltend, so daß ihm nur seine allernächsten Mitarbeiter persönlich nahekommen konnten. Und diese waren eher geneigt, ›ihren‹ Kanzler von der Umwelt nach Möglichkeit abzuschirmen; sei es aus persönlichen Motiven oder weil sie glaubten, den geheimen Intentionen des Kanzlers dadurch entgegenzukommen. Und noch etwas fiel mir sehr bald auf: Er war ein Kettenraucher, der eine Zigarette an der eben ausgerauchten anzündete.«
Recht kritisch urteilt Starhemberg über seinen neuen »Partner«, mit dem er alsbald bei der Vergabe von Posten in den Haaren lag. Naturgemäß versuchte jede der Gruppen in der Regierung, im öffentlichen Dienst so viele Stellen wie möglich für ihre An-

hänger zu gewinnen, ein Bestreben, das Starhemberg mit der allgemeinen Angst vor der Arbeitslosigkeit zu rechtferigen suchte. Dollfuß, meinte er, hätte derartige Querelen durch seine offenherzige Art gemildert, wenn nicht entschärft. »Schuschnigg hingegen war in sich verschlossen und das Gegenteil von warmherzig. Einmal sagte jemand: An den Schuschnigg kommt niemand heran, er bleibt immer hinter seiner Brille. Diese Charakteristik war durchaus richtig. Nicht immer war der Verkehr mit Dollfuß reibungslos, doch bei ihm hatte so etwas keine weiteren Folgen.« Mit Schuschnigg indessen sei keine offene Debatte möglich gewesen: »Obwohl wir beide uns vom ersten Tag an bemühten, zueinander zu finden, kam nie jenes ungezwungen vertrauensvolle Verhältnis zustande, das in den kommenden Jahren besonders notwendig gewesen wäre.« Und weiter: »Ich glaube, daß Schuschniggs Verschlossenheit auf Schüchternheit zurückzuführen ist. Aus seiner Schüchternheit und dem Mangel an genügend Selbstbewußtsein sind auch das Zögern und die Ängstlichkeit zurückzuführen, die man bei ihm oft beobachten konnte. Und diese Ängstlichkeit brachte es mit sich, daß ihn geradezu eine Scheu von ganzen Lösungen abhielt. Tat er einen Schritt nach rechts, so machte er ihn rasch durch einen Schritt nach links wieder wett.«

Doch der Fürst fand auch Worte des Lobes: »Schuschnigg ist ein besonders anständiger Mensch, von lauterer Gesinnung und auch sauber und anständig als Politiker. Seine Betrauung zum Kanzler hat er, gleich Dollfuß, als eine historische Mission aufgefaßt.«

Deutlicher als je zuvor zeigte sich in jenen entscheidenden Tagen Schuschniggs »deutsche Strähne«. Seinem Vorgänger hatte dieses mystische Deutschtum – trotz einiger deutschnationaler Jugendreden – zumindest seit der Machtübernahme Hitlers wenig bedeutet. Hätte er den Anschlag überlebt, dann wäre es in seinem Charakter gelegen, dem Dritten Reich den Fehdehandschuh hinzuwerfen. Schuschnigg dagegen wollte das Deutschtum vor sich selbst retten. Natürlich nicht die Deutschtümelei der Nazis oder Preußen, sondern jenes des längst untergegangenen Heiligen Römischen Reiches. Für ihn waren die Österreicher keine

eigene Nation, sondern schlicht und einfach die »besseren Deutschen«. Und diese Idee wurde trotz aller aggressiven Anfeindungen durch den nördlichen Nachbarn zum Leitmotiv seiner Politik. Von dem ihm auch sein zweites Leitmotiv, der Monarchismus, nicht abbringen konnte. Trotz des unüberbrückbaren Gegensatzes zwischen den beiden Ideen.
Dazu schrieb Schuschnigg in seinem »Requiem«: »Österreich konnte nur sinnvoll sein, historisch und rein-praktisch-politisch gesehen, wenn es allen Zwischenfällen zum Trotz, der Stimme seines Geistes und Blutes, aber auch der zwangsläufigen politischen Gegebenheiten entsprechend, dem deutschen Lebens- und Schicksalskreis zugehörte. Daher kam eines unter keinen Umständen in Frage: die ultima ratio einer Verknüpfung Österreichs in eine antideutsche außenpolitische Kombination, also der Beitritt zu einem antideutschen Bündnis mit offenen oder versteckten Aggressivtendenzen oder auch die Etablierung einer an sich nicht antideutsch gedachten Monarchie mit Hilfe antideutscher, andersnationaler Krücken. Ich bin mir klar darüber, daß dieser Standpunkt im In- und Ausland nicht durchwegs Verständnis fand und mir manchen Vorwurf zwiespältiger Unklarheit eingebracht hat. Ich halte aber auch heute (also nach Ende des Zweiten Weltkriegs, Anm. des Autors) daran, daß er richtig war.«
Diese »deutsche Strähne« war es auch, die von Anfang an das bislang so enge Verhältnis zu Italien belastete, dem Österreich, zumindest zu jenem Zeitpunkt, da von einem Verrat Mussolinis nicht die Rede sein konnte, seinen Weiterbestand verdankte. Obwohl Mussolini im Sommer 1934 in seiner Empörung über die Ermordung Dollfuß' nicht im Traum daran dachte, die Bindungen zu Österreich abzuschwächen, war das enge persönliche Verhältnis, das ihn mit dem kleinen Kanzler verbunden hatte, ein für allemal zu Ende. Vereinfacht dargestellt: Mussolini konnte Schuschnigg von Anfang an nicht besonders gut leiden. Seine Einstellung zu Österreich war danach nur noch von politischen Faktoren bestimmt. Und diese erwiesen sich als unsichere Basis für das künftige Verhältnis.
Derartige Nuancen, wie Schuschniggs Einstellung zum Deutsch-

tum oder persönliche Sympathien, waren den westlichen Demokratien fremd. Es traf sich jedoch günstig für Österreich, daß Frankreich, Großbritannien und die Vereinigten Staaten in jenen Tagen von Gesandten in Wien vertreten waren, die dem Land und dessen Regierung besonders wohlgesinnt waren und unermüdlich versuchten, ihre eigenen Staatskanzleien von diesem Standpunkt zu überzeugen.

Bei den Briten und Franzosen war dies verständlich. Es war indes der amerikanische Gesandte Messersmith, der sich am meisten engagierte, vielleicht weil er während seiner Dienstzeit als US-Diplomat in Berlin die wahre Natur des NS-Regimes erkannt hatte. So kabelte Messersmith unmittelbar nach der Amtseinführung Schuschniggs an seinen Außenminister Cordell Hull: »Eine Lösung des österreichischen Problems ist für den europäischen Frieden absolut notwendig. Es ist aber nicht eine Frage, welche die Österreicher selbst beantworten können ... Nur eine gemeinsame Aktion der Mächte kann den Staat retten und einen der gefährlichsten Infektionsherde Europas unter Kontrolle bringen, vielleicht den gefährlichsten ... Es scheint, daß Italien, Frankreich und England diese Tatsache nun definitiv erkennen. Ich glaube, wir sollten jenen moralischen Druck, den sie ausüben wollen, um Garantien für Österreichs Sicherheit zu schaffen, mit Sympathie betrachten.«

Messersmiths Anregungen wurden in Washington »nicht einmal ignoriert«. Zu sehr herrschte in den USA noch der Geist des Isolationismus im zweiten Jahr der Roosevelt-Ära. Und daran sollte sich noch lange nichts ändern.

Neben Italien war Ungarn naturgemäß Österreichs engster »Verbündeter« in Europa. Sowohl Dollfuß als auch Schuschnigg hatten – unabhängig von den Römischen Protokollen – die Schicksalsgemeinschaft Österreichs und Ungarns bei jeder Gelegenheit und mit geradezu pathetischen Phrasen betont. Doch auch über diesem Nahverhältnis lag ein Schatten. Schuschnigg, der seine prinzipielle und platonische Sympathie für die Monarchie nie verhehlte, war den beiden starken Männern in Budapest, Reichsverweser Horthy und Premierminister Gömbös, naturgemäß nicht ganz geheuer, die ihrerseits den letzten Habsburger gleich zweimal aus Ungarn verjagt hatten.

Schuschniggs Monarchismus und sein Werben um Ungarn führten indessen zu Spannungen mit den Staaten der »Kleinen Entente« – die Tschechoslowakei, Rumänien und Jugoslawien –, was sich wiederum auf das Verhältnis Wiens zu deren Schutzmacht Frankreich negativ auswirkte. In Prag und Belgrad war die Angst vor einer Rückkehr der Habsburger zu einer Psychose geworden, während die drei Staaten gleichermaßen den ungarischen Revisionismus fürchteten. Dem tschechoslowakischen Staatspräsidenten Edvard Beneš wurde der Ausdruck zugeschrieben, Hitler sei ihm lieber als Habsburg, ein Zitat, das dieser später bestritt. Sinngemäß mochte es jedoch stimmen. Und der Habsburgerhaß in Jugoslawiens regierenden Kreisen ging soweit, daß das Land lange Zeit zum einzigen aktiven Verbündeten Hitlers gegen Österreich wurde.

Schuschnigg hatte bei seinem Machtantritt – als er sozusagen aus dem Schatten ins Rampenlicht katapultiert wurde – einige politische Vorstellungen, welche, zumindest im Rückblick betrachtet, äußerst problematisch erscheinen: »Die Aufgabe, welche die politische Notwendigkeit mir stellte, war daher in der möglichen Herbeiführung eines Zustandes gelegen, welcher es niemals zum äußersten kommen ließ; bei aller Festigkeit gegenüber den nationalsozialistischen Tendenzen dem Reich keinen Vorwand bot und einer künftigen Entwicklung in Europa nicht vorgriff... Jene Politik, die Österreich erhalten wollte, mußte trachten, Hitler keine Angriffspunkte zu bieten, und sich auf irgendeine Weise zum mindesten die Toleranz des Deutschen Reiches, das heißt Adolf Hitlers, zu sichern. Sie mußte somit ein möglichst reibungsloses Nebeneinander suchen, mit den Nationalsozialisten diesseits und jenseits der Grenzen. Sie durfte aber niemals und um keinen Preis einen inneren Kompromiß mit Hitlers Heilslehre suchen, einmal, weil diese schon begrifflich als absolut totalitäre Bewegung eine Weltanschauung sein wollte, die den Kompromißgedanken nicht zuließ. Dann weil der Nationalsozialismus in Reinkultur das direkte und widersprechende Gegenteil alles dessen war, was des österreichischen Charakters historisch gewordenen Sinn und seine Existenzberechtigung darstellte. Österreichisch denken bedeutet: ausgleichend vermitteln; nationalsozialistisch hingegen: Ins Feuer blasen, überspitzen, verschärfen – zerbrechen.«

Mit anderen Worten: Schuschniggs politisches Ziel war von Anfang an die sprichwörtliche Quadratur des Kreises, oder, wie es die Briten formulieren würden: »He wanted to have his cake and eat it.« Das gesuchte Nebeneinander mit den Nationalsozialisten wurde zwangsläufig schon durch die erste politische – oder juristische – Handlung der neuen Regierung in Frage gestellt, durch einen Vorgang, der ihr von Geschehnissen aufgezwungen worden war: Die Prozesse gegen die Verschwörer vom 25. Juli. Mit der Untersuchung war der Generalprokurator Robert Winterstein betraut worden, der sich um ein geregeltes Verfahren bemühte. Die darauffolgenden Verhandlungen gegen die Hauptverschwörer unterschieden sich denn auch sehr wesentlich von den Standgerichtsprozessen gegen die Februarkämpfer. Die Prozesse liefen zwar vor einem Militärgericht ab, wurden jedoch öffentlich geführt, sodaß die Angeklagten – in erster Linie Otto Planetta und Franz Holzweber, die den Anschlag auf den Ballhausplatz geleitet hatten, und Johann Domes, der den Putschistentrupp im Rundfunkgebäude befehligt hatte – alle Argumente zu ihrer Verteidigung vorbringen konnten. Insgesamt wurden zehn Nazis hingerichtet. Die übrigen erhielten Gefängnisstrafen, wurden jedoch schon nach kurzer Zeit amnestiert. Rascher als die Februarkämpfer.

Von reichsdeutscher Seite kam übrigens kein Protest gegen die Todesurteile. Die offizielle Heroisierung von Planetta und Co. begann erst nach dem Anschluß. Dabei versuchten die Nazis sogar aus den Ereignissen dem verhafteten Schuschnigg einen Strick zu drehen, was ihnen nicht gelang. Doch davon später.

Was aber geschah mit jenen Hauptverschwörern, die sich rechtzeitig vom Kampfplatz abgesetzt oder die Geschehnisse überhaupt aus sicherer Distanz verfolgt hatten?

Der eigentliche Organisator Theo Habicht fiel im Dritten Reich zuerst in Ungnade, brachte es aber schon 1937 zum Oberbürgermeister der Luther-Stadt Wittenberg und zwei Jahre später sogar zum Unterstaatssekretär – bezeichnenderweise im Auswärtigen Amt, dem er so viele Schwierigkeiten bereitet hatte. Er fiel während des Zweiten Weltkriegs an der Ostfront.

Fridolin Glass, der Kommandant der Standarte 89, konnte seine eher zweideutige Rolle während des Putsches – er behauptete, seinen Lastwagen »verpaßt« zu haben – erfolgreich verschleiern, avancierte bereits im September 1938 zum SS-Sturmbannführer, ein Jahr danach zum Standartenführer. Im Krieg war er zuerst auf dem Balkan eingesetzt und starb 1943 als Kriegsberichterstatter in Rußland.

Otto Wächter, das politische Gehirn der Verschwörung, wurde 1939 Gouverneur im besetzten Krakau. 1944 wurde er nach Italien versetzt. Nach Kriegsende versteckte ihn der umstrittene Bischof Hudal – der vielen NS-Kriegsverbrechern zur Flucht nach Südamerika verholfen hatte – in einem römischen Kloster. Er starb kurz darauf an den Folgen einer mysteriösen Vergiftung in einem Spital der italienischen Hauptstadt.

Als echter Überlebenskünstler erwies sich Habichts rechte Hand, der Wirtschaftsexperte Weydenhammer. Dieser setzte sich vorerst weit in den Fernen Osten ab, hatte während des Krieges wichtige Funktionen in der deutschen Wirtschaftsführung inne. Nach dem Krieg lebte er als wohlbestallter, mit einem hohen päpstlichen Orden ausgezeichneter Altindustrieller in Bayern.

Die Ermordung Dollfuß' und der Zusammenbruch des Putsches versetzten Hitler, der eben erst seine Stellung durch die »Nacht der langen Messer« mit der Ausschaltung aller potentiellen Rivalen innerhalb und außerhalb der Partei gefestigt hatte, in arge Verlegenheit. Für die Verschwörer wollte er nichts tun, und auch der Gesandte Rieth war, wie bereits erwähnt, nicht mehr zu halten. Nun ging es Hitler darum, so rasch wie möglich einen Nachfolger für die deutsche Gesandtschaft zu finden – mit einer relativ weißen Weste und einem schwarzen Herzen. Und dabei gelang Hitler ein Meisterstück, was auch der kritische Beobachter eingestehen muß: Seine Wahl fiel auf den wohl zwielichtigsten Politiker der deutschen Nachkriegsgeschichte, den kurzfri-

stigen ehemaligen Reichskanzler und ersten Vizekanzler des Dritten Reiches, Franz von Papen.
Die Wahl überraschte nicht nur die deutsche und die österreichische Öffentlichkeit, sondern auch Papen selbst. Noch wenige Wochen zuvor war er unter ungeklärten Umständen Hitlers Mordbuben entkommen, die einen seiner engsten Mitarbeiter liquidiert hatten. Papen selbst hatte zuvor Hitler in einer Rede an der Universität Marburg milde gerügt; wohl die einzige mutige Tat in seinem ganzen Leben, an die er besonders nach dem Untergang des Dritten Reiches immer wieder zu seiner Rechtfertigung erinnerte. Doch Hitler wußte mit dem ihm eigenen Gespür, daß er sich auf den ebenso ehrgeizigen wie charakterlosen ehemaligen Zentrumspolitiker restlos verlassen konnte – wie schon zwei Jahre zuvor, als Papen als »Steigbügelhalter« des »Führers« agiert hatte.
Als der Ehrenmann, der er stets vorgab zu sein, hätte Papen natürlich das Angebot Hitlers ablehnen müssen. Er tat nichts dergleichen. Wahrscheinlich war er sogar froh, sich aus der »bleihaltigen Luft« Berlins absetzen zu können, so wie er Jahre danach die Ernennung zum Botschafter in Ankara annahm, was ihn möglicherweise vor einer Verfolgung im Zusammenhang mit dem Offizierskomplott vom 20. Juli 1944 rettete, in das einige Männer seines Kreises (aber nicht er selbst) verwickelt waren.
Überdies war Hitler bereit, sein Angebot entsprechend zu »versüßen«: Papen sollte den Titel eines »Botschafters und bevollmächtigten Ministers zur Sonderverfügung des Führers und Reichskanzlers« tragen und seine Berichte direkt an diesen, unter Umgehung des Auswärtigen Amtes, richten. Über Papens eigentliche Aufgabe waren die beiden rasch handelseins: Er sollte mit den Radaumethoden der österreichischen Nazis aufräumen (was sich in der Praxis dann als schwieriger erwies, als Papen angenommen hatte) und die Gleichschaltung Österreichs durch Unterminierung des Regimes und seiner Politiker erreichen. Wobei ihm zusätzlich sein Ruf als »treuer Sohn der katholischen Kirche« (Papens Selbstdarstellung) helfen sollte.
Die Nominierung Papens versetzte Schuschnigg und dessen Mini-

ster in äußerste Verlegenheit. Bei der Kabinettssitzung am 8. August stand das deutsche Ansuchen um ein Agrément für den ehemaligen Vizekanzler ganz oben auf der Tagesordnung, das übrigens bereits am 27. Juli, also weniger als 48 Stunden nach der Ermordung Dollfuß', im Bundeskanzleramt durch den deutschen Geschäftsträger, dem Prinzen Erbach-Schönberg übergeben worden war. Schuschnigg hatte vorerst versucht, die Behandlung des Antrags auf die lange Bank zu schieben, war aber seltsamerweise just von Italien und Frankreich unter Druck gesetzt worden. Insbesondere Mussolini forderte eine rasche Erteilung des Agréments.

Nicht, daß man sich auf dem Ballhausplatz irgendwelchen Illusionen bezüglich der Person Papens hingab. Den Ministern lag der Text von zwei Reden des ehemaligen Vizekanzlers vor, in denen dieser – einmal in Münster und das andere Mal in München – Dollfuß scharf angegriffen, wenn nicht verleumdet hatte. Wobei die Tatsache als besonders gravierend angesehen wurde, daß Papen diese Reden vor »regimetreuen Katholiken« gehalten und geprahlt hatte, er werde nicht aufhören, »für die Freiheit Österreichs bis zum Sturz des Bundeskanzlers Dollfuß und dessen gefügigen Klüngels« zu kämpfen.

Dazu meinte Schuschnigg, man solle diese Reden vorläufig ignorieren, dem neuen Gesandten aber zu verstehen geben, daß die Bundesregierung über seine bisherige Einstellung im Bilde sei. Letztlich werde man wohl das Agrément erteilen müssen.

Nur die beiden führenden Heimwehrminister Fey und Starhemberg sprachen sich – trotz der zwischen ihnen bestehenden Feindschaft – dagegen aus. Zumindest müßte sich Papen von seinen früheren Erklärungen distanzieren. Starhemberg meinte sogar, als Preis für die Ablehnung Papens müßte Österreich den Abbruch der diplomatischen Beziehungen zu Deutschland in Kauf nehmen. Es bestünde kein Zweifel, daß sich der Exkanzler in Wien »in einer der Bundesregierung unerwünschten Weise« betätigen würde.

Letztlich gab Schuschniggs Argument den Ausschlag, daß eine Verweigerung oder Verzögerung des Agréments zur Stimmungsmache gegen Österreich benützt werden könnte: »Sollte der Bruch mit Deutschland unvermeidlich sein, dann muß eindeutig feststehen, daß dieser Bruch ausschließlich von Deutschland verursacht wurde.«

Einen letzten Einwand Hammerstein-Equords, Papens antiösterreichische Reden seien sogar in Buchform erschienen, wischte der Kanzler einfach vom Tisch: »Betrachte Angelegenheit als erledigt. Agrément wird erteilt.«

Im übrigen gab sich die Regierung der irrigen Meinung hin, Papen sei nur als »Missionschef auf Zeit« anzusehen. Dafür spräche die Tatsache, daß er Hitler direkt unterstellt sei.

Wenige Tage später unterzeichnete Hindenburg in Berlin das Ernennungsdekret. Es war übrigens seine letzte Handlung. Er starb kurz danach.

Einen kleinen Nadelstich konnte sich Schuschnigg nicht verkneifen. Papen wurde nicht als pompöser »Sonderbotschafter«, sondern nur als einfacher Gesandter des Deutschen Reichs akkreditiert, eine Zurücksetzung, die letztlich auf besonderen Wunsch von Bundespräsident Miklas zurückging.

Papen hielt sich keinen Tag lang an diese Degradierung. Er nannte sich weiterhin »Sonderbotschafter«, und mit der Zeit bürgerte sich diese Formulierung auch in den österreichischen Medien ein.

Die Kirche bewies übrigens mehr Standfestigkeit als das Kabinett. Noch Monate nach seiner Ankunft beschwerte sich Papen bitter bei seinem »Führer«, daß sich bisher kein einziger höherer österreichischer Kleriker bereitgefunden hätte, ihn, den guten Katholiken, zu empfangen.

Eine Ausnahme bildete nur der bereits erwähnte, in Rom residierende Bischof Hudal. Dessen Sympathien für die Nazis waren zu jener Zeit bereits bekannt und Papen zeigte sich dankbar, indem er Hudal half, ein Buch in Österreich zu verbreiten, in dem – zum Entsetzen der Amtskirche – einer Zusammenarbeit zwischen Katholiken und Nazis das Wort geredet wurde.

Eines muß man Papen indes lassen. Er verpaßte keine Gelegenheit, sich bei seinen Gastgebern einzuschmeicheln. Seine Frau

fiel sogar auf, als sie sich immer wieder abfällig über die Nazis äußerte. Schuschnigg gab zu, daß sein erster Eindruck von Papen in Wien ein positiver war. Jedenfalls war ihm der Gentleman und Herrenreiter lieber als die Rabauken um Theo Habicht. Daß der Diplomat praktisch vom ersten Tag an seine Wühlarbeit aufgenommen hatte, wollte er erst später erfahren haben. Und da war der gute Eindruck bereits verflogen.
Schuschnigg mußte sich indes noch einer anderen Aufgabe stellen, die ihm gar keine Freude bereitete. Es ging darum, sich bei Österreichs Protektor Benito Mussolini vorzustellen und dabei einen möglichst guten Eindruck zu machen. Und das hieß, dem eitlen Duce schmeicheln.
Das erste Treffen zwischen den beiden fand am 21. August 1934 in Florenz statt, in einer Stadt, deren Genius loci dem musisch veranlagten Kanzler unter normalen Umständen entgegengekommen wäre. Doch er hatte dafür keine Zeit. Sofort nach seiner Ankunft bedankte er sich für den Aufmarsch der Italiener am Brenner im Juli, meinte aber, jede Hilfe darüber hinaus käme für Österreich nicht in Frage. Einer italienischen Intervention, und sei es um den Nazis entgegenzutreten oder Eindringlinge aus Bayern aus Österreich zu vertreiben, könne die Regierung nicht zustimmen. Nicht zuletzt, weil dann auch die Tschechen und Jugoslawen marschieren würden.
Es sei zwar durchaus möglich, erläuterte Schuschnigg seinem Gesprächspartner, daß die »Österreichische Legion« aus Bayern mit getarnter Reichswehrunterstützung einen neuerlichen Angriff über die Grenze hinweg versuchen werde. Dieser Angriff könnte jedoch mit den eigenen Kräften zurückgeschlagen werden, im Inneren suche er eine »politische Konsolidierung durch eine geradlinige und versöhnliche Haltung«.
Und dann erwähnte er zum erstenmal die Möglichkeit einer Volksabstimmung, wie sie von Berlin gefordert werde: »Vielleicht werden wir sie machen, aber nicht unter Zwang und nur zu dem Zeitpunkt, den wir selbst bestimmen. Erst dann, wenn die Lage dazu reif ist, das Land befriedet und unsere Entschlußfreiheit außer Frage steht.«

Mussolini zeigte sich skeptisch: »Sie wissen ja, wie die Plebiszite im Reich zustandekommen.« Er versprach aber weitere Wirtschaftshilfe. Womöglich könnte es sogar zu einer Zollunion zwischen Italien, Österreich und Ungarn kommen. »Aber man braucht darüber gar nicht zu sprechen. Man kann auf dem Weg vereinbarter Präferenzen den nämlichen Zweck erreichen.«
Es kam auch zu einem Gespräch über eine mögliche Wiederherstellung der Monarchie – Dollfuß hatte schon Anfang 1934 die Rückkehr des »Hoch- und Deutschmeisters« Erzherzog Eugen gestattet – und Mussolini wollte wissen, ob eine Restauration nicht unter einem anderen Kandidaten als einem Habsburger möglich wäre. Offensichtlich spielte er auf Gerüchte an, wonach Starhemberg den Posten eines Monarchen oder eines Regenten – nach dem Muster Horthys in Ungarn – anstrebe. Schuschnigg antwortete, als Kandidat käme nur Erzherzog Otto in Frage. Das Problem sei jedoch nicht aktuell, angesichts der enormen außenpolitischen Risiken. Mussolini räsonierte, er überließe diese Frage den Österreichern, drängte aber seinen Gesprächspartner, »bei Rüstungsfragen nicht zu sparen«. Wenn Italien seine Aufrüstung beendet habe, etwa 1937, erst dann könne man über einen allgemeinen Frieden in Europa reden.
Anläßlich seines Gesprächs mit dem Historiker Jagschitz ging Schuschnigg auf die immer wiederkehrende Frage eines Plebiszits noch deutlicher ein. Angesichts der Einwände Mussolinis wäre es nicht richtig gewesen, eine Volksabstimmung schon im Herbst 1934 abzuhalten, schränkte jedoch gleichzeitig ein: »Wenn Dollfuß gelebt hätte, wäre er der erste gewesen, der Änderungen herbeigeführt hätte, wahrscheinlich rascher als ich. Und trotz der Einwände des Duce hätte er eine abgehalten.«
So oder so – nach seiner Rückkehr nach Wien glaubte Schuschnigg, bei seinem Antrittsbesuch recht gut abgeschnitten zu haben. Starhemberg, der Mussolini besser kannte als der Kanzler, war – rückblickend – anderer Meinung: »Anstatt aus Florenz direkt heimzukehren oder noch einige Tage in Italien zu verbringen, sauste er von Mussolini weg, just an die französische Riviera. Einseitig nur mit Italien gut zu sein, hatte ihn schon be-

drückt. Er wollte zeigen, daß er auch den anderen Weg, den Weg zu den Weststaaten suche. Durch diesen Besuch an der (französischen) Riviera hat er sich allerdings keine Vorteile verschafft, aber den Nachteil, daß der überempfindliche Duce über die Sache verschnupft war. Der ohnedies nicht sehr günstige Eindruck, den Schuschnigg bei seiner ersten Begegnung mit dem Duce machte, war dadurch noch mehr getrübt.«
Dabei war das Mißtrauen des Duce zu jenem Zeitpunkt nicht ganz unberechtigt. Tatsächlich wollte Schuschnigg den Kreis jener Staaten, die sich im Ernstfall für Österreichs Unabhängigkeit engagieren würde, erweitern. Nicht, daß er dachte, sich von den Römer Protokollen zu lösen, wollte er doch Frankreich und Großbritannien in den Kreis der »Schutzmächte« einbinden.
Schauplatz seiner ersten größeren außenpolitischen Initiative sollte die Septembersitzung des Völkerbundes in Genf sein – ein nicht ganz unproblematisches Unterfangen, denn gleichzeitig wollte der Kanzler, der sich persönlich zur Eröffnungssitzung im Palais des Nations eingefunden hatte, jede stärkere Bindung direkt an den Völkerbund vermeiden, der durch seinen Kommissar in Wien jahrelang eine strenge Kontrolle über Österreichs Finanzen ausgeübt hatte. Dies war eine der Bedingungen für die Gewährung der letzten Völkerbundanleihe gewesen. Heute geht es armen Ländern in ihren Beziehungen zur Weltbank genauso.
Das ehrgeizige Ziel der Genfer Initiative Österreichs war der Abschluß eines Arrangements – im Protokoll der Ministerratssitzung vom 22. September ist sogar von einem »Pakt« die Rede – mit den Italienern und den beiden Westmächten. Wobei Schuschnigg ausdrücklich betonte, daß es sich »nicht um einen Vertrag über Österreich, sondern mit Österreich« handeln sollte. Pro forma sollte auch Deutschland eingeladen werden, dem Arrangement beizutreten, doch rechnete man nicht damit, daß Berlin dies tun werde.
Im ersten Stadium verliefen die von Berger-Waldenegg in Genf geführten Verhandlungen äußerst günstig. Von einer befürchteten Verärgerung Mussolinis war vorerst nichts zu spüren. Ganz im Gegenteil: Er beauftragte seinen Delegierten, sich mit allen

Mitteln für das Zustandekommen eines Österreich-Vertrags einzusetzen. Ausschlaggebend dafür war wohl die vom französischen Außenminister Jean Louis Barthou eingeleitete Annäherung zwischen Paris und Rom. Problematisch wurde die Angelegenheit erst, als die Staaten der Kleinen Entente plötzlich den Wunsch äußerten, mit dem Arrangement assoziiert zu werden. Das wollte Wien natürlich in Anbetracht der erbitterten Feindschaft dieser Staaten mit Ungarn vermeiden. Noch schien nichts verloren, da sich Barthou bereit erklärte, mit den Tschechoslowaken und Jugoslawen zu reden. Insbesonders erhoffte der französische Außenminister eine Änderung der Haltung der Kleinen Entente im Hinblick auf den bevorstehenden Staatsbesuch von König Alexander von Jugoslawien in Frankreich. Daß diese Visite dem König und ihm selbst den Tod bringen würde, konnte er ja nicht ahnen.

Letztlich scheiterte die österreichische Initiative nicht an den Staaten der Kleinen Entente, sondern an der Haltung Großbritanniens. Noch bevor der Königsmord von Marseille am 9. Oktober, in den auch Mussolini verwickelt war, zu Spannungen zwischen Italien und Frankreich führte. Schon zu Beginn der Tagung hatte Berger-Waldenegg eine Tendenz Londons festgestellt, sich von »Europa zu emanzipieren«. Diese Linie wurde im Verlauf der Gespräche immer deutlicher. Österreich versuchte es mit »Mitgefühlwerbung« durch die vollständige Veröffentlichung des »Braunbuches« über den Dollfußmord, doch konnte dieses Elaborat erst gegen Ende der Genfer Konferenz publiziert werden. Zu einem Zeitpunkt, da die Glaubwürdigkeit der Dokumentation durch die offenkundigen Versuche, Fey zu entlasten, beeinträchtigt war.

So blieb die Wirkung des »Braunbuches« gering, wie Papen in einem Bericht an Hitler befriedigt feststellen konnte. Anfangs hatte Berlin nämlich mit einer weiterreichenden Kompromittierung gerechnet.

Jedenfalls ließ Mussolini Ende September Schuschnigg mitteilen, daß die Briten nicht bereit wären, über eine allgemein gehaltene Sympathieerklärung für Österreich hinauszugehen. Und nach

dem Mord von Marseille hatte der Völkerbund, von Jugoslawien angerufen, andere Sorgen.
Schuschnigg und seine Minister versuchten, ihre Enttäuschung so gut wie möglich zu verbergen, und waren letztlich froh, daß es überhaupt zu einer vagen Drei-Mächte-Erklärung gekommen war. Nach dem blutigen 9. Oktober in Marseille wäre dies unmöglich geworden.
Papen indessen ließ seiner Schadenfreude freien Lauf. Der österreichische Versuch, das Problem zu internationalisieren, sei gescheitert: »Der Katzenjammer (in Wien) über das Mißlingen der Genfer Unabhängigkeitskomödie ist groß. Die österreichische Regierung wurde kaum befragt, über das erhebende Gefühl hinaus im Mittelpunkt einer weltöffentlichen Diskussion zu stehen«. Und weiter: »Mir scheint, daß es bei dieser typisch österreichischen Mentalität keine zweckmäßigere Politik unsererseits gäbe, als daß wir uns so wenig wie möglich mit dem österreichischen Problem in der Öffentlichkeit befassen. Österreich muß uninteressant werden. Denn wenn niemand über Österreich spricht, weil diese Frage geradezu langweilig zu werden beginnt, dann werden die Österreicher Zeit haben, sich mit ihren eigenen Angelegenheiten zu befassen und mit Erstaunen feststellen, daß sie eine diktatorische Regierung haben, die alles in den Schatten stellt, was in den sogenannten faschistischen Ländern in dieser Hinsicht geschieht. Auf der anderen Seite sind aber eine Reihe Dinge behandelt (worden), die völkerrechtlich nicht zu decken sind. Es scheint daher nicht zweckmäßig, über das ›Braunbuch‹ eine größere öffentliche Polemik zu führen. Eine Ausbootung des Ministers Fey würde im gegenwärtigen Augenblick die Lage der Regierung nur erleichtern, woran wir kein Interesse haben. Ich wiederhole: Österreich muß uninteressant werden, und es darf vor allem nichts geschehen, was in der Fortsetzung der deutsch-österreichischen Polemik unsere Gesamtlage belasten und unsere Aufrüstung gefährden würde.«
Schuschnigg gab indessen seine Bemühungen nicht auf, das Interesse des Auslands an Österreich aufrecht zu erhalten. Nicht zu Unrecht vermutete er, daß die westliche Bereitschaft, Österreich

zu helfen, mit jedem aggressiven Schachzug Hitlers steigen würde. Es gab sogar einen vorsichtigen Versuch, die Beziehungen zur Sowjetunion zu stabilisieren. Im Ministerrat erläuterte Berger-Waldenegg, warum Wien für die Aufnahme der UdSSR in den Völkerbund gestimmt hatte. So unsympathisch das russische Regime auch sei, unterhalte Österreich im Gegensatz zu anderen Völkerbundmitgliedern diplomatische Beziehungen zu Moskau und sei daran interessiert, mit der Sowjetunion abgeschlossene Verträge einzuhalten. Die Annäherung zwischen Frankreich und Rußland sollte daher nicht negativ beurteilt werden.

Konsequent war Schuschniggs politischer Kurs jedoch nicht. Während seine Vertreter in Genf um Sympathie und Hilfe gegen den deutschen Druck warben, nahm er daheim in Österreich neuerlich Kontakt zu angeblich »gemäßigten« Nationalsozialisten auf. Diese zu finden, war gar nicht leicht. Die illegale Partei hatte ihre organisatorische Struktur nach der Niederwerfung des Putsches eingebüßt und sich in einen militanten und einen »politischen« Flügel gespalten, die sich intern heftig befehdeten. Der Kanzler setzte nun auf die sogenannten »Nationalen«, die sich unter der Patenschaft Papens konsolidiert hatten. Schon am 27. Oktober 1934 empfing Schuschnigg erstmals Vertreter dieser »nationalen Opposition« – unter Ausschaltung Starhembergs, der von dieser Sitzung nichts erfahren sollte. Da unterschätzte der Kanzler allerdings den privaten Nachrichtendienst seines »Vize«. Für Schuschnigg völlig überraschend betrat Starhemberg plötzlich den Sitzungssaal und begann, den »Nationalen« die Leviten zu lesen. Der Regierungschef hatte danach, wahrscheinlich contre coeur, keine andere Wahl, als den Ausführungen des damals noch übermächtigen Heimwehrführers zuzustimmen. Womit das Gespräch auch schon zu Ende war. Eine Fortsetzung war nicht vorgesehen.

Das Treffen auf dem Ballhausplatz war jedoch nicht der einzige, von Schuschnigg angeknüpfte Kontakt mit weit rechtsstehenden Kreisen. Wesentlich bedeutungsvoller war die sogenannte »Aktion Reinthaller«, benannt nach Anton Reinthaller, dem für die

Bauern zuständigen Mitglied der österreichischen NSDAP-Leitung. Der Kanzler hatte sich schon einmal, 1933, mit Reinthaller getroffen – im Rahmen jener ersten Kontaktaufnahme der Regierung mit den Nationalsozialisten. Nach den Februarkämpfen hatte Dollfuß noch einmal persönlich Kontakt zu Reinthaller aufgenommen, für den er eine gewisse Sympathie hegte. Im August 1934, also weniger als einen Monat nach der Ermordung Dollfuß', kam es dann zu mehreren Gesprächen zwischen dem neuen Regierungschef und Reinthaller. Dieser zeigte sich vom Mißerfolg des Putsches und dessen Verurteilung durch Hitler wenig beeindruckt und forderte nicht mehr und nicht weniger als die Wiederzulassung der NSDAP. Diesem Postulat konnte und wollte Schuschnigg natürlich nicht zustimmen – schon aus Rücksicht auf Starhemberg. Die Gespräche wurden also abgebrochen, aber erst im Oktober entschlossen sich die Sicherheitsbehörden, Reinthallers »Nationale Aktion«, so der Name der Tarnorganisation, formell zu verbieten.
Die Nazis erneuerten daraufhin ihre Terrorkampagne. Ihre Organisation war jedoch dermaßen geschwächt, daß es der Polizei rasch gelang, Landesleiter Josef Leopold und dessen Stellvertreter Hermann Neubacher zu verhaften.
Mit Schützenhilfe aus dem Reich – oder aus der deutschen Gesandtschaft – konnten die radikalen Nazis diesmal nicht rechnen. Papen bombardierte Hitler förmlich mit Schreiben, in denen er ersuchte, die Tätigkeit der illegalen Nazis zu unterbinden, die seinen diskreten Wühlversuchen so sehr zuwiderliefen. Die Spannung zwischen dem geschniegelten Diplomaten und den Illegalen wuchs von Tag zu Tag. Schließlich erhielten einige von ihnen sogar formelles Hausverbot in der deutschen Vertretung. Doch auch der »Aktion Reinthaller« konnte Papen keine Sympathie abgewinnen, nicht zuletzt weil sie seinen »Alleinvertretungsanspruch« beeinträchtigte. So beschwerte er sich bei Hitler am 3. November 1934: »Die Kreise der ›Nationalen‹ sind gespalten ... Der beste Teil von ihnen hat die kürzlich erfolgte Aktion, die Vorsprache einer Reihe sogenannter nationaler Führer bei Schuschnigg, mit ausgesprochenem Mißtrauen begrüßt. Es ist

selbstverständlich, daß auch dieser Versuch zu keinem Ergebnis geführt hat, denn die Taktik der Regierung besteht gerade darin, die nationalen Elemente als Splittergruppe in die Vaterländische Front einzureihen, ihnen aber nicht zu gestatten, daß sie als organisierte Einheit auftreten. Wie stark die Furcht gewisser Kreise vor der Einwirkung der nationalen Elemente ist, geht daraus hervor, daß, wie auf ein Kommando, nicht nur die gesamte Judenpresse, sondern auch das Ausland die Gefahr neuer innerösterreichischer Verwicklungen an die Wand malte. Es war zuviel Lärm um eine Omelette, denn die nationalen Persönlichkeiten dieses Ausschusses sollen tatsächlich nur über einen geringen Anhang verfügen ... Wenn wir sicher sein wollen, in diesem Winter ungestört von internationalen Komplikationen unser wirtschaftliches und militärisches Aufbauwerk fortführen zu können, so müssen wir meines Erachtens Schritte ergreifen, um uns vor Überraschungen zu schützen.«

Es ist in diesem Zusammenhang bemerkenswert, daß der Hinweis auf die militärische Aufrüstung wie ein roter Faden durch fast alle Berichte Papens läuft.

Zu jenem Zeitpunkt hatte sich auch das relativ günstige Bild, das Papen für seinen Reichskanzler in den ersten Monaten seiner Tätigkeit von Schuschnigg skizziert hatte, wesentlich geändert. Hatte er noch im Spätsommer geschrieben, Schuschnigg sei »ehrlicher als Dollfuß«, so meinte er nun, Dollfuß sei ihm »viel reichsdeutscher« erschienen als dessen Nachfolger. Schuschnigg sei es gelungen, seinen Vorgänger als Märtyrer der österreichischen Idee herauszustellen. Schon deshalb hätte auch die Begegnung zwischen Hitler und Mussolini in Stra bei Venedig keine Annäherung gebracht. Und weiter, mit einer für Papen bemerkenswerten Offenheit: »Die Zahl der echten Großdeutschen (hier) ist nicht allzu groß.«

Doch nicht nur Schuschniggs Kontakte zu den illegalen und etwas gemäßigteren Nazis waren gescheitert. Auch die »Aktion Winter« mit dem Ziel einer vorsichtigen Versöhnung mit den Sozialdemokraten und deren Umfeld war ins Stocken geraten. Als »Testamentsvollstrecker« Dollfuß' hatte sich Schuschnigg prinzipiell für die Fortsetzung der Aktion ausgesprochen. Ihm fehlte jedoch – bei seiner konsequent antilinken Einstellung kein Wunder – nicht nur das Verständnis für den Zweck der Bemühungen, sondern auch das persönliche Nahverhältnis Dollfuß' zu Winter. Wobei nicht übersehen werden sollte, daß der Widerstand gegen die Winter-Initiative nicht nur vom Kanzler ausging. Jene Christgewerkschafter, die nunmehr an der Spitze der Einheitsgewerkschaft standen, sahen ihre Monopolstellung gefährdet und drängten den Regierungschef, die Linkskontakte, die ohnehin nur noch sporadisch stattfanden, vollständig zu unterbinden.

Diese Haltung der Einheitsgewerkschaft blieb natürlich Papen nicht verborgen. Nunmehr konzentrierte er seine Bestrebungen auf den offiziellen Gewerkschaftsbund und dessen militante Vorfeldorganisation, den sogenannten »Freiheitsbund«, der bereits 1928 als »christliche Arbeiterwehr« gegründet worden war. Und, schlau wie er war, ließ Papen nichts unversucht, das ebenfalls existierende Konkurrenzverhältnis zwischen dem »Freiheitsbund« und den Heimwehren auszunutzen.

Jedenfalls schlief die Aktion Winter langsam ein und wurde im folgenden Jahr überhaupt eingestellt. Der Initiator selbst war inzwischen für die Regierung, nicht zuletzt dem austrofaschistischen Flügel, untragbar geworden und verlor seinen Posten als Wiener Vizebürgermeister. Die Kontakte zur Arbeiterschaft sollten durch die 1935 gegründeten »Sozialen Arbeitsgemeinschaften« fortgesetzt werden, denen das Gros der Arbeiter jedoch, zumindest im ersten Stadium, ablehnend gegenüberstand und lieber die Instruktionen der illegalen sozialistischen Parteiführung in Brünn befolgte.

Die Aktivitäten der Sozialdemokraten im Exil – besonders der Schmuggel der illegalen »Arbeiterzeitung« nach Österreich – bereitete Schuschnigg denn auch ziemliches Kopfzerbrechen. Deshalb wurde Außenminister Berger-Waldenegg beauftragt, im Rahmen der Genfer Völkerbundtagung Fühler zu seinem tschechoslowakischen Kollegen Edvard Beneš auszustrecken. Beneš zeigte sich für Berger-Waldeneggs Anliegen durchaus empfänglich. Er wandte zwar sarkastisch ein, die Prager Regierung besäße nicht jene »Inserenzmöglichkeiten« auf die Presse, die Österreich zur Verfügung standen, versprach aber einen gewissen Druck auf die »sozialistische Hetzpresse« (O-Ton Berger-Waldeneggs) auszuüben. »Man werde also in der nächsten Zeit wohl entschieden mit einem Abflauen der sozialistischen Pressehetze in der Tschechoslowakei rechnen können«, berichtete der Außenminister dem Kabinett in Wien.

Inzwischen war Schuschnigg selbst bestrebt, den organisatorischen Unterbau seines Regimes – ob es nun austrofaschistisch war oder nur autoritär – zu konsolidieren. Am 31. Oktober 1934 fand die Konstituierung der gesetzgebenden Körperschaften (Staatsrat, Bundeswirtschaftsrat, Bundeskulturrat und Länderrat) auf der Grundlage der Mai-Verfassung statt. Womit die Regierung zumindest formell auf einer konstitutionellen Basis arbeiten konnte, wiewohl sich in der Praxis nichts änderte; es sei denn, daß sie Schuschniggs Juristen-Denkweise befriedigte.

Doch dann tauchte eine neue Bedrohung auf. Tausende Kilometer von Europa entfernt brauten sich bedrohliche Gewitterwolken zusammen: im Horn Afrikas an der Grenze Abessiniens mit den beiden italienischen Kolonien Eritrea und Somalia, wo Mussolinis Propaganda kleine Zwischenfälle, wie sie in einer unmarkierten Grenzregion seit Jahrzehnten gang und gäbe waren, mit allen Mitteln aufzuschaukeln suchte.

Schuschnigg hielt es daher für ratsam, im November noch einmal zu Mussolini zu fahren. Diesmal nach Rom, wo er seine Befürchtungen bestätigt fand. Der Duce stand bereits inmitten seiner Kriegsvorbereitungen, überdies war er durch die Ermordung des jugoslawischen Königs Alexander in Marseille schwer kompromittiert. Er riet daher seinem Gast, den Aufbau der österreichischen Streitkräfte ohne Rücksicht auf die Kosten zu forcieren, da sich Italien vielleicht »vorübergehend« in Ostafrika werde engagieren müssen. Rom könne sich die »fortgesetzten abessinischen Provokationen« nicht mehr gefallen lassen. Daher: »Wir wollen, wie Sie, mit Deutschland keine Konflikte.« An seinem Verhältnis zu Österreich werde sich nichts ändern.

Nicht unbedingt beruhigt kehrte Schuschnigg nach Österreich zurück. Doch vorerst schienen seine Befürchtungen übertrieben. Noch glaubte niemand an einen größeren Konflikt in Ostafrika mit weltpolitischen Folgen. Und die Jugoslawen mußten nach Anrufung des Völkerbundes wegen des Königsmordes bald erkennen, daß die internationale Gemeinschaft zu keinem direkten Vorgehen gegen den angeblichen Drahtzieher Mussolini geneigt war. Notabene da dieser versprach, die kroatischen Emigranten in Italien, unter der Führung des späteren »Poglavnik« Ante Pavelic, an die Kandare zu nehmen. Und auch Ungarn, ebenfalls in die Affäre verstrickt, erklärte sich bereit, die Ausbildungslager der kroatischen »Ustascha«-Faschisten auf seinem Territorium zu schließen.

»Wir sind noch einmal davongekommen«, war der Tenor der Kommentare aus Genf. Das Wetterleuchten vor dem großen Krieg wollte niemand bemerkt haben.

Von dieser Stimmung profitierte Österreich. Unmittelbar nach Jahreswechsel wurden bilaterale Verhandlungen zwischen Italien und Frankreich mit dem Ziel einer Garantie für Österreich aufgenommen. Es war sogar von einem Nichtangriffspakt die Rede, der Hitlers Hände hätte binden sollen.

Diesen günstigen Wind wollte Schuschnigg für seine umfassendste und – man ist fast versucht zu sagen – einzige große außenpolitische Initiative zu nutzen: seinen offiziellen Besuch zusammen mit Außenminister Berger-Waldenegg (gleichsam als Aufpasser Starhembergs) in Frankreich und Großbritannien. Die Visite war nicht unproblematisch. Besonders in Frankreich hatten die Sozialisten gegen den »Austrofaschisten« und »Arbeitsmörder« Front gemacht. Daß Schuschnigg überhaupt in den Metropolen der mächtigsten Länder des Westens empfangen wurde, verdankte er weitestgehend der unermüdlichen Fürsprache der französischen und britischen Gesandten in Wien, Gabriel Puaux und Sir Walford Selby. Und wohl den tüchtigen österreichischen Vertretern in diesen beiden Ländern, Lothar Egger-Möllwald und Georg (später Sir George) Franckenstein.

Die Stimmung in Frankreich war so angeheizt – die Linkspresse hatte zu einer Massendemonstration gegen die Besucher aufgerufen –, daß der Zug Schuschniggs, nach strengster polizeilicher Bewachung auf der gesamten französischen Strecke – man hatte aus der Tragödie von Marseille gelernt –, schon auf einem Pariser Vorortsbahnhof aufgehalten wurde. Dort wurde Schuschnigg unter Ausschluß der Öffentlichkeit von Premierminister Pierre Flandin und dessen Außenminister Pierre Laval sowie anderen Honoratioren empfangen. Beide gehörten Frankreichs vorletzter Mitte-Rechts-Regierung an (und sollten unter dem Vichy-Regime während des Zweiten Weltkriegs unrühmlich hervortreten), was sich für Schuschnigg natürlich günstig auswirkte. Entsprechend nobel wurden die Österreicher im Hotel Crillon einquartiert, das Schuschnigg in seinen Memoiren irrtümlich vom Place de la Concorde auf den Place d'Etoile verlegt. Aus Angst vor Demonstrationen wurde ihnen nahegelegt, sich so wenig wie möglich in der Öffentlichkeit zu zeigen. Eine Galavorstellung in der Oper wurde sogar kurzfristig abgesagt.

Tatsächlich erwiesen sich die Vorkehrungen der Franzosen als präventiv, wenn nicht überflüssig. Nirgendwo kam es zu größeren Manifestationen. Die Linke hatte das Interesse der Pariser an den Ereignissen in Wien ein Jahr zuvor offensichtlich überschätzt. Leider sollte dies auch im März 1938 der Fall sein.

Die Kranzniederlegung am Grab des Unbekannten Soldaten verblieb dementsprechend ungestört mit vollem Zeremoniell, ebenso der Besuch bei Staatspräsident Albert Lebrun im Elysée Palast. Was die Gastgeber ermutigte, einen protokollarisch nicht vorgesehenen Abstecher zum Grab Napoleons im Invalidendom einzuschieben.

Die politischen Gespräche auf dem Quay d'Orsay verliefen in einer ebenso positiven Atmosphäre. Laval galt in Paris als Exponent der proitalienischen Linie, die er erst wenige Wochen zuvor bei einem Besuch in Rom bekräftigt hatte. Sein Herz für Hitler, das ihm ein Jahrzehnt später das Todesurteil einbringen sollte, hatte er noch nicht entdeckt. Noch galt sein Interesse der Festigung des zentraleuropäischen Raumes, wobei er Österreich als »Schlußstein des europäischen Friedens« Schuschnigg gegenüber

bezeichnete. Diesem Ziel hatte er wohl – wäre es nach ihm gegangen – Äthiopien geopfert. Doch das ist eine andere Geschichte.
Die Gespräche mit Laval und Flandin, der sich mehr für Wirtschaftsfragen interessierte, verliefen also für Schuschnigg höchst zufriedenstellend: »Dieser französische Standpunkt entsprach nun im Grunde durchaus unserer eigenen Meinung. Er bedeutete nichts anderes als die Sorge, daß sonst ein neuer Krieg nach allem Ermessen nicht zu vermeiden sei«, notierte er in seinem »Requiem«. »Nun war es aber bei aller Übereinstimmung der Meinung für uns Österreicher schlechthin unmöglich, uns einseitig auf den französischen Standpunkt zu stützen; dem standen zwingende Gründe entgegen; einmal die Bindung an den uns damals weit näher liegenden und wirtschaftlich lebenswichtigen italienischen Nachbar; dann die Differenzen mit einem Teil der Sukzessionsstaaten, die als geschlossener Teil der Kleinen Entente eine ausgesprochen antiösterreichische und antideutsche* Politik demonstrierten; schließlich und vor allem aber die nationalpolitische Erwägung, daß ein Österreich, das ausschließlich vom deutschfranzösischen Gegensatz lebt, auf die Dauer nicht möglich war. Keine österreichische Regierung hätte sich auf dieser Basis halten können. Wir waren gegen den Nationalsozialismus und das Dritte Reich – durch und durch – aus tiefster Überzeugung und aus dem Zwang des Gewissens; aber wir waren nicht antideutsch und durften es nie werden. Daher kam für Österreichs Sicherung kein einseitiger Block und kein Bündnis in Frage, nur die internationale Garantie, das heißt in der Praxis der Konsens der Großmächte; jener Konsens, von dem auf Gedeih und Verderb die Erhaltung des Weltfriedens abhing. Denn, auch dieses war sicher: kam es einmal zum Krieg, dann war Österreich vorerst auf alle Fälle verloren.«
All das zeigt eine eher simplistische Einstellung auf Seiten des Kanzlers, die aber, und das muß betont werden, noch fast ein

* Ein totaler Fehlschluß, zumindest was die betont prodeutsche Haltung der jugoslawischen Regierung betraf.

Jahrzehnt lang mit der gleichen Intensität von den österreichischen Sozialdemokraten vertreten wurde, die noch immer von einem Anschluß an ein »besseres Deutschland« träumten.
Jedenfalls behauptete Schuschnigg später, Laval hätte für diese Einschätzung, die wahrscheinlich nicht im selben Ausmaß von Berger-Waldenegg mitgetragen wurde, vollstes Verständnis gezeigt. Sie bewegte sich in den praktischen Linien seiner eigenen (Lavals) politischen Überzeugung.
Immerhin hatte Schuschnigg schon auf der ersten Station seiner Reise eines erkannt: Die Macht der demokratischen Presse. So nützte er seinen Aufenthalt in Paris, um sich mit Frankreichs einflußreichstem Journalisten Wladimir d'Ormesson zu treffen. Und dieser schrieb danach in »Le Temps«: »Ein nationalsozialistisches Regime in Österreich bedeutet klarerweise den Anschluß. Ein solcher aber ist der Anfang vom Unglück, denn nach ihm stürzt zwangsläufig die gesamte europäische Ordnung. Daher lieber eine klare und offen zugestandene Revision der Friedensverträge, denn die wäre begrenzt in der Wirkung, während der Anschluß in seinen Folgen nur ein Beginn und unabsehbar im Ende wäre.«
Den Schlußpunkt des Parisbesuchs sollte ein Sonntagsfestgottesdienst in der Kathedrale von Notre Dame bilden, den Frontkämpferverbände und katholische Organisationen zu Ehren der österreichischen Gäste angesetzt hatten. Kurz zuvor wurde die österreichische Gesandtschaft jedoch informiert, daß die französische Regierung eine Teilnahme Schuschniggs an dem Hochamt wegen möglicher Linksdemonstrationen nicht wünsche. Worauf der Kanzler und Berger-Waldenegg lediglich dem Pariser Erzbischof einen Höflichkeitsbesuch abstatteten. Dennoch fand der Festgottesdienst statt, an dem sogar ein Regierungsmitglied teilnahm. Flandin erklärte später, der »Wink« an Schuschnigg, dem Gottesdienst fernzubleiben, sei lediglich auf ein Mißverständnis zurückzuführen gewesen. Was aber die freundschaftliche Abschiedszeremonie, diesmal in Paris selbst, an der Gare du Nord, nicht beeinträchtigte.
Hatte sich Schuschnigg bereits in Paris, nach seinen eigenen

Angaben, eher fremd gefühlt, so war dies auf der nächsten Station in London noch stärker der Fall. Die angelsächsische Lebensart sollte ihm sein Leben lang fremd bleiben, wobei noch hinzuzufügen wäre, daß er die englische Sprache erst in der Haft der Nazis zu lernen begann und Jahrzehnte später in der Emigration perfektionieren mußte. Die Möglichkeit eines wirklich vertraulichen Gesprächs unter vier Augen mit britischen Politikern war somit von Anfang an nicht gegeben.
Das Gefühl der Fremdartigkeit beruhte übrigens auf Gegenseitigkeit. Und nicht nur bei den Politikern. Die überwältigende Mehrheit der Briten fühlte sich in der Zwischenkriegszeit nicht als integraler Bestandteil Europas – böse Zungen behaupten, dies sei noch heute nicht der Fall –, eines Kontinents, den sie lediglich für die schweren Verluste im Ersten Weltkrieg verantwortlich machten, ohne daß ein feindlicher Soldat britischen Boden betreten hätte. Ihr Blick richtete sich noch immer auf das weltumspannende britische Imperium, damals auf dem Höhepunkt seiner territorialen Ausdehnung. Dieses Gefühl beeinflußte naturgemäß auch die Mitglieder des Kabinetts, dessen späterer Chef Neville Chamberlain 1938 erklären sollte, die Tschechoslowakei sei ein fremdes Land, von dem die Briten wenig wüßten und um dessen Schicksal sie sich noch weniger kümmerten. Wie sollten sie dann den ehemaligen »Feindstaat« Österreich verstehen, ein Land, das sie, sicherlich sehr oberflächlich betrachtet, als einen »klerikalfaschistischen Staat« aussahen?
So nimmt es nicht Wunder, daß der Empfang der österreichischen Gäste zwar durchaus freundschaftlich, aber dennoch »britisch kühl« ausfiel. Von einer offenen, politisch motivierten Antipathie gegenüber den Vertretern dieses seltsamen Landes war allerdings in London weniger zu spüren als in Paris, sieht man von den Kommentaren in den sozialistischen Zeitungen ab. England befand sich in einer politischen Übergangsphase. Die große Koalition – die letzte in Friedenszeiten – des mit seiner eigenen Labour Party verfeindeten Ramsay Macdonald stand vor dem Zusammenbruch. Die Konservativen bereiteten sich zusammen

mit dissidenten sozialistischen und liberalen Abgeordneten auf eine rasche Machtübernahme vor. Und das war eigentlich günstig für Schuschnigg und Österreich. Die wichtigsten Gesprächspartner kamen mit wenigen Ausnahmen aus dem bürgerlichen Lager, das die wenigsten Ressentiments gegenüber dem »Austrofaschismus« zeigte. Und der ausgesprochen deutschfreundliche Flügel der britischen Konservativen, die sogenannte »Cliveden-Clique« (benannt nach Cliveden, dem Landsitz Lord Astors, dem »spiritus rector« dieser Gruppe) hatte innerhalb der Tories noch nicht das Ruder übernommen.

Das Eintreffen der österreichischen Gäste löste in britischen Medienkreisen einige Spekulationen aus. Die Presse vermutete, Schuschnigg sei in erster Linie nach London gekommen, um nach der Lausanner Anleihe von 1932 noch ein britisches Darlehen zu erhalten, was angesichts der Verflechtung der österreichischen Credit-Anstalt, Wiens bedeutendster Bank, die alsbald wieder ins Trudeln geraten sollte, mit britischen Finanzinstitutionen nur logisch erschien. Schuschnigg stellte dies jedoch energisch in Abrede. Seit 1933 sei Österreich dazu übergegangen, seinen Kapitalbedarf durch Inlandsemissionen zu decken. Sein Besuch in London sei in erster Linie dazu bestimmt gewesen, der Propaganda der Austromarxisten im Ausland gegen das Wiener Regime entgegenzuwirken, besonders was den angeblichen Antisemitismus seiner Regierung bei Einstellungen im staatlichen Dienst, im Pressewesen und im staatlich beeinflußten Gesundheitsdienst – es ging dabei um die Anstellung jüdischer Ärzte – betreffe. Man hätte sogar einen Boykott Österreichs von seiten »der empfindlichen und leicht beeinflußbaren, sowie von unsichtbaren Händen dirigierten öffentlichen Meinung Englands« befürchten müssen (Schuschnigg).

Was aber einer gewissen Selbsttäuschung gleichkam. Die öffentliche Meinung Großbritanniens wurde damals noch viel mehr als heute von den Privatmedien bestimmt. Und diese befanden sich in den dreißiger Jahren zum überwiegenden Teil in den Händen ultrakonservativer, in den Adelstand erhobener Zeitungszaren. Dennoch glaubte Schuschnigg, im Interesse Österreichs, dieser angeblichen Tendenz erfolgreich entgegengewirkt zu haben: »Nicht, daß die englische Regierung sich darum (die antiösterreichische Propaganda) gekümmert hätte.«

Oder doch nicht ganz? In seinem »Requiem« erwähnt Schuschnigg seinen Besuch beim »Premierminister auf Abruf«, Ramsey Macdonald, in der Downing Street 10 nur mit einem einzigen Satz. Er konzidiert jedoch, daß er bei seinen Gesprächen im Foreign Office keinen leichten Stand hatte, als es ihm darum ging, die Hintergründe der Februarkämpfe aus seiner Sicht zu erklären. Sicherlich zeigte man Verständnis dafür, daß sich das Regime in einer Zwangslage befand, angesichts des deutschen Drucks und des wachsenden Extremismus der österreichischen Nazis. Unverständnis erweckte dagegen die Weigerung der »Austrofaschisten« – als solche betrachtete man sie, ob sie es wollten oder nicht –, die Basis der Regierung durch Hinzuziehung »unbelasteter Persönlichkeiten« in Richtung politischer Mitte zu erweitern.

Letztlich blieben die Gespräche erfolglos. Nicht etwa, wie erwähnt, wegen einer prinzipiellen Ablehnung des undemokratischen Regimes in Wien, sondern weil London einfach keine Verpflichtung in Bezug auf Österreichs Unantastbarkeit übernehmen wollte. Über jenes Maß hinaus, das die Großmächte in ihren vagen Österreich-Deklarationen, zuletzt in Genf im September 1934, festgelegt hatten. Großbritannien, so ließ man die österreichischen Besucher wissen, sei weder gewillt noch in der Lage, neue Verpflichtungen in Europa – auch nicht zusammen mit Frankreich – einzugehen, deren Konsequenzen sich nicht unmittelbar absehen ließen.

Wollte London also Wien fallen lassen? Oh nein, beteuerten die britischen Sprecher. Ihre Haltung gegenüber Österreich hätte sich nicht geändert und werde sich nicht ändern. Großbritannien halte ein unabhängiges Österreich für unersetzbar und werde alles tun, »um diesen Standpunkt international mit Nachdruck zu vertreten«.

Rückblickend betrachtet, erweckt gerade diese Formulierung »The policy of H. M. Government remains unchanged« ungute

Assoziationen. Sie wurde immer wieder in Fällen benutzt – bis in die jüngste Vergangenheit –, wenn London einfach nichts sagen wollte. In der Praxis waren Änderungen des britischen Standpunktes eher die Regel als die Ausnahme. Nur daß sie oft sehr spät, wenn nicht zu spät in die Tat umgesetzt wurden.

So knausrig die britische Regierung bei ihren konkreten Versprechungen war, so reichlich flossen die sicherlich gut gemeinten Ratschläge an Schuschniggs Adresse: Etwa, daß er, um zu demokratischen Formen zurückzukehren, eine Volksabstimmung abhalten solle.

Doch die Antwort des Kanzlers war genauso vage wie die britischen Zusagen und für seine Gastgeber sicher nicht zufriedenstellend: »Ja, wir wollen das tun, aber zu einem günstigeren Augenblick; freie Wahlen ja, aber nicht mehr über politische Parteien, sondern in berufsständisch gegliederte Körperschaften.« Was immer sich die Briten darunter vorstellen mochten, zufrieden waren sie sicher nicht. Wiewohl sie dies diplomatisch korrekt und nur sehr diskret zum Ausdruck brachten.

Immerhin war Schuschnigg bereit, zum erstenmal über seinen Schatten zu springen, was Gespräche mit Sozialisten betraf. Er traf mit den Führern der »echten« Labour Party – also nicht nur »Macdonalds Dissidenten« – zusammen, und einige seiner Gesprächspartner, wie der Abgeordnete Arthur Henderson (nicht zu verwechseln mit dem späteren, deutschfreundlichen britischen Botschafter in Berlin, Nevile Henderson) wurden zu den treuesten Freunden Österreichs, über alle politischen Gegensätze hinweg. Schließlich stand der Kanzler noch Rede und Antwort bei einer Pressekonferenz – eine Prozedur, die ihm, schon aus seinem Wesen hinaus, von ganzem Herzen zuwider war.

Dabei erwies sich Schuschniggs einziger Abstecher in den Westen als gar nicht so erfolglos, wie er ursprünglich angenommen hatte. Unmittelbar auf die Reise folgte das erste – und einzige – Zusammenrücken der Westmächte und Italiens in der »österreichischen Frage«. Allerdings nicht aus purer Sympathie für Schuschnigg und dessen Regime. Auslösender Faktor war vielmehr die immer radikalere Politik des Dritten Reiches. Am 13.

Jänner 1935 hatte Hitler seinen ersten großen außenpolitischen Erfolg errungen: Bei der Volksabstimmung in dem seit Kriegsende von Frankreich verwalteten Saargebiet sprachen sich 90 Prozent für die »Heimkehr ins Reich« aus.
Hitler sah sich durch diesen Sieg in einem Maße bestätigt, daß er – leider zu Recht – annahm, er könne von nun an praktisch alle Bestimmungen des Friedensvertrages von Versailles für null und nichtig erklären. Als ersten Schritt führte er die in Versailles ausdrücklich verbotene allgemeine Wehrpflicht wieder ein und verkündete gleichzeitig, daß er sich auch an die Rüstungsbeschränkungen des Vertrages nicht mehr halten würde. Wobei letztere Bestimmungen schon zur Zeit der Weimarer Republik, nicht zuletzt mit Hilfe der ebenfalls diskriminierten Sowjetrussen, unterlaufen worden waren. Allerdings bei strenger Geheimhaltung und nicht, wie jetzt, vor aller Öffentlichkeit.
Die Westmächte konnten sich vorerst nur zu einem lahmen diplomatischen Protest in Berlin aufraffen, der so milde ausfiel, daß der französische Botschafter in der Reichshauptstadt, André François-Poncet – übrigens einer der wenigen, die Hitlers wahre Natur von Anfang an erkannt hatten –, bitter bemerkte: »Hitler wird jetzt glauben, er könne sich alles erlauben und Europa in Zukunft seine Gesetze vorschreiben.«
Zumindest das Gesetz des Handelns. Und das hat er auch getan. Seltsamerweise war es nicht Frankreich, das 1919 alles getan hatte, um den Friedensvertrag so hart wie möglich ausfallen zu lassen, sondern Benito Mussolini, der die Westmächte zu energischerem Handeln aufforderte. Besonders in Sachen Österreich. Die Vorstellung von deutschen Truppen am Brenner stellte für den Duce zu jener Zeit sicher noch einen Alptraum dar. Doch Italiens starker Mann hatte noch einen Hintergedanken: Durch ein demonstratives Zusammengehen mit England und Frankreich hoffte er, Spielraum für sein Abessinien-Abenteuer zu gewinnen. Was Frankreich betraf, so wäre ihm dies womöglich sogar gelungen – immerhin saß sein Freund Pierre Laval zur Zeit noch fest im Sattel. Aber er hatte wohl übersehen, daß für die Politik des britischen Empire Addis Abeba wichtiger war als Wien.

Doch wir eilen den Ereignissen voraus: Vorerst lud Mussolini die Briten und Franzosen zu einer formellen internationalen Konferenz, die am 11. April 1935 im malerischen Stresa am Lago Maggiore eröffnet wurde. Offiziell ging es darum, dem deutschen Expansionsdrang entgegenzuwirken. Und dessen erstes Ziel war, für jedermann erkennbar, das kleine von Krisen erschütterte Österreich. Und es war denn auch die Drei-Mächte-Erklärung zum Thema Österreich, durch welche die sogenannte »Stresa Front« in die europäische Geschichte eingehen sollte. Wenn auch leider nur kurzfristig. In trauter Eintracht wurde die folgende Drei-Mächte-Resolution angenommen: »Die Vertreter der Regierungen prüften von neuem die österreichische Lage. Sie bestätigten die englisch-französisch-italienischen Erklärungen vom 17. 2. und 27. 9. 1934, durch die die drei Regierungen anerkannten, daß die Notwendigkeit, die Unabhängigkeit und Unversehrtheit Österreichs aufrechtzuerhalten, auch weiterhin ihre gemeinsame Politik bestimmen werde.«
Schon am folgenden Tag raffte sich der Völkerbund in Genf zu einer entsprechenden Reaktion auf. Bei einer Sondersitzung wurde zuerst einstimmig eine Resolution angenommen, welche die Wiedereinführung der deutschen Wehrpflicht als »Bedrohung der europäischen Sicherheit« verurteilte. Von Gegenmaßnahmen oder Garantien für Österreich war allerdings nicht die Rede, und das Dritte Reich, das den Völkerbund ohnehin bereits verlassen hatte, sah dann keinen Grund, seine intransigente Haltung zu ändern.
Es war denn auch Stresa und nicht die Völkerbund-Resolution, welche die deutsche Außenpolitik beunruhigte. Die Drei-Mächte-Erklärung über Österreich löste bei Hitler auf dem Obersalzberg, nach unbestätigten, aber durchaus glaubwürdigen Meldungen, den ersten seiner später immer häufigeren gewaltigen Wutausbrüche aus.
Jedenfalls war Papen über die Entwicklung alarmiert. »Nach der hier vorliegenden Fassung scheint offensichtlich, daß der Nichteinmischungspakt für Deutschland eine Fülle außenpolitischer Gefahren mit sich bringt. Allein die Tatsache, daß die deutsche

staatstragende Doktrin in Österreich verboten ist und aufs schärfste bekämpft wird, macht es wahrscheinlich, daß in der Zukunft jede politische Maßnahme der österreichischen Nationalsozialisten als unbefugte Einmischung Deutschlands interpretiert wird.«

Demgegenüber meint der Historiker Anton Hopfgartner, die Erklärung von Stresa sei in Österreich, wie in anderen Staaten Europas, überschätzt worden. »Man schenkte der Tatsache zu wenig Beachtung, daß jede der drei Westmächte im Grunde eigene Ziele verfolgte: Italien wollte in erster Linie Toleranz der Westmächte beim geplanten Einmarsch in Abessinien erreichen, Frankreich strebte die stärkere Eingliederung Italiens und Englands in die antideutsche Front an, und England schließlich wollte den Status quo auf dem Kontinent erhalten, ohne sich selbst in Konfliktfälle verwickeln zu lassen. Es war daher nur eine Frage der Zeit, wie lange die Stresa-Front halten würde. Jede Veränderung konnte letztendlich nur Hitler zugute kommen.«

England war es auch, das die »Stresa Front« schon im folgenden Juni wenn nicht zerbrach, so doch zumindest in Frage stellte: Durch den Abschluß eines Flottenabkommens, das seine quantitative Übermacht zur See gegenüber Deutschland nach dem Schlüssel 3:1 zwar zementierte, aber von Hitler als »Ablaß« für die Verletzung der Rüstungsbestimmungen von Versailles aufgefaßt wurde. Weltweit war er nicht mehr ein Ausgestoßener, sondern ein hoffähiger Vertragspartner, der er für London bis zum Ausbruch des Zweiten Weltkriegs bleiben sollte.

Dennoch wäre es falsch, Großbritannien schon zu jenem Zeitpunkt die Hauptschuld am beginnenden Zerfall der »Stresa-Front« anzulasten. Der eigentliche Dolchstoß kam vom Osten, von der Kleinen Entente. Sicherlich hatte Österreich in diesem Zusammenhang nicht optimal taktiert, aber diesmal ganz im Bereich seiner eigenen Rechtsprechung: Am 13. Juli 1935 hatte Wien das Einreiseverbot für die engsten Mitglieder des Hauses Habsburg aufgehoben, wobei Schuschnigg betonte, es handle sich nur um eine Wiedergutmachung alten Unrechts und keine

kalte Restauration, denn das Oberhaupt der Dynastie, Erzherzog Otto, blieb weiterhin von dieser Regelung de facto ausgeschlossen. Und sei es nur auf der Basis eines Gentlemen's Agreement zwischen ihm und dem Kanzler. Was aber die Tschechoslowaken, Rumänen und vor allem die Jugoslawen in ihrem blinden Habsburgerhaß nicht besänftigte.
Dennoch wurden die Legitimisten von nun an zur wichtigsten Alternative, wenn nicht zum autoritären Regime so doch zu den Nationalsozialisten.
Am Tag der Aufhebung des Habsburgergesetzes wurde der Kanzler von einer schweren persönlichen Tragödie heimgesucht. Auf der Fahrt nach Oberösterreich kam Herma Schuschnigg bei einem Autounfall ums Leben. Einheimische errichteten später ein »Marterl« an der Unglücksstelle, das 1938 von den Nazis entfernt wurde. Auch für tote Mitglieder der Familie Schuschnigg galt die Sippenhaftung. Und im August 1935 starb Schuschniggs Mutter im Wiener Allgemeinen Krankenhaus.
Kurz danach gab der Kanzler seine Dienstwohnung im Kriegsministerium auf und übersiedelte in ein Seitengebäude des Oberen Belvederes. Dorthin zog auch der seit dem Tod seiner Frau alleinstehende Vater des Regierungschefs.
Für persönliche Trauer blieb dem Kanzler indessen wenig Zeit. Wie bereits erwähnt, hatte das neue Habsburgergesetz in den Staaten der Kleinen Entente eine an Hysterie grenzende Welle der Empörung ausgelöst. Und eine fatale Überreaktion provoziert. Am 11. September 1935 trafen die Außenminister Jugoslawiens, der Tschechoslowakei und Rumäniens im slowenischen Kurort Bled zusammen und verabschiedeten eine Resolution, die Hitler selbst nicht besser hätte formulieren können. Sie drohten allen Ernstes, einer Restauration in Österreich »mit allen ihren Kräften« entgegentreten zu wollen.
Nun könnte man darüber streiten, ob das österreichische System, vulgo »Austrofaschismus«, zu jenem Zeitpunkt noch zu retten war. Kein Zweifel besteht jedoch an der Tatsache, daß sich die Länder der Kleinen Entente ihr Grab selber schaufelten.
Das war auch die Meinung Papens. Seit der Errichtung der

»Stresa-Front« eher deprimiert, triumphierte er jetzt offen: »Der französische Ausdruck ›s'y opposant des toutes leur forces‹ bedeutet im gegebenen Fall den Einmarsch militärischer Kräfte«, schrieb er an Hitler. »Ich habe Herrn Nastasievic (den jugoslawischen Gesandten in Wien und engsten Parteigänger Papens auf dem diplomatischen Parkett), bevor er sich zur Konferenz in Bled begab, gedrängt, dafür zu sorgen, daß in der Habsburgerfrage endlich eine klare Entscheidung falle, die Österreich nicht im Zweifel lasse, über den Ernst der gegebenenfalls zu treffenden Maßnahmen. Es ist sehr erfreulich, daß dies nun endlich geschehen ist. Die österreichische Regierung und der hiesige französische Gesandte Puaux haben sich in höchstem Maß beunruhigt über diesen Beschluß gezeigt.«
Das Zusammenspiel zwischen Nazi-Deutschland und Jugoslawien hatte übrigens eine längere Vorgeschichte. Noch vor der Errichtung des Ständestaates hatten österreichische Nazis slowenische Vertreter in Kärnten kontaktiert und ihnen Grenzkorrekturen im Süden des Bundeslandes angeboten, sollte Belgrad einem Anschluß oder einem nationalsozialistischen Regime in Wien zustimmen. Was sogar Hermann Göring beim Hauptkriegsverbrecherprozeß in Nürnberg vorgeworfen wurde. Natürlich bestritt er alles. Die Kontakte sind jedoch historisch belegt.
Das Deutsche Reich »packelte« aber nicht nur mit dem reaktionären Jugoslawien, sondern auch mit der demokratischen Tschechoslowakei, die sich eigentlich 1935 über die Machenschaften Hitlers hätte im klaren sein müssen. Dennoch erklärte sich kein geringerer als Minister Kamill Krofta zu einem Zusammenspiel mit Berlin gegen Österreich bereit. In diesem Sinn kabelte der deutsche Gesandte in Prag seinem Wiener Kollegen, daß es unbedingt erforderlich sei, »eine Reihe von geschickt zusammengestellten Meldungen zu lancieren, die den Eindruck erwecken, daß zwischen Wien und Budapest ernstliche Meinungsverschiedenheiten« entstanden seien. Sehr wichtig sei es auch, die legitimistischen Tendenzen der österreichischen Regierung dem nun entbrannten scharfen Kampf der Budapester Regierung gegen den ungarischen Legitimismus entgegenzustellen. Im übrigen

hätte sich Krofta bereiterklärt, »befreundete« Nachrichtenagenturen und Presseorgane anzuhalten, auf die wachsende Annäherung zwischen Italien und Deutschland hinzuweisen und für eine Volksabstimmung in Österreich einzutreten. Und weiter: »Die betreffenden Meldungen sind zunächst in englischen, skandinavischen, französischen und amerikanischen Blättern zu placieren, von denen sie dann – mit entsprechenden Kommentaren versehen – übernommen werden können.«
Tatsächlich gab es in der Habsburgerfrage Differenzen zwischen den beiden autoritären Regimes in Wien und Budapest. Wenn Schuschnigg nach dem Zweiten Weltkrieg erklärte, er hätte damals an eine Restauration, wenn überhaupt, nur im Konzert mit Ungarn gedacht, so zeigt dies eine krasse Fehleinschätzung. Solange in Ungarn jener Julius Gömbös die Zügel in der Hand hielt, der in den frühen zwanziger Jahren auf seinen gesalbten König – Ungarn war ja formell zur Monarchie zurückgekehrt – hatte schießen lassen, kam dort eine Restauration nicht in Frage. Gömbös hatte übrigens in diesem Zusammenhang seine persönliche Abneigung, was Schuschnigg betraf, nicht verschleiert – nicht einmal in Gesprächen mit deutschen Diplomaten. So erklärte er gegenüber Papen bei einem Treffen vertraulich: »Wir haben natürlich nicht die mindeste Veranlassung, von uns aus der österreichischen Regierung das Leben zu erleichtern und sie auf eine tragfähigere Basis zu stellen.«
Soviel über die Loyalität zwischen Hungaro- und Austrofaschisten (denn solange in Wien Starhemberg noch als Vizekanzler agierte, traf die Bezeichnung »Austrofaschismus« sicherlich zu). War die Erklärung von Bled eine außenpolitische Niederlage für Österreich, so sollte das Land bald darauf ein noch viel schwererer Schlag treffen. Seit Monaten hatte sich die Spannung im Horn Afrikas verschärft. Ein bedeutungsloser Zwischenfall bei einem der Welt bisher völlig unbekannten Grenzort namens Ual Ual wurde von Mussolini zum Vorwand für den »Kampf zwischen den Vorkämpfern der europäischen Zivilisation und einem grausamen mittelalterlichen Regime« ausgenützt. Italien im allgemeinen und das faschistische Regime im besonderen hatten sich bei

der Aufteilung Afrikas übervorteilt gefühlt. Der Erste Weltkrieg hatte ihnen nur die Bestätigung der schon 1913 begonnenen Eroberung von Libyen eingebracht. Nun suchte der Duce seit dem blutigen Abschluß der Besetzung Libyens in den zwanziger Jahren neue Expansionsmöglichkeiten auf dem schwarzen Kontinent. Und dafür bot sich nur Abessinien (neben Liberia der einzige unabhängige Staat Afrikas, sieht man von Südafrika ab) an, das von zwei italienischen Kolonien, Eritrea und Somalia, gleichsam eingekesselt war und keinen Zugang zum Meer besaß. Am 3. Oktober 1935 fielen italienische Truppen – zum Großteil einheimische Askaris und nur eine Minderheit faschistischer Legionen – mit massiver Luftunterstützung in Abessinien ein. Österreich, Mussolinis engster Verbündeter, hatte keine Vorwarnung erhalten. So informierte der österreichische Gesandte in Rom den Ballhausplatz erst am Tag des Angriffes: »Herr Mussolini empfing mich eben. Er sagte, daß italienische Truppen seit heute früh, fünf Uhr, im Vormarsch seien. Es wären ernste Tage, die italienisch-englischen Beziehungen seien weiter gespannt.«

Dies ist nicht der Platz, sich mit den militärischen Aspekten des Abessinienkrieges eingehender zu befassen, der sich übrigens für Rom schwieriger gestaltete als ursprünglich angenommen. Nicht von ungefähr wurde Giftgas zum erstenmal seit dem Ersten Weltkrieg massiv eingesetzt. Und wenn sich die Welt heute noch immer an die baskische Stadt Guernica als erstes Opfer des Luftkrieges erinnert, die von deutschen Maschinen im spanischen Bürgerkrieg zerstört wurde, so hat sie die zahllosen vernichteten abessinischen Dörfer längst vergessen.

Ausschlaggebend für Österreich waren die politischen Folgen des abessinischen Abenteuers. In dieser Hinsicht hatte sich Mussolini arg verkalkuliert. Mit Pierre Lavals Frankreich wäre der Duce, wie bereits erwähnt, wohl ins klare gekommen, bei den Briten stieß er jedoch auf »unlogischen Widerstand«. England übernahm sofort die Führung der antiitalienischen Koalition, die sich im Völkerbund gebildet hatte, schreckte aber vor dem einzigen Schritt zurück, der Italien wirklich getroffen hätte: der Sperre

des Suezkanals. Wohl hätte dies den Bestimmungen der Suezkanal-Konvention widersprochen, wäre aber durchaus möglich gewesen, wie das Beispiel des Zweiten Weltkriegs zeigt. So aber waren die gegen Italien ergriffenen Sanktionen zwar hart genug, um Mussolini in die Arme Hitlers zu treiben, doch nicht effektiv genug, um ihn zur Einstellung der Feindseligkeiten zu zwingen. Der Sanktionprozeß setzte eine Woche nach Beginn des Krieges ein. Am 10. Oktober 1935 wurde die italienische Aktion von der Vollversammlung des Völkerbundes fast einstimmig verurteilt. Die einzigen Gegenstimmen kamen von Österreich, Ungarn und Albanien – ein Schritt, welcher der österreichischen Regierung weltpolitisch viele Minuspunkte einbrachte, wiewohl London und Paris für Schuschniggs Zwangslage durchaus Verständnis aufbrachten. Doch auch Mussolini war mit der Haltung der Wiener Regierung nicht restlos zufrieden: Schuschnigg war nämlich nicht bereit, aus Solidarität mit den italienischen Faschisten den Völkerbund zu verlassen, ein Vorgehen, das den Reden des Duce von einem »bevorstehenden Zerfall der Völkergemeinschaft« eine faktische Grundlage gegeben hätte.
Als nächsten Schritt verhängte der Völkerbund Wirtschaftssanktionen gegen Italien, die jedoch nicht konsequent genug durchgeführt wurden, um Mussolini wirklich zu treffen. Besonders was die Versorgung Italiens mit Treibstoff betraf. Und mit Waffen und Munition hatte sich der Duce schon lange vor Beginn der Feindseligkeiten reichlich eingedeckt.
Im Anfangsstadium beschränkten sich die Auswirkungen für Österreich weitgehend auf Kritik in den westlichen Medien an Wiens Stimmverhalten im Völkerbund. Auch in Österreich war die Bevölkerung trotz teilweise einseitig proitalienischer Berichterstattung in den eigenen Medien auf der Seite der Abessinier – was das Prestige des Regimes nicht gerade erhöhte. Schuschnigg ließ indes nichts unversucht, um das Land aus jeder direkten Verwicklung herauszuhalten. Was die Feindseligkeiten betraf, so hatte Wien schon eine Woche nach Kriegsausbruch seine militärische Neutralität erklärt. Eher seltsam mutet dagegen eine Äußerung des Kanzlers aus jenen Tagen an, daß eine Annäherung

zwischen Deutschland und Italien Österreich nicht berühren, dem Land sogar nützen könnte. Da sprach der Kanzler, wohl gegen sein eigenes besseres Wissen, aus dem Bestreben, sich selbst und seinen vaterländischen Landsleuten Mut zu machen. Die angesprochene Annäherung zwischen Rom und Berlin ließ indes nicht lange auf sich warten, wenngleich Hitler selbst am Anfang eher vorsichtig agierte. Offensichtlich wollte er nicht auf der Seite eines Verlierers landen, sollte sich der Westen wider Erwarten zu einem echten Engagement durchringen. Erst als die Italiener bedeutende militärische Erfolge zu verzeichnen hatten, begann Berlin Farbe zu bekennen. Und das gleichzeitig auf wirtschaftlicher und politischer Ebene. Bei der Umgehung der Völkerbund-Sanktionen leistete Hitler dem Duce unschätzbare Dienste. Und machte dabei noch ein gutes Geschäft. Die politische Zusammenarbeit dagegen lief vorerst unter der Flagge des »gemeinsamen Kampfes gegen den Bolschewismus«, einer Formel, mit der Mussolini hoffte, den Westen nicht allzu sehr zu verärgern.

Natürlich konnte Schuschnigg die Auswirkungen auf Österreich auf die Dauer nicht ignorieren. Noch dazu, da sie parallel zu innenpolitischen Schwierigkeiten vor sich gingen. Mitte August holte Starhemberg zu seinem lange geplanten Schlag gegen seinen Intimfeind Fey aus. Ohne Vorwarnung – etwa an Schuschnigg – ließ er öffentliche Gebäude in Wien von »seiner« Heimwehr besetzen. Fast gleichzeitig verlor Fey sein letztes Amt als »Minister der inneren Verwaltung, zuständig für die Bekämpfung staatgefährdender Bestrebungen in der Privatwirtschaft«, wie es im gräßlichen Amtsdeutsch hieß. Dieser zweite Schritt konnte natürlich nicht ohne Zustimmung Schuschniggs unternommen werden. Doch der Kanzler stimmte zu, wenngleich ohne große Begeisterung. Und was Fey betraf, so fiel er auf die sprichwörtliche »Butterseite«. Er wurde zum Direktor der Donaudampfschiffahrtsgesellschaft ernannt. Auch der Austrofaschismus ließ seine in Ungnade Gefallenen nicht verkommen.

Einer, der die innenpolitische Entwicklung in Wien sehr genau verfolgte, war Papen, der sich nun ungeniert »Botschafter«

nannte: »Die Labilität der inneren wie äußeren Lage hat... zu neuer Tätigkeit der Restaurationsfreunde geführt. Trotz der Schwierigkeiten, die die Lage innen- und außenpolitisch bietet, darf man sie in ihrer Wichtigkeit für die zukünftige Entwicklung keinesfalls unterschätzen. Von zuverlässiger Seite bin ich über den Gedankenaustausch informiert worden, der zwischen dem Bundeskanzler, dem hiesigen Nuntius und dem Heiligen Stuhl in dieser Frage stattgefunden hat. Der Bundeskanzler hat den Nuntius wissen lassen, daß eine Vermittlung zwischen Österreich und der Kleinen Entente sehr erwünscht sei. Die Bundesregierung ihrerseits sei bereit, feierlich auf jede territoriale Revision zu verzichten. Eine ähnliche Erklärung sei Otto von Habsburg abzugeben bereit.«

Tatsächlich begann sich der Thronprätendent zu jener Zeit erstmals aktiv in der österreichischen Politik zu engagieren. Nicht unbedingt zur Freude Schuschniggs, der offen zugab: »Mit Otto hatte ich es nicht leicht.« Er verließ sich jedoch auf das Versprechen des Erzherzogs, keine Schritte zu unternehmen. Und Papen wußte unter Berufung auf Starhemberg zu berichten, daß der Chef des Hauses Habsburg persönlich ein Plebiszit zur Bedingung für seine Rückkehr gestellt habe.

Was Schuschnigg zusätzlich beunruhigte, waren Gerüchte, daß sich Otto irgendwie mit Starhemberg arrangieren könnte. Und Starhemberg war zu jener Zeit als Favorit Mussolinis unangreifbar, galt er doch als Garant für weitere Unterstützung aus Rom. Dabei war es mit Starhembergs Legitimismus nicht weit her, stand doch der offen zur Schau getragene Austrofaschismus des Fürsten im Gegensatz zu den konservativen Ideen des Thronprätendenten. Bei einem Gespräch mit Julius Gömbös und dessen Außenminister Koloman Kanya versprachen Schuschnigg, Starhemberg und Berger-Waldenegg unisono, das Tempo der Restaurationsmaschinerie »bedeutend zu verringern«. Wobei sich der Kanzler allerdings weigerte, die legitimistische Propaganda in Österreich einzuschränken. Alle drei versicherten jedoch, keine Entscheidung in der Habsburgerfrage ohne vorherige Konsultationen mit den Ungarn zu treffen.

Ende 1935 hielt es London an der Zeit – unbeschadet der Entfremdung durch Österreichs Abstimmungsverhalten in der Abessinienfrage –, Schuschnigg an seine während seines Staatsbesuches in London eher vage abgegebenen Versprechungen zu erinnern, das österreichische Regime zu liberalisieren. Zuerst fragte die britische Regierung jedoch bei ihrem Wiener Gesandten Selby an, ob die Zeit dafür reif sei. Der Diplomat riet indessen eindringlich von einer derartigen Demarche ab. Die Situation sei so labil, daß man den Kanzler vorerst in Ruhe arbeiten lassen solle. Gleichzeitig wies der Gesandte auf die geplante Weihnachtsamnestie für politische Straftäter hin, welche unbedingt als Schritt in Richtung Liberalisierung und innere Befriedung aufgefaßt werden sollte. Daraufhin nahm London von seiner geplanten Intervention Abstand.
Überdies hatte Schuschnigg Anfang 1936 eine eigene Initiative gestartet, die durchaus den Intentionen der Westmächte entsprach: Erstmals seit 1918 fuhr er als österreichischer Regierungschef in das bislang verfeindete Prag.
Nicht, daß es ein offizieller Besuch gewesen wäre. Soweit war man noch lange nicht, und Schuschnigg wollte jede Alarmierung Deutschlands oder der mit der Tschechoslowakei noch immer erbittert verfeindeten Ungarn vermeiden. Als Vorwand für die Reise diente ihm – und den tschechoslowakischen Gastgebern – eine Einladung der Deutschen Handelskammer in Prag, vor diesem unbedenklichen Gremium ein wirtschaftlich orientiertes Referat zu halten. Womit sich alle Seiten vor politischer Kritik absichern wollten.
Natürlich war der Vortrag Nebensache. Schuschnigg ging es darum, mit der Tschechoslowakei nach all den vorhergegangenen Spannungen endlich ins Gespräch zu kommen. Die Zeit schien dafür günstig. In Prag hatte sich nämlich seit der Herausforderung von Bled einiges geändert. Staatsgründer Thomas Masaryk war gestorben und sein Adlatus Beneš zum Präsidenten aufgerückt. Als Ministerpräsident fungierte nun der ehemalige österreichische Beamte Milan Hodža, ein Politiker, mit dem Schuschnigg schon bei ihrem ersten Treffen eine gemeinsame

Sprache fand – beim zurückhaltenden österreichischen Kanzler keine alltägliche Erscheinung. Und sogar beim alten Österreichfeind Beneš war ein weitreichender Meinungsumschwung festzustellen. Im Gespräch mit dem Historiker Jagschitz wurde Schuschnigg, zu diesem Themen befragt, geradezu schwärmerisch, wenn er vom »netten Hodža« sprach – den er übrigens noch mehrmals treffen sollte.

So hieß es auch in einem Bericht der österreichischen Gesandtschaft in Prag an Außenminister Berger-Waldenegg (der Schuschnigg bei dessen »Privatbesuch« nicht hatte begleiten können) über die Gespräche sowohl mit Beneš als auch mit Hodža: »Präsident Dr. Beneš würde es sich wünschen, daß sich der Herr Bundeskanzler aus Prag den Eindruck mitnehme, daß die Tschechoslowakei für die mitteleuropäische Politik und insbesondere für ein sehr eingehendes Zusammenarbeiten mit Österreich in politischer, wirtschaftlicher und kultureller Beziehung reif sei.«

Sehr spät, vielleicht zu spät, denkt man an die Drohungen von Bled weniger als ein Jahr zuvor, hatte der Hausherr auf dem Hradschin offensichtlich erkannt, daß Otto von Habsburg doch nicht mit Hitler zu vergleichen war – notabene da ihm Schuschnigg versichert hatte, von einer Restauration könne momentan nicht die Rede sein. Man müsse jedoch die Legitimisten als treue Verbündete im Kampf gegen Hitler fördern.

Demgegenüber antwortete Beneš, die »Anschlußfrage sei nicht nur eine österreichische, sondern auch eine tschechoslowakische Angelegenheit«. Die beiden tschechoslowakischen Politiker überreichten ihrem Gast noch eine eigene Wunschliste: Angesichts der engen Beziehungen Österreichs zu seinem ungarischen Nachbarn, sollte sich der Kanzler in Budapest für eine Besserung der ungarisch-tschechoslowakischen Beziehungen einsetzen. In diesem Zusammenhang sei Prag sogar zu einigen territorialen Zugeständnissen und Konzessionen an die ungarische Minderheit in der Slowakei bereit. Die tschechoslowakische Regierung könne sich, dank ihrer starken parlamentarischen Basis, eine derartige Politik gegenüber den tschechischen und slowakischen Nationalisten leisten. Beneš besitze, wie der österreichische Ge-

sandte resümierte, das Vertrauen der Linken, Hodža jenes der Rechten.
Auch Schuschnigg hatte eine Wunschliste mitgebracht. Ihm ging es in erster Linie darum, die Prager Regierung zu Maßnahmen gegen die aus Brünn agierenden sozialdemokratischen Emigranten – allen voran Otto Bauer – zu bewegen, die in der mährischen Hauptstadt mit Duldung der Behörden ein »Auslandsbüro« errichtet hatten. Beneš und Hodža hatten für das österreichische Anliegen vollstes Verständnis, baten aber um Rücksicht auf die öffentliche Meinung im eigenen Land, die dem Austrofaschismus nicht gerade freundlich gesinnt war. Man wollte daher schrittweise gegen die Exilgruppen vorgehen.
Das erwies sich als unnötig, denn Otto Bauer und Genossen hatten die Schrift an der Wand erkannt und verlegten freiwillig ihr Zentrale von Brünn nach Paris – mit noch größeren Ressentiments gegenüber dem österreichischen Regime. Illegale österreichische Sozialisten arbeiteten indes in der Tschechoslowakei weiter, wenn auch unter wesentlich erschwerten Bedingungen. Ein echtes Problem stellten sie aber für die Wiener Regierung nicht mehr dar.
Herrschte somit zwischen Wien und Prag auf höchster Ebene eine weitgehende Entspannung, so hatten sich die tschechoslowakischen Medien noch lange nicht mit der sich abzeichnenden Versöhnung abgefunden. Das bekam Schuschnigg auch während seiner Pragvisite deutlich zu spüren. Da sprach die Zeitung »Noviny Listy« in Tönen höchster Erbitterung über Beneš' angebliche Bereitschaft, seinen Widerstand gegen eine Habsburger-Restauration aufzugeben. Und andere Prager Blätter entdeckten plötzlich ihr Herz für die bislang kaum beachtete Kleine Entente. Daß die tschechoslowakische Linke gegen den »Austrofaschisten« und »Arbeitermörder« protestierte, versteht sich von selbst.
So oder so blieben die faktischen Ergebnisse der Vorsprachen Schuschniggs in Prag – ebenso wie jene seiner Paris- und London-Reisen – eher gering, sieht man von der »Delogierung« der österreichischen Emigranten ab. Als der Kanzler diskret in Bu-

dapest wegen einer Versöhnung zwischen Ungarn und der Tschechoslowakei vorfühlte, stieß er bei Gömbös, der ihn ohnehin nicht leiden konnte, auf brüske Ablehnung. Nur wenn Prag bereit sei, Posony (Bratislava-Preßburg) abzutreten, könne man über eine Aussöhnung reden.

Was indes den Kontakt zwischen Prag und Wien betraf, so riß er trotz mangelnder Resultate nicht ab. Schon im März stattete Hodža – natürlich ebenso inoffiziell wie Schuschnigg – den ersten von insgesamt drei Besuchen in Österreich ab. Dabei traf er wieder mit Schuschnigg zusammen, wobei es sehr rasch zu einer Einigung in wirtschaftspolitischen Fragen kam, die für beide Seiten sicher von großem Nutzen war. Eine engere politische Kooperation stand jedoch nicht zur Debatte. Ereignisse auf höchster politischer Ebene, die sich eben abzuzeichnen begannen, ließen Schuschnigg und seine Mitarbeiter vor einer stärkeren Bindung an Prag – und damit Paris – zurückschrecken.

Selbst der Historiker Hopfgartner, der Schuschnigg äußerst positiv gegenübersteht, meint dazu: »Es muß rückblickend als ein entscheidender Fehler Schuschniggs gewertet werden, die sich bietende Chance (einer Annäherung an die Tschechoslowakei) nicht ergriffen zu haben, sich durch einen politischen Pakt aus der einseitigen Abhängigkeit von Italien und später Deutschland zu befreien. Der Kanzler bewies mit seinem Entschluß, die Beziehungen zur Tschechoslowakei auf rein wirtschaftliche Bereiche zu beschränken, einen Mangel an Entschlossenheit und später an Mut, einen eingeschlagenen Weg konsequent bis zum Ende zu gehen, was sich später für die österreichische Politik noch verhängnisvoll auswirken sollte. Eine politische Annäherung wäre am Beginn des Jahres 1936 um so wichtiger gewesen, als Ungarn bereits 1935 eine deutschfreundliche Haltung eingenommen hatte, ehe es 1936 ganz in das Kielwasser des Deutschen Reiches geriet.«

Schuschnigg selbst war sich – im Rückblick – der Bedeutung einer möglichen Annäherung an die Tschechoslowakei durchaus bewußt, wandte jedoch ein, die Tschechen hätten niemals die Garantie geben können, daß ein Kurswechsel Wiens von Prags einzigem Protektor, nämlich Frankreich, mitgetragen werden würde. Überdies hätte er keinen offenen Bruch mit Italien riskieren können, das ihn zu jenem Zeitpunkt – glaubwürdig oder nicht – noch immer versicherte, an seiner Unterstützung für die Unabhängigkeit Österreichs hätte sich nichts geändert. Und die historisch gewachsenen Bindungen zu Ungarn hätte man nicht so einfach kappen können. Nicht zuletzt, weil man in Wien wußte, daß der umstrittene Gömbös an inoperablem Krebs erkrankt war und früher oder später das Steuer an einen anderen Politiker, womöglich einen Traditionalisten, würde abgeben müssen.

Kurz nach der Übersiedlung der Exil-Sozialisten von Brünn nach Paris begann in Wien ein großangelegter Hochverratsprozeß gegen Funktionäre der illegalen Sozialdemokratischen Partei, denen unter anderem Kontakte zum Brünner Exil-Büro vorgeworfen wurden. Hauptangeklagter war Karl Rudolf Sailer, doch auf der Angeklagtenbank saß auch ein bislang unbekannter junger Student namens Bruno Kreisky, der in Österreichs Geschichte noch eine einzigartige Rolle spielen sollte.

Das Regime glaubte mit diesem Prozeß sowohl Stärke als auch eine gewisse Liberalität demonstrieren zu können, indem es ein offenes und relativ faires Verfahren zuließ. Diese Taktik entpuppte sich jedoch als Bumerang, da sie es den Angeklagten ermöglichte, ihren Standpunkt erstmals seit dem Februar 1934 öffentlich – und vor der Auslandspresse – zu vertreten. Besonders Kreisky machte durch seine brilliante Abrechnung mit dem Austrofaschismus auf sich aufmerksam, aber es wäre falsch, deswegen von einem »Kreisky-Prozeß« zu sprechen, wie dies in der jüngeren Vergangenheit öfters geschehen ist.

Die Urteile fielen, für damalige Verhältnisse, relativ milde aus, und der Prozeß blieb eine Episode, die längst vergessen wäre – ohne Bruno Kreisky.

Die vorsichtige Annäherung an die Tschechoslowakei wurde durch den Sozialisten-Prozeß nicht beeinflußt, bei dem mehrmals von den Kontakten der Angeklagten zu dem nördlichen Nachbarland die Rede war. Doch die Regierung versuchte, sich noch andere Optionen außerhalb Mitteleuropas zu öffnen. So etwa

war Starhemberg bestrebt, in Großbritannien Punkte für Österreich und sich selbst zu sammeln. Den Anlaß zu seiner Reise nach London boten die Begräbnisfeierlichkeiten für König Georg V. Der Fürst hatte sich die Einladung geangelt, mit dem Hinweis, Schuschnigg oder Berger-Waldenegg könnten nicht innerhalb so kurzer Zeit zum zweitenmal nach England fahren.
In der Westminster Abbey hatten sich die weltpolitische Prominenz und der europäische Hochadel versammelt. Mit einer signifikanten Ausnahme: Otto von Habsburg war nicht eingeladen worden, obwohl etliche deutsche Prinzen – auch katholische – sehr wohl Einladungen erhalten hatten. Offenkundig war dies eine »bewußte Brüskierung«, wie Papen sofort nach Berlin zu berichten wußte.
Starhemberg machte seine Sache gut – zumindest nach seiner eigenen Darstellung. Er traf nicht nur mit der Prominenz des Gastgeberlandes, sondern auch mit etlichen angereisten ausländischen Politikern zusammen, insbesondere dem rumänischen Außenminister Nicolae Titulescu. Dieser machte dem österreichischen Vizekanzler ein reichlich seltsam anmutendes Angebot: Die Armeen der Kleinen Entente würden sofort eingreifen, sollte irgendein Staat Österreich angreifen. Diese Hilfe würde jedoch unterbleiben, sollten die Habsburger in Wien an die Macht kommen. »Möglicherweise würden wir dann sogar gegen Wien marschieren«, deutete der Rumäne an.
Titulescu riet Starhemberg, mit Österreichs Erzfeind, dem jugoslawischen Prinzregenten Paul, zusammenzutreffen, doch dieser ließ den Fürsten eiskalt abblitzen. Da der österreichische Sicherheitsdienst – er war gar nicht so unfähig, wie heute angenommen – zu jener Zeit den Code der jugoslawischen Geheimdepeschen entschlüsselt hatte, wußte Wien sofort den Grund der feindseligen Haltung Jugoslawiens: Sie war nicht nur durch die Habsburgerfrage bedingt, sondern auch durch die Sympathie, die Österreich für die kroatische Opposition gegen Belgrad gezeigt hatte. All das klingt heute irgendwie höchst aktuell.
Was Starhembergs Gespräche mit britischen Politikern betraf, so hatten seine Gastgeber für ihn eine wirklich hochkalibrige

Gruppe zusammengestellt. Eigentlich überraschend, bedenkt man, daß er ja nur der zweite Mann in Wien war. Ein Jahr zuvor hatten sich Schuschnigg und Berger-Waldenegg mit wesentlich weniger bedeutenden Gesprächspartnern zufrieden geben müssen. Anscheinend hielt man den Fürsten für den wahren »starken Mann Österreichs«. Er traf buchstäblich mit fast allen zusammen, die damals in Whitehall Rang und Namen hatten: dem neuen konservativen Premierminister Stanley Baldwin, dem Ersten Lord der Admiralität, Sir Austen Chamberlain, den man damals für den kommenden Mann hielt (er starb aber schon 1937), dessen Bruder Neville, den damaligen Schatzkanzler und späteren Premierminister (und Totengräber Mitteleuropas) sowie Außenminister Anthony Eden und dessen »rechte Hand«, Sir Robert Vansittart.

Trotz der Bedeutung der Gesprächspartner bekam der Gast nur schöne Worte zu hören. Und die Bitte, das europäische Gleichgewicht mit Rücksicht – nicht auf Hitler, sondern – auf die Kleine Entente nicht zu stören.

Nur ein einfacher Abgeordneter zeigte für Österreich Verständnis: der damalige Außenseiter Winston Churchill. Nur er schien die Kriegsgefahr erfaßt zu haben, wobei allerdings bemerkt werden muß, daß Starhemberg seine Lobeshymne auf Churchill zu einem Zeitpunkt niederschrieb, da dieser sich auf dem Höhepunkt seines Ruhmes befand.

Auf seiner Rückreise nach Wien hatte der Vizekanzler, auf Ersuchen seines Chefs, noch eine delikate Aufgabe zu erfüllen. Er sollte im belgischen Steenockerzeel Station machen, um Erzherzog Otto einerseits absolute Treue und Anhänglichkeit Schuschniggs zu versichern, ihn andererseits aber darauf aufmerksam zu machen, daß angesichts der Lage an eine Restauration in absehbarer Zeit nicht zu denken sei. Dazu Starhemberg: »Der Kaisersohn sollte nicht durch allzu optimistische Berichte seiner Anhänger in Österreich irregeführt werden.«

(Dies teilte übrigens auch Schuschnigg selbst dem Habsburger bei drei streng geheimen Treffen mit.)

Starhembergs Schlußbericht an die Regierung ließ dann eine

Weitsicht erahnen, die man dem flotten »faschistoiden« Condottiere in diesem Maß eigentlich nicht zugetraut hätte: »Die Hauptgrundlage der österreichischen Verteidigung, die Stresa-Front, ist ins Wanken geraten, und es ist zu befürchten, daß Österreich am Versöhnungstag als Opferlamm geschlachtet wird.«

Es war jedoch nicht nur die Stresa-Front ins Wanken geraten, sondern die gesamte europäische Nachkriegsordnung: Am 7. März 1936 rückten deutsche Truppen auf ausdrücklichen Befehl Hitlers und gegen den Rat seiner Generäle in das demilitarisierte Rheinland ein. Es sollte ein Schlüsselereignis in der europäischen Nachkriegsgeschichte werden. Später gab Hitler offen zu, er hätte im Falle einer französischen Mobilmachung seine Truppen zurückziehen müssen, und dies hätte wahrscheinlich seinen Untergang bedeutet. Doch nichts dergleichen geschah, und die Westmächte beschränkten sich wieder einmal auf diplomatische Proteste. Hitler war nun wirklich überzeugt, sich alles leisten zu können – eben bis zu jenem Angriff auf Polen, der den Zweiten Weltkrieg auslöste.

5. Kapitel

»Österreich wurde zu Tode befriedet«

Der Freundschaftspakt mit Hitler lähmt den Widerstand

Im Rheinland hatte Adolf Hitler seinen ersten großen Sieg über die Westmächte erzielt. In Afrika war der tapfere Widerstand der Abessinier am Zusammenbrechen.

Und in Österreich? Kein anderer Diplomat hatte die Schwächung des italienischen Engagements für Österreich aufmerksamer verfolgt als Franz von Papen. Im Frühjahr 1936 schien ihm die Zeit reif, jene Pläne, die er seit seiner Ankunft in Wien mit beispielhafter Akribie vorangetrieben hatte, in die Praxis umzusetzen.

Schon unmittelbar nach Aufnahme seiner Tätigkeit in Österreich hatte er mit seinen Bestrebungen begonnen, die Handlungsfreiheit der österreichischen Regierung durch einen »Freundschaftspakt« mit dem Dritten Reich einzuengen: »Sicherlich wird es der österreichischen Regierung heute nicht opportun erscheinen, dieses heiße Eisen anzufassen«, schrieb er an Hitler. »Wenn es aber gelingt, auf dem Weg der Nichteinmischungspakte die Nachfolgestaaten zu neutralisieren, dann erhält diese Frage ein anderes Gesicht.«

Vorerst war Papen also auf Ablehnung gestoßen, doch ließ er sich dadurch keineswegs entmutigen. Am 11. Juli 1935 hatte er Schuschnigg – als persönliche Note deklariert – einen Vertragsentwurf vorgelegt, der die Zusammenarbeit zwischen den beiden Ländern nach einem »Ausgleich« mit Deutschland regeln sollte. Dieser Entwurf wurde von österreichischer Seite höflich, aber unverbindlich aufgenommen. Und mit einer guten Portion Mißtrauen, nicht zuletzt weil schon zwei Wochen danach österreichische Nazis in München eine Gedenkfeier mit Kranzniederlegung für die »Juliopfer« – gemeint waren natürlich die justifizierten

Nationalsozialisten – abgehalten wurde. Was sogar Papen über alle Maßen erboste. So könne man keine Politik machen, beschwerte er sich direkt bei seinem »Führer«.

Auf Dauer konnte die Regierung die deutsche Initiative natürlich nicht ignorieren oder ad acta legen. Aber man ließ sich nun mit der Antwort reichlich Zeit. Schuschnigg beauftragte Berger-Waldenegg, einen Gegenentwurf auszuarbeiten. Allerdings erst nach einer zweiten Urgenz Papens, der nun mit Nachdruck erklärte, seine Initiative habe die volle Unterstützung Hitlers. Daraufhin wurde der Gegenentwurf am 1. Oktober den Deutschen übergeben. Dieses Papier ging wesentlich weiter, was die Handlungsfreiheit Österreichs betraf, und der Kanzler hoffte, durch diesen Schachzug zumindest Zeit gewonnen zu haben. Für etliche Monate war dies tatsächlich der Fall.

Anfang 1936 traf Papen mit Hitler zusammen und schlug vor, die Gespräche über einen »Freundschaftsvertrag« wiederaufzunehmen. Dieser zeigte sich vorerst über die Anmaßung der Österreicher erbost und beschimpfte seinen Gesandten auf ziemlich rüde Weise. Dann aber, wie so oft, schlug seine Stimmung unvermutet um, und er ersuchte Papen, in Wien neuerlich die Initiative zu ergreifen.

Über den Verlauf der folgenden Verhandlungen gehen die Quellen auseinander. Papen selbst erklärte später, er sei bei Schuschnigg auf Verständnis gestoßen. Der Kanzler hätte sogar die nächsten Gespräche persönlich geführt, zumindest ab März 1936. Bis dahin hätte es keine Fortschritte gegeben.

Auf Widerstand stieß der Gesandte, nach seinen eigenen Angaben, bei den beiden Heimwehrministern Starhemberg und besonders Berger-Waldenegg. Deshalb ließ er nichts unversucht, um die bestehenden Spannungen zwischen Kanzler und Vizekanzler mit allen Mitteln zu verschärfen.

Starhemberg selbst behauptete später, Schuschnigg hätte ihn absichtlich im dunklen gehalten. Erst im April hätte er von den Verhandlungen erfahren.

Bei dem alsbald offen ausgetragenen Konflikt zwischen den beiden mächtigsten Männern des österreichischen Regimes ging es nur vordergründig um die Annäherung an Deutschland. Eigentlicher Zankapfel war der Entschluß Schuschniggs, nach deutschem Vorbild und entgegen den Bestimmungen des Friedensvertrages von St. Germain die allgemeine Wehrpflicht wieder einzuführen, was automatisch zu einer Verringerung des Einflusses der Heimwehren als bedeutendste militärische Kraft führen mußte. Der Kanzler argumentierte, eine starke Armee sei zur Verteidigung des Landes notwendig. Der Vizekanzler wandte dagegen ein, ein starkes Heer sei nur dann von Nutzen, wenn man entschlossen sei, mit ihm nötigenfalls Krieg zu führen. Die Heimwehr dagegen sei eine Kampftruppe, die man jederzeit gegen die Nationalsozialisten im Lande einsetzen könne.

Rückblickend muß man in dieser Frage dem Heimwehrführer recht geben, wiewohl die österreichische Öffentlichkeit, sofern sie nicht an das eine oder andere Lager gebunden war, der oft willkürlichen Einsätze der Heimatschützer müde war und im Zweifelsfalle Schuschnigg sicher dem Condottiere vorgezogen hätte. Und sei es als kleineres Übel innerhalb des austrofaschistischen Systems.

Schuschnigg war entschlossen, in diesem Punkt nicht nachzugeben; nicht zuletzt, nachdem er im März Zusatzartikel zu den »Römischen Protokollen« unterzeichnet hatte, in denen sich die drei Staaten zu weitgehender Konsultation bei politischen Schritten verpflichtet hatten. Mit einer derartigen Rückendeckung verkündete er am 1. April 1936 die allgemeine Wehrpflicht und die Zusammenlegung aller bestehenden Wehrverbände, deren Ausbildung nun durch das Bundesheer erfolgen sollte, in der Miliz der Vaterländischen Front.

Wenige Tage zuvor war die Regierung in größere Turbulenzen geraten, die ausnahmsweise mit der hohen Politik wenig zu tun hatten. Der Selbstmord des Chefs der großen »Phönix«-Versicherung beunruhigte die Öffentlichkeit, nicht zuletzt, weil kurz danach der für das Versicherungswesen zuständige Regierungsbeamte ebenfalls Hand an sich legte. Die Offenlegung der »Phönix«-Finanzen war nun unvermeidlich und brachte den totalen Bankrott der Gesellschaft ans Licht, in deren Aufsichtsrat prominente Regierungspolitiker wichtige – und wohlbezahlte – Positionen eingenommen hatten. Der Zusammenbruch der »Phönix« war nicht zuletzt auf die Freigebigkeit zurückgegangen, mit der der Generaldirektor Spenden nach allen Seiten verteilt hatte. Da dieser Jude war, wurde der Skandal von den nationalsozialistisch beeinflußten Zeitungen entsprechend hochgespielt. Dabei hatten gerade die Rechtsextremisten keinen Grund zur Klage: Die Gelder der »Phönix« waren nämlich an rechtsstehende Organisationen ebenso reichlich gegangen wie etwa an regierungsnahe oder zionistische Institutionen.

Papen verfolgte seinerseits die »Phönix«-Affäre mit offen zur Schau getragener Schadenfreude. Je stärker Schuschnigg durch innenpolitische Kontroversen geschwächt werde, mutmaßte er sicher nicht zu unrecht, desto leichter würde es ihm selbst fallen, ihn für einen »Freundschaftsvertrag« zu ködern.

Der Gesandte operierte dabei zweigleisig: Während er einerseits für ein offizielles Arrangement mit der österreichischen Regierung warb, beabsichtigte er keinen Moment lang, seine subversive Tätigkeit deswegen einzustellen. Seine besondere Zielgruppe war der »Freiheitsbund«, die militante Vorfeldorganisation des offiziellen Österreichischen Gewerkschaftsbundes. In diesem Zusammenhang schreckte er sogar vor aktiver Bestechung nicht zurück. Von Hitler forderte er 100 000 Reichsmark, damals eine immense Summe, um über den »Freiheitsbund« antisemitische Flugblätter zu verbreiten. Es handelte sich dabei um eine infame Fälschung, denn die Flugzettel sollten den Eindruck erwecken, daß sie von jüdischen Gruppen stammten und trugen den Text: »Juden, kauft nur bei Glaubensgenossen.« Das Flugblatt wurde schließlich auf direkte Anweisung Schuschniggs beschlagnahmt, hatte aber zuvor, wie Papen höhnte, »in der Judenschaft große Aufregung« hervorgerufen. Der Gesandte berief sich überdies auf seine »intime Freundschaft« zum Führer des Gewerkschaftsbundes, Johann Staud. Man hätte ihn, Papen, sogar gefragt, welche nationalen Minister die deutsche Regierung im nächsten Kabinett sehen wolle.

Was Papens Behauptung über seine »intime Freundschaft« zu

Johann Staud betrifft, so muß fairerweise darauf hingewiesen werden, daß der Gesandte als äußerst unverläßliche Quelle anzusehen ist. Er hatte es zeitlebens verstanden, Fakten nach eigenem Ermessen umzufunktionieren. In Wirklichkeit hatte Staud den Bundeskanzler über die Anbiederungsversuche des Gesandten berichtet. Von einer »intimen Freundschaft« konnte sicher keine Rede sein. Staud war einer der ersten österreichischen Patrioten, die in Dachau von den Nazis umgebracht wurden. Papen hat jedenfalls keinen Finger für seinen »guten Freund« gerührt.

Hitlers Wiener Missionschef beschränkte sich jedenfalls nicht auf kleine Fische, wie Funktionäre des Österreichischen Gewerkschaftsbundes. Um an die ausländische Elite heranzukommen, nutzte er seine Position als Präsident des feudalen Berliner »Unions (Reiter) Clubs«. Über diesen Club gelang es ihm, in der Reichshauptstadt an den neuen britischen Botschafter, Sir Nevile Henderson, heranzukommen. Dieser repräsentierte, wie sich alsbald herausstellen sollte, den extrem deutschfreundlichen Flügel der britischen High Society. Kein Wunder, daß der damalige Außenminister Anthony Eden nach Jahren die Ernennung Hendersons als »den schwersten Fehler meiner politischen Karriere« bezeichnete.

Bei diesem Diplomaten lief Papen offene Türen ein, und sein Bericht an Hitler über sein erstes Treffen mit Henderson ist ausnahmsweise glaubwürdig: »Henderson sagte, er sei überzeugt, daß England die historische Notwendigkeit einer Lösung der österreichischen Frage im reichsdeutschen Sinn schon aus historischer Perspektive vollauf begreife.« Papen wandte ein, daß der britische Gesandte in Wien, Sir Walford Selby, einen völlig konträren Standpunkt vertrete und alles tue, um die These der österreichischen Unabhängigkeit zu stützen und der deutschen Politik Schwierigkeiten zu bereiten. Henderson konzedierte, daß er die Ansichten seines Wiener Kollegen kenne, »aber ich (Henderson) bin ganz anderer Ansicht und bin überzeugt, daß ich mit dieser Ansicht in London durchdringen werde. Aber bitte verraten Sie mich nicht bei meinem Wiener Kollegen.«

Zu Recht mochte Papen nun glauben, er habe den Boden im In- und Ausland gut bestellt für seinen großen Coup, den »Freundschaftsvertrag« mit Österreich.
Doch da gab es noch immer ein Hindernis. Starhemberg und Berger-Waldenegg legten sich weiter quer, obwohl ihnen klar war, daß ihr Protektor Mussolini an einer »Aussöhnung« Österreich mit Hitler interessiert war.
Schuschnigg, nunmehr auf »Vertragskurs« eingeschworen, versuchte vorerst den widerspenstigen Außenminister loszuwerden – kein leichtes Unterfangen, war doch gerade Berger-Waldenegg der engste Vertraute Starhembergs. In diesem Sinne eröffnete Schuschnigg seinem Vize Anfang Mai, daß er sich entschlossen habe, Berger-Waldenegg abzusetzen. Starhemberg legte sofort sein Veto ein, nicht zuletzt, weil sich der Kanzler konsequent weigerte, den Namen eines Nachfolgers zu nennen. Den wisse er selbst noch nicht, argumentierte Schuschnigg. Vorerst würde er das Ministerium selbst übernehmen.
In der Nacht vom 12. auf den 13. Mai kam es zu einer weiteren Unterredung zwischen den beiden über die Neubesetzung des Außenministeriums. Schuschnigg drängte auf eine Entscheidung, da er schon in den nächsten Tagen beabsichtige, das Kabinett umfassend umzubilden. Starhemberg blieb indes hart, worauf die beiden ihr Gespräch auf den folgenden Tag vertagten.
Noch war nichts endgültig entschieden, da kam Schuschnigg ein krasser Fauxpas der beiden Heimwehrrepräsentanten zu Hilfe: Am 12. Mai hatten Starhemberg und Berger-Waldenegg anläßlich des endgültigen Zusammenbruches des abessinischen Widerstandes überschwängliche Glückwunschtelegramme an Mussolini geschickt. Zwei so erfahrene Politiker hätten natürlich wissen müssen, daß derartige Botschaften heftige Reaktionen in London und Paris auslösen würden. Anscheinend hatten sie aber das Ausmaß des britischen Zornes unterschätzt. Schuschnigg konnte nun mit Fug und Recht behaupten, die beiden seien als Mitglieder einer Regierung, die sich im Abessinienkonflikt – und sei es nur pro forma – neutral erklärt hatte, untragbar geworden. Das sah auch Mussolini ein, den Schuschnigg umgehend von seinen

geplanten Schritten informiert hatte. Wenn die beiden (Schuschnigg und Starhemberg) »nicht mehr miteinander konnten«, ließ der Duce dem österreichischen Regierungschef wissen, dann müsse einer gehen. Und der Duce machte es klar, daß dies wohl oder übel Starhemberg sein müsse. Er äußerte nur einen Wunsch: Starhemberg sollte »anständig behandelt« werden.
Anderes hatte Schuschnigg gar nicht im Sinn. Er vermied es aber, den für den 13. Mai verabredeten Termin einzuhalten, sondern sandte Finanzminister Ludwig Draxler zum Vizekanzler mit der Botschaft, der Regierungschef wolle seinen Stellvertreter so rasch wie möglich treffen, um sich »über die Form seines Ausscheidens aus der Regierung zu verständigen« (Starhemberg in seinen Memoiren).

Die folgende Begegnung zwischen den beiden Spitzenpolitikern des Ständestaates verlief dann, wie nicht anders zu erwarten, in einer gereizten Atmosphäre. Starhemberg glaubte zu wissen, daß der Kanzler schon am Tag zuvor von den ominösen Telegrammen nach Rom erfahren, dies aber absichtlich bei ihrem nächtlichen Gespräch nicht erwähnt habe. Schuschnigg erklärte seinerseits, kurz angebunden: »Es geht so nicht weiter. Ich kann mit dir nicht weiter zusammenarbeiten. Du bist ein Anhänger der Gewalt und ich verabscheue die Gewalt.« Starhemberg konterte: »Auch den Nationalsozialisten gegenüber...«

Darauf Schuschnigg: »Gerade den Nationalsozialisten gegenüber... Dieser Bruderkrieg wäre schon längst beendet, wenn man die Nazis nicht immer reizen würde. Druck erzeugt Gegendruck. An dem Tag, an dem sich die Nationalsozialisten von diesem Druck befreit sehen, werden sie ihre terroristischen Drohungen aufgeben. Denn nur durch wirksame, geistige Propaganda können wir den Nationalsozialismus in Österreich überwinden.«

Und der Kanzler schloß mit einem Appell an Starhembergs Patriotismus: »Mach' mir keine Schwierigkeiten und demissioniere.«

Worauf der Fürst unbedingt das letzte Wort behalten wollte und mit der Bemerkung das Zimmer verließ: »Nun, du wirst ja sehen,

wie weit du kommst. Ich wünsch dir viel Glück mit deinen neuen Methoden.«
Schuschnigg eilte ihm nach: »Ich habe den Eindruck, daß du verbittert bist. So sollen wir nicht auseinandergehen. Wir können doch dein Ausscheiden aus der Regierung so gestalten, daß es jeden unangenehmen Beigeschmack verliert.«
Doch davon wollte Starhemberg nichts wissen: »Ich bin gar nicht verbittert, und wie mein Ausscheiden aus der Regierung ausschaut, ist mir wurst. Ich fürchte, daß du sehr schlecht beraten bist. Ich kann mir nicht vorstellen, wie du das durchstehst.«
Diese Darstellung, aus der Feder des abgesetzten Vizekanzlers, zeigt Schuschnigg in keinem sehr guten Licht. Der Kanzler selbst hat keine eingehende Version dieser Episode hinterlassen. Er hat sich dazu nie im Detail geäußert.
Die Geschichte hat Starhemberg recht gegeben, sofern sich alles so abgespielt hat. Es scheint, als wollte der Kanzler in erster Linie den »alten« Austrofaschismus hinter sich bringen. Indem er, sicher ungewollt, dem viel ärgeren Nationalsozialismus, sicher ebenso ungewollt, Tür und Tor öffnete.
Vielleicht hatte Starhemberg überdies private Gründe, eine offene Konfrontation, die er hätte gewinnen können, zu vermeiden. Er wollte sich von seiner Frau scheiden lassen, um die Schauspielerin Nora Gregor zu heiraten, und erhoffte dafür einen Dispens des Vatikans. Dieser hatte ihn jedoch angeblich wissen lassen, daß ein derartiges Entgegenkommen gegenüber einem aktiven Spitzenpolitiker eines katholischen Staates nicht möglich sei. Bei einer Privatperson sei dies etwas anderes. Was dann auch geschah. Starhemberg konnte Nora Gregor heiraten.
Damit war Schuschnigg seinen einzigen Rivalen in der Regierung und mit Berger-Waldenegg, der natürlich auch gehen mußte, den energischsten Gegner einer Annäherung an Deutschland, wenn nicht an Hitler, losgeworden. Ganz ohne die Heimwehren konnte er allerdings noch nicht regieren. Er mußte Starhemberg das Recht zugestehen, seinen Nachfolger als Vizekanzler aus den Reihen seiner Bewegung selbst zu wählen. Für diese Aufgabe nominierte der Fürst seinen damaligen Stellvertreter innerhalb

der Heimwehr und amtierenden Sicherheitsminister, Eduard Baar-Barenfels. Dieser erklärte sich zwar empört über die Art der Abhalfterung Starhembergs, ließ sich aber rasch überreden, das Amt des Vizekanzlers zu übernehmen. Wobei Starhemberg rückblickend den Verdacht äußerte, sein eigener Vize hätte ihm nur eine Komödie der Loyalität vorgespielt.

Der Kanzler hielt übrigens sein Versprechen an Mussolini, seinen besiegten Rivalen »anständig« zu behandeln. Er überließ diesem weiter den Posten des Führers der Turn- und Sportfront, so wie er Fey mit der Direktion der Donaudampfschiffahrtsgesellschaft getröstet hatte. In seiner Restfunktion fuhr Starhemberg schon am folgenden Tag nach Rom, um einem Fußballmatch Italien–Österreich beizuwohnen. Mussolini empfing seinen alten Freund, jovial wie es seine (und nicht Schuschniggs) Art war: »Es ist für Eure Exzellenz sehr gut, daß Schuschnigg jetzt allein ist. Er soll zeigen, was er kann. Ist er gut und hat Erfolg, dann ist es gut für Österreich und auch für Sie. Ist er nicht gut und hat Mißerfolg, dann ist es gut für Österreich, wenn Sie zusammen mit Schuschnigg nicht kompromittiert sind, sondern in Reserve stehen.«

Spätestens zu diesem Moment wußte Starhemberg, daß ihn der Duce abgeschrieben hatte. Wenn nicht Österreich.

Schuschnigg hatte inzwischen keine Zeit verloren, seinen Einfluß auch auf die Vaterländische Front zu verstärken, indem er seinen engsten Vertrauten, den Kärntner Dichter Guido Zernatto, zum Generalsekretär der Einheitsbewegung ernannte. Damit hatte er übrigens einen guten Griff getan, was nicht bei allen seinen Ernennungen der Fall war. Zernatto erwies sich nicht nur als verläßlicher Gefolgsmann, sondern auch als lupenreiner österreichischer Patriot.

Der »Kanzler und Frontführer« stand nun auf dem absoluten Höhepunkt seiner Macht. Daß er auf tönernen Füßen stand, konnte man zu jenem Zeitpunkt noch nicht wissen, bestenfalls erahnen.

Eine Zeitlang agierte Schuschnigg als sein eigener Außenminister, doch hatte er nicht die Absicht, dieses Amt auf Dauer auszuüben. Für diese Funktion glaubte er bereits einen geeigneten Kandidaten gefunden zu haben, wiewohl er eine definitive Bestellung wegen dessen mangelnder Anciennität in der österreichischen Hierarchie noch nicht umgehend aussprechen konnte. Es war der damalige Vizedirektor der Präsidentschaftskanzlei Dr. Guido Schmidt, wie Schuschnigg Absolvent der »Stella Matutina«. Und das war in den Augen des Kanzlers eine ganz wichtige Empfehlung. Ein Alumnus seines geliebten Gymnasiums konnte in seinen Augen einfach nichts Unrechtes tun – eine Kameraderie, die sich nicht unbedingt zum Vorteil des Landes auswirken sollte.

Nach dem Ausscheiden Berger-Waldeneggs holte Schuschnigg umgehend seinen alten Schulfreund zuerst einmal ins Bundeskanzleramt, wo dieser, wiewohl noch ohne höhere Funktion, alsbald zu seinem engsten Mitarbeiter wurde.

Dazu Schmidt selbst: »Unsere Beziehungen gestalteten sich zu einer herzlichen Freundschaft, und zwar im rein geistigen Sinn, der ich unendlich viel verdanke. Politik spielte zunächst in unserem Gedankenaustausch keine Rolle. Später berührten wir auch diese Themen miteinander, doch ging mein politisches Wirken nicht über jenen Umfang hinaus, der mir in meiner Tätigkeit als Beamter vorgeschrieben war. Ich hatte zu dieser Zeit für politische Probleme an sich noch verhältnismäßig geringes Interesse.«

Diese Darstellung vom »unpolitischen Beamten Schmidt« wurde von einigen Zeitgenossen in Abrede gestellt. So meinte etwa Schuschniggs damaliger Pressechef Eduard Ludwig, Schmidt hätte gleich nach seiner Übersiedlung ins Kanzleramt damit begonnen, den Regierungschef mit eigenen Ansichten zu beeinflussen und diesen auch nach Möglichkeit von konträren Einflüssen abzuschirmen.

Zu den politischen Agenden, mit denen sich Schmidt sehr wohl von Anfang an zu befassen hatte, gehörte die Fortführung der Kontakte zu Papen über einen bilateralen Vertrag. Und der schlaue Fuchs in der deutschen Mission erkannte sofort, daß von nun an alles besser lief: »Mit Schmidt komme ich viel besser voran als mit Berger-Waldenegg«, berichtete er nach Berlin.

Ob Schmidts Kontakte zu Papen schon zu jenem Zeitpunkt oder später über den »vorgeschriebenen Umfang« hinausgingen, mag dahingestellt bleiben. Um eines aber vorwegzunehmen: Nach dem Zusammenbruch des Dritten Reiches wurde Schmidt verhaftet und 1947 als Hochverräter vor Gericht gestellt. Er wurde jedoch nach einem langwierigen Prozeß freigesprochen – ohne allerdings eine Haftentschädigung zu erhalten. Einige Verdachtsmomente, meinte das Gericht, seien nicht restlos entkräftet worden.

1947 waren viele politische Archive, besonders jene im Ausland, dem Wiener Gericht noch nicht zugänglich. Heute wissen wir wesentlich mehr über diese kritische Periode in Österreichs Geschichte. Es läßt sich daher mit ziemlicher Sicherheit sagen, daß Schmidt kein Hochverräter war, wohl aber äußerst ehrgeizig – was sich sicher nicht zum Vorteil Österreichs auswirkte.

Was Schuschnigg betraf, so erklärte er nach seiner Heimkehr nach Österreich über seinen Adlatus: »Bis 1938 gab sein Verhalten zu keiner Klage Anlaß.« Dieser Hinweis auf das Datum 1938 war eine klare Einschränkung. Nach dem Anschluß war Schmidt nämlich der einzige Mann aus Schuschniggs engerem Team, der unter den Nazis Karriere machte. Allerdings nicht in der Politik, sondern in der Wirtschaft. Hermann Göring beförderte ihn zum Direktor der nach ihm benannten Eisen- und Stahlwerke in Linz, der heutigen VOEST.

So viel schon jetzt über die Rolle Schmidts, um dessen spätere Aktivitäten besser zu verstehen. Sofort nach dem Rücktritt Starhembergs und Berger-Waldeneggs im Frühjahr 1936 wurden die Verhandlungen mit Papen ernsthaft und energisch vorangetrieben. Hitler verlor jedenfalls keine Zeit. Schon am Tag der Abhalfterung Starhembergs erhielt Papen von seinem Boß den Auftrag, mit dem österreichischen Kanzler wegen eines »Friedensschlusses« umgehend ins Gespräch zu kommen. Das ließ sich Papen nicht zweimal sagen. Unvermittelt kreuzte er auf dem Ballhausplatz auf, um geschickt seinen nächsten Köder auszuwerfen: Er berief sich nämlich nicht mehr auf seine eigenen Vorschläge, sondern ging vollinhaltlich auf das österreichische

Papier ein, das noch Berger-Waldenegg verfaßt hatte, damals in der Hoffnung, die Deutschen damit loszuwerden.
Unter diesen Umständen gab es für Schuschnigg kein Zurück mehr – soferne er überhaupt derartiges im Sinne hatte. Vorsichtshalber holte er sich noch Mussolinis Plazet bei einem Treffen im italienischen Rocca delle Caminate ein. Und der Duce riet eindringlich, den Vertrag »unter so günstigen Bedingungen« so rasch wie möglich abzuschließen. Damit waren die Würfel gefallen.
Am 20. Juni 1936 wurde Papen ein österreichischer Vertragsentwurf überreicht, auf den dieser schon wenige Tage später mit einem weiteren Gegenentwurf reagierte, der, wie es in den Akten des österreichischen Außenministeriums heißt, »vielfach unser Konzept verwertete«.
So weit, so gut. In der Praxis hatte sich Schuschnigg indessen übertölpeln lassen. An dem eigentlichen Vertragsentwurf war wirklich nichts auszusetzen. Er sollte jedoch, was von österreichischer Seite nicht vorgesehen war, durch ein streng geheimes »Gentlemen's Agreement« ergänzt werden, in dem die praktische Durchführung des Vertrages in allen Einzelheiten festgelegt wurde. Und in diesen Details lag der eigentliche »Pferdefuß«.
Ein geschickterer Diplomat als Schuschnigg und ein vorsichtigerer Berater als Guido Schmidt hätte diese Finte erkennen und die Verhandlungen abbrechen oder zumindest bis zur Klärung hinauszögern müssen. Der Kanzler war jedoch schon so weit gegangen, daß er ehrlich glaubte, für ihn gäbe es kein Zurück mehr. Notabene, da er sich an die unbedenklichen Formulierungen des offiziellen Vertrages klammerte und dem »Gentlemen's Agreement« nicht die gleiche Bedeutung beimaß.
Bis zu jenem Zeitpunkt war die Geheimhaltung der Vertragsverhandlungen lückenlos eingehalten worden. Außerhalb des unmittelbaren Verhandlerkreises war nur Mussolini informiert worden, und der hatte natürlich keinen Grund, vorzeitig etwas verlauten zu lassen. Sogar Starhemberg und Berger-Waldenegg hatten aus Loyalität zu Schuschnigg geschwiegen, wiewohl sie die Entwicklung sicher nicht gutheißen konnten.

Dann aber wurde eine Meldung über den bevorstehenden Vertragsabschluß just in einer in Paris erscheinenden russischen Emigrantenzeitung veröffentlicht. Auf wen die Indiskretion zurückging, ist bis heute nicht klar. Nun läuteten sofort die Alarmglocken in London und Paris. Der französische Außenminister Yvon Delbos kontaktierte umgehend seinen britischen Kollegen Anthony Eden, und die beiden einigten sich auf einen geradezu dramatischen Versuch, Schuschnigg von seinem Vorhaben in letzter Minute abzubringen. Oder, wie sie glaubten, vom Abgrund zurückzureißen. Mit Zustimmung des französischen Premierministers, des Sozialisten Leon Blum, luden sie den Kanzler zu einem Treffen am Rande der Völkerbundtagung in Genf ein. Ein halbes Jahr zuvor hätte Schuschnigg eine derartige Einladung mit beiden Händen angenommen. Nun aber glaubte er, seinen deutschen Gesprächspartnern im Wort zu sein, und ließ sich entschuldigen. Nicht zuletzt, weil auch Mussolini von einer Reise in die Schweiz abgeraten hatte.

Wie nicht anders zu erwarten, führte die negative Haltung des Kanzlers zu einer Verstimmung in Paris und London und auch bei den so österreichfreundlichen Gesandten der beiden Länder in Wien, die sich hinter das Licht geführt fühlten. Der aufmerksame Chronist Eric Gedye meinte sogar, Schuschnigg hätte die letzte Chance verpaßt, sich der Unterstützung der Westmächte zu versichern.

Nachdem die Katze nun einmal aus dem Sack war, entschloß sich die Bundesregierung am 10. Juli – also nur 24 Stunden vor der Unterzeichnung des Abkommens –, die Gesandten Italiens (dessen Gesandter diese Benachrichtigung sicher nicht benötigte), Frankreichs, Großbritanniens, der Schweiz sowie, auf besondern Wunsch Schuschniggs, auch der USA zu informieren. Wobei der österreichische Sprecher, der Generalsekretär des Außenministeriums, Franz Peter, ein »Uraltbeamter« (die tatsächlichen Geschäfte führte der politische Direktor Theodor Hornbostel), den Vertrag in rosigen Farben als großen Sieg Österreichs darzustellen suchte. Vom ominösen »Gentlemen's Agreement« war natürlich nicht die Rede.

Kernsatz des am 11. Juli offiziell veröffentlichten Abkommens war im Artikel 1 enthalten, in dem die Regierung des Deutschen Reiches das in Österreich an der Macht befindliche Regime anerkannte und ausdrücklich versicherte, sie habe weder den Wunsch, Österreich zu annektieren noch sich in Österreichs Innenpolitik einzumischen. Ausdrücklich wurde die künftige Behandlung der im Lande verbotenen nationalsozialistischen Bewegung als »innerösterreichische Angelegenheit« qualifiziert.
Im Gegenzug erklärte sich Österreich bereit, den Nationalsozialismus als staatstragende Doktrin des Dritten Reiches anzuerkennen - als ob es eine andere Wahl gehabt hätte - und sich als »deutscher Staat« zu bekennen, was Schuschnigg ohnehin immer beteuert hatte.
Der Teufel saß indessen, wie bereits erwähnt, in den geheimen Abmachungen. Darin konzedierte Österreich seine Bereitschaft, seine »Außenpolitik unter Bedachtnahme auf die friedlichen Bestrebungen der Außenpolitik der Reichsregierung zu führen«. »Friedliche Bestrebungen« wie etwa die Besetzung des Rheinlandes! Damit waren Schuschniggs Hände im außenpolitischen Bereich künftig gebunden, woran auch der Hinweis im Gentlemen's Agreement, Österreichs Stellung als Signatarmacht der Römischen Protokolle sei in keiner Weise beeinträchtigt, nicht das geringste ändern konnte. Noch gefährlicher womöglich war das Zugeständnis, künftig Vertreter der sogenannten »nationalen Opposition« zur Mitwirkung an der politischen Verantwortung hinzuzuziehen.
Das einzige wirkliche Entgegenkommen Hitlers im Rahmen des Agreement, nämlich die Aufhebung der Tausend Mark-Sperre, erwies sich alsbald als inhaltslose Geste, denn inzwischen hatte das Deutsche Reich eine strikte Devisenkontrolle eingeführt, so daß für »unpolitische Reisen« keine Valuta zur Verfügung gestellt wurde. Auch die vom Reich angebotenen wirtschaftlichen Konzessionen wirkten sich ausschließlich zum Nachteil Österreichs aus, da sich die deutschen Partner als säumige Zahler erwiesen. Hitler wußte natürlich, daß er seine Schulden in Österreich nie würde begleichen müssen.

Diese tödlichen Fallen waren naturgemäß nur einem kleinen Kreis von Eingeweihten bekannt, und so konnte sich der Kanzler vorerst daheim und im Ausland als erfolgreicher Politiker feiern lassen, der Hitler zumindest einige seiner giftige Zähne gezogen hatte. Dieser Eindruck wurde noch verstärkt durch Anweisungen, die Schuschnigg allen österreichischen Missionschefs im Ausland per Rundschreiben hatte zukommen lassen. Sie sollten den Vertrag in ihren Gastländern als großen Erfolg der österreichischen Außenpolitik darstellen.
Einigen erfahrenen ausländischen Diplomaten in Wien kam es allerdings, schon angesichts der vorhergegangenen Geheimhaltung, seltsam vor, daß der »Führer und Reichskanzler« dem kleinen Österreich so weit entgegengekommen war. So wollte der US-Gesandte Messersmith von Generalsekretär Peter wissen, warum Deutschland plötzlich Konzessionen gewährt hatte, die es den Österreichern zuvor jahrelang verweigert hatte. Peter antwortete – sicher gegen sein besseres Wissen –, daß es wahrscheinlich Deutschlands politische Intentionen gegenüber England gewesen seien: »Jetzt kann Deutschland England und Frankreich sagen: ›Warum diese Aufregung um Österreich? Wir haben die Sache selbst geregelt.‹« Er versuchte Messersmith sogar einzureden, daß die »häufigen im Ausland weitverbreiteten Gerüchte über eine Kooptierung von Vertretern der Nationalsozialisten in die Regierung, ins Reich der Fabel« gehörten.
Rückblickend betrachtet, war das Juli-Abkommen ein großer diplomatischer Erfolg für Hitler. Selbst ein Beamter des Londoner Foreign Office wies auf den Umfang der von Hitler gemachten Konzessionen hin, warnte aber gleichzeitig, daß der Reichskanzler sicher ein sehr gewichtiges »quid pro quo« erhalten haben müsse. Daher müsse die oberflächlich erwünschenswert erscheinende Entwicklung mit Vorsicht betrachtet werden.
Sogar die mißtrauische Tschechoslowakei schien die Entwicklung mit Optimismus zu betrachten. Präsident Beneš erklärte westlichen Diplomaten, er sei von Schuschniggs Entschlossenheit überzeugt, Österreichs wirtschaftliche und politische Unabhängigkeit zu wahren. Er glaube, daß dem Kanzler dies gelingen werde.

Nur die französische Regierung blieb – zu Recht – skeptisch. Außenminister Delbos sah Hitler als den einzigen Gewinner. Dieser werde nun in der Lage sein, Kredit für einen konstruktiven Schritt zur Befriedung Mitteleuropas zu beanspruchen. Es würde sich jedoch herausstellen, daß er in Wirklichkeit nichts gegeben hätte, auf längere Sicht jedoch enorme Gewinne würde einstreichen können. »Die deutsche Anerkennung der österreichischen Unabhängigkeit«, betonte ein Sprecher des Quay d'Orsay, »könne sich vollends als Illusion erweisen.«
Die Reaktionen der westlichen Presse fielen eher gemischt aus. Geradezu euphorisch kommentierte die sonst so gut informierte »New York Times«. Unter dem Titel »Das Dritte Reich gibt seine Pläne in Österreich auf«, schrieb das Blatt, Hitler hätte sich angesichts der festen Haltung Englands und Italiens entschlossen, Österreich in Ruhe zu lassen. Zum erstenmal sei er bereit gewesen zuzugeben, daß Maßhalten besser als Gewalt sei (that discretion may be the better part of valor), indem er versprach, Österreichs Unabhängigkeit zu respektieren.
In einem späteren Kommentar sprach die Zeitung sogar vom »größten Rückzug Hitlers seit seiner Machtergreifung«.
So seltsam es klingen mag: dieser Standpunkt wurde – mit Erbitterung – von den illegalen österreichischen Nazis geteilt. Sie sahen sich von Berlin bereits verkauft und ließen sich von dieser Einschätzung durch kein gutes Zureden des in ihren Augen ohnehin suspekten Gesandten Papen abbringen.
Worauf dieser aufgeregt an Hitler telegraphierte: »In Ermanglung einer straffen Parteileitung wissen viele Nationalsozialisten noch nicht, wie sie ihren Weg in die Zukunft einstellen sollen. Anweisungen sogenannter Landesleitungen und anderer Persönlichkeiten, die sich an die Spitze der nationalen Kreise stellen möchten, ergeben vorläufig ein wirres Bild. Soweit von Deutschland auf unsere Freunde eingewirkt werden kann, wäre es nützlich, ihnen zu sagen, daß das beste Rezept vorläufig ›stillhalten und abwarten‹ heißt.«
Schließlich mußte sich Hitler dazu durchringen, die Führung der österreichischen Nazis zu sich zu zitieren und ihnen reinen Wein

einzuschenken. Den Vertrag beschrieb er als »nordische List«. Er hätte nie ernsthaft daran gedacht, seine Pläne in Österreich aufzugeben; er benötige lediglich Zeit – zwei Jahre, was fast haargenau den tatsächlichen Gegebenheiten entsprechen sollte –, erstens, um die deutsche Aufrüstung fortzusetzen und zweitens, um Österreich durch Aushöhlung abschußreif zu machen.
Die Illegalen waren dennoch nicht restlos überzeugt, hatten aber keine andere Wahl, als sich den Anweisungen Hitlers zu beugen. Dreißig Jahre später gestand Schuschnigg, auch er hätte sich keinen Illusionen hingegeben, was die Einhaltung des Abkommens durch das Reich betraf, »aber eine zehnprozentige Überlebenschance ist besser als gar keine«.
Unmittelbar nach der Unterzeichnung des Juli-Abkommens ging Schuschnigg daran, sein Kabinett zum zweitenmal innerhalb eines Vierteljahres umzubilden. Es ging nun darum, zwei »Nationale« in die Regierung einzubauen – und gleichzeitig den potentiellen Schaden dieser Maßnahme in erträglichen Grenzen zu halten. Der erste »Nationale« war rasch gefunden: der bisherige Leiter des Kriegsarchivs, Edmund Glaise-Horstenau. Von Zeitgenossen wurde er als »eitel und nicht besonders intelligent« beschrieben. Daher sollte er keine Gefahr für das Regime darstellen.
Empört, und nicht nur über das Abkommen, zeigte sich der abgehalfterte Starhemberg. Er ließ seinen Platzhalter Baar-Barenfels zu sich kommen und forderte, wie er selbst zugab, »recht grob« Auskunft über die jüngsten Ereignisse, insbesonders die Ernennung des »Nazis Glaise-Horstenau«. Baar-Barenfels zeigte sich »ziemlich verdattert« (Starhemberg) und versuchte, die alleinige Verantwortung für das Abkommen und die Kabinettsumbildung Schuschnigg zuzuschieben. Man habe ihm gesagt, es handle sich überhaupt um keinen Staatsvertrag, sondern lediglich um ein »Gentlemen's Agreement«, über das er, obwohl amtierender Vizekanzler, nichts wisse. Die Details wüßten nur Schuschnigg und dessen Intimus Guido Schmidt.
Was Glaise-Horstenau betraf, versuchte Baar-Barenfels seinen Mentor zu beschwichtigen. Schuschnigg, erklärte er, habe großes

Vertrauen in Glaise-Horstenau, der praktizierender Katholik und Mitglied der Katholischen Akademikergemeinschaft sei – zwar großdeutsch eingestellt, aber in einer gesunden Form, die sich mit dem Österreichertum vereinbaren lasse. Überdies hätte Glaise in Berlin für das Abkommen gerungen, sogar gegen Hitler, der sich ursprünglich dagegen gesträubt hätte, einen Vertrag zu unterzeichnen, der, vom nationalsozialistischen Standpunkt betrachtet, untragbar sei.

Dazu Starhemberg: »Was? Und ihr glaubt diesen blöden Geschichten.« Darauf hätte der Vizekanzler keine Antwort gewußt.

Tags darauf forderte Starhemberg Auskunft von Guido Schmidt (den er in diesem Zusammenhang in seinen Memoiren besonders abfällig beurteilt). Dieser versuchte, mehr noch als Baar-Barenfels, das Abkommen als ungefährlich, wenn nicht als großen Sieg der österreichischen Politik darzustellen. Als der Heimwehrführer dies als »Blödsinn« bezeichnete, tischte ihm der engste außenpolitische Berater des Kanzlers eine geradezu abenteuerliche Version auf: Sollte sich das Abkommen für Österreich als ungünstig erweisen, hätte man vorgebaut. Es sei nämlich nur von Hitler und Schuschnigg persönlich abgeschlossen worden. Wenn nun der Kanzler aus dem Vertrag herauswolle, so müsse er nur zurücktreten, und kein anderer sei danach zur Erfüllung des Abkommens verpflichtet. Schuschnigg könne sich neuerlich mit der Regierungsbildung betrauen lassen und die neue Regierung sei dann »aus dem Schneider«.

Um so seltsamer mutet danach die Wahl des zweiten »nationalen« Kabinettsmitgliedes an. Es sollte kein anderer als Guido Schmidt sein, der damit auch offiziell das Amt des Staatssekretärs für Auswärtige Angelegenheiten im neuen Kabinett übernahm.

Wie konnte nun ein Intimus Schuschniggs ein »Nationaler« sein? Schuschnigg hatte dafür eine Erklärung, die nicht weniger seltsam anmutet, als Schmidts Interpretation des Juli-Abkommens: Schmidt sei natürlich kein Nationaler gewesen. Es sei ihm (Schuschnigg) aber sehr angenehm gewesen, daß ihn die Nationalen als einen der ihren anerkannten. Dadurch hätte er sich die Ernennung eines zweiten »echten« Nationalen erspart.

Was Guido Schmidt selbst betraf, so präsentierte er bei seinem Prozeß seine eigene Version für die einigermaßen seltsame Art seiner Ernennung: »Es mußte jemand sein, der den Nationalsozialismus ablehnte, das Vertrauen des Bundeskanzlers besaß und trotz allem auch eine vom Standpunkt des Deutschen Reiches geeignete Person darstellte ... Diese Aufgabe fiel mir zu.«
Schmidt behauptete ferner, er habe sich in sein neues Amt nicht gedrängt – was aber den Aussagen anderer österreichischer Politiker, wie etwa Starhembergs, diametral widersprach. Diese meinten, Schmidt habe schon vor dem Abschluß des Vertrags in den Startlöchern gescharrt. Und nach der Unterzeichnung habe er triumphierend erklärt: »Dieser Vertrag ist allein mein Werk. Das lasse ich mir von niemandem nehmen.«
Von jedem Standpunkt aus betrachtet war Schmidt eine profiliertere Erscheinung als der eigentliche Nationale Glaise-Horstenau. Dieser wurde vorerst nur Minister ohne Geschäftsbereich. Erst auf sein eigenes Drängen – und der Intervention Papens – wurde ihm im Kanzleramt die Leitung der inneren Verwaltung zugeteilt, damit er irgend etwas zu tun habe. Doch wurden aus seiner Kompetenz alle Sicherheitsbelange ausgeklammert.
Dagegen mußte Schuschnigg im Rahmen des Juli-Abkommens einige seiner treuesten – und partriotischsten – Mitarbeiter opfern, die sich im Kampf gegen die Nationalsozialisten zu sehr exponiert hatten. So etwa den Leiter der politischen Abteilung des Außenamtes, Theodor Hornbostel, und den Chef des Bundespressedienstes, Eduard Ludwig. Hornbostel wurde die Hälfte seines Wirkungsbereichs, nämlich die deutsche Sektion, genommen und dem Gesandten Max Hoffinger unterstellt. Die beiden arbeiteten jedoch weiter eng miteinander.
Ludwig galt als treibende Kraft des Medienkampfes gegen Deutschland und den Nationalsozialismus. So hatte er ein eigenes Kampfblatt, die »ÖZ am Abend« gegründet, dessen Attacken Papen tief verletzten. Diese Zeitung mußte nun eingestellt werden, und Ludwig wurde als Pressechef durch den früheren Generalsekretär der Vaterländischen Front, Oberst Walter Adam, ersetzt. Er blieb jedoch weiter einflußreich im Pressewesen.

Vielleicht wäre es für Hornbostel und Ludwig besser gewesen, der Kanzler hätte sie völlig entmachtet, denn so wurden sie unmittelbar nach dem Anschluß nach Dachau verfrachtet. Übrigens auch Oberst Adam.

Wie auch immer Schuschnigg das Juli-Abkommen zu rechtfertigen – oder zu bagatellisieren – suchte, von deutscher Seite wurde der Vertrag als ganz großer, wenn nicht entscheidender Sieg aufgefaßt. In seinem Bericht an Hitler vom 16. Juli jubelte Papen: »Alle entscheidenden Schritte wurden getan, von Freunden bewundert. Und die Feinde müssen zugeben, daß die Führung der Politik Europas französischen oder französisch-englischen Händen entglitten und an deutsche übergegangen ist.«

Papen plädierte zusätzlich für eine stärkere Integrierung der »Nationalen Opposition« in den Regierungsapparat. »Bei der Stoßkraft der nationalen Elemente würde dieser Schritt bald zu weiteren Erfolgen führen.«

Kurz nach dem Vertragsabschluß sammelte der österreichische Regierungschef weitere Minuspunkte in der britischen Öffentlichkeit. Die beiden Labour-Abgeordneten C. G. Ammon und Sydney Silverman – letzter übrigens ein erbitterter Gegner der Todesstrafe in seinem eigenen Land – besuchten Wien am 25. Juli und wollten sich mit Schuschnigg treffen. Der Kanzler wollte sie jedoch nicht empfangen und ließ sie von Guido Schmidt »abwimmeln«. Was zwangsläufig zu bissigen Kommentaren in britischen Zeitungen führte. Schuschnigg selbst wollte sich nach dem Krieg an diese Episode nicht mehr erinnern: »Vielleicht war es eine Terminfrage.«

Überdies hatte er ganz andere Sorgen, wie sich alsbald zeigen sollte.

Hatte er nämlich erhofft, durch das Abkommen eine Atempause zu gewinnen, so wurde er schon nach weniger als drei Wochen bitter enttäuscht. Die österreichischen Nazis dachten nicht im Traum daran, sich an das Stillhalteabkommen zu halten. Und die Parteiführung jenseits der Grenze rührte keinen Finger, um die Parteidisziplin durchzusetzen. Was ihr ein leichtes gewesen wäre. Anlaß für den nächsten gewaltsamen Vorstoß der österreichischen Nazis lieferte die Ankunft der olympischen Fackel auf dem Weg von Griechenland in das Berliner Olympiastadion am 29. Juli. Die österreichische Regierung hatte eine große Feier auf dem Wiener Heldenplatz geplant. Als Turn- und Sportchef sollte Starhemberg die Fackel übernehmen – sozusagen als Trostpreis für seine vorhergegangene politische Degradierung. Rund 30 000 Eintrittskarten sollten für die Feier gratis verteilt werden, doch war es den Nazis gelungen, etwa vier Fünftel der Tickets zu »organisieren« und sie unter ihre Anhänger zu verteilen. Dabei half ihnen kein Geringerer als Wiens Vizebürgermeister Fritz Lahr, der später vollends zu den Nazis überlaufen sollte.

Sofort nach Beginn der Feier stimmten die Nazis ein so wildes Gebrüll an, daß der Bundespräsident und einige Minister den Heldenplatz verließen. Starhemberg mußte jedoch bleiben. Er hatte die Fackel, die ihm der österreichische Olympiasieger Karl Schäfer übergeben hatte, etwa 300 Meter zu tragen, um sie dem nächsten Staffelläufer in die Hand zu drücken.

Diese kurze Strecke wurde zu einem Spießrutenlauf für den ehemaligen Vizekanzler. Er wurde zuerst von den Nazis wüst beschimpft, während sich die Polizei völlig passiv verhielt. Schließlich gelang ihm doch die Übergabe, und er konnte in seinem Wagen, in dem ihm einige Heimatschützer nachgefahren waren, entkommen.

Natürlich hätte die Regierung auf die Provokation auf dem Heldenplatz scharf reagieren müssen. Sie tat jedoch nichts dergleichen. Noch am Abend des Vorfalles hatten einige Minister die Mobilmachung des Heimatschutzes gefordert. Am nächsten Tag setzte jedoch bereits eine große Vertuschungskampagne ein. Man solle doch den Auftritt von maximal 60 000 Nazis auf dem Heldenplatz nicht überbewerten, hieß es, notabene da diese zu einem guten Teil aus den Bundesländern herangekarrt worden waren. Einige »Beschwichtigungshofräte« behaupteten sogar allen Ernstes, Hitler hätte den Auftritt nur organisiert, um eine Überreaktion der Regierung zu provozieren, die es ihm erlauben würde, aus dem für ihn angeblich so ungünstigen Vertrag auszusteigen.

Was Schuschnigg betraf, so war er bereit, um des lieben Friedens willen den ganzen Eklat zu übersehen, nicht zuletzt weil sich einige Heimwehrführer hinter ihn und gegen Starhemberg gestellt hatten. Sogar Finanzminister Ludwig Draxler, einer der Heimwehrminister, erklärte Papen: »Schade, daß Fürst Starhemberg so gegen den Gedanken einer Versöhnung mit Deutschland war. Darum mußte er fallen.«

Von seinen Freunden im Stich gelassen, war es dann Starhemberg, der die Konsequenzen zog. »Verbittert und angeekelt« übergab er die Führung des Heimatschutzes ohne formellen Rücktritt seinem Intimus, dem oberösterreichischen Heimwehrchef Heinrich Wenninger und zog sich wie ein grollender Achill in seine geliebten Berge zurück. Gerade dies sollte er später als seinen »entscheidenden Fehler« bezeichnen.

Der Kanzler hat das de-facto Ausscheiden des Fürsten sicher nicht bedauert. Schließlich war er endlich einen lästigen Kritiker – und einen noch immer einflußreichen Rivalen – losgeworden. Für Erleichterung blieb ihm jedoch keine Zeit, denn schon folgte der nächste Schlag, diesmal aus Rom. Der Duce hatte in seinem Bestreben, in die höhere Gesellschaft Italiens aufzusteigen, bereits 1930 seine Tochter Edda mit dem Grafen Galeazzo Ciano verheiratet und diesem sozusagen als Mitgift das Staatssekretariat für Propaganda übertragen. Ciano dürstete jedoch nach höheren politischen Weihen. 1936 hatte Edda ihren Vater so weit gebracht, daß er den Schwiegersohn zum Außenminister beförderte – mit äußerst negativen Folgen für Österreich. Im Gegensatz zu seinem Vorgänger Fulvio Suvich, dem Verfechter der alten proösterreichischen Linie, trat er für eine noch engere Bindung an Hitler ein. Dazu kam noch, daß er in den folgenden Jahren eine persönliche Antipathie gegenüber seinem ebenso frischgebackenen österreichischen Kollegen Guido Schmidt entwickelte. Das konnte auf die Dauer nicht gut gehen, doch schon Cianos erste Schritte als Außenminister erwiesen sich als noch folgenschwerer als erwartet.

Nicht zuletzt auf Drängen Papens, dessen durchsichtigem Charme der eitle Graf sofort erlegen war, ordnete er die Versetzung der Spitzen der italienischen Mission in Wien an. Abberufen wurden sowohl der Missionschef Gabriele Preziosi als auch der wahre »Macher«, der Gründer und Leiter des italienischen Pressebüros, Eugenio Morreale, durch dessen Hände laufend Subventionen an finanzschwache österreichische Zeitungen geflossen waren. An Preziosis Stelle trat Francesco Salata, der bisherige Leiter des italienischen Kulturinstituts in Wien, der sich, wenn nicht als Feind, so doch keineswegs als Freund Österreichs in kritischen Tagen erweisen sollte.

Es scheint, daß Schuschnigg den Abgang Preziosis und Morreales keineswegs bedauerte, sah er doch in ihnen weniger zwei Freunde Österreichs als Parteigänger Starhembergs. Ohne die beiden hatten der Fürst und die Heimwehren überhaupt ihre wichtigsten Fürsprecher in Rom verloren. Um so intensiver konnte sich Schuschnigg nun der tatsächlichen Auflösung und Entmachtung der Wehrverbände zuwenden. Nicht zuletzt, weil ihm seit dem de facto-Abgang Starhembergs kein ernstzunehmender Gegenspieler mehr im Wege stand. Die übriggebliebenen, zum Teil miteinander verfeindeten Heimwehrführer konnte er jetzt getrost übergehen.

Ganz hatte sich der geschaßte Vizekanzler allerdings noch nicht aus der Politik zurückgezogen. Während er um Wien und den Kanzler einen weiten Bogen zog, traf er doch auf verschiedenen Jagd- und Erholungsurlauben mit Politikern verschiedener Couleurs zusammen. Jetzt, da er keine Bedrohung mehr für sie darstellte, hatten die Nazis wieder ein Auge auf ihn geworfen – in der Annahme, dessen Verärgerung für ihre eigenen Zwecke nutzen zu können. So erhielt er über Kontaktleute das Angebot, sich im Ausland mit dem »nationalen« Rechtsanwalt Arthur Seyß-Inquart zu treffen. Dieser war zu jenem Zeitpunkt in der österreichischen Öffentlichkeit praktisch unbekannt, obwohl er bereits vor Abschluß des Juli-Abkommens bei den Gesprächen zwischen den Nationalen und Vertretern Schuschniggs eine gewisse Rolle gespielt hatte.

Seyß-Inquart traf also Anfang September streng geheim mit Starhemberg im ungarischen Tata zusammen und überraschte seinen

Gesprächspartner mit der dezidierten Erklärung, Schuschnigg werde den gesamten Heimatschutz in Kürze auflösen. Dies sei im Rahmen des Juli-Vertrages, wohl nicht expressis verbis, aber dennoch unwiderruflich beschlossen worden.
Der Sprecher der Nationalen war jedoch nicht nach Ungarn gekommen, um Starhemberg dies zu eröffnen und zu provozieren. Er bezeichnete sich als »volksdeutsch empfindender Österreicher, ohne Nationalsozialist zu sein«, und bot dem Fürsten ein Bündnis seiner eigenen, unter dem Deckmantel des Turnerbundes operierenden Kräfte der »nationalen Opposition« mit den noch bestehenden Heimwehren an. Eine derartige Allianz hätte gute Chancen, sich gegen Schuschnigg und die Klerikalen durchzusetzen. Das Endergebnis wäre das Aufkommen eines deutschen Nationalismus in Österreich, der sich von Berlin würde absetzen können. In seinen Memoiren gibt Starhemberg zu, daß er dieses unmoralische Angebot durchaus als attraktiv empfand. Er lehnte jedoch ein Bündnis mit den Deutschnationalen ab, auch wenn sie keine Nazis waren, weil dieses über kurz oder lang zu einem Anschluß führen müßte. Was Seyß-Inquart energisch bestritt. Letztlich trennten sich die beiden nach Starhembergs Zusage, über das Ganze noch nachzudenken.
Seyß-Inquart war indes nicht der einzige, mit dem Starhemberg in Tata zusammentraf. In kurzen Abständen sandte Schuschnigg gleich drei hochkarätige Emissäre zu seinem ehemaligen Rivalen, darunter dessen Nachfolger Baar-Barenfels und den neuen Generalsekretär der Vaterländischen Front, Guido Zernatto. Alle mit der gleichen Botschaft, er möge – »alles vergeben und vergessen« – nach Wien zurückkehren, um die neue Frontmiliz innerhalb der Einheitsbewegung aufzubauen, »wozu niemand anderer imstande wäre«.
Dabei war Schuschniggs Liebeswerben wohl nicht von einer wiedergewonnen Sympathie für Starhemberg bedingt, sondern von der Angst, dessen Intimfeind Major Fey könnte in der Abwesenheit des Fürsten die Führung der Heimwehren an sich reißen. Tatsächlich hatte es bereits Kontakte zwischen Fey und verschiedenen Heimwehrgrößen in diesem Zusammenhang gegeben.

Starhemberg, der, nach eigenen Angaben, »nicht am guten Willen des Kanzlers, aber an dessen Entschlossenheit« zweifelte, kehrte umgehend nach Wien zurück, wo er mit diesem zusammentraf. Schuschnigg bestätigte die Angaben seiner Emissäre, was die Angst vor einem Fey-Putsch betraf, und bat seinen Gesprächspartner, »ordentlich aufzuräumen«: »Ich brauche einen geordneten und verläßlichen Heimatschutz für die künftige politische Entwicklung.«

Zum Aufräumen war Starhemberg sofort bereit. Was ihn jedoch mehr interessierte, war die ihm zugedachte Rolle beim Aufbau der geplanten Miliz. Die Vorstellungen des Kanzlers konnten ihn in dieser Hinsicht nur teilweise befriedigen. Starhemberg: »Der Aufbau war zu kompliziert und die Teilung in eine aktive und eine nicht aktive Miliz ungesund.« Es kam zu keiner Einigung, weil Schuschnigg das Vorgehen gegen Fey für vorrangig hielt.

Starhemberg rief danach eine Führertagung zusammen, die ihm einstimmig das Vertrauen aussprach. In einem Aufwasch wurden Fey und Lahr aus der Heimwehr ausgeschlossen. Doch dann bekam es Schuschnigg mit der Angst zu tun, vor seiner eigenen Courage. Mit den beiden Ausschlüssen seien Starhembergs Leute zu weit gegangen, argumentierte er. Man könne doch nicht mit zwei »hochverdienten Männern« so umspringen.

Resümierte der Fürst: »Da wußte ich, daß ich hereingelegt worden und die Auflösung der Heimwehren eine beschlossene Sache war.« Das letzte Führertreffen am 4. Oktober 1936 in Wiener Neustadt wurde zu seinem Schwanengesang. Wie eine neuzeitliche Kassandra sprach er von der bevorstehenden Vernichtung der »letzten Kraft, die Österreich seinem Untergang« hätte entgegensetzen können.

Danach überstürzten sich die Ereignisse. Bei einer nächtlichen Sitzung verabschiedete die Regierung die notwendigen Gesetze zur Auflösung der Heimatschutzbewegung. Nächtlich deswegen, weil Schuschnigg am folgenden Tag zur Beerdigung des ungarischen Ministerpräsidenten Gömbös nach Budapest fahren mußte, wo auch ein Treffen mit einem anderen »Trauergast«, nämlich Hermann Göring, eingeplant war.

Ätzte der überrumpelte Starhemberg: »Dort wollte er als Sieger in der österreichischen Innenpolitik und wahrscheinlich auch als Vollstrecker des Juli-Abkommens auftreten.«
Die Zusammenkunft mit Göring beschränkte sich übrigens auf ein reines Informationsgespräch. Hitlers mächtigster Paladin bot dem Kanzler jede Menge militärischer Hilfe und lud ihn sogar nach Berlin ein – was der Kanzler höflich ablehnte. Dennoch hatte Göring keine schlechte Meinung von Schuschnigg: »Er ist ein Mann, mit dem man reden kann.«
Was Starhemberg betraf, so blieb ihm nur die Gelegenheit für einen Abschiedsappell an seine Getreuen, die er loyalerweise zu »Besonnenheit und Kaltblütigkeit« aufrief. »Wer in dieser schicksalsschweren Stunde etwa vorhandene Stimmungen dazu mißbraucht, um gegen den Staat und die Behörden aufzuhetzen, der ist ein Verräter und Verbrecher am vaterländischen Gedanken und an der Heimatschutzidee. Im Vollbewußtsein meiner Verantwortung... erteile ich diese Weisungen, nicht aus Schwäche, nicht aus Ängstlichkeit.«
Überdies war er mit Schuschnigg übereingekommen, den Heimwehrvertreter Ludwig Draxler in der Regierung zu belassen.
Schuschnigg selbst beschrieb die Episode natürlich anders. Er hätte den Bestrebungen des Fürsten entgegentreten müssen, die Heimwehr zum Staat im Staat zu machen.
Am totalen Sieg Schuschniggs über seinen Rivalen war indessen nicht zu rütteln. Die Zeit des »reinen Austrofaschismus« war damit eigentlich zu Ende. Und wie auch immer man diese Entwicklung rückblickend betrachten mag, sie wurde damals in der westlichen Öffentlichkeit weitestgehend begrüßt und als Schritt in Richtung Wiederherstellung einer zivilen, wenn auch nicht demokratischen Machtstruktur interpretiert.
So schrieb die »New York Times«: »Österreich bewegt sich in Richtung verstärkter innerer Einheit, vielleicht sogar echter Unabhängigkeit. Aus einer zehnstündigen Kabinettsitzung ging Kanzler Schuschnigg im Besitz eines höheren Maßes absoluter Macht hervor, als sie sein Vorgänger Dollfuß jemals besessen hatte. Er ist jetzt tatsächlich Diktator und nicht nur dem Namen

nach, unbehindert von der Privatarmee, der Heimwehr, die seinen Vorgänger mehrmals in Verlegenheit gebracht hatte.«
So einfach, wie von jenseits des Atlantiks aus betrachtet, lagen die Dinge natürlich nicht. Schon wenige Tage nach der Auflösung der Heimwehr geriet der Kanzler neuerlich in außenpolitische Bedrängnis. Am 25. Oktober wurde in einem Abkommen zwischen Hitler und Mussolini die »Achse Rom–Berlin« ins Leben gerufen. Dadurch fiel der Duce de facto als Garant der österreichischen Unabhängigkeit endgültig aus, wiewohl er dies Schuschnigg gegenüber immer wieder energisch bestritt. Und diesem blieb keine andere Wahl als sich, wohl gegen sein besseres Wissen, an die Versprechungen aus Rom zu klammern.
Vielleicht waren diese Versicherungen zu jenem Zeitpunkt sogar noch ehrlich gemeint, hatte doch Hitler selbst noch drei Monate zuvor versprochen, Österreich ungeschoren zu lassen.
Noch unter dem Eindruck des Achsenpaktes sandte Schuschnigg Außenminister Schmidt schon im November nach Berlin, wo dieser sofort von Hitler persönlich empfangen wurde, der ihn mit einer seiner Reden über die gemeinsame Mission der beiden Länder beehrte. Mehr als »Ja« konnte Schmidt dazu nicht sagen. Zu einem eigenmächtigen Vortrag war er, selbst wenn er dies gewollt hätte, nicht befugt, angesichts seiner relativ untergeordneten Stellung als Staatsekretär im Kabinett. Und das gemeinsame Kommuniqué der Berliner Gespräche war schon im vorhinein paraphiert worden.
Was Schuschniggs Innenpolitik zu jenem Zeitpunkt betraf, so führte er noch immer einen Zwei-Fronten-Krieg: Offensiv, wie sich gezeigt hatte, gegen Starhemberg und den noch immer schwelenden Widerstand der Heimwehren und defensiv gegenüber der »nationalen Opposition«, die er, wahrscheinlich wider Willen, nunmehr als bodenständige österreichische Kraft zu akzeptieren bereit war. War er doch entschlossen, Geist und Buchstaben des Juli-Abkommens konsequent einzuhalten.
Dennoch hätte er liebend gerne noch etwas Zeit gewonnen. Doch diese Atempause sollte ihm nicht gewährt werden. Laufend beschwerte sich Minister Glaise-Horstenau über angebliche

Verzögerungsmanöver Schuschniggs, die ihm jede Entfaltung innerhalb der Regierung erschwerten – auch nachdem ihm Schuschnigg ein »halbes Ressort« zugeteilt hatte.
Grundlage für eine Erweiterung der Kompetenzen Glaise-Horstenaus war die Kabinettsumbildung vom 3. November 1936 gewesen, die auf eine vollständige Ausbootung der letzten Heimwehrminister hinauslief. Anstelle von Baar-Barenfels, der mit dem Posten eines Gesandten in Budapest abgefunden wurde, so wie man schon zuvor Berger-Waldenegg als Missionschef nach Rom geschickt hatte, trat der alte Feldmarschalleutnant Ludwig Hülgerth in die Regierung ein. Dieser Held des Kärntner Abwehrkampfes der frühen zwanziger Jahre wurde auf Grund eben dieser Vergangenheit als »Nationaler« angesehen. In Wirklichkeit war er eher dem monarchistischen Lager zuzuordnen. Und das Sicherheitsressort ging vom »Heimwehr-Rechtsaußen« Neustädter-Stürmer auf den »unpolitischen« Wiener Polizeipräsidenten Michael Skubl über.
Nur gelegentlich zeigte Schuschnigg trotz seiner Machtfülle auch den Rechten die Zähne. So etwa bei einer Rede vor Funktionären der Vaterländischen Front in Klagenfurt am 20. November, wo er den Nationalsozialismus und den Kommunismus gleichermaßen als Feinde Österreichs bezeichnete. Was bei Papen ein wahres Protestgeheul auslöste.
Dabei war Schuschnigg durchaus bereit, das Juli-Abkommen, so wie er es verstand, vollinhaltlich zu erfüllen. Basis für die Integration der Nationalen sollte die Bildung eines »Siebener-Ausschusses« bilden, in dem drei erklärte Nationalsozialisten, drei Vertrauensleute Glaise-Horstenaus und der Wiener Universitätsprofessor Oswald Menghin vertreten waren. Letzterer wurde dem »katholisch-nationalen Lager« zugerechnet. Seyß-Inquart, der alsbald eine Schlüsselrolle übernehmen sollte, hielt sich noch abseits.
Am 11. Februar sprachen drei Vertreter dieses Ausschusses erstmals offiziell bei Schuschnigg vor, um einen Forderungskatalog zu präsentieren. Der Regierungschef war auf Anhieb zu weitreichenden Konzessionen bereit. Das Siebener-Komitee sollte seine

Tätigkeit durch ähnliche Gruppen über das ganze Bundesgebiet ausdehnen. Nationale Elemente sollten in den sogenannten »Volkspolitischen Referaten« innerhalb der Vaterländischen Front integriert werden, so wie man – bisher allerdings mit geringem Erfolg – versucht hatte, Arbeitervertreter in einer »Sozialen Arbeitsgemeinschaft« einzubauen. Die letzten noch inhaftierten Nationalsozialisten (es waren insgesamt 145, nach den verschiedenen vorhergegangenen Amnestien) sollten freigelassen und laufende Verfahren eingestellt werden. Und der Kanzler versprach zusätzlich, einige als militante Antinazis bekannte Funktionäre zu entlassen.

Im Gegenzug waren die Besucher lediglich bereit, »aus realpolitischen Gründen« Österreichs Unabhängigkeit und Verfassung zu akzeptieren – so wie es Hitler im Juli-Abkommen getan hatte. Doch die Delegierten gingen noch weiter als Berlin und forderten ihre Zulassung als eigener »Verein«, was einer völligen Legalisierung gleichgekommen wäre. Erst in diesem Punkt legte sich der Regierungschef entschieden quer.

Die nationalsozialistischen Verhandler – denn als solche konnte man sie wohl bezeichnen, trotz des Etikettenschwindels mit dem nationalen Attribut – erhielten alsbald gewichtige Schützenhilfe aus dem Reich. Kein Geringerer als Außenminister Konstantin von Neurath stattete Wien seine erste offizielle Visite ab. Der Besuch hätte schon Monate zuvor stattfinden sollen, doch der Minister hatte ihn aus Protest gegen Schuschniggs Klagenfurter Rede abgesagt. Nun kam es bei seiner Ankunft zu ähnlichen hysterischen Nazidemonstrationen wie im Vorjahr beim Eintreffen der olympischen Fackel. Diesmal reagierte die Bundesregierung jedoch schärfer. Vor der Abfahrt Neuraths organisierte sie ihre eigene »vaterländische« Demonstration, was wiederum in Berlin als unfreundlicher Akt bezeichnet wurde. Die dazwischenliegenden Verhandlungen waren eher bedeutungslos. Neurath beschwerte sich über die Tätigkeit der Monarchisten, Österreich weigerte sich seinerseits, den Völkerbund zu verlassen, eine deutsche Forderung, die nicht einmal Mussolini in so scharfer Form jemals gestellt hatte.

Das Fiasko der Neurath-Visite war offenkundig, aber im Rückblick bezeichnete Schuschnigg auch seinen Versuch, mit dem Siebener-Ausschuß ins reine zu kommen, als einen Fehlschlag. Die Nazis dagegen konnten die Tatsache, daß die Gespräche auf höchster Ebene stattgefunden hatten, als einen Schritt zur Anerkennung und damit als Erfolg verbuchen.

Mehr Sorge als die Schwierigkeiten mit den österreichischen Nazis bereitete Schuschnigg die schier unaufhaltsame Erosion des Sonderverhältnisses zu Italien. Seit Juli 1936 tobte in Spanien der Bürgerkrieg, in den sich alsbald deutsche und italienische Truppen auf der Seite General Francisco Francos einschalteten. Dadurch geriet Österreich neuerlich unter Druck, denn der Duce forderte Wien immer wieder auf, die Rebellenregierung in Burgos formal anzuerkennen. In diesem Punkt blieb Schuschnigg jedoch hart, so lange, bis auch andere Staaten, und nicht nur faschistische, bereit waren, diesen Schritt zu tun.

Trotzdem hoffte der Kanzler bei seinem nächsten Treffen mit dem Duce in Venedig am 22. und 23. April 1937 (an dem auch die Außenminister Schmidt und Ciano teilnahmen), das alte Verhältnis zu Italien zumindest einigermaßen wiederherzustellen. Zuerst waren die österreichischen Gäste von der demonstrativ zur Schau gestellten Herzlichkeit Mussolinis freudig überrascht. Und auch die Gespräche verliefen in der freundschaftlichen Atmosphäre früherer Begegnungen, doch mußte Schuschnigg alsbald feststellen, daß in der Substanz alles »um einen halben Ton« auf mehr Zurückhaltung abgestimmt war. Der Duce argumentierte, die italienisch-deutschen und italienisch-österreichischen Beziehungen ergänzten einander, so daß eine Neugestaltung des Verhältnisses im Donauraum ohne Mitwirkung Deutschlands nicht mehr möglich sei.

Schuschnigg versuchte, der Argumentation des Duce auszuweichen, indem er die Beziehungen zur deutschen Reichsregierung als »im allgemeinen befriedigend« bezeichnete, die Schuld an den Spannungen den radikalen österreichischen Nazis zuschob. Schon aus diesem Grund sei an eine Aufnahme von Nationalsozialisten in die Regierung nicht zu denken. Und dann fügte er ein

– für ihn – bemerkenswertes Zugeständnis hinzu: Was die »roten Kreise« betreffe, so seien diese der Unabhängigkeit Österreichs verpflichtet und würden daher nicht aktiv gegen das amtierende Regime auftreten.

Der Duce versicherte, Hermann Göring hätte ihm erst vor kurzem persönlich versprochen, daß an der Unabhängigkeit Österreichs nicht gerührt werden solle. Ciano hätte den Deutschen überdies mitgeteilt, daß Schuschnigg unter allen Umständen gehalten werden müsse, da widrigenfalls eine Volksfront-Regierung unter dem Wiener Bürgermeister Richard Schmitz ans Ruder käme. Mussolini wollte mehr über das Anwachsen der monarchistischen Bewegung wissen. Sein Gesprächspartner antwortete, er sei zwar selbst Monarchist, wolle aber nichts über das Knie brechen. Er habe dem Thronanwärter immer wieder vor Augen führen lassen, daß eine wiederhergestellte Monarchie nur auf dem heutigen Regime aufgebaut werden könne. Unbestreitbar sei indes der Zulauf zu den Legitimisten. Er könne ihn nicht verbieten, so lange gleichzeitig eine nationale Bewegung toleriert werde. Eine Unterdrückung der Monarchisten wäre deshalb gleichbedeutend mit der Aufgabe einer wichtigen Waffe im Kampf gegen den Nationalsozialismus.

Bis dahin war alles gut für die Österreicher gelaufen – das glaubten diese zumindest. Dann aber sorgte der Duce für einen Mißton, indem er die Gespräche unterbrach, um demonstrativ an Bord eines vor Venedig liegenden deutschen »Kraft durch Freude«-Schiffs zu gehen, und dies offiziell als seinen ersten »Schritt auf deutschem Boden« bezeichnete. Entgegen den Gepflogenheiten verließ der Duce danach die Lagunenstadt vor seinen Gästen in einem von ihm selbst gesteuerten Flugzeug. Es sollte Schuschniggs letztes Treffen mit seinem einstigen Protektor gewesen sein.

Ein noch viel ärgerer Mißton ereignete sich, während die Österreicher noch im Zug nach Wien saßen. Im faschistischen Parteiorgan »Giornale d'Italia« erschien ein Artikel aus der Feder von Cianos Leibjournalisten, Virginio Gayda, in dem behauptet wurde, Schuschnigg hätte zugestimmt, Nationalsozialisten formell an der Regierung und an der Vaterländischen Front zu beteiligen.

Sofort nach seiner Ankunft in Österreich konterte Schuschnigg mit einem geharnischten Dementi, dessen Stichhaltigkeit von Rom bestätigt wurde. Es hätte sich um einen »Alleingang Gaydas« gehandelt, was natürlich niemand glaubte. Weder in Wien noch in Rom oder Berlin.

Der Kanzler war natürlich ernsthaft besorgt und sandte umgehend Guido Schmidt nach London – als Anlaß boten sich die Krönungsfeiern für Georg VI. an –, um dem sich anbahnenden Trend entgegenzuwirken. Die Mission des Außenministers blieb jedoch ohne konkrete Ergebnisse, was man allerdings Schmidt nicht zum Vorwurf machen konnte. Er war zu einem äußerst unguten Zeitpunkt nach England gekommen. Der alte Recke Stanley Baldwin, der nicht gezögert hatte, seinen eigenen König Eduard VIII. zur Abdankung zu zwingen – vordergründig wegen dessen Heirat mit der geschiedenen Amerikanerin Wallis Simpson, aber in Wirklichkeit wegen dessen Neigung, sich in die Regierungsgeschäfte einzumischen – war im April 1937 zurückgetreten. Als seinen Nachfolger hatte er ursprünglich Sir Austen Chamberlain ins Auge gefaßt, doch dieser war nach kurzer Krankheit gestorben. So fiel Baldwins Wahl – und die der nun mit überwältigender Mehrheit regierenden Konservativen – auf Austens Bruder Neville, der als der »traurige Mann mit dem Regenschirm« in die Weltgeschichte eingehen sollte. Neville Chamberlain stand schon damals unter dem Einfluß des bereits erwähnten »Cliveden Set« (benannt nach dem Landsitz von Lord Astor, wo diese Gruppe zusammentraf) von Politikern, die sich eine Versöhnung mit Deutschland – fast um jeden Preis – in den Kopf gesetzt hatten. Im Kabinett umgab sich Neville Chamberlain dementsprechend mit den »Appeasers« (Nachgebern, gegenüber Hitler), insbesondere Lordsiegelbewahrer Lord Halifax, der sich immer mehr in außenpolitische Belange einzumischen begann. Sehr zum Mißfallen des amtierenden Außenministers Anthony Eden, der zwar nicht unbedingt zu den Freunden Österreichs zählte – wegen dessen Anlehnung an Mussolini im

Abessinienkrieg –, aber immerhin als Vorkämpfer der traditionellen »Entente cordiale« mit Frankreich galt.
Der Mißerfolg der Schmidt-Mission war also vorprogrammiert. Verständnis fand er nur bei Sir Robert Vansittart, Leiter der Europa-Abteilung im Foreign Office und entschiedener Hitler-Gegner. Die beiden kannten einander bereits. Bei einem anderen Anlaß war Vansittart mit dem Österreicher zusammengetroffen und dieser hatte sich sehr abfällig über Mussolini geäußert. Natürlich vertraulich. Dennoch hatte Mussolini, schon kurz danach, ein Gedächtnisprotokoll der Briten über das Gespräch in seinen Händen. Schuschnigg hatte danach seine liebe Mühe, den Streit beizulegen, der Ciano naturgemäß Munition in seiner Fehde mit dem verhaßten österreichischen Außenminister lieferte. Der Zwischenfall war an sich unbedeutend, zeigte aber, wie tief faschistische Agenten ins innerste Heiligtum des Foreign Office eingedrungen waren.
Inzwischen hatten die »legalen« Nationalen keinerlei Neigung gezeigt, ihre illegale oder terroristische Tätigkeit einzustellen. Neben dem offiziellen Hauptquartier des »Siebener-Ausschusses« in der Wiener Teinfaltstraße, hinter dem Burgtheater, etablierte sich eine illegale Parteizentrale, mit Sitz in der nahegelegenen Helfersdorfer Straße, die für offene regierungsfeindliche Aktivitäten zuständig war.
Dieses illegale Büro operierte auf zwei Ebenen. Einerseits verbreitete es regierungsfeindliche Propaganda, andererseits versuchte es, durch subversive Tätigkeit die Autorität der Regierung von innen auszuhöhlen. Auf dieser zweiten Ebene genossen die Nazis die Unterstützung von gleich zwei Regierungsmitgliedern: dem »nationalen« Glaise-Horstenau und dem ehemaligen Sicherheitsminister Neustädter-Stürmer, der seine Degradierung nicht hatte überwinden können, dessen ungeachtet aber als Minister ohne Portefeuille noch immer der Regierung angehörte. Im Ministerrat schlug letzterer die Bildung eines »Deutschsozialen Volksbundes« vor, sozusagen als Vorstufe zu einer legalisierten NSDAP. Dieses Manöver, das an die ursprünglichen, von Schuschnigg abgelehnten Vorschläge des »Siebener Ausschusses«

erinnerte, fand selbst der zu Kompromissen geneigte Kanzler zu durchsichtig, auch wenn es nominell aus den eigenen Reihen kam. Neustädter-Stürmer wurde nun endgültig zum Rücktritt gezwungen, was Schuschnigg um so leichter fiel, da dieser Minister ja nicht als »Nationaler« ins Kabinett kooptiert worden war. Aus bis heute nicht geklärten Gründen verübte Neustädter-Stürmer unmittelbar nach dem Anschluß Selbstmord, obwohl er sich doch beträchtliche Verdienste für die nationalsozialistische Sache erworben hatte. Vielleicht befürchtete er, daß sich einige Nazis an ihm rächen wollten, wegen der undurchsichtigen Rolle, die er am 25. Juli 1934 rund um die Ermordung Dollfuß' und die Annullierung des bereits gewährten freien Geleits für die Putschisten gespielt hatte.

Mit dem Abgang Neustädter-Stürmers war die Autorität Schuschniggs innerhalb der Regierung weiter gestärkt, notabene da er im innenpolitischen Bereich in Guido Zernatto eine echte Stütze gewonnen hatte. Und unter Michael Skubl wehte in der Sicherheitspolitik ein frischer Wind. Natürlich wußte die österreichische Polizei, trotz Unterwanderung durch die Nazis, schon lange von der Existenz des illegalen Parteibüros in der Helfersdorfer Straße, hatte aber bislang nichts unternommen. Anfang Mai wurde dann die Zentrale schlagartig ausgehoben, wobei der Exekutive umfangreiches Material in die Hände fiel.

So viel, daß sogar Papen Besorgnis zeigte. Er meldete sofort dem Reichskanzler, daß tatsächlich Gedächtnisprotokolle über Besprechungen nationalsozialistischer Persönlichkeiten in Österreich, Belege über Zuwendungen aus dem Reich sowie Propagandamaterial gegen österreichische Regierungsmitglieder und andere Persönlichkeiten der Polizei in die Hände gefallen waren. Für besonders gravierend hielt der Gesandte die Auffindung von Dokumenten über geheime Abmachungen, von Deckadressen von Personen, die als Kuriere tätig waren, wie auch der Korrespondenz zwischen der österreichischen SS und deren Vorgesetzten in Deutschland.

Nicht zu Unrecht mußte Papen befürchten, Schuschnigg könnte die beschlagnahmten Dokumente veröffentlichen, als Beweis für

einen Vertragsbruch, nicht nur seitens der österreichischen Nazis, sondern auch des Deutschen Reichs.
So weit wollte der Kanzler indes nicht gehen. Wohl hatte er keine Illusionen mehr, was die Vertragstreue der Nazis betraf, doch hoffte er offensichtlich, durch seine noble Zurückhaltung Pluspunkte in Berlin zu sammeln.
Was die österreichischen Nazis betraf, so waren sie durch die Razzia in der Helfersdorfer Straße geschockt. Als sie jedoch bemerkten, daß der Kanzler zu keinem weiteren Durchgreifen entschlossen war, interpretierten sie dies als Zeichen seiner Schwäche und begannen, ihre illegale Organisation neu aufzubauen.
So war es nicht Schuschnigg, sondern Hitler, der Konsequenzen aus der Affäre in der Helfersdorfer Straße zog. Er hatte den letzten Rest seines Vertrauens in die Fähigkeiten der österreichischen NSDAP-Führer verloren und beschloß, diese an die Kandare zu nehmen. Unverzüglich ernannte er einen persönlichen Vertrauten, den Staatssekretär Wilhelm Keppler, zum Sonderbeauftragten für Österreich, der künftig alle Aktivitäten, sowohl in Österreich als auch im Reich, leiten und koordinieren sollte. Keppler war ein Nationalsozialist der ersten Stunde, der offiziell zum »Reichsnährstand« gehörte. Er war schon mit Sonderaufträgen betraut worden und genoß das Vertrauen nicht nur Hitlers, sondern auch des gefürchteten SS-Chefs Heinrich Himmler.
Der Reichskanzler versuchte erst gar nicht, seine neue Taktik geheim zu halten. Am 9. Juli entsandte er eine deutsche Delegation zu offiziellen Gesprächen mit Schuschnigg im Rahmen des Juli-Abkommens. Dieser Delegation gehörte neben Papen und Keppler der Ministerialdirektor im Auswärtigen Amt, Ernst von Weizsäcker (der Vater des späteren deutschen Bundespräsidenten), an, während auf österreichischer Seite neben Schuschnigg Glaise-Horstenau und Schmidt anwesend waren.
Papen meinte zu jenem Zeitpunkt eine gewisse Verhärtung in der Haltung des Kanzlers erkannt zu haben. Weizsäckers Urteil fiel differenzierter aus: Er konzedierte Schuschnigg guten Willen. Darüber hinaus sei man aber nicht vorwärtsgekommen.

Keppler, der sich in den Augen Hitlers profilieren wollte, bestand indessen auf einer Fortsetzung der Gespräche mit den Österreichern. Schon am 21. Juli trafen die beiden Delegationen neuerlich zusammen, wobei erstmals jener Arthur Seyß-Inquart anwesend war, der ein Jahr zuvor die Fäden zu Starhemberg hatte spinnen wollen, und sich inzwischen »als guter Katholik«, wie er immer betonte, das Vertrauen Schuschniggs – bis zu einem gewissen Grad – erschlichen hatte.
Diesmal war der Kanzler zu weiterreichenden Konzessionen bereit. So etwa sollte Seyß-Inquart zum Staatsrat ernannt werden, die Führung der Turnerschaft übernehmen, und der Tiroler Nazi Walter Pembaur sollte das bereits einen Monat zuvor als Sammelbecken für Nationalsozialisten ins Leben gerufene »Volkspolitische Referat« übernehmen. Die Schaffung eines derartigen Referats hatte Schuschnigg bereits im Februar dem Siebener-Ausschuß versprochen.
Hitler konnte somit mit den ersten Ergebnissen seiner neuen Taktik zufrieden sein. Wenn dennoch nicht alles nach seinen Wünschen ablief, so lag dies am offenen Konflikt zwischen dem radikalen Wiener NSDAP-Landesleiter Walter Leopold und der Gruppe Seyß-Keppler. Immer wieder kam es zu brutalen Terroranschlägen, die Schuschnigg das letzte Vertrauen in der Durchführbarkeit des Juli-Abkommens nahmen. Hatte er Keppler noch am 21. Juli weitreichende Konzessionen in der Amnestiefrage versprochen, so setzte er sich schon zwei Tage später im Ministerrat mit ungewöhnlicher Energie für die Verschärfung der Sicherheitsgesetze ein. Die Strafsätze wurden erhöht, die Zahl der strafbaren Delikte erheblich erweitert.
Etwa zur gleichen Zeit beschloß die Regierung, ein neues »Schutzkorps« von etwa 900 bis 1000 Mann aufzustellen, das die wankelmütige Exekutive im Kampf gegen den »Straßennationalsozialismus« unterstützen sollte. Die Truppe wurde wegen ihrer dunklen Uniform bösartig »österreichische SS« genannt; ein Vorwurf, den Schuschnigg energisch zurückwies: Die Uniformen seien nicht schwarz, sondern dunkelblau gewesen, nach österreichischem Schnitt entworfen. Wobei natürlich von Anfang an

klar war, daß man mit dieser Truppe, die nie ihre Sollstärke erreichte, im Ernstfall nicht viel würde ausrichten können.
Dennoch konnte diese Entwicklung Papens mißtrauischen Augen nicht entgehen. Natürlich machte er dafür nicht die sich häufenden Terroranschläge der Illegalen – die ihm zugegebenermaßen nicht sympathisch waren – verantwortlich, sondern die »Treuelosigkeit« Schuschniggs.
Die deutsche Reichsregierung machte sich darüber weniger Sorgen. Sie hatte längst erkannt, daß die Vorentscheidung über Österreichs Schicksal nicht in Wien, sondern in Rom fallen würde. Mussolini hatte wohl bei der Bildung der Achse Rom–Berlin seine Schutzmachtfunktion über Österreich aufgegeben, doch war ihm ganz offensichtlich nicht wohl dabei. Wenn irgendwie möglich, hätte er gerne einen österreichischen Staat – und sei es als Satelliten Deutschlands und womöglich auch Italiens – in dieser oder jener Form erhalten.
Genau das war das Ziel einer seltsamen Initiative, welche der Duce bereits im Juli 1937 persönlich eingeleitet hatte. Eines schönen Tages erschien der italienische Botschaftsrat Massimo Magistrati – ein Mann, der als persönlicher Vertrauter Mussolinis in Berlin galt – bei Außenminister Neurath, um ihm einen von seinem Chef selbst ausgearbeiteten Plan zu unterbreiten. Der Anlaß lag auf der Hand: Der Duce hatte sich nach längerem Zögern bereiterklärt, Ende September mit Hitler in Deutschland zusammenzutreffen. Dieser Staatsbesuch sollte, so Magistrati, durch eine »politische Kundgebung« historische Bedeutung erlangen. Als Neurath wissen wollte, was Mussolini wohl unter einer »politischen Kundgebung« verstehe, zog der Botschaftsrat ein Papier aus der Tasche und verlas den Text, den Italiens starker Mann persönlich aufgesetzt hatte. Der Plan sah eine Art Vierer-Pakt zwischen Italien, Deutschland, Österreich und Ungarn vor, der durch die Ausdehnung der Römischen Protokolle auf das Deutsche Reich ein völlig neues Staatengebilde schaffen sollte. Ciano hätte diesen Plan während des Staatsbesuches des italienischen Monarchen in Budapest mit Gömbös' Nachfolger Kalman Daranyí bereits besprochen und dessen Zustimmung erhalten.

Mussolinis Hintergedanken waren Neurath natürlich klar, nachdem er sich von der ersten Überraschung erholt hatte. Ein derartiger Vierer-Pakt hätte Österreich zwar von Deutschland und Italien total abhängig gemacht, doch die nominelle Eigenstaatlichkeit des Landes gewahrt. Noch dazu mit zwei statt einem Paten. Der Minister antwortete daher reserviert, er werde den Plan Hitler »sofort vorlegen«.

Eine Antwort Neuraths ist in den Akten des Auswärtigen Amtes nicht zu finden. Anscheinend hatte man sich entschlossen, über ein so heikles Thema keinen Schriftverkehr zu führen.

Jedenfalls war Hitler nicht geneigt, sich auf ein derartiges Arrangement einzulassen. Er hatte vielmehr beschlossen, alles zu tun, um den Duce von dessen abstrusen Ideen abzubringen. Unmittelbares Ziel der deutschen Außenpolitik war es ja, Mussolini während der Deutschland-Visite eine Österreich-Erklärung mit genau dem gegenteiligen Inhalt abzuringen – nämlich die Anerkennung der alleinigen Bindung Österreichs an das Dritte Reich.

Zur Vorbereitung des Staatsbesuchs sandte Papen eine Denkschrift an Hitler, die es verdient, schon wegen ihrer beispiellosen Frechheit etwas eingehender zitiert zu werden. Papen berichtete, er hätte an Schuschnigg den dringlichen Appell gerichtet, verbindliche Abmachungen über eine engere Zusammenarbeit mit dem deutschen Nachbarn im sozialpolitischen, besonders aber im militärischen Bereich zu treffen. Die Antwort des Kanzlers sei jedoch völlig negativ ausgefallen: »Nur der Staatssekretär (Guido Schmidt), dessen Einfluß auf seinen Chef wesentlich geringer geworden ist, als im Vorjahr, sagte mir wenige Tage später, daß gegen ein enges Zusammengehen auf militärischem Gebiet wesentliche Einwendungen zu erheben seien. Ich nehme an, daß die Besprechungen des Staatssekretärs mit Generaloberst Göring* das gleiche negative Ergebnis gebracht haben.

* Schmidt war am 7. September mit Göring in Karinhall zusammengetroffen, wo er eine Landkarte bemerkte, auf der Österreich als Teil des Deutschen Reiches eingezeichnet war. Göring meinte, für Jäger gäbe es keine nationalen Grenzen.

Hieraus ist zu folgern, daß mit der Regierung Schuschnigg an eine etappenweise und friedliche Weiterentwicklung des deutsch-österreichischen Verhältnisses nicht zu rechnen ist.«
Und dann machte Papen einen bemerkenswerten Vorschlag: »Wir haben aber durchaus die Möglichkeit, die Regierung Schuschnigg, deren Basis im Lande ohnehin äußerst schmal geworden ist, zum Rücktritt zu zwingen. Aber die ganze Frage der Fortentwicklung unserer Beziehungen, des Ersatzes der Regierung Schuschnigg und des von uns als nächste Etappe zu Erreichenden bedarf, meines Erachtens, einer eingehenden Aussprache mit Rom. Der Berliner Besuch des Duce bietet dazu die erwünschte Gelegenheit. Es dürfte nicht unbillig sein, wenn das Reich als Gegenleistung für außerordentliche Rückendeckung der italienischen Position auch seine nächstliegenden Forderungen zu realisieren trachtet. Über Maß und Ziel der Fortentwicklung der österreichischen Frage sollte daher mit Mussolini in voller Offenheit gesprochen werden. Wenn ihm auch nicht Opfer zugemutet werden (können), die betreffend der Aufrechterhaltung der formellen Unabhängigkeit mit seinen früheren Erklärungen direkt in Widerspruch stehen oder welche auf wirtschaftlichem Gebiet die Dreier-Verträge (die Römischen Protokolle) verletzen, dann dürfte angesichts der gegenwärtigen politischen Gesamtlage seine Zustimmung unschwer zu finden sein. Es müßte aber vor allem betont werden, daß die Fortdauer der bisherigen völlig negativen Einstellung der Politik Schuschniggs eine äußerst schwere Gefährdung des deutsch-österreichischen Verhältnisses darstellt und somit auch die deutsch-italienische Politik auf das schwerste belastet.«
Abschließend schlug Papen einen gemeinsamen Druck Roms und Berlins auf Österreich vor, um ein Revirement der Wiener Regierung zu erzwingen: »Ich betone dabei, daß es durchaus nicht notwendig und nicht einmal wünschenswert wäre, für den Übergang ein rein nationalsozialistisches Kabinett aufzustellen. Es genügte, die Portefeuilles Sicherheit und Handel verläßlichen Persönlichkeiten anzuvertrauen.«
Was Papen damals nicht wußte, war, daß Schuschnigg zu jenem

Zeitpunkt wirklich mit der Idee eines Rücktritt spielte. Es hatte sich eine innige Beziehung zwischen dem Witwer und der Gräfin Vera Czernin, geschiedene Gräfin Fugger, entwickelt, und der Kanzler dachte ernsthaft daran, sein Amt niederzulegen, um nach seinem Rückzug aus der Politik zu heiraten. Nach langem Überlegen kam er jedoch zu dem Schluß, daß er in so einem kritischen Moment die Kommandobrücke nicht verlassen dürfe. Wiewohl dies sicherlich besser für ihn gewesen wäre. Aber das konnte er zu jenem Zeitpunkt nicht wissen.

In Berlin fielen Papens Anregungen auf fruchtbaren Boden, obwohl man glaubte, dem Duce einen erzwungenen Rücktritt Schuschniggs nicht zumuten zu können. Dagegen war man fest entschlossen, dem Gast eine Österreich-Erklärung abzuringen.

Was dann auch geschah. In einem, bereits vor der Visite abgesegneten Papier hatte Mussolini versichert, daß er gegen ein deutsch-österreichisches Wirtschaftsbündnis und eine enge Zusammenarbeit zwischen Wien und Berlin nichts einzuwenden habe. Und in einem zweiten Kommuniqué ging der Duce noch weiter: Die Regierungen in Rom und Berlin würden Schuschnigg nahelegen, »über das Juli-Abkommen hinausgehende« Maßnahmen zur Förderung der deutsch-österreichischen Beziehungen zuzustimmen.

Inzwischen hatte Papen in Wien seine Wühltätigkeit fortgesetzt. Ihm ging es jetzt darum, einen Gegensatz zwischen Kanzler und Bundespräsident heraufzubeschwören. So meldete er Außenminister Neurath nach einem »völlig unbefriedigenden Gespräch« mit dem Regierungschef im September: »Es steht fest, daß der Bundespräsident die Politik Schuschniggs seit langem mit starker Kritik verfolgt. Bei ihm wäre ein Ansatzpunkt zu gewinnen. Es steht weiter fest, daß die Leute aus dem klerikalen Heimwehrlager wie Gleißner (dem oberösterreichischen Landeshauptmann vor und nach dem Zweiten Weltkrieg) und last not least Schmitz auf den Sturz des Bundeskanzlers hinarbeiten. Möglicherweise würde die Nachfolge zuerst in die Hand eines dieser Leute gelegt werden. Das würde eine Verschärfung des Kurses der Vaterländischen Front bedeuten und die Entwicklung erneut in Fluß bringen. Es könnte aber auch sein, daß wir den Bundespräsidenten dafür gewinnen, einen weniger belasteten, objektiveren und auf die Heranziehung der Arbeitermassen gerichteten Mann an die Spitze der Regierung zu bringen... In dieser Hinsicht wird als eine brauchbare Persönlichkeit von vielen Kreisen der frühere Bundeskanzler Ender in Vorschlag gebracht... Ich werfe die Frage dieses Kabinettswechsels auf, weil ich überzeugt bin, daß bei Fortführung der schuschniggschen Methoden, wir sehr bald in eine unhaltbare Lage geraten... Zur Ergänzung der Situation füge ich noch hinzu, daß der Staatssekretär (Guido Schmidt), mit dem ich diesen Fragenkomplex schon vorher eingehend besprochen hatte und von dem ich eigentlich eine Unterstützung beim Kanzler erwartete, zu dessen negativen Ausführungen in keiner Weise eine irgendwie differierende Stellung eingenommen hat.« Ein Pluspunkt für den umstrittenen Außenminister, der auch zu dessen Freispruch nach dem Krieg beigetragen hat.

Ungeachtet der Querschüsse Papens schlugen Schuschnigg und seine engsten Mitarbeiter im Herbst 1937 einen härteren Ton gegenüber den österreichischen Nationalsozialisten, wenn nicht deren Protektoren im Reich, an. Gleichzeitig wurde in Berlin die Möglichkeit einer Habsburger-Restauration zu einem echten Trauma, das sich in fast allen, Österreich betreffenden politischen Berichten niederschlug. So schrieb Mitte Oktober 1937 der deutsche Geschäftsträger in Wien, von Stein (in Abwesenheit Papens), Schuschnigg hätte diesem Grundgedanken alle anderen Probleme untergeordnet. Zur Durchsetzung seiner Ziele bediene sich der Kanzler neben der Polizei und der bewaffneten Macht auch der Organe der Vaterländischen Front: »Es ist nicht zu verkennen, daß diese, ursprünglich mit allen Schäden und Schwächen einer Zwangsorganisation behaftet, unter der Leitung von Staatssekretär Zernatto immerhin ein brauchbares Element geworden ist... Obwohl der Bundeskanzler sowohl dem Minister Glaise-Horstenau wie auch anderen Persönlichkeiten versicherte, er denke nicht daran, eine Regierungsumbildung vorzunehmen, halten sich Gerüchte hartnäckig, daß doch in nicht allzu ferner Zeit Veränderungen in der Regierung eintreten sol-

len. Wenn sie kommen werden sie nicht abseits der vorbezeichneten Linie liegen, die der Bundeskanzler verfolgt.«
Papens Versuche, Schuschnigg aus dem Sattel zu heben, hatten also nicht die erwünschte Resonanz gefunden. Es sei denn im entgegengesetztem Sinn.
Schuschnigg, dem all dies nicht verborgen geblieben war, ließ seinerseits seinen Zorn an Glaise-Horstenau aus, den er, im guten Glauben dadurch eine Verständigung zu erzielen, zuerst in die Regierung aufgenommen und dann noch zum Innenminister befördert hatte. Der Kanzler erklärte Glaise-Horstenau dezidiert, außen- und innenpolitisch sei der Nationalsozialismus zu einem Feind jeder ruhigen Entwicklung geworden. Nach der Enttäuschung, die ihm das Juli-Abkommen beschert hatte, wolle er sich zwar nicht gegen das Reich wenden, aber gleichzeitig eine engere Bindung zu den Nachfolgestaaten der Donau-Monarchie, einschließlich Polen, anstreben.
Glaise berichtete dies brühwarm dem deutschen Geschäftsträger und machte sich erbötig, sein Regierungsamt niederzulegen. Von Stein ersuchte ihn, »um der Sache willen« auszuharren. Nur so könne er vielleicht doch einigen Einfluß auf den Lauf der Dinge nehmen, »und uns wenigstens auf dem laufenden über die kommenden Vorgänge« halten.
Dabei hätte sich Glaise über seine Zukunft gar keine Sorgen machen müssen. Hitler hatte zu jenem Zeitpunkt bereits den Stab über Österreich – und Schuschnigg – gebrochen. Im Vertrauen auf die Rückendeckung, die er von Mussolini während dessen wohlorganisiertem Triumphzug durch Deutschland erhalten hatte, konnte er nun zur Tat schreiten. Am 5. November 1937 berief er seinen Reichskriegsminister Werner von Blomberg (der nicht wußte, daß seine eigenen Tage als Minister bereits gezählt waren), die Chefs der drei Waffengattungen sowie Außenminister Neurath und seinen persönlichen Adjutanten Oberst Friedrich Hoßbach zu einer außerordentlichen Sitzung. Bei dieser Gelegenheit eröffnete er seinen Zuhörern die Absicht, nicht nur Österreich – was die Anwesenden sicher nicht überraschte –, sondern auch die Tschechoslowakei in absehbarer Zeit militä-

risch niederzuwerfen. Damit wäre das Problem der »deutschen Raumnot« – eines der Lieblingsthemen Hitlers, das er schon in »Mein Kampf« aufgegriffen hatte – gelöst. In einem Aufwasch würden auch die strategisch günstigen Ausgangspositionen für den Endkampf um die Macht in Europa, wenn nicht der Welt, geschaffen.

Das Protokoll der Sitzung wurde von Oberst Hoßbach niedergeschrieben und ging unter dessen Namen in die Geschichte ein. Die historische Bedeutung des »Hoßbach-Protokolls« wird heute von keinem ernstzunehmenden Historiker angezweifelt. Es wäre jedoch falsch, von einem »Blitz aus heiterem Himmel« zu sprechen, wie dies in einigen Werken der Fall ist. Die eigentlichen Aggressionspläne gegen Österreich waren nämlich schon etliche Monate zuvor ausgearbeitet worden. Am 24. Juni 1937 hatte Blomberg in einer »Weisung für die einheitliche Kriegsvorbereitung der Wehrmacht« die strategischen Pläne und Ziele bereits festgelegt. In dieser »Weisung« wurde festgestellt, daß die allgemeine politische Lage nicht zu der Vermutung berechtige, daß Deutschland wieder mit einem Angriff von irgendeiner Seite zu rechnen habe. Trotzdem erfordere »die politisch labile und überraschende Zwischenfälle nicht ausschließende Weltlage« eine stete Kriegsbereitschaft der deutschen Wehrmacht. Die Wehrmacht müsse für einen Zweifrontenkrieg mit Schwerpunkt West (Aufmarsch Rot) und für einen Zweifrontenkrieg mit Schwerpunkt Südost (Aufmarsch Grün) ebenso vorbereitet sein wie für drei Sonderfälle: bewaffnete Intervention gegen Österreich (Sonderfall Otto), kriegerische Verwicklungen mit Spanien und eine Beteiligung von England, Frankreich, Polen und Litauen an einem Krieg gegen Deutschland. Die Modalitäten für eine kriegerische Auseinandersetzung mit Österreich wurden in Blombergs »Weisung« bereits in allen Einzelheiten festgelegt (zitiert aus Protokollen des Nürnberger Kriegsverbrecherprozesses):

»Sonderfall Otto
Bewaffnete Intervention gegen Österreich für den Fall, daß dieses die Monarchie wiederherstellen sollte.

Ziel der Intervention wird sein, Österreich mit Waffengewalt zum Verzicht auf eine Restauration zu zwingen.
Hierzu ist unter Ausnutzung der innerpolitischen Spaltung des österreichischen Volkes in allgemeiner Richtung auf Wien einzumarschieren und jeder Widerstand zu brechen.
Teile der Luftwaffe sind zur unmittelbaren Unterstützung des Heeres einzusetzen. Jede weitergehende Verwendung von Kampfverbänden unterliegt meiner Entscheidung.
Ob außer der bewaffneten Macht Verbände der Partei eingesetzt werden, bleibt der Entscheidung des obersten Befehlshabers der Wehrmacht vorbehalten.
Die Bearbeitung des Sonderfalles ›Otto‹ ist vorzusehen:
a) als Aktion für sich ohne gleichzeitigen Aufmarsch an anderen Fronten;
b) im Rahmen des Aufmarsches ›Rot‹.
Als gleichzeitige Aktion sind Sonderfall ›Otto‹ und Aufmarsch ›Grün‹ nicht vorzusehen. Sollten sich die politischen Voraussetzungen für beide Fälle zur selben Zeit ergeben, so wird der Sonderfall ›Otto‹ bis zum Abschluß der Aktion ›Grün‹ zurückgestellt werden.
Mit der Möglichkeit, daß sich aus dem Sonderfall ›Otto‹ der Fall ›Grün‹ entwickeln könnte, muß gerechnet werden; dies ist in den Kreis der Überlegungen miteinzubeziehen.«

Hitler war also durchaus bereit, nötigenfalls mit der Okkupation Österreichs einen europäischen Krieg im Osten wie im Westen auszulösen. Dazu benötigte er eine wirksame außenpolitische Rückendeckung. Italien mußte in seine Kalkulationen nicht mehr einbezogen werden, obwohl er bis zum bitteren Ende nicht hundertprozentig sicher war, wie Mussolini im Falle eines Falles tatsächlich reagieren würde. Dagegen wußte er, daß sich Frankreich wahrscheinlich seinen Plänen widersetzen würde, rechnete aber zuversichtlich damit, daß die Franzosen ohne britische Unterstützung nicht marschieren würden. Also konzentrierte er sich darauf, Großbritannien im Konzert der westeuropäischen Mächte wenn nicht auszuschalten, so doch zu neutralisieren.

Sein wichtigstes Ziel war es daher, konzessionsbereite britische Politiker für sein böses Spiel zu gewinnen – womöglich, ohne daß es ihnen bewußt wurde. Von seinem Botschafter in London, dem ehemaligen Sektvertreter Joachim von Ribbentrop, wußte er vom Einfluß des »Cliveden Sets«. An Premierminister Chamberlain wagte sich Ribbentrop noch nicht heran, deshalb suchte er Kontakt mit dem bekanntesten »Appeaser« innerhalb des Kabinetts, dem von Lord Privy Seal zum Lord President of the Council (zwei Kabinettsposten, die es nur im traditionsbewußten London gibt) avancierten Lord Halifax. Eine offizielle Einladung aus Berlin hätte Halifax, selbst wenn er es gewollt hätte, politisch nicht überstanden. Also lud man ihn privat zur großen deutschen Jagdausstellung ein, wobei ein »informelles« Zusammentreffen mit Hitler in Berchtesgaden und ein Empfang bei Göring in Karinhall in letzter Minute eingeplant wurden.
Daß die britische Regierung, was die »private« Halifax-Reise betraf, von einem schlechten Gewissen geplagt war, geht nicht zuletzt aus der Tatsache hervor, daß Paris von der Visite nicht im vorhinein informiert wurde. Als die Franzosen dann doch, durch einen Bericht im Londoner »Evening Standard«, von der Reise erfuhren, zog sich Whitehall scheinheilig mit einem Hinweis auf den rein privaten Charakter der Visite aus der Affäre.
Doch auch Außenminister Eden, ein Gegner des »Cliveden Set«, hatte ein ungutes Gefühl, obwohl er die private Reise einem Ministerkollegen nicht verbieten konnte. Er versuchte, Halifax eine Reihe von Richtlinien auf den Weg mitzugeben. So etwa sollte der Lord seinen deutschen Gastgebern klarmachen, daß sich London mit einer gewaltsamen Änderung des internationalen Status von Österreich nicht abfinden könnte. Die Mehrheit der Österreicher, ließ er Halifax mitteilen, sei gegen einen Anschluß, und Spekulationen über einen Meinungsumschwung in Österreich seien rein akademisch.
Da allerdings funkte Botschafter Henderson aus Berlin dazwischen, nachdem er eine Kopie der »Richtlinien« erhalten hatte. Unter gewissen Bedingungen könnte man einen Anschluß sehr wohl hinnehmen.

Wie auch immer man über die deutsche Politik denken mag, eines muß man ihr zugestehen: Sie hatte die Kunst der Beeinflussung ausländischer Gäste – bei den Olympischen Spielen in Berlin erstmals erfolgreich erprobt – perfektioniert. Ob bewußt oder unbewußt, ging Halifax mit offenen Augen in die Falle. Am 19. Oktober wurde er von Hitler auf dem Berghof empfangen und nach allen Regeln der Kunst, die der charismatische Führer, wenn er wollte, zweifellos beherrschte, umworben. Und im Anschluß an den Besuch in Berchtesgaden ließ sich Halifax zu einer geradezu beispiellosen Geschmacklosigkeit hinreißen: Er besuchte das berüchtigte »Braune Haus« in München und machte damit die (neben dem Stalinismus) brutalste politische Bewegung Europas in den Augen der Welt gleichsam hoffähig.
Es war jedoch nicht Hitler, der die eigentliche Aufgabe der Beeinflussung des britischen Ministers übernommen hatte. Diese Aufgabe überließ er Göring und Goebbels. Sozusagen von »Jäger zu Jäger« fand Halifax den »dicken Hermann« ganz offensichtlich sympathisch, »wie einen großen Schuljungen«. Und sogar für Goebbels fand er in seinem offiziellen Bericht freundliche Worte: »Ich hatte erwartet, ihn abstoßend zu finden, aber das war nicht der Fall.« Nicht einmal dann, als der Propagandaminister seinen Gast ersuchte, die britische Presse zu beeinflussen. Schließlich bedauerte der britische Minister sogar in seinem Resümee, keine Gelegenheit erhalten zu haben, Himmler und Rudolf Heß kennenzulernen.
Die deutsche Führung konnte somit mit diesem Besuch über alle Maßen zufrieden sein. Und da ein Unglück für Österreich selten allein kam, mußte Schuschnigg noch einen weiteren Tiefschlag verkraften. Nicht zuletzt auf Drängen der deutschfreundlichen Clique in Whitehall wurde der britische Gesandte in Wien, Sir Walford Selby, der sich wie kein anderer für Österreich eingesetzt hatte, auf einen unbedeutenden Posten versetzt und durch einen eher farblosen Diplomaten, C.M.E. (Michael) Palairet, ersetzt. Auf diesen Neuankömmling stürzte sich Papen wie ein Geier. Palairet war zu vorsichtig, um sich zu politischen Aussagen hinreißen zu lassen, fand aber seinen deutschen Kollegen

»sympathisch und charmant«. Mehr hatte der schlaue Fuchs zu jenem Zeitpunkt nicht erwartet.
Überdies hatte er wichtigere Aufgaben. Nach der sich anbahnenden Neutralisierung Großbritanniens hatte Hitler beschlossen, den persönlichen Druck auf Schuschnigg zu verstärken. In diesem Sinne wurde Papen angewiesen, ein persönliches Treffen mit dem Kanzler zu fordern. Dieser wäre einem derartigen Treffen wohl gerne ausgewichen, aber der Gesandte bestand auf seiner Forderung. So fand das Treffen, im Widerspruch zu allen diplomatischen Usancen, kurz vor den Weihnachtsfeiertagen, am 17. Dezember, statt, zu einem Zeitpunkt, da normalerweise der Feiertagsfriede bereits in die Donaumetropole eingezogen war.
Mit dem Rücken zur Wand, hatte sich Schuschnigg eine neue Taktik ausgedacht. Das Deutsche Reich, erklärte er Papen, beschwere sich laufend darüber, daß Österreich das Juli-Abkommen nicht einhalte. Nun wolle er endlich wissen, was Berlin ihm eigentlich vorzuwerfen habe. In Wirklichkeit habe nicht Österreich, sondern Deutschland den Pakt verletzt.
Papen antwortete mit einer weitschweifigen Darstellung von Hitlers Friedenswillen. Wenn es aber kein Entgegenkommen von österreichischer Seite gäbe, »können wir in eine Situation geraten, die wir nicht mehr werden ändern können«. Im besonderen beschwerte er sich über das eben von Schuschnigg veröffentlichte Buch »Dreimal Österreich«, das die Deutschen »zutiefst enttäuscht« habe.
Worauf der Kanzler mit einem seiner so seltenen Temperamentsausbrüche reagierte: Papen solle sich doch nicht als »Gouverneur oder Vormund Österreichs« gerieren. Und forderte, überraschend energisch, die »Ausschaltung des Anschluß-Komplexes« aus den Verhandlungen. Wer gegen den Anschluß sei, müsse deshalb kein Gegner des Juli-Abkommens sein. Sollte jedoch der Anschluß mit Gewalt erfolgen, so werde nur eine Ruine übrigbleiben. Danach zählte Schuschnigg die schwersten Verstöße Deutschlands gegen das Juli-Abkommen auf. Dazu gehöre auch die Eröffnung einer als überdimensioniertes Verkehrsbüro getarnten deutschen Propagandazentrale im Zentrum Wiens.

Die Radikalisierung des vaterländischen Lagers sei daher verständlich.
Was Papen natürlich nicht wahrhaben wollte. Er verabschiedete sich mit drohendem Unterton, er werde Berlin Bericht erstatten, und man werde von ihm hören.
Zum besseren Verständnis der Lage muß auf einen dramatischen Zwischenfall hingewiesen werden, der sich kurz vor dem Treffen ereignet hatte: Ernst von Hohenberg, der jüngere Sohn des in Sarajewo ermordeten österreichischen Thronfolgers Franz Ferdinand, hatte, als er an dem bereits erwähnten »Fremdenverkehrsbüro« vorbeiging – über die offenkundige Provokation maßlos erzürnt –, die Auslagenscheibe eingeschlagen. Dafür warfen ihn die Nazis später in ein Konzentrationslager, obwohl er sich, im Gegensatz zu seinem älteren Bruder Max, niemals politisch engagiert hatte.
Der Vorstoß Papens, der sich nun dauernd »Botschafter« nannte, stellte zweifellos den Teil einer psychologischen Kriegsführung dar, mit der die Nazis dies- und jenseits der Grenze Schuschnigg »weichklopfen« wollten. Wobei ihnen natürlich bekannt war, daß Schuschnigg auch privat unter schwerem seelischen Druck stand. Und daran litt.
Innerhalb der Regierung hatte er, nach der wachsenden Entfremdung mit Außenminister Schmidt, nur noch einen Vertrauten, den »anderen Guidonen« Zernatto. Überdies wußte er bereits, daß sich in seinem eigenen Amt eine nationalsozialistische Zelle etabliert hatte, so daß die Geheimhaltung von entscheidenden Aktivitäten, wenn überhaupt, nur unter erschwerten Umständen gewährleistet werden konnte.
Wie konnte der feinfühlige Schuschnigg diesem Druck überhaupt widerstehen? Darüber berichtet Milian Dubrovic, der Nestor unter Österreichs Journalisten, zu jener Zeit Redakteur des »Neuen Wiener Tagblattes«: Ein Kreis von Intellektuellen, Schriftstellern und Journalisten – unter ihnen auch Dubrovic – hatte sich damals um den berühmten Franz Werfel geschart. Entweder sie trafen im legendären Café Herrenhof zusammen oder abends in Werfels Wohnung, sofern dessen Frau Alma nicht

zu Hause war, die sich eher von klerikalen als von intellektuellen Gruppen angezogen fühlte. Eines Abends wurde die Runde bei Werfel durch einen unerwarteten Telefonanruf unterbrochen. Danach teilte der Hausherr seinen Freunden mit: »Ihr müßt jetzt gehen, der Kanzler hat angerufen. Er will gleich zu mir kommen.«

Als Werfels Freunde das Haus verließen, fuhr schon der Dienstwagen des Kanzlers vor. Am nächsten Tag wollten alle wissen: »Was hat der Kanzler bei dir zu tun?« Von der Antwort des Schriftstellers wurden sie überrascht: »Er wollte, daß ich ihm Sonette von Goethe vorlese. Das ist seine Art, sich zu entspannen.«

Diese kleine Anekdote sagt wahrscheinlich mehr über den Menschen Schuschnigg aus als politische Analysen.

Allem Anschein nach hatte sich der Kanzler in Anbetracht der steil anwachsenden Forderungen des Dritten Reiches und der immer offensiver operierenden österreichischen Nazis entschlossen, weder vor der inneren noch der äußeren Bedrohung weiter zurückzuweichen. Er selbst meinte später über diese Periode: »Von 1933 bis 1938 wurde Österreich zu Tode befriedet.«

In diesem Konnex schreibt der Historiker Hopfgartner: »... Doch der Widerstand des Kanzlers kam 1937 zu spät. Die Nationalsozialisten konnten angesichts der näherrückenden Entscheidung nicht mehr im Zaum gehalten werden, und Hitler erlaubte es die internationale Lage, wesentlich schärfer gegen Schuschnigg vorzugehen.«

Der Sprengstoff war also bereit, und die Lunte schwelte schon. Das nächste Alarmsignal, das Wien allerdings erst auf zeitraubenden Umwegen erreichte, kam aus der Reichshauptstadt selbst. Beim Neujahrsempfang des Auswärtigen Amtes für das diplomatische Korps am 9. Jänner 1938 wurde der Hausherr, Minister Neurath, vom französischen Botschafter François-Poncet, halb im Scherz halb im Ernst, mit der Bemerkung angesprochen, er hoffe die deutsche Außenpolitik werde ihm 1938 nicht allzu oft um seinen Schlaf oder seine Sonntagsruhe bringen. Neurath antwortete ebenso jovial, er könne dies mit gutem Gewissen versichern. Allerdings mit einer Einschränkung – Österreich. Die Lage im südlichen Nachbarland sei untragbar geworden und müsse bereinigt werden.

Schuschnigg erfuhr von diesem Gespräch vom französischen Gesandten in Wien, Gabriel Puaux, wie bereits erwähnt, einem treuen Freund Österreichs. Der Kanzler sandte daraufhin den österreichischen Gesandten in Berlin, Stefan Tauschitz, umgehend zu François-Poncet und danach zu Neurath, um weitere Einzelheiten zu erfahren.

François-Poncet bestätigte vollinhaltlich die Darstellung seines Wiener Kollegen. Auf die Haltung seiner eigenen Regierung angesprochen, antwortete der Botschafter lakonisch, Frankreich müsse abwarten, ob Österreich und andere mitteleuropäische Staaten selbst ihre Bereitschaft zur Erhaltung des Status quo beweisen würden.

Noch deprimierender waren die Nachrichten, die Tauschitz von Neurath zurückbrachte. Der Außenminister beschwerte sich darüber – wie gegenüber François-Poncet –, daß sich die Lage in Österreich, aus deutscher Sicht betrachtet, verschlechtert habe. Es sei daher mit »außerordentlichen Maßnahmen« der Reichsregierung zu rechnen. Lediglich in Bezug auf die »Österreichische Legion«, über deren Tätigkeit sich Schuschnigg immer wieder beschwert hatte, glaubte Neurath seinen Gesprächspartner beruhigen zu können: »Wenn wir jemals die Absicht hätten, Österreich zu erobern – durch die Legion bestimmt nicht.«

Auch aus Paris kamen schlechte Nachrichten. Alexis Leger, der Generalsekretär des Quay d'Orsay (der später als »St. John Perse« den Literatur-Nobelpreis erhalten sollte), riet Schuschnigg, Zeit zu gewinnen. Inzwischen müsse Österreich »seiltanzen«.

Daran hatte sich Schuschnigg bereits gewöhnt. Seine Hoffnung auf Zeitgewinn beruhte auf Gerüchten über bevorstehende Versöhnungsverhandlungen zwischen London und Rom. Sollte eine derartige Einigung stattfinden, mutmaßte der Kanzler, würde Mussolini aus seiner Isolation ausbrechen und seine alleinige Bindung an Berlin lockern.

Kurz danach hatte Schuschnigg seinen letzten Auftritt bei einem internationalen Treffen: Der Tagung – es sollte die letzte sein – der Römer-Protokoll-Staaten in Budapest. Wenn der Kanzler allerdings mit Schützenhilfe von seinen »Verbündeten« gerechnet hatte, wurde er bitter enttäuscht. Er stieß auf keinerlei Verständnis für seine Schwierigkeiten. Dagegen wurde er neuerlich von Ciano mit der Forderung konfrontiert, aus dem Völkerbund auszutreten und sich dafür dem Anti-Komintern-Pakt anzuschließen. Danach wußte Schuschnigg, daß die Römischen Protokolle ebenso ihren Wert verloren hatten wie die Stresa-Front.
Dabei hatte Schuschnigg gerade auf die absehbare Zukunft große Hoffnungen gesetzt: »Ich kann es heute nicht beweisen«, erklärte er nach seiner Heimkehr nach Tirol dem Historiker Gerhard Jagschitz, »aber der feste Vorsatz war, das Jahr 1938 zu benützen, um die Übergangszeit abzuschließen, um mit den Wahlen in die Stände zu einer richtigen Verfassung zu kommen. Das hatte ich in einer Rede in Innsbruck 1937 angekündigt. In einer Rede kann man viel ankündigen, aber ich habe es fest vorgehabt und geglaubt. Was noch immer nicht beweist, daß es gelungen wäre. Aber wir hatten alle das Gefühl, daß es höchste Zeit sei, die neue Verfassung einzuführen – was wahrscheinlich zu einem Personenwechsel an der Spitze der Regierung geführt hätte. Ich habe genug gehabt und wäre auch aus privaten Gründen zurückgetreten. Aber nicht bevor die neue Verfassung feststand.«

6. Kapitel

»Bis hierher und nicht weiter«

In Berchtesgaden scheitert Schuschniggs Befriedungspolitik

Das Jahr 1938 begann unheilschwanger. Vorerst berichteten die Zeitungen ausführlich von einem Nordlicht, das bis in mitteleuropäische Regionen zu sehen war. Von altersher: Ein Unglückszeichen.

In der zweiten Jännerhälfte wurde die ohnehin gespannte Lage durch einen unerwarteten Zwischenfall dramatisch verschärft. Am 22. Jänner veröffentlichte die tschechoslowakische Zeitung »Slovansky Hlas« unter der Überschrift »Bei den österreichischen Hitler-Leuten« ein Interview ihres Wiener Korrespondenten Fajan mit Leopold Tavs, dem Wiener Gauleiter der illegalen NSDAP und gleichzeitig Mitglied des quasi-legalen Siebener Ausschusses, das im Büro dieser Institution im dritten Stock des Hauses Teinfaltstraße 7 in der Wiener Innenstadt stattgefunden hatte. Tavs ließ sich über die österreichische Regierung aus: »Hier sitze ich, der Chef einer ›illegalen und staatsfeindlichen‹ Partei, und im selben Haus sitzt Hauptmann Leopold (der Landesleiter der illegalen österreichischen NSDAP). Ist das nicht eine paradoxe Situation?«

Das Tavs-Interview, besonders aber die höhnischen Antworten des Befragten, brachte die Wiener »Reichspost«, das von Friedrich Funder geführte, inoffizielle Regierungsorgan, auf den Plan. Aus dem Februarputsch, wetterte das klerikale Blatt, leite die NSDAP öffentlich den Anspruch ab, ebenfalls einen Staatsstreich versuchen zu dürfen. Um das zu verhindern, drängte die »Reichspost« die Regierung, dem Spuk hinter dem Burgtheater endlich ein Ende zu bereiten.

Diesen Wink mit dem offiziösen Zaunpfahl konnte der vorsichtige Staatssekretär für das Sicherheitswesen, Michael Skubl, nicht ignorieren. Innerhalb weniger Stunden erschien die Staatspolizei in der Teinfaltstraße und durchsuchte die Parteibüros, wobei ihr ein ganzer Berg höchst belastender Akten in die Hände fiel, deren Bedeutung die Funde in der Helfersdorfer Straße ein Jahr zuvor bei weitem übertraf.

Auf Grund dieser Akten wurden Leopold und Tavs verhaftet. Gegen letzteren wurde Anklage wegen Hochverrat erhoben.

Als wichtigste unter den beschlagnahmten Unterlagen erwies sich ein Dokument, das schon damals unter dem Namen »Tavs-Plan« in die offiziellen Akten einging. Die Paraphe auf dem Dokument »R.H.« wurde auf Rudolf Heß, den damaligen »Stellvertreter des Führers«, zurückgeführt, obwohl dies niemals bewiesen werden konnte.

Wie Professor Ludwig Jedlicka, der 1977 verstorbene Gründer des Instituts für Zeitgeschichte an der Universität Wien, in einer seiner genau recherchierten Studien über die Vorgeschichte des Anschlusses festhielt, war das Ziel des »Tavs-Planes«, in Österreich möglichst viel Unruhe zu stiften, damit Deutschland dann erklären könne, das Land werde mit der inneren Unruhe allein nicht fertig und Berlin sei daher genötigt, zur Aufrechterhaltung von Ruhe und Ordnung die geeigneten Schritte zu unternehmen.

Ausländischen Diplomaten in Wien, von ihren eigenen, aber auch von nationalsozialistischen Quellen über die Ereignisse in der Teinfaltstraße ziemlich genau informiert, vermuteten überdies, österreichische Nazis hätten einen provokativen Anschlag auf die deutsche Botschaft in Wien sowie die Ermordung Papens geplant. Wobei dieser Anschlag, wie im Juli 1934, von Personen in Uniformen des österreichischen Bundesheeres oder des neuen Schutzkorps durchgeführt werden sollte. Dies hätte reichlich Anlaß für einen deutschen Einmarsch gegeben.

Schuschnigg selbst erklärte dazu dem Autor dieses Buches einige Jahre vor seinem Tod, eher ausweichend, er habe von derartigen Machinationen gegen Papen wohl gehört, es sei aber, nach seiner Erinnerung, zu diesem Punkt in der Teinfaltstraße kein schlüssiges Beweismaterial gefunden worden.

Entgegen dieser Version erklärte jedoch Skubl in seiner Aussage beim Guido-Schmidt-Prozeß, verkleidete österreichische Nazis hätten sehr wohl einen Anschlag auf die deutsche Mission verüben sollen. Dies sei allerdings nicht Teil des eigentlichen Tavs-Planes gewesen.

Und auch Papen bestätigte in einem Memorandum, das bei diesem Prozeß verlesen wurde, die österreichische Regierung hätte ihn nach der Razzia vor einem Anschlag gewarnt. Deshalb sei er der Regierung zu Dank verpflichtet gewesen.

Abgezahlt hat er diese Dankesschuld allerdings nie. Nicht einmal zu einer Zeit, da Schuschnigg in der Gefangenschaft einen Fürsprecher wie Papen dringend benötigt hätte. Aber dieser hat nie etwas für einen Gegner getan, wenn dies mit einem persönlichen Risiko verbunden war. Und Papens Freunde waren nicht viel besser dran.

Die Entdeckung des »Tavs-Planes« löste indessen im österreichischen Ministerrat helle Empörung aus. Bei der Sitzung am 25. Jänner, deren Originalprotokoll aus dem Verwaltungsarchiv verschwunden ist – offensichtlich von den Nazis nach dem Anschluß entwendet –, forderten einige Minister Schuschnigg auf, an höchster Stelle in Berlin gegen diese eklatante Verletzung des Juli-Abkommens zu protestieren.

Der Regierungschef beschloß jedoch, die ganze Affäre der Öffentlichkeit zu verheimlichen, so wie es nach der Razzia in der Helfersdorfer Straße geschehen war. Er glaubte vielmehr, nun aus einer gestärkten Position deutschen Vorwürfen über österreichische Abkommensverletzungen entgegentreten zu können.

In diesem Sinne beschränkte sich Guido Schmidt darauf, bei seiner nächsten Begegnung mit Papen, lediglich den »Aktionsplan Tavs« als »beweisbare Verletzung der fundamentalen Bestimmungen des Abkommens vom 11. Juli 1936« zu verurteilen, ohne jedoch Konsequenzen von Seiten des Reiches zu fordern. »Herr von Papen schrieb sich alle Daten über die Vorfälle auf«, heißt es in Schmidts Gedächtnisprotokoll, »und sagte zu, diese bei seinem persönlichen Bericht an den Reichskanzler zu verwerten«.

Papen war jedoch nicht wegen der Tavs-Affäre ins Außenministerium gekommen, sondern um »wichtige Nachrichten aus Berlin« zu übermitteln. Hitler hätte sich entschieden, Schuschnigg »so um den 15. Februar« auf dem Obersalzberg zu einer Aussprache zu empfangen. Schmidt nahm diese Einladung sozusagen stellvertretend für den Kanzler an.

Schuschnigg war über diese Entwicklung keineswegs erfreut. So spielte er weiter auf Zeitgewinn und unterließ es, die Zusage seines Adlatus' formell zu bestätigen.

Wenn der Kanzler indessen geglaubt hatte, seine Position durch die Tavs-Affäre gestärkt zu haben, hatte er sich gewaltig geirrt. In Berlin fühlte man sich keineswegs schuldbewußt. Das Auffliegen der Pläne der österreichischen Nazis – mit oder ohne Zustimmung von Rudolf Heß – hatte Hitler lediglich dazu bewogen, eine schnellere Entscheidung zu suchen als ursprünglich geplant. Er ergriff daher Maßnahmen, die in Österreich vorerst wie ein Hoffnungsstrahl erschienen, tatsächlich aber das Wetterleuchten vor der neuen Sintflut darstellten.

Am 26. Jänner wurde Reichskriegsminister Blomberg, dessen unstandesgemäße Heirat mit einer jungen Dame von angeblich zweifelhaftem Ruf absichtlich von der Gestapo hochgespielt worden war, zum Rücktritt gezwungen. Sein logischer Nachfolger wäre der Oberbefehlshaber des Heeres, Werner von Fritsch, gewesen, ein aufrechter Offizier der alten Schule. Gegen diesen setzte jedoch ein weiteres, von Hitler eigens inszeniertes gemeines Intrigenspiel ein. Worauf auch Fritsch am 28. Jänner beurlaubt wurde, nachdem man – völlig ungerechtfertigt – versucht hatte, ihn in eine Homosexuellenaffäre zu verwickeln.

Hitler hatte sich bereits einen Tag zuvor entschlossen, den Oberbefehl der Wehrmacht selbst zu übernehmen und den ihm treu ergebenen General Wilhelm Keitel (»Lakeitel«) zum Leiter eines neuzuschaffenden Oberkommandos der Wehrmacht zu ernennen. Erst am 3. Februar, nachdem das Tauziehen bereits entschieden war, fiel seine Wahl schließlich auf General Walter von Brauchitsch zum Oberbefehlshaber des Heeres.

Sozusagen als »Draufgabe« säuberte Hitler noch die Spitzen des Auswärtigen Amtes von »konservativen Elementen«. Neurath mußte gehen, um seinen Platz für den bisherigen Botschafter in London, Joachim von Ribbentrop, freizumachen. Gleichzeitig wurde eine Reihe von deutschen Spitzendiplomaten abberufen, darunter der aufrechte Ullrich von Hassel aus Rom und der weniger aufrechte Papen aus Wien.

Das Endergebnis der umfangreichsten Säuberung in Deutschland seit der »Nacht der langen Messer« im Juni 1934 war somit für Österreich durchwegs negativ. Sowohl in der Wehrmacht als auch im Auswärtigen Amt hatte eine neue radikale Gruppe die Zügel übernommen. Dementsprechend notierte der damalige Oberst (und später in Nürnberg hingerichtete Generaloberst) Alfred Jodl in seinem Tagebuch, Hitler hätte beschlossen, Europa außenpolitisch in Atem zu halten, um den Scheinwerfer von der Aufrüstung abzulenken: »Schuschnigg soll nicht Mut fassen, sondern zittern.«

Papen war durch seine – zumindest für ihn selbst – völlig unerwartete Abberufung so knapp vor dem Ziel, nach Angaben seiner Mitarbeiter, »wie vom Schlag gerührt«. Während aber die anderen Geschaßten ihr Schicksal gehorsam hinnahmen, war der ehemalige Reichs- und Vizekanzler keinen Moment lang geneigt, sich »so mir nichts, dir nichts« dem Diktat aus Berlin zu unterwerfen. Zu Recht vermutete er eine Intrige seiner vielen Feinde im Auswärtigen Amt und beschloß daher, dieser umgehend durch eine eigene Intrige entgegenzuwirken. Nachdem er sich am 5. Februar pro forma auf dem Ballhausplatz verabschiedet hatte, fuhr er nicht etwa nach Hause, sondern direkt zu Hitler nach Berchtesgaden. Dort teilte er dem Führer triumphierend mit, Schuschnigg habe die Einladung auf den Obersalzberg formell angenommen – was zu jenem Zeitpunkt keineswegs den Tatsachen entsprach. Hitler reagierte freudig überrascht und beauftragte Papen, unbeschadet seiner Abberufung, sofort nach Wien zurückzukehren, um die Einzelheiten des Treffens festzulegen.

Am 7. Februar tauchte Papen dann zum zweitenmal innerhalb von 48 Stunden im Bundeskanzleramt auf und stellte Schuschnigg vor die vollendete Tatsache: Hitler hätte dem Treffen zugestimmt, nachdem er (Papen) seinem »Führer« die in dieser

Form gar nicht erteilte Zustimmung Schuschniggs übermittelt hätte. Das ganze sei ein großer Tag für den Frieden, und die deutsche Reichsregierung hätte bindend zugesagt – wieder eine reine Lüge –, keine neuen, über das Juli-Abkommen hinausgehenden Forderungen zu stellen, sondern dieses – und damit die Unabhängigkeit Österreichs – formell zu bekräftigen. Als Termin schlug er den 12. Februar vor – nicht gerade einen Glückstag für Österreich, war es doch der vierte Jahrestag der Februarkämpfe.

Natürlich erkannte Schuschnigg, daß man ihn überrumpelt hatte. Ob er dies wollte oder nicht: Eine Ablehnung der Einladung wäre unter diesen Umständen sogar von Österreichs vermeintlichen Freunden im Westen als Affront gegenüber einem mächtigen Nachbarn aufgefaßt worden. Jetzt ging es dem Kanzler nur noch darum, bindende Garantien gegen eine weitere Überrumpelung zu erhalten. Wozu sich Papen, scheinheilig wie immer, sofort bereit erklärte.

Vorerst beschloß Schuschnigg, zweigleisig zu operieren. Einerseits beauftragte er Guido Zernatto, mit Seyß-Inquart, als nunmehr offiziellem Führer der »Nationalen«, Kontakt aufzunehmen, um das Ausmaß möglicher Konzessionen an das Reich zu ermitteln. Der Inhalt dieser Gespräche sollte streng vertraulich bleiben, aber eigentlich hätte Schuschnigg wissen müssen, daß sich Seyß-Inquart nicht an sein Wort halten würde. Was er auch nicht tat. Das Ergebnis war, daß Hitler im vorhinein über den österreichischen Standpunkt besser informiert war als so mancher vaterländische Spitzenfunktionär. Papen fuhr dann mit einem von Seyß-Inquart bevollmächtigten nationalsozialistischen (angeblichen) Journalisten namens Kajetan Mühlmann nach Berchtesgaden, um Hitler zu informieren, wie weit der österreichische Kanzler zu gehen bereit war.

Schuschnigg wurde aber auch an einer zweiten Front aktiv. Am 10. Februar, beim Ball der Vaterländischen Front, zog er einen seiner ältesten Vertrauten, Josef Kimmel, den Führer der »Ostmärkischen Sturmscharen«, beiseite und fragte ihn, ob er raschest die alten Wehrverbände reaktivieren könne. Kimmel

stimmte begeistert zu. Als er aber dem Kanzler wenige Tage später konkrete Maßnahmen vorschlagen wollte, konnte er zu diesem nicht mehr durchdringen. Der Zug der Zeit hatte die verspätete Initiative inzwischen überholt.
Für eine effektive Mobilmachung der Wehrverbände hätte Schuschnigg wahrscheinlich die Hilfe Starhembergs benötigt, doch dieser befand sich mit seiner Frau Nora Gregor seit Dezember in der Schweiz. Und überdies war das Verhältnis zwischen den beiden Männern noch immer so gespannt, daß der Kanzler, nach eigenen Angaben, gar nicht erwog, seinen einstigen Rivalen zu Hilfe zu rufen.
Natürlich holte Schuschnigg den Rat seiner Gesinnungsfreunde ein, unter denen sich der Wiener Bürgermeister Richard Schmitz in den vorhergegangenen Monaten am eindeutigsten profiliert hatte. So sehr, daß er zumindest von Papen immer wieder als potentieller Schuschnigg-Nachfolger genannt worden war. Schmitz riet eindringlich von der Reise nach Berchtesgaden ab, konnte aber den Kanzler nicht umstimmen, ebenso wenig wie der wieder aufgetauchte Ernst Karl Winter.
Gewarnt wurde der Kanzler auch von kirchlicher Seite. Die Bischofskonferenz, vom Kanzler um Rat gebeten, plädierte eindeutig für eine Absage der Reise. Was für einzelne kirchliche Teilnehmer noch schwere Folgen haben sollte. Das Protokoll der Sitzung wurde nämlich von einem »spätberufenen« Hilfskaplan, in Wirklichkeit einem Nazi-Agenten, an die Deutschen verraten. Über mangelnde Information konnte sich Hitler also nicht beschweren.
Warum fuhr also Schuschnigg allen Warnungen zum Trotz in die Höhle des Löwen? Bei einem Gespräch mit dem Autor nach seiner Heimkehr aus Österreich, erklärte er, er hätte, unbeschadet der demonstrativ zur Schau gestellten Konzilianz Hitlers, das Ausmaß des kommenden Sturmes geahnt. Allerdings hätte er selbst zu jenem späten Zeitpunkt noch nicht geglaubt, daß Mussolini »so total umfallen« würde. Und schließlich, resignierend: »Sicher haben wir damals Fehler gemacht.«
Wie schwer diese Fehler wogen, sollte sich sehr bald zeigen.

Am Abend des 11. Februar fuhr Schuschnigg mit dem fahrplanmäßigen Nachtzug nach Salzburg, wo sein Salonschlafwagen abgekoppelt wurde und er mit seinem kleinen Gefolge die Nacht verbrachte: Schuschnigg, Guido Schmidt, Oberstleutnant Georg Bartl, der getreue Adjutant des Kanzlers, und Sekretär Viktor Frölichsthal. Der Jurist Schuschnigg hatte sich auf den kommenden Tag wie auf einen Prozeß vorbereitet. Schmidt schleppte ganze Bündel von Akten mit sich, mit deren Hilfe der Kanzler Verletzungen des Juli-Abkommens nachweisen wollte: Im Irrglauben, daß sich die andere Seite an zivilisierte Regeln halten würde. Bei seinem letzten Vorgespräch mit den Getreuen versuchte er noch, sich selbst Mut zu machen: Schlimmstenfalls würde man immer noch auf das von Hitler, beziehungsweise Papen, unterzeichnete Juli-Abkommen zurückgreifen können.

Während seines nächtlichen Aufenthalts in Salzburg, wo er frühmorgens ins Auto umsteigen wollte, erhielt der Kanzler noch eine höchst beunruhigende Nachricht aus München. Der österreichische Generalkonsul in der bayerischen Metropole, Ludwig Jordan, ein äußerst erfahrener und verläßlicher Diplomat (er wurde sofort nach dem Anschluß noch vor seinem Büro verhaftet), berichtete dem Kanzler, daß im Raum Oberbayern Vorbereitungen für eine militärische Aktion im Gange seien, die sich nur gegen Österreich richten könnten. So seien auf der Reichsautobahn bei Traunstein kilometerlange Kolonnen »technischer Truppen« (Panzer und Artillerie) beobachtet worden. Überdies stünden bei Bad Aibling 200 Militärfahrzeuge einsatzbereit.

Einige Historiker vertreten die Ansicht, es hätte sich dabei um einen Bluff gehandelt, mit dem Ziel, den österreichischen Kanzler einzuschüchtern. Schuschnigg selbst war damals anderer Meinung, und er vertrat diese Ansicht noch nach Jahren, wenn auch mit gewissen Einschränkungen: Die deutschen Truppen, meinte er, hätten durchaus bei einer Blitzaktion eingesetzt werden können.

Unter dem Eindruck der Nachrichten aus München gab er unmittelbar vor seiner Abfahrt aus Salzburg Sekretär Frölichsthal folgende Anweisung: Sollte er bis 17.00 Uhr nicht wieder auf öster-

reichischem Boden eingetroffen sein, sei die Salzburger Garnison zu alarmieren.
An der nahen Staatsgrenze wurde der Kanzler von Papen empfangen. Jahrzehnte später erinnerte er sich noch an die dunklen Wolken über dem Untersberg und dem Watzmann, die für ihn etwas Drohendes an sich hatten. Doch auf den Eindruck der Berchtesgadener Landschaft durfte er an jenem Morgen des 12. Februar keine Rücksicht nehmen, als sein Wagen über die kurvenreiche Strecke vom österreichischen Grenzübergang Schellenberg zum Berghof Hitlers auf dem Obersalzberg fuhr. »So beiläufig« hatte ihn Papen während der Fahrt informiert, daß Hitler nicht nur Außenminister Ribbentrop, sondern auch drei hohe Militärs nach Berchtesgaden beordert hatte: Den neuernannten Chef des Oberkommandos der Wehrmacht, General Keitel, den Oberbefehlshaber der Heeresgruppe IV (Leipzig), General Walter von Reichenau, und den Fliegergeneral Hugo Sperrle, der eben seinen Posten als Kommandant der Spanienlegion »Condor« mit jenem des Chefs der Luftwaffengruppe II (München) getauscht hatte. »Es handelt sich um eine Routinebesprechung«, versuchte Papen die Anwesenheit der Generäle zu erklären.
Daß sich auch österreichische Nazis in Berchtesgaden einfinden würden, verriet der Botschafter nicht einmal zu jenem späten Zeitpunkt.
Schuschnigg glaubte ihm kein Wort, was die angekündigte Präsenz der drei Generäle betraf. Er sollte offensichtlich unter maximalen psychologischen, wenn nicht physischen Druck gesetzt werden. Und dieser Eindruck bestand auch weiter, als der Empfang der Gäste – Schuschnigg und Schmidt – noch in relativ zivilisierten Bahnen verlief. Wobei der Kanzler schon ahnte, was noch auf ihn zukommen würde.
In seinem Buch »Requiem in Rot-Weiß-Rot« hat der Kanzler den Verlauf des Berchtesgadener Treffens genau – und ohne Schonung der eigenen Person – geschildert. Seine Version wurde von Guido Schmidt bei dessen Prozeß bestätigt, und auch Ribbentrop und Papen konnten diese Darstellung beim Hauptkriegs-

verbrecherprozeß in Nürnberg trotz einiger Beschönigungsversuche nicht ernsthaft widerlegen.
Im Laufe des schicksalsschweren Tages fanden auf dem Berghof insgesamt drei Zusammenkünfte zwischen Schuschnigg und Hitler unter vier Augen statt, wobei der Gastgeber einen Ton anschlug, wie ihn heute nur noch ein primitiver Despot gegenüber einem seiner eigenen Minister anschlagen würde. Abwechselnd tobte er, forderte eine Volksabstimmung in Österreich zwischen ihm selbst und Schuschnigg, oder drohte mit militärischem Einmarsch. Die schüchternen Einwände des Gastes machten ihn nur noch wütender. Nach dem ersten Gespräch ließ er den Besucher wie einen Bittsteller antichambrieren, und während des zweiten Treffens, noch am Vormittag, rief er plötzlich nach General Keitel, um Schuschnigg zu erschrecken.
Um etwa 16.00 Uhr trafen dann Schuschnigg und Schmidt mit Ribbentrop zusammen, der sich wohl – im Ton – mäßiger gab als sein Chef, den Österreichern jedoch in ultimativer Form (»Bis zum 18. Februar durchzuführen«) den Entwurf einer Aufstellung unabdingbarer Forderungen des Dritten Reiches übergab. Das Original liegt übrigens in der Liasse »Deutschland 1/12 geheim« im österreichischen Staatsarchiv.
Das Dokument, auf einer jener »Führerschreibmaschinen« getippt, die Hitler bevorzugte, um den groß geschriebenen Text ohne Brille lesen zu können, war nur oberflächlich den zuvor in Wien von Zernatto und Seyß-Inquart ausgearbeiteten österreichischen Konzessionen angepaßt, in Wirklichkeit jedoch in den entscheidenden Punkten verschärft worden. Seyß-Inquarts Verrat der vertraulichen österreichischen Vorschläge hatte sich für das Reich bezahlt gemacht.
Hitler forderte nicht nur die Koordinierung der österreichischen mit der deutschen Außenpolitik, die Anerkennung der nationalsozialistischen Bewegung in Österreich – auf die er im Juli-Abkommen ausdrücklich verzichtet hatte – und die Rehabilitierung verurteilter österreichischer Nazis, sondern auch wesentliche Änderungen in der personellen Zusammensetzung der österreichischen Regierung. So sollten die »Nationalen«, die nicht

mehr von Nationalsozialisten zu unterscheiden waren, die Schlüsselressorts Sicherheit und Landesverteidigung übernehmen. Als in Bezug auf das Sicherheitsministerium der Name Seyß-Inquart fiel, zeigte sich Hitler überrascht – der Name war ihm überhaupt nicht vertraut, und er mußte erst von seiner Umgebung aufgeklärt werden. Das Heeresressort sollte nach den Vorstellungen der Deutschen Glaise-Horstenau übernehmen, und für das Finanzministerium war von ihnen der Wirtschaftsexperte Hans Fischböck, ein Mann mit engen Verbindungen zu den Nazis, vorgesehen.

Als einzige Gegenleistung versprach Hitler, jede »Einmischung reichsdeutscher Parteistellen in innerösterreichische Verhältnisse« zu unterlassen. Als ob diese noch notwendig gewesen wären!

Während sich Schuschnigg zum letztenmal eine weitere von Hitlers Brandreden anhören mußte, war es Schmidt gelungen, seinem Kollegen Ribbentrop einige Punkte »abzuhandeln«. In der Endfassung des Berchtesgadener Abkommens blieb zwar die »Koordinierung« der österreichischen Außen-, Wirtschafts-, und Wehrpolitik enthalten, ebenso wie die Legalisierung der österreichischen Nazis und die Beförderung Seyß-Inquarts zum Sicherheitsminister. Die Österreicher lehnten jedoch die Absetzung des Staatssekretärs für Landesverteidigung, General Zehner, entschieden ab, so wie die Ernennung Fischböcks zum Finanzminister. Geopfert wurden hingegen die beiden leitenden Funktionäre des Pressewesens, Eduard Ludwig und Walter Adam, sowie der Chef des Generalstabes, Feldmarschalleutnant Alfred Jansa, der Autor eines Planes zur militärischen Verteidigung Österreichs gegen eine deutsche Invasion.

Jansas Konzept sah die Errichtung von Verteidigungslinien, die erste entlang der Traun, die zweite entlang der Enns vor. Allerdings waren Bewaffnung und Munition nur für zwei »kampfstarke Tage« vorhanden, doch Jansa meinte, diese Zeit würde genügen, um das Ausland auf den Plan zu rufen. Und überdies stünde es mit der Logistik der potentiellen Invasionstruppen nicht viel besser.

Zum Zeitpunkt von Berchtesgaden stand der Generalstabschef indessen bereits auf Schuschniggs eigener Abschußliste – nicht zuletzt weil er immer wieder betont hatte, das Land müsse sich mit allen Mitteln verteidigen. Man hatte seinen bevorstehenden Rücktritt jedoch noch nicht bekanntgegeben, um Hitler nicht durch vorauseilenden Gehorsam entgegenzukommen.
Inzwischen wartete in Salzburg Kanzlersekretär Frölichsthal nervös auf die Rückkehr der österreichischen Delegation. Die Frist verstrich um 17.00 Uhr, ohne daß irgendein Zeichen aus Berchtesgaden gekommen wäre. Jetzt hätte Frölichsthal eigentlich die Salzburger Garnison alarmieren müssen, doch andererseits gab es keine Zeichen militärischer Aktivitäten auf deutscher Seite. So beschloß er, weiter zu warten – bis in den Abendstunden Schuschnigg und Schmidt völlig erschöpft eintrafen. Man muß sich jedoch fragen, wie die Geschichte weiter verlaufen wäre, hätte der Kanzlersekretär weisungsgemäß gehandelt.
Ähnliche Maßnahmen waren übrigens auf deutscher Seite erwogen worden. Kaum hatte Schuschnigg den Berghof verlassen, schlug Keitel vor, »zwar keine tatsächlichen Bereitschaftsmaßnahmen zu treffen, jedoch falsche, aber glaubwürdige Nachrichten zu lancieren«, um den Eindruck zu erwecken, das Reich ergreife militärische Maßnahmen.
Diese Finte wurde dann in die Praxis umgesetzt.
Obwohl im offiziellen Schlußkommuniqué letztendlich nur von einer inoffiziellen Besprechung über »alle Fragen, die das Verhältnis zwischen dem Deutschen Reich und Österreich betreffen«, die Rede war, ließ sich die Wahrheit nicht lange verheimlichen. Salzburgs Landeshauptmann Josef Rehrl, den Schuschnigg als ersten österreichischen Politiker noch spätnachts am 12. Februar informierte, bezeichnete das Treffen als »entsetzlich«.
Tags darauf traf Schuschnigg in Wien mit Bundespräsident Miklas und seinen eigenen engsten Vertrauten zusammen. So wie es der Kanzler darstellte, müsse man eine von drei Möglichkeiten wählen. Er könne dem Präsidenten zumindest pro forma seinen Rücktritt anbieten und dann weiterarbeiten und versuchen, das Bestmögliche aus einer schlimmen Situation herauszuschlagen,

ohne das Berchtesgadener Abkommen formell zu verletzen. Zweitens könne er wirklich zurücktreten und die Behandlung der Probleme seinem Nachfolger überlassen. Und drittens könne er sich von dem erzwungenen Abkommen förmlich distanzieren.
Miklas entschied sich, sofern dies überhaupt noch in seinem Entscheidungsbereich lag, für die erste Alternative und ersuchte Schuschnigg im Amt zu bleiben. Wohl hatte es in Wien in jenen Tagen Stimmen gegeben, welche die Ersetzung des Kanzlers durch eine stärkere Persönlichkeit gefordert hatten, etwa den Wiener Bürgermeister Schmitz. Im entscheidenen Moment blieben diese Stimmen jedoch stumm. In Wiener Journalistenkreisen wurde damals sogar von der Einsetzung eines reinen Technokratenkabinetts geredet. Milan Dubrovic etwa, mit den Interna der damaligen Zeit bestens vertraut, spricht in diesem Zusammenhang von Franz Josef Messner, dem Generaldirektor der Semperit Reifenwerke, der in den letzten Tagen des Zweiten Weltkriegs ermordet wurde, als möglichem Kanzlerkandidaten.
Inmitten des reißenden Stroms der Ereignisse schien es jedoch unmöglich, das Zugpferd zu wechseln, nicht zuletzt weil kein anderer Politiker über den Bekanntheitsgrad und die Machtfülle Schuschniggs verfügte, der immerhin in weitesten Kreisen des In- und Auslands als de facto-Diktator angesehen wurde, und als guter Patriot erklärte sich dieser bereit, das Himmelfahrtskommando weiter zu führen.
Fest steht jedenfalls, daß die dritte Version – die des totalen Widerstandes – bei den Besprechungen mit Miklas zwar erwähnt, aber verworfen wurde. Sehr zum Nachteil Österreichs, wie Feldmarschalleutnant Jansa bei seiner Aussage vor dem Guido-Schmidt-Tribunal mit Nachdruck versicherte. Bezeichnenderweise hatte es Schuschnigg unterlassen, den General von seiner Reise im vorhinein zu informieren. Daher Jansa: »Berchtesgaden bedeutete eine vollkommene Überraschung für mich. Der Kanzler hatte mir bei meiner Verabschiedung nur gesagt, er bedaure meinen Abgang, aber wir seien eben Opfer der politischen Lage.«
Bei der Besprechung in der Präsidentschaftskanzlei unmittelbar

nach der Heimkehr des Kanzlers war Jansa jedenfalls dabei, wiewohl bereits im Status des Abgangs. Dennoch schlug er Schuschnigg eindringlich vor, er möge sich ans Mikrophon setzen und die ganze Welt vom Vorgefallenen informieren. »Mein Hinweis, daß das Bundesheer bereitsteht, wurde überhört. Präsident Miklas erklärte, zur Erteilung des Einsatzbefehls nicht das Recht zu haben, und der Kanzler wollte nicht.« Und dann wurde der General noch deutlicher: »Wenn man mir vorhält, ein Widerstand am 11. März wäre eine Frivolität gewesen, kann ich nur sagen: An diesem Tag freilich, wo die Meute bereits losgelassen war, war es zu einem solchen Schritt bereits zu spät und hätte sinnloses Blutvergießen bedeutet. Hätte man jedoch unsererseits Berchtesgaden militärischen Nachdruck verliehen, so wären die Verhandlungen vielleicht doch anders ausgegangen. In irgendeiner Form hätte bei einem Widerstand Österreichs die Welt eingreifen müssen ... Ein Ultimatum oder der Warenboykott britischerseits hätte genügt, um Deutschland zur Räson zu bringen.« Und der General resümierte: »Zwischen Österreich und Deutschland konnte es unter der Führung Hitlers kein vernünftiges Verhältnis geben. Es blieb nur Kampf oder bedingungslose Unterwerfung.«

So oder so, mußte die Welt zumindest informiert werden. Nach dem Juli-Abkommen war es der Regierung – wenn auch nur kurzfristig – gelungen, die Vereinbarungen als einen Erfolg Österreichs darzustellen. Im Februar 1938 lagen die Dinge anders. Es war nicht einmal möglich, die Öffentlichkeit einigermaßen zu beschwichtigen. Gerade das Stillschweigen von offizieller Seite führte zu den wildesten Gerüchten – nicht zuletzt bei jenem Ball, den die Regierung für das diplomatische Korps zwei Tage nach Berchtesgaden in der Hofburg veranstaltet hatte.

Darüber schrieb der Journalist Gedye: »Das Österreich Dollfuß' und Schuschniggs verschied am Montagabend im glitzernden Licht von Tausend Kerzen im Palast der Habsburgerkaiser, wo Außenminister Schmidt eine erlesene Gesellschaft von 200 Gästen empfing. Bei Morgengrauen befand sich Österreich bereits in den Klauen des Dritten Reichs.«

Nüchterner als Gedye, aber nicht weniger pessimistisch, beurteilte der amerikanische Geschäftsträger John Wiley dasselbe Ereignis in einem Telegramm an das State Department: »Die Atmosphäre war erdrückend. Schuschnigg beschrieb dem französischen Gesandten den Berchtesgadener Besuch als den schrecklichsten Tag seines Lebens. Er erklärte, Hitler wäre zweifellos ein Irrer, der von seiner Mission besessen sei . . . Außenminister Schmidt versuchte, den größtmöglichen persönlichen Nutzen aus der Situation zu ziehen. Er hatte eine lange freundschaftliche Unterhaltung mit Seyß-Inquart . . . Der päpstliche Nuntius gibt zu, daß Seyß-Inquart vielleicht ein guter Katholik sei, er befürchte aber dennoch, daß dies der Anfang vom Ende sei.«
Naturgemäß bildete das Berchtesgadener Treffen den Hauptgesprächsstoff zwischen den Diplomaten und der österreichischen Regierungsprominenz – wie auch unter den Diplomaten selbst. Der französische Gesandte Puaux beschwerte sich bei Schuschnigg, daß ihn dieser nicht im vorhinein von seiner Reise informiert habe. Wofür sich der Kanzler in aller Form entschuldigte und noch einmal betonte, Hitler habe sich in Berchtesgaden wie ein Irrer benommen. Er, Schuschnigg, hätte sich nie gedacht, daß sich ein einflußreicher europäischer Staatsmann so skrupellos und gewalttätig aufführen könne. Er hatte offen erklärt, er sei entschlossen, Österreich seinem Reich einzuverleiben.
Puauxs nächster Gesprächspartner war sein britischer Kollege Palairet. Die beiden waren sich einig, daß man auch bei rechtzeitiger Information dem Kanzler nicht hätte nahelegen können, die Reise abzusagen. Die Verantwortung wäre zu groß gewesen, weil die beiden Großmächte wenig hätten bieten können, um die Folgen einer Brüskierung Hitlers wettzumachen. Allerdings meinten die beiden, sie hätten dem Regierungschef geraten, die Reise erst nach sorgfältiger Vorbereitung und nach Absprache mit Mussolini anzutreten. Wobei Puaux und Palairet überrascht waren, daß der Kanzler Rom offensichtlich nicht konsultiert hätte. Wahrscheinlich hätte er sein letztes Vertrauen in Mussolini verloren. Nun sei es jedenfalls zu spät, den Österreichern eine Ablehnung der Berchtesgadener Beschlüsse nahezulegen.

In den meisten einschlägigen Werken wird Großbritanniens Haltung in der österreichischen Krise hart kritisiert. Sicher nicht zu Unrecht. Solange jedoch Anthony Eden noch im Foreign Office saß, gab es zumindest einige Versuche, Deutschland unter Druck zu setzen. Nachdem Eden alle Berichte über das Berchtesgadener Treffen erhalten hatte, kabelte er an seinen umstrittenen Botschafter Henderson in Berlin: »Sie sollen den Deutschen sagen, daß unsere Appeasement-Pläne unter anderem auf der Vorstellung beruhten, daß Berlin vertrauensbildende Schritte im Zusammenhang mit Österreich unternehmen werde.«

Gegenmaßnahmen wurden indes nicht erwähnt, und es ist gewiß bemerkenswert, daß Eden in diesem Zusammenhang den bis heute so in Verruf geratenen Ausdruck »Appeasement« (Nachgeben) als Bestandteil der britischen Politik bezeichnete.

Palairet, der eine Kopie des Telegramms an Henderson erhielt, meinte, der Ton sei noch immer zu freundlich gewesen. Großbritannien müsse gegenüber Hitler eine härtere Diktion verwenden: »Österreich wird in einem Ausmaß erpreßt, das an Aggression erinnert. Hitler bedroht ein unabhängiges Land, dessen Integrität er selbst anerkannt hat. Sein Erfolg (in Berchtesgaden) wird seinen Appetit noch vergrößern, solange er glaubt, daß ihm alles so leicht zufallen werde. Schuschnigg sagte mir, er werde sich nicht wieder erpressen lassen, doch befürchte er, dies werde Hitler nicht abschrecken. Aber gerade weil Großbritannien zu keiner sofortigen Aktion bereit ist, wäre jetzt eine harte Sprache am Platz. Hitler muß erkennen, daß wir wirklich an Österreichs Unabhängigkeit aktiv interessiert sind, gerade weil er in Berchtesgaden Schuschnigg gesagt hat, dies sei nicht der Fall.«

Ganz anders reagierte der Erz-Appeaser Henderson. Anstatt Edens Weisungen zu befolgen, beschwerte er sich darüber, daß man seine politische Linie in Frage stelle, sollte sich London weiter für Österreich »mit schwacher moralischer Berechtigung« einsetzen.

Worauf in der Londoner Zeitungsstraße, der Fleet Street, sogar Gerüchte kolportiert wurden, Henderson hätte sich persönlich für eine deutsch-österreichische Union eingesetzt.

Weit besorgter als London reagierte Paris auf das Treffen von Berchtesgaden. Außenminister Delbos flehte förmlich seinen Kollegen Eden an: »Wir dürfen nicht den Eindruck erwecken, daß wir an Österreich desinteressiert sind. Wenn Österreich verschluckt wird, bedeutet dies Deutschlands Hegemonie über Europa. Großbritannien und Frankreich würden danach zu Mächten zweiten Ranges absinken.«

Paris und London kamen schließlich überein, ihre Berliner Botschafter zu Ribbentrop zu schicken. Doch dieser ließ sie kalt abblitzen. Der Minister erklärte ihnen, verbesserte Beziehungen seien nur dann möglich, wenn das Thema Österreich nicht mehr erwähnt werde. Und in einer Aktennotiz fügte Ribbentrop noch hinzu, Henderson sei konzilianter gewesen als François-Poncet.

Derartiges Interesse – auch wenn nicht mehr dahinter stand – hätte Schuschnigg eigentlich ermutigen müssen. Im Moment hatte er jedoch andere Aufgaben zu erfüllen, die sich nicht aufschieben ließen. Er mußte wohl oder übel seine in Berchtesgaden gegebenen Versprechungen erfüllen. Und das bedeutete, als ersten Schritt, die Umbildung seiner Regierung. Seyß-Inquart wurde tatsächlich Sicherheitsminister und damit dritter Mann in der Kabinettshierarchie, nach dem Kanzler und Vizekanzler Hülgerth. Ihm wurde allerdings der bisherige Ressortchef Skubl als – wie sich herausstellen sollte, wirkungsloser – »Aufpasser« zur Seite gestellt.

Schuschnigg hatte indessen die Basis seiner Regierung auch in einer anderen, von Hitler keineswegs erwünschten, Richtung erweitert. Neben dem neuen Minister ohne Portefeuille, Hans Rott, der dem linken Flügel der alten Christlichsozialen zugerechnet wurde, trat mit Justizminister Ludwig Adamovich ein Vertrauensmann der Monarchisten in die Regierung ein. Und, zum erstenmal seit 1920 wurde ein gestandener Sozialdemokrat, Adolf Watzek, zum Staatssekretär für Arbeiterschutz ernannt.

Der für die Kontakte zu den Linken, die erst nach der Berchtesgaden-Reise wirklich forciert wurden, zuständige Wiener Bürgermeister Schmitz hatte ursprünglich gehofft, den Führer der illegalen Gewerkschaften, Friedrich Hillegeist, für diesen Posten zu gewinnen. Da aber Hillegeist im entscheidenden Moment nicht erreichbar war, fiel seine Wahl auf Watzek, den ehemaligen Leiter des Wiener Arbeitsamtes. Und, sozusagen als Draufgabe, wurde Guido Schmidt vom Staatssekretär zum Minister befördert.

Die erste – und gleichzeitig vorletzte – Sitzung des Kabinetts Schuschnigg IV fand am 16. Februar statt und befaßte sich fast ausschließlich mit der Durchführung des Berchtesgadener Abkommens, wobei Seyß-Inquart sofort zeigte, auf welcher Seite seine Loyalität lag. Gegen ihn stellte sich, eigentlich überraschend, der frischgebackene Außenminister, der sich energisch dafür einsetzte, in der geplanten Regierungserklärung einen Passus einzufügen, in dem auf die Gegenleistungen des Reiches hingewiesen wurde: »Ohne Hinweis auf diese Maßnahmen, die eine Garantie der Nichteinmischung bieten sollen, würde das Kommuniqué von der österreichischen Bevölkerung nicht verstanden werden«, wird Schmidt im Sitzungsprotokoll zitiert.

Um so bemerkenswerter ist es, daß gerade Schuschnigg die deutsche Seite um keinen Preis verärgern wollte und das Kommunique schließlich in der von Seyß-Inquart unterstützten Formulierung verabschiedet wurde.

Zwischen dem 16. und 18. Februar wurden die letzten politischen Häftlinge freigelassen, nicht nur Nazis, sondern auch Angehörige der Linksopposition. Dies ärgerte Berlin fast so sehr wie die Tatsache, daß der Kanzler nicht nur Nationalsozialisten, sondern auch Monarchisten und einen Sozialdemokraten in das Kabinett aufgenommen hatte. Dennoch urteilt der deutsche Historiker Ulrich Eichstädt, die österreichische Regierung hätte alle Bedingungen des Berchtesgadener Abkommens erfüllt.

Mit Spannung erwartete Wien nun die Honorierung des österreichischen Entgegenkommens in der von Hitler bereits vor Berchtesgaden groß angekündigten Reichstagsrede am 20. Februar. Es sollte eine herbe Enttäuschung für all jene werden, die noch an Hitlers Versprechungen geglaubt hatten. Wohl dankte der Reichskanzler seinem österreichischen Kollegen »für sein großes Verständnis um das Bemühen, einen gemeinsamen Weg zu finden«, sprach aber im gleichen Atemzug von jenen »zehn Millionen Deutschen, die außerhalb der Reichsgrenzen gegen ihren Willen an einer Vereinigung mit dem Mutterland« gehindert würden. Auf die Dauer sei es für eine Weltmacht unerträglich, an ihrer Seite Volksgenossen zu wissen, »denen aus ihrer Sympathie oder Verbundenheit mit dem Gesamtvolk, seinem Schicksal und seiner Weltauffassung fortgesetzt schweres Leid zugefügt wird«.

Hitlers Rede bedeutete sicherlich einen Tiefschlag für Schuschnigg. Noch schwerer wog jedoch ein Rückschlag, den Österreich am selben Tag, weit weg vom Schuß, in London hinnehmen mußte. Nach Differenzen mit Premierminister Chamberlain trat Anthony Eden als Außenminister zurück. In einem Gespräch mit dem Autor dieses Buches im Oktober 1973 führte Eden seine Demission nicht zuletzt auf Meinungsverschiedenheiten innerhalb der Regierung in der Österreich-Frage zurück. 1938 war in den britischen Medien allerdings mehr von einem Streit über die Verhandlungen mit Italien die Rede – paradoxerweise also gerade jene Gespräche, auf die Schuschnigg nach Berchtesgaden seine letzten Hoffnungen gesetzt hatte.

In Wien wartete man nun gespannt, wer Edens Rolle im Foreign Office übernehmen würde. In den britischen Medien wurden zwei Namen genannt: Innenminister Sir Samuel Hoare und Lord Halifax. Hoare war ein »gemäßigter Appeaser« und nicht unbedingt ein Freund Österreichs; für Schuschnigg wäre er aber das kleinere Übel gewesen. Dagegen mißtraute der Ballhausplatz – zu Recht – keinem britischen Politiker so sehr wie dem schottischen Lord und Hitler-Besucher Halifax. Heute kennen wir Chamberlains Einstellung, und es nimmt daher nicht Wunder, daß seine Wahl auf Halifax fiel. Und weil, wie so oft, ein Unglück selten alleine kommt, wurde Österreichs einziger Freund in Whitehall, Sir Robert Vansittart, zwar nicht geschaßt, aber zum »einfachen« Berater des Außenministers degradiert.

Schuschnigg wußte nun, daß er von London nichts – oder nichts Wesentliches erwarten konnte. Das zeigte sich bereits in der ersten Anweisung des neuen Ministers an seinen Gesandten in

Wien: Halifax drückte wohl sein Mitgefühl für Schuschnigg in dessen »schwerer Stunde« aus, weigerte sich jedoch, offen oder privat, seine Sympathie für Österreich zu bekunden: »So etwas könnte nämlich bei Schuschnigg falsche Hoffnungen erwecken.« Überdies hatte auch der Gesandte in Wien sein Vertrauen in den österreichischen Regierungsapparat verloren. Er könne kein vertrauliches Gespräch mehr mit Schuschnigg führen, berichtete er nach London. Alles käme durch Indiskretionen an die Öffentlichkeit.

Inzwischen feilte der Kanzler an seiner Antwort auf Hitlers Rede. Diese hatte in Österreich wie ein Dammbruch gewirkt. Aus den vertraulichen Tagesberichten der Staatspolizei geht eindeutig hervor, daß sich vor dem 20. Februar die Nazis in Österreich im großen und ganzen auf Schmieraktionen, das Verstreuen von Hakenkreuzen und das Zerschlagen der Schaufensterscheiben jüdischer Geschäfte beschränkt hatten. Nach der Hitler-Rede gingen sie scharenweise auf die Straße und wurden dabei vom neuernannten Sicherheitsminister Seyß-Inquart noch in Schutz genommen. Die Reisen des Ministers in die Bundesländer wurden mit offener Billigung der ihm unterstehenden Exekutive zu Machtdemonstrationen der Nazis umfunktioniert.

Paradoxerweise setzten die vaterländischen Funktionäre nunmehr ihre ganze Hoffnung auf das ehemals rote Wien. »Wir können es uns leisten, Graz zu verlieren«, gestand ein VF-Funktionär dem Journalisten Gedye, »wenn wir nur Wien halten.« Tatsächlich bemerkte Gedye im Zug von Graz nach Wien, daß Nazis ihre Hakenkreuzabzeichen auf dem Semmering diskret hinter den Aufschlag steckten.

Kurz darauf bot sich für Schuschnigg persönlich eine Möglichkeit, der drückenden Verantwortung zu entgehen. In einem Schreiben vom 17. Februar an den Bundeskanzler machte sich Otto von Habsburg erbötig, in seine Heimat zurückzukehren und persönlich den Widerstand gegen das Dritte Reich zu organisieren. Wobei der Thronprätendent ausdrücklich an eine »Front auf breitester Grundlage« dachte – also einschließlich der Bauern und der Arbeiter, unbeschadet ihrer politischen Einstellung. Er betonte überdies, daß er nicht als Monarch zurückkehren wolle, sondern lediglich als Chef einer Übergangsregierung. Über die Zukunft des Landes solle die österreichische Bevölkerung entscheiden.

In späteren Jahren wurde die Frage aufgeworfen, ob die sozialdemokratisch eingestellte Arbeiterschaft dem Ruf des Kaisersohnes – über dessen politische Einstellung man zu jenem Zeitpunkt wenig wußte – gefolgt wäre. Überlebende Altsozialisten versichern einmütig, daß dies wohl der Fall gewesen wäre. Man hätte jeder Widerstandsbewegung bereitwillig Gefolgschaft geleistet, wenn sie auch nur eine geringe Erfolgschance besaß.

Dazu sollte es jedoch nicht kommen, denn Schuschnigg lehnte das Angebot Ottos höflich, aber bestimmt, ab. Eine Rückkehr des Habsburgers, argumentierte er damals – und bis an sein Lebensende –, hätte einen sofortigen deutschen Einmarsch provoziert, wie schon der Kodename »Operation Otto« gezeigt habe.

Auf die Frage des Autors, ob er nicht ohne Zustimmung einer wackligen Regierung hätte zurückkehren sollen, erklärte der Chef des Hauses Habsburg: »Österreich war ein sinkendes Schiff, das, wenn überhaupt, nur dann hätte gerettet werden können, wenn alle vaterländischen Kräfte am selben Strang zogen.«

Obwohl er es war, der faktisch die Rückkehr der Habsburger verhindert hatte, wurden Schuschnigg während seiner NS-Haft immer wieder seine Kontakte zu dem Kaiserhaus vorgehalten. Hitler jedenfalls nahm die Möglichkeit einer habsburgischen Restauration durchaus ernst. Nicht einmal nach dem Anschluß konnte er dieses Trauma überwinden. Noch am 22. Februar 1940 wurde der eingekerkerte Ex-Kanzler von der Gestapo aufgefordert, einen genauen Bericht über seine Einstellung zu den Monarchisten niederzuschreiben. In diesem, nicht weniger als 35 Seiten langen Elaborat, gab Schuschnigg zu, in den zwanziger Jahren Mitglied des sogenannten »Geheimen Rates« gewesen zu sein, der sich allerdings nur mit den privaten Angelegenheiten des ehemaligen kaiserlichen Hauses befaßt habe. Er hätte überdies nur einer einzigen Sitzung dieses strikt inoffiziellen Gremiums beigewohnt. 1929 habe er einen parlamentarischen Antrag auf Aufhebung der Habsburgergesetze eingebracht, der jedoch am Widerstand der damaligen kleinen Koalitionsparteien – der Großdeutschen und des Landbundes – gescheitert sei. Als Kanzler, betonte der Gefangene, habe er immer die Idee einer antideutschen österreichischen Monarchie, »gestützt auf irgendwelche fremde Krücken«, kategorisch abgelehnt. Rückblickend betrachte er es als einen Fehler, großangelegte Kundgebungen der Legitimisten gestattet zu haben. Verbale Exzesse monarchistischer Persönlichkeiten seien jedoch abgestellt und sogar bestraft worden. Schließlich konzedierte Schuschnigg, daß sozialistische Kreise den Legitimismus als »behördlich geduldete Tarnungsmöglichkeit« benutzt hätten, um den Gedanken einer »sozialen Monarchie« zu propagieren. Sein Kontaktmann zu den Arbeitern, Ex-Vizebürgermeister Winter, hätte sich in dieser Hinsicht von »illegalen sozialistischen Kreisen« mißbrauchen lassen. Die Gefahr einer legitimistischen Gewaltaktion hätte jedoch niemals bestanden.

Einige Formulierungen in diesem Elaborat wirken heute eher beschämend. Es darf jedoch nicht vergessen werden, unter welchen Umständen der Bericht zustandegekommen war. Und daß der inhaftierte Schuschnigg befürchten mußte, daß die Niederschrift bei einem Prozeß gegen seine Person verwendet werden könnte. Obwohl die oberste NS-Führung bereits im März 1939 beschlossen hatte, auf einen derartigen Prozeß zu verzichten. Doch davon wußte der Betroffene natürlich nichts.

Zurück zum Februar 1938. Trotz seines Entschlusses, die Rückkehr Otto von Habsburgs nicht zu gestatten, hatte sich der Kanzler entschlossen, bei aller Respektierung des Berchtesgadener Abkommens auf eine härtere Gangart zu schalten – sowohl gegenüber den österreichischen Nazis als auch Hitler. Vier Tage nach der Reichstagsrede antwortete er mit einer markigen Ansprache vor dem Bundestag und der Bundesversammlung, seinem »Ersatz-Parlament«:

»Wir sind mit unseren Zugeständnissen bis ans Äußerste gegangen, aber hier müssen wir stehenbleiben und sagen: Bis hierher und nicht weiter. Wir haben dies im Vertrauen auf das Wort des erfolgreichen Führers des Deutschen Reiches getan. Die Regierung erachtet es als ihre erste und selbstverständliche Pflicht, mit allen ihren Kräften die unversehrte Freiheit und Unabhängigkeit des österreichischen Vaterlandes zu erhalten . . . Ich vertraue auf unseren Herrgott, der unser Land nicht verlassen wird. Er hilft nur denen, die entschlossen sind, mit ihrer ganzen Kraft und ihrem ganzen Willen der Sache zu dienen. Und da wir entschlossen sind, steht unser Sieg außer Frage. Bis in den Tod: Rot-Weiß-Rot.«

Nach der Ansprache gratulierte Schmidt dem Kanzler zur »besten Rede«, die er jemals gehalten hatte. Das mag Schmeichelei gewesen sein, aber der starke Eindruck, den der Kanzler mit seiner Ansprache ausgelöst hatte, war wirklich unübersehbar. Obwohl dem späteren Bundespräsidenten Rudolf Kirchschläger, welcher der Sitzung auf der Besuchergalerie beiwohnte, der von Guido Zernatto organisierte demonstrative Beifall mißfiel. Doch das war nur ein Detail. Tausende begleiteten Schuschnigg, als er nach seinem Auftritt im Parlament zum Ballhausplatz hinüberging. So ein Erfolgserlebnis war ihm bisher noch nie widerfahren.

In Wirklichkeit hatte Schuschnigg, wie er später freimütig zugab, zuversichtlicher gesprochen, als ihm zumute war. Er wußte, daß von nun an eine Konfrontation mit dem Dritten Reich unvermeidlich war. Jetzt konnten nur noch Schützenhilfe aus dem Ausland und eine Versöhnung mit den Sozialdemokraten Österreich retten.

Was das Ausland betraf, so hatte Schuschnigg kaum Illusionen. Man gratulierte ihm zwar zu seiner Rede, aber davon konnte er sich – um es drastisch zu formulieren – »nichts kaufen«.

Als erster meldete Gesandter Tauschitz aus Berlin – in offenkundiger Fehleinschätzung der Lage –, die Rede hätte in der deutschen Metropole »alle Erwartungen übertroffen«.

Voll Lob äußerte sich am selben Tag der britische Gesandte in Wien. Ganz anders sein Berliner Kollege Henderson. »Ich halte den Anschluß für unvermeidlich«, kabelte er an seinen unmittelbaren Vorgesetzten, Sir Alexander Cadogan in London, »doch ich hasse den Gedanken.«

Politisch hinterließ der Durchhalteappell Schuschniggs zumindest in London keinen nachhaltigen Eindruck. Als der Labour Abgeordnete Arthur Henderson – kein Verwandter des Botschafters in Berlin – die Österreich-Krise aufs Tapet bringen wollte, stieß er bei Premierminister Chamberlain und der konservativen Mehrheit im House of Commons auf geradezu demonstrative Ablehnung.

Zu einer parlamentarischen Debatte kam es dagegen in Frankreich. Österreichs Botschafter in Paris, Alois Vollgruber, berichtete nach Wien, das verbale Engagement von Außenminister Delbos sei in der Kammer »begeistert aufgenommen« worden. Die Umsetzung dieser Begeisterung in konkrete Aktion hielt sich indessen in engen Grenzen. Delbos' Chef, Premierminister Camille Chautemps, ein windiger Politiker, verriet dem amerikanischen Botschafter William Bullitt, er blicke einer deutschen Annexion Österreichs »mit ziemlichem Gleichmut« entgegen.

Und in Österreich selbst zeigte sich bereits die Wirkung der in Berchtesgaden vereinbarten »außenpolitischen Koordination«. Von Berlin unter Druck gesetzt, veranlaßte Schuschnigg die österreichischen Medien, die Berichterstattung über die so erfreuliche Pariser Kammerdebatte zu begrenzen.

Am zynischsten verhielt sich Österreichs ehemaliger Gönner, Benito Mussolini. Historiker sind sich heute einig, daß der Duce in seinem Herzen den Anschluß keineswegs wünschte und Hitler bezüglich der Haltung Italiens bis zum bitteren Ende so sehr im unklaren ließ, daß dieser letztendlich die Zustimmung zur Annexion mit dem Verrat Südtirols honorierte. Angesichts der europäischen Mächtekonstellation hatte sich der Duce jedoch entschlossen, mit Hitler zusammenzuarbeiten. Und daran konnte die lange verzögerte Aufnahme der Verhandlungen mit Großbritannien am 19. Februar nichts mehr ändern. Wobei britische Historiker später konzedierten, die Folgen hätten anders ausfallen können, wären die Gespräche vor Berchtesgaden aufgenommen worden. So aber verliefen sie im Sand.

Als der österreichische Gesandte in Rom, Berger-Waldenegg, der ehemalige Außenminister, bei Ciano aufkreuzte, gratulierte ihm dieser scheinheilig nicht nur zur »Verständigung mit Deutschland«, sondern auch zu der exzellenten Schuschnigg-Erklärung, wonach die Unabhängigkeit Österreichs auf dem Willen des Volkes beruhe. Auf Garantien und Verträge, meinte Mussolinis Schwiegersohn, sei kein Verlaß. Nicht, daß sich der italienische Außenminister irgendwelchen Illusionen hingab. In seinem Tagebuch notierte er, das »österreichische Huhn« sei in den »deutschen Suppentopf« gefallen oder wenigstens beinahe gefallen.

Aus heutiger Sicht nahezu unverständlich erscheint die Tatsache, daß Schuschnigg nicht einmal den leisesten Versuch unternahm, die Unterstützung Amerikas zu erlangen, der einzigen Macht, die Hitler wirklich fürchtete. »Es war eine schwere Unterlassungssünde, die USA nicht einmal zu berücksichtigen«, gestand der Altkanzler Jahre danach in einem Gespräch mit dem Autor.

Dabei war gerade der amerikanische Geschäftsträger John Wiley ein engagierter Österreichfreund. Bei einer Vorsprache bei Außenminister Schmidt erklärte er, daß seine Regierung »tiefes und ehrliches Interesse am Wohlergehen Österreichs« habe und er sicher sei, die USA hofften, die österreichische Regierung werde »jeder Bedrohung ihrer Unabhängigkeit kraftvoll entgegentreten«.

Als Wileys Chef, Außenminister Cordell Hull, von dieser Äußerung seines Untergebenen erfuhr, war er bestürzt und kabelte sofort nach Wien: »Ich bin etwas besorgt über die Erklärung, die Sie . . . Schmidt gegenüber abgegeben haben . . . In Zukunft sollen Sie sorgfältig vermeiden, irgendwelche Erklärungen abzugeben, die auch nur irgendwie dahingehend gedeutet werden könnten, daß diese Regierung sich in Fragen rein europäischer Natur einmische oder daß sie an der Entscheidung solcher Fragen auch nur indirekt teilhabe.«

Offensichtlich hatte es Hull auf sich genommen, seinen eigenen Präsidenten zu interpretieren, der zu jenem Zeitpunkt bereits

Reichskanzler Hitler mit Franz von Papen und Joseph Goebbels (Berlin, 1. Mai 1933)

16 US-Gesandter George Messersmith

17 Der Wiener Bürgermeister Richard Schmitz (1934)

18 Otto von Habsburg (1985)

) Benito Mussolini mit Hitler und Außenminister v. Neurath (1934)

) Kurt v. Schuschnigg (r.) mit Italiens Außenminister Galeazzo Ciano (M.) und sterreichs Außenminister Guido Schmidt (1936)

21 Kurt v. Schuschnigg in Baden bei Wien anläßlich der Eröffnung des »Dr. v. Schuschnigg-Heimes« (26. 4. 1936)

2 Reichsfinanzminister Hjalmar Schacht mit Außenminister v. Neurath und Franz Papen bei einer HJ-Kundgebung

Josef Bürckel vor NS-Funktionären (1938)

24 »Bundeskanzler« Seyß-Inquart auf dem Ballhausplatz (11. 3. 1938)

25 Seyß-Inquart begrüßt Hitler in Wien (14. 3. 1938)

Wiener Juden müssen die Straßen waschen, März 1938

Boykott jüdischer Geschäfte

28 Hitler und Chamberlain in München, September 1938

29 Lord Avon (ehemaliger Außen- und Premierminister Anthony Eden) mit Gat
Clarissa Churchill (1973)

wiederholt gegen den Vormarsch der Diktatoren protestiert hatte.
Aber auch auf nationalsozialistischer Seite gab es so knapp vor dem sicher erscheinenden Sieg noch ernsthafte Differenzen. Hitler hatte die Peinlichkeit nicht vergessen, die ihm die Affäre in der Teinfaltstraße bereitet hatte. Nach dem Treffen mit Schuschnigg zitierte er die österreichischen Naziführer – mit Leopold an der Spitze – zu sich und erklärte ihnen unverblümt, daß sie mit sofortiger Wirkung abgesetzt seien. »Leopold nahm den Befehl entgegen und verschwand«, notierte Österreichreferent Keppler in seinem Protokoll über das Zusammentreffen. An die Stelle des Geschaßten trat Hubert Klausner als Landesleiter, die wahre Führung blieb jedoch weiterhin in Kepplers Händen. Alle anderen, einschließlich der Minister Seyß-Inquart und Glaise-Horstenau, hatten nichts anderes zu tun, als seine Anweisungen auszuführen.
Außenpolitisch hatte Schuschniggs Rede also wenig bewirkt. Dennoch hatte sie einen gewissen Einfluß auf das Bild Schuschniggs in der österreichischen Geschichte. Politische Gegner begannen erstmals, die persönliche Standhaftigkeit des Regierungschefs einigermaßen zu würdigen. So etwa Eric Gedye: »Er versuchte durch persönlichen Mut gutzumachen, was er durch Mangel an politischer Einsicht verloren hatte.« Und weiter: »Schuschnigg schwang sich zu Höhen empor, deren ihn niemand für fähig gehalten hätte.« Den Begeisterungssturm nach der Rede hätte kein Diktator künstlich zustande bringen können.
Dennoch schränkte Gedye noch immer ein: »Zwischen jenen Proletariern und jenem Jesuitenzögling standen noch immer die Schatten der Stella Matutina auf der einen und die Leichen der Februarkämpfer auf der anderen Seite.«
Gerade über diese Schatten wollte Schuschnigg nun springen, da er weder von Mussolini noch von den Westmächten konkrete Hilfe erwarten konnte. Kontakte zu den Sozialdemokraten waren nach dem Scheitern der »Aktion Winter« bereits 1936 und noch einmal im April 1937 von Wiens Bürgermeister Schmitz aufgenommen worden, hatten jedoch zu keinen Ergebnissen ge-

führt. Erst nach dem Treffen von Berchtesgaden wurden die Gespräche intensiviert, wobei wiederum Schmitz als Verbindungsmann auftrat. Und seine Gesprächspartner hatten nun höheren Rang und größeren Einfluß innerhalb der sozialdemokratischen Bewegung: Friedrich Hillegeist, Chef der noch immer illegalen »Freien Gewerkschaften«, den Schuschnigg gerne in seiner Regierung gehabt hätte, und der ehemalige Schutzbundchef Alexander Eifler.

Am 23. Februar traf Hillegeist mit dem Organisationsleiter der Vaterländischen Front, Hantschk, zusammen und eröffnete diesem, unter welchen Bedingungen die Linke bereit wäre, die Regierung im Kampf um die Unabhängigkeit Österreichs zu unterstützen. Es handelte sich dabei im wesentlichen um vier Punkte: Gesinnungsfreiheit, politische und wirtschaftliche Gleichberechtigung, Selbstbestimmung der Arbeiterschaft in allen ihren Einrichtungen und Institutionen sowie die Gewährleistung eines wirklich sozialen Kurses der Regierung.

Nicht gefordert wurde die Wiederzulassung der Sozialdemokratischen Partei, denn dies hätte auch zu einer Legalisierung der NSDAP geführt, wiewohl diese bereits frei operieren konnte.

Hantschk zeigte sich durchaus verständnisvoll und wollte sofort eine Zusammenkunft zwischen Schuschnigg und Hillegeist arrangieren, was ihm aber, angesichts der noch immer zögernden Haltung der Regierungschefs – Zeitzeuge Gedye spricht in diesem Zusammenhang von der »Sturheit« des Kanzlers –, nicht gleich gelang. Immerhin fühlten sich die »roten« Gewerkschaften stark genug, um erstmals seit 1934 in den Fabriken wieder Betriebsversammlungen abzuhalten.

Bei diesen Kundgebungen wurden Resolutionen angenommen, in denen die Arbeiter nicht nur ihre Rechte zurückforderten, sondern auch ihre Bereitschaft bekundeten, für Österreich zu kämpfen. Dennoch ging kostbare Zeit verloren, ohne daß es zu einer formellen Verständigung gekommen wäre. Erst am 3. März empfing Schuschnigg persönlich 30 Gewerkschafter unter Hillegeists Führung. Wie vor ihm Hantschk akzeptierte der Kanzler die Forderungen der Arbeiterschaft.

Am 7. März wurde das Verhandlungsergebnis bei der großen Vertrauensmännerkonferenz in Floridsdorf bekanntgegeben und bestätigt. Auch die Kommunisten sprachen sich für ein bedingungsloses Zusammengehen mit Schuschnigg aus, während von seiten der Revolutionären Sozialisten noch Einwände vorgebracht wurden. In den folgenden Tagen wurde in fast allen Punkten volle Übereinstimmung erzielt.

Allerdings bestanden noch immer Zweifel, ob die Massen der Arbeiterschaft bereit waren, dem Ruf ihrer Führung, mit der Regierung zu kooperieren, zu folgen. So schrieb Gedye in seinem Buch »Als die Bastionen fielen«: »Während die Führer angesichts der schrecklichen Gefahr, die mit jeder Stunde näher kam, bemüht waren, eine Form der Zusammenarbeit mit Schuschnigg zu finden, waren die einfachen Mitglieder völlig außerstande, die Greuel des Februars 1934 und die darauffolgenden Jahre der Unterdrückung zu vergessen.« Und der Journalist zitiert eine Arbeiterin: »Die Kanonen und Galgen von 1934 trennen uns noch immer von Schuschnigg. Niemals werden wir unter seinem Banner kämpfen können. Wenn aber unsere Führer uns Waffen verschaffen, so sind wir gewillt, wenn auch ohne Begeisterung, an Schuschniggs Seite gegen die gemeinsame Gefahr zu kämpfen.«

Natürlich waren die sich anbahnende Aussöhnung zwischen dem Kanzler und der Linken sowie seine Korrespondenz mit Otto von Habsburg der Aufmerksamkeit der Nazis nicht entgangen. Diese versuchten zuerst, die Versöhnungsaktion im Rahmen der offiziellen Gewerkschaften zu torpedieren. Als ihnen dies nicht gelang, überschütteten sie Schuschnigg und Gewerkschaftsboß Johann Staud mit Protestbotschaften.

Die radikalen Nazis in den Bundesländern gingen noch weiter. Der steirische Gauleiter Siegfried Uiberreiter setzte für den 27. und 28. Februar in Graz Massendemonstrationen an, bei denen die Nazis ebenso vorgingen wie die bolschewistischen Oktoberrevolutionäre: Sie versuchten, sich mit den zur Kontrolle der Veranstaltung abkommandierten Polizisten zu verbrüdern, mit Männern, die sich ohnehin unter ihrem neuesten obersten Chef Seyß-Inquart in ihrer Haut nicht mehr wohl fühlen konnten.

Eine ähnliche Entwicklung bahnte sich in Kärnten an, der zweiten Hochburg der Nationalsozialisten, wenngleich es dort – etwa in Klagenfurt – auch zu größeren vaterländischen Demonstrationen kam.
Gegenüber Schuschnigg machte sich Seyß-Inquart erbötig, als Sicherheitsminister für die Wiederherstellung von Ruhe und Ordnung in Graz zu sorgen. Der Kanzler stimmte zu, worauf der Minister keineswegs für Ruhe und Ordnung sorgte, sondern selbst die Führung der »Volkserhebung« übernahm, ein Ausdruck, der während der NS-Ära der steiermärkischen Metropole den dubiosen Ehrennamen »Stadt der Volkserhebung« einbrachte.
Somit lief für die nunmehr von Berlin genau dirigierten Nazis alles nach Plan. Es gab nur noch einen potentiellen Unsicherheitsfaktor – wie beim Juliputsch von 1934: Fürst Ernst Rüdiger Starhemberg, momentan fernab vom Schuß und sicher in der Schweiz. In Berlin fragte man sich, wie er wohl reagieren würde auf einen Anschluß. Würde er mitspielen oder seine Getreuen mobilisieren? Um dies herauszufinden, wurde ein alter Bekannter des sportbegeisterten Politikers, der Rennfahrer Hans von Stuck, zu ihm in die Schweiz geschickt. Dort versuchte er, Starhemberg nicht nur auf den Zahn zu fühlen, sondern ihn auch – unter Berufung auf dessen frühe Kampfgemeinschaft mit Hitler –, für die nationalsozialistische Sache zu gewinnen. Was ihm nicht gelang.
Andererseits dachte der ehemalige Heimwehrführer nicht daran, sich aus seinem sicheren Schweizer Hafen zurück in die rauhe See zu wagen. In verschiedenen Botschaften wies er seinen österreichischen Platzhalter Wenninger an, sich nicht in die Konfrontationen zu engagieren oder zu exponieren und jene Gruppen von Heimwehrleuten, die noch immer in loser Form existierten, nicht bei gemeinsamen Aktionen mit Schuschniggs Anhang einzusetzen. Was Starhemberg in seinen Memoiren natürlich nicht in dieser Form erwähnt.
Schuschnigg mußte nun sehr rasch handeln, wollte er nicht die Kontrolle über ein gutes Viertel des Staatsgebietes verlieren. Die

sich bietende Option einer Rückkehr Ottos hatte er ausgeschlagen, für eine Mobilisierung der Frontmiliz blieb nicht mehr genügend Zeit, sofern dies überhaupt möglich gewesen wäre. Übrig blieb also nur die Möglichkeit einer politischen Aktion, bei der die spektakuläre Alternative »alles oder nichts« lauten mußte.
Vorher hatte der Kanzler noch ein letztes Gespräch mit Hitlers Beauftragten Keppler, der jedoch keinerlei Konzessionsbereitschaft signalisierte. Daraufhin trat er mit der Idee einer Volksbefragung – über seine Person und Österreichs Unabhängigkeit – an einen kleinen Kreis von Vertrauten heran: Die Landeshauptleute, maßgebliche Funktionäre der Vaterländischen Front und schließlich Altbundeskanzler Ender, der noch immer als »graue Eminenz« in Verfassungsfragen angesehen wurde. Sie alle sprachen sich mehr oder weniger direkt für eine Volksbefragung aus – immerhin hatte doch Hitler selbst in Berchtesgaden Schuschnigg zu einem derartigen Popularitätstest herausgefordert.
Am 6. März teilte der Kanzler dann dem Bundespräsidenten seinen Entschluß mit, den er am 9. März im heimatlichen Innsbruck bei einer patriotischen Versammlung öffentlich bekanntgeben wollte.
Rückblickend stellt sich die Frage, ob Schuschnigg überhaupt eine Chance hatte, seine Pläne sozusagen fünf Minuten vor zwölf – wenn nicht fünf nach zwölf – zu verwirklichen. Sofern diese Chance existierte, so hing sie von der strengsten Geheimhaltung und von geeigneten Durchführungsbestimmungen ab. Beide Bedingungen konnten, wie wir heute wissen, nicht eingehalten werden. Spätestens am 7. März, wenn nicht schon am Vortag, wurden die Einzelheiten von Schuschniggs »Flucht nach vorne«, zusammen mit den provisorischen Plänen für die praktische Abwicklung der Volksbefragung – es sollte kein Volksabstimmung nach Artikel 65 der Mai-Verfassung sein, sondern eine Art Referendum sui generis –, von einer Sekretärin Zernattos an die Nazis verraten. Wobei sich die hastig ausgegrabenen Richtlinien zur Durchführung eines Referendums als völlig untauglich erwiesen. Im Rahmen dieser Direktiven hätte wirklich nur eine Volksbefragung mit bereits eingeplantem Ergebnis abgehalten

werden können: Es sollten nur »Ja«-Stimmzettel aufliegen, »Nein«-Stimmen sollten getrennt registriert werden. Für Beamte hätte die Wahl in den Büros, für Soldaten in den Kasernen stattfinden sollen.
Schuschnigg selbst erkannte alsbald, daß derartige Richtlinien nicht als Grundlage für das Referendum dienen konnten. Sofort wurden Maßnahmen ergriffen, um überall eine echte, geheime Abstimmung mit »Ja«- und »Nein«-Stimmzetteln zu gewährleisten.
Der durch den Verrat aus dem Büro Zernattos verursachte Schaden ließ sich indessen nicht mehr gutmachen. Nicht nur wußte Berlin von Schuschniggs Plänen, durch die Kenntnis des ursprünglichen, untauglichen Abstimmungsmodus war den Nazis auch Propagandamunition frei ins Haus geliefert worden.
So seltsam es klingen mag, scheint es sicher, daß wohl Keppler, nicht aber Seyß-Inquart von Schuschniggs Entscheidung bereits am 6. oder 7. März wußte. Natürlich mußte der Kanzler seinen Sicherheitsminister – und bevollmächtigten Vertreter der Nationalsozialisten im Kabinett – im vorhinein von seiner geplanten Rede informieren. Er tat dies am 8. März, wobei er betonte, daß sein Vorpreschen keinerlei Verletzung des Berchtesgadener Abkommens bedeute. Seyß-Inquart erhob einige Einwände, die er auch schriftlich festhielt. So sollten Vertreter der »Volkspolitischen Referate«, also der Nazis, in den Sprengelkommissionen sitzen, die Resultate öffentlich verkündet werden, ebenso die Zahl der Wahlberechtigten und abgegebenen Stimmen. Von den »Ja«- und »Nein«-Stimmzetteln war bereits die Rede. »Falls diese Bedingungen akzeptiert werden, stimme ich zu und glaube als Sicherheitsminister nunmehr für einen ruhigen Verlauf (der Volksbefragung) die Gewähr übernehmen zu können«, schloß das Dokument.
Damit hätte die Debatte um das Referendum eigentlich beendet sein sollen. Seyß-Inquart erklärte sich sogar bereit, für die Teilnahme der Nationalsozialisten zu sorgen und verpflichtete sich überdies ehrenwörtlich, bis zum Abend der Schuschnigg-Rede nichts verlauten zu lassen.

Es läßt sich heute schwer sagen, ob und wie weit Seyß-Inquart dieses Versprechen in gutem Glauben abgab. Vielleicht hielt er – im Gegensatz zu Hitler – die Volksbefragung wirklich nur für eine Formalität, welche letztlich den österreichischen Nationalsozialisten eine stufenweise Machtübernahme – wie von ihm und Papen forciert – innerhalb eines nominell unabhängigen Österreich gewährleisten würde. Komplett mit fetten Posten und Sinekuren für die heimischen alten Kämpfer. Was aber die Geheimhaltung betraf, so mußte er sich gar nicht daran halten, da Hitler, wie bereits erwähnt, schon längst voll informiert war. Durch seine Zustimmung zu den revidierten Durchführungsbestimmungen hatte der Sicherheitsminister der nationalsozialistischen Propaganda in gewissem Sinn sogar geschadet.
Jedenfalls bezeugte Bundespräsident Wilhelm Miklas, milde wie immer, in seiner Aussage beim Guido Schmidt-Prozeß: »Den Strang hat er (Seyß-Inquart) nicht in Österreich, sondern durch seine Tätigkeit im besetzten Holland verdient.«
Am 8. März hatte Schuschnigg ein letztes Treffen mit Vertretern der Linken, die einige weitere Forderungen auf den Tisch legten wie etwa die völlige Gleichstellung mit den Nationalsozialisten, freie Wahlen in einen neuen Gewerkschaftsbund und die Gründung einer Tageszeitung. Obwohl es wieder zu keiner formellen Einigung kam – in diesen Punkten konnte der Kanzler nicht über seinen Juristenschatten springen –, wußte Schuschnigg nun, daß er mit der vollen Unterstützung der Linken rechnen könne. Im Grund genommen hatte er sogar mit noch weiterreichenden Forderungen der Arbeiterschaft – nämlich der Wiedererrichtung einer sozialistischen Bewegung – gerechnet. Die Verhandlungen sollten in der folgenden Woche abgeschlossen werden.
Am Vormittag des 9. März bestieg Schuschnigg den Zug nach Innsbruck, in weit besserer Stimmung als knapp vier Wochen zuvor auf der Reise nach Salzburg und Berchtesgaden. Da aber in Österreich – damals wie jetzt – nichts geheim blieb, hatte sich bereits herumgesprochen, daß etwas Größeres geplant war. Und daß es sich um keine gewöhnliche Kundgebung der Vaterländischen Front handeln werde. Die Fahrt gestaltete sich somit zu

einem kleinen Triumphzug vaterländischer Begeisterung. Teils organisiert, aber auch teils spontan, wurde der Kanzler bei seinen Zwischenstopps in Linz und Salzburg von enthusiastischen Anhängern umjubelt.
Der Empfang in Innsbruck am frühen Nachmittag übertraf alles, was Österreich bis dahin an patriotischen Manifestationen gesehen hatte. Schuschnigg fühlte sich unter seinen engeren Landsleuten wohler, als er sich jemals in Wien gefühlt hatte. Zum erstenmal glaubte er selbst – wie er dem Autor nach dem Krieg erzählte – an den Erfolg seiner waghalsigen Initiative. Tausende begleiteten den Kanzler zum Stadtsaal, wo er sich mit einer großangelegten Rede an das ganze Volk – oder jenen Teil, der noch zu ihm stand – wenden wollte. Die Rede sollte natürlich durch den Rundfunk österreichweit übertragen werden, doch wurde die Sendung im nahegelegenen Bayern, aber auch in Teilen Österreichs, durch Störsender unhörbar gemacht.
Die Rede des Regierungschefs, die hier nur in Auszügen wiedergegeben werden kann, wurde immer wieder von Beifall unterbrochen, an dessen Spontaneität diesmal kein Zweifel bestand: »Wir wollen ein freies deutsches Österreich. Wir wollen ein unabhängiges soziales Österreich. Wir wollen Brot und Frieden im Lande und wir wollen die Gleichberechtigung aller, die zu Volk und Heimat stehen ... Jetzt will und muß ich wissen, ob das Volk in Österreich dieses freie und deutsche, unabhängige und soziale, christliche und einige, dabei keine Parteienzerklüftung duldende Vaterland will. Jetzt muß ich wissen, ob wirklich die Parole ›Brot und Frieden im Land‹ unsere Landsleute und seine Front, die unüberwindlich ist, zusammenführen kann, und ob der Gedanke der Gleichberechtigung aller im Lande, sofern sie zu Volk und Heimat stehen, allen ausnahmslos eine Parole ist, der sie zu folgen vermögen. Das möchte ich wissen und darum, Landsleute und Österreicher, Männer und Frauen, rufe ich Sie in dieser Stunde auf: Am nächsten Sonntag, am 13. März dieses Jahres, machen wir Volksbefragung ... Ich habe die Verantwortung für diesen Beschluß ganz allein auf mich genommen und ich stehe und falle mit allem, was ich will, und denke, mit diesem

Bekenntnis, das das österreichische Volk abgeben soll. Aber ich glaube, diese Verantwortung konnte und mußte übernommen werden, weil ich mir nicht vorstellen kann, daß auch nur ein Mann und eine Frau, die wissen, worum es geht, heute gegen diese Parole sein könnte.«

Als Schuschnigg seine Rede mit dem Kampfruf des Tiroler Freiheitshelden Andreas Hofer »Mander s'ischt Zeit« beendete, kannte der Applaus keine Grenzen. Ein amerikanischer Korrespondent nannte die Rede des Kanzlers »His last hurrah« (Sein letztes Hurra) – allerdings erst etliche Tage später, als alles verloren war. Und auch an jenem Abend des 9. März wußte eigentlich niemand, daß es sich bei dieser patriotischen Begeisterung um die Euphorie eines sterbenden Landes handelte.

Schuschnigg hatte nicht erwartet, mit seiner Rede das westliche Ausland mitreißen zu können, hoffte jedoch mit seiner wiederholten Betonung eines »deutschen Österreichs« Hitlers Zorn in Grenzen zu halten. Was ihm ebensowenig gelang, wie Mussolinis Zustimmung zur Volksbefragung zu gewinnen. Der Duce hatte ihm von dem Plan sogar abgeraten und Hitler davon informiert. Der allererste Rückschlag kam jedoch von einer ganz anderen Seite. Während Schuschnigg noch in Innsbruck am Rednerpult stand, trat in Paris das Kabinett Camille Chautemps zurück. Madame Geneviève Tabouis, Frankreichs bedeutendste Journalistin (»Sie nannten mich Kassandra«), behauptete, Chautemps hätte ohne äußeren Zwang demissioniert, nur um sich aus der Verantwortung zu drücken, in der österreichischen Krise etwas unternehmen zu müssen. Was Chautemps natürlich bestritt: Zum Zeitpunkt seiner Demission hätte er von der Kanzlerrede noch nichts gewußt.

Wie dem auch sei: Sicher war es ein schwerer Fehler Schuschniggs, daß er aus übertriebener Geheimnistuerei – gerade dort, wo sie nicht notwendig war – die westlichen Gesandten von seinem Entschluß nicht rechtzeitig informiert hatte. Oder glaubte er wirklich, daß Hitler noch nichts von seinen Plänen wußte?

Tatsächlich stellt sich die Frage, warum Hitler wirklich erst nach der Schuschnigg-Rede seine Gegenaktion startete. Vielleicht glaubte er, bei den Berichten, die er aus Wien über die bevorstehende Volksbefragung erhalten hatte, handle es sich nur um einen Bluff oder sogar um eine gezielte Desinformation. Mißtrauen gegenüber jeder geradelinigen Information gehörte schließlich zu seinen hervorstechenden Charaktereigenschaften. So ließ er sich auch sechs Jahre später täuschen, als er die genauen Pläne über die Landung der Alliierten in der Normandie in seinen Händen hatte und nichts unternahm.

Nach der Schuschnigg-Rede reagierte er jedoch schlagartig, da er wußte, daß sein Vorhaben einer »evolutionären« Lösung fehlgeschlagen war. Sofort sandte er Keppler nach Wien, um richtig aufzuräumen. Wobei er offensichtlich über die Haltung Seyß-Inquarts enttäuscht war. Noch hielt sich Keppler indessen mit ultimativen Forderungen zurück. Sein Argument gegenüber der österreichischen Regierung war, daß eine so umfassende Aktion wie ein Referendum nicht innerhalb von nur vier Tagen ordnungsgemäß durchgeführt werden könne.

Natürlich wollte Hitlers Österreich-Beauftragter direkt zu Schuschnigg durchdringen, was ihm aber wegen der Dichtheit der Termine des Kanzlers nicht gelang. Möglicherweise ließ sich Schuschnigg sogar verleugnen. So gelangte Keppler nur bis zu Guido Schmidt. Dieser zog sich mit dem Hinweis aus der Affäre, die Volksbefragung sei ein persönliches Anliegen des Regierungschefs, und da könne er sich als Außenminister nicht einmischen.

Schuschnigg selbst sah in der Intervention Kepplers, von der er naturgemäß informiert worden war, einen Bruch der Zusagen, die Seyß-Inquart ihm gegenüber abgegeben hatte. Und eine Verletzung des Versprechens Hitlers, sich in österreichische Angelegenheiten nicht einzumischen. Bei Hitler selbst konnte sich Schuschnigg selbstverständlich nicht beschweren, aber am 10. März schrieb er einen bitterbösen Brief an seinen Sicherheitsminister: »Ich bin keine Marionette ... Ich habe alle Zusagen eingehalten und muß auf Einhaltung von der Gegenseite bestehen ... Das Benehmen der Volkspolitischen Referate in der Steiermark ist offene Meuterei. Jedenfalls hat sich heute decouvriert, wie sich die österreichischen Nationalsozialisten den deutschen Frieden vorstellen.«

Noch waren die österreichischen Nazis zu keinem offenen Kampf bereit, aber sie rückten von Seyß-Inquarts ursprünglicher Zustimmung zu einem Referendum ab und empfahlen vorerst Stimmenthaltung.

Zu jenem Zeitpunkt waren in Berlin die Würfel bereits gefallen. Hitler kümmerte sich nicht mehr um die völkerrechtlichen Aspekte oder seine eigenen, in Berchtesgaden abgegebenen Versprechungen. Schon am Abend des 9. März hatte Oberst Jodl in seinem Tagebuch notiert: »Schuschnigg hat überraschend und ohne Beteiligung seiner Minister* einen Volksentscheid angeordnet, der ohne planmäßige Vorbereitung einen hohen Sieg der Legitimisten (sic!) ergeben soll. Führer ist entschlossen, das nicht zu dulden... Führer will österreichischer Regierung Ultimatum übermitteln. Fall Otto vorbereiten.«

Rückblickend ist eines klar: Hitler wußte genau, daß bei dieser Volksbefragung »zwischen mir und Schuschnigg« – die er in Berchtesgaden persönlich gefordert hatte – der wahre Österreicher aus Riva den Emigranten aus Braunau besiegen würde.

Jahrzehnte später erklärte Schuschnigg, die von ihm ausgelöste Konfrontation – denn daß es darauf hinauslaufen würde, war ihm bewußt – sei letztendlich unvermeidlich gewesen. Andernfalls hätten die Nazis die Unabhängigkeit Österreichs von innen – notfalls auch mit Gewalt – völlig ausgehöhlt. Er konzedierte jedoch, zu sehr auf das Überraschungselement gesetzt zu haben. Doch dafür sei eben die Aushöhlung bereits zu weit fortgeschritten gewesen.

Die Taktik des Kanzlers in den »letzten Tagen Österreichs« erscheint auch nach Jahrzehnten umstritten. Eines steht jedoch fest: Er hatte Hitlers – und Papens – ursprünglichen Plan durchkreuzt, Österreich ohne einen militärischen Einmarsch »völkerrechtlich korrekt« aufzusaugen und in einen willenlosen Satelli-

* Was absolut nicht den Tatsachen entspricht, denn Schuschnigg hatte sogar die Nazi-Minister in seinem Kabinett informiert.

ten zu verwandeln. Von jenem Moment an, da »Operation Otto« angelaufen war, hatte der Reichskanzler vor der Welt seine Maske als friedliebender Erneuerer und Ordnungsstifter abgelegt. Daß die demokratische Welt aus dieser Demaskierung keine entsprechenden Konsequenzen zog, ist eine andere Geschichte.

In Österreich war der 10. März noch eindeutig der Tag Schuschniggs und seines Regimes. Die Regierungspropaganda war endlich auf Touren gekommen. Aus Lastwägen und aus der Luft wurden Flugzettel mit »Ja«-Parolen verstreut. In der Zentrale der Vaterländischen Front trafen Solidaritätsbotschaften gleich körbeweise ein. Und bei einer Sitzung im Margaretener Arbeiterheim riefen die sozialistischen Vertrauensleute die Arbeiterschaft auf, mit »Ja« zu stimmen. Zumindest in Wien waren die Nazis schlagartig von der Straße verschwunden. Und das Hakenkreuz wurde wieder hinter dem Rockaufschlag versteckt.

Spät, aber doch erwachte die britische Außenpolitik, da man von Paris keine Führungsrolle mehr erwarten konnte. Am 10. März kabelte Lord Halifax an Botschafter Henderson in Berlin: »Wir betrachten es von überragender Wichtigkeit, daß das Plebiszit in Österreich ohne äußere Einmischung abgehalten werden kann.« Eine Vorsprache des Diplomaten im Auswärtigen Amt zeigte jedoch keinerlei Wirkung. Ebenso wirkungslos blieb eine gemeinsame Demarche der britischen und französischen Botschafter in Rom (Frankreichs geschäftsführender Außenminister Delbos hatte dazu seine Zustimmung gegeben, ohne den zurückgetretenen Chautemps zu fragen) bei Außenminister Ciano. Dieser lehnte jede Intervention seines Landes »brüsk« ab – was die deutsche Botschaft in der italienischen Hauptstadt befriedigt zur Kenntnis nahm.

Ciano ging sogar noch weiter. Er befahl dem inzwischen zum Botschafter in Berlin aufgestiegenen Massimo Magistrati, Ribbentrop folgendes Telegramm vorzulesen: »Wenn etwa das Gerücht auftauche, daß Mussolini (Schuschnigg) zu einer Volksabstimmung geraten habe, so wünsche er (Deutschland) wissen zu lassen, daß er, obgleich er sich in keiner Weise in österreichische

Dinge einmische, von der Volksabstimmung rundwegs abgeraten habe.«

Total auf die Seite der Nazis stellte sich die jugoslawische Diplomatie. Die Tatsache, daß sich Graz praktisch in den Händen der Nazis befand, kommentierte der dort amtierende jugoslawische Konsul Haži Djorjevic gegenüber seinen deutschen Kollegen: »So erhalten Sie alles zurück, was Sie in der Revolution verloren haben.« Welche Revolution gemeint war, ist aus den deutschen Akten nicht herauszulesen.

7. Kapitel

»Gott schütze Österreich«

Hitler marschiert ein, der Westen schaut weg

Als die Sonne am 11. März 1938 knapp nach sechs Uhr aufgeht, beginnt der letzte Akt der österreichischen Tragödie. Noch scheint der österreichische Staat einigermaßen intakt. Das Straßenbild ähnelt jenem des Vortages. Die Propagandakolonnen sind weiter unterwegs. An verschiedenen Stützpunkten sammeln sich vaterländische Kräfte, um den Nazis entgegenzutreten. In einigen Fällen sogar mit der Waffe in der Hand. Noch denkt man nur an einen Kampf mit der lokalen SA. An einen Einmarsch glaubt keiner der jungen Männer. Und sie wollen nicht glauben, daß dies der schwärzeste Tag in der tausendjährigen Geschichte des Landes sein wird.

Für Schuschnigg kündigt sich das Unheil früher an als für seine Mitbürger. Um 5.30 Uhr wird er von Skubl mit der Nachricht aufgeweckt, die Deutschen hätten die Grenze gesperrt und den Zugverkehr unterbrochen. Sofort fährt der Kanzler aus dem Belvedere zum Ballhausplatz – nach einem Abstecher für ein Gebet in der Stephanskirche. Noch herrscht am Regierungssitz völlige Ruhe. Der Amtsbetrieb hat noch nicht begonnen.

Die alarmierten Minister treffen ein – mit Ausnahme von Seyß-Inquart und Glaise-Horstenau. Schmidt berichtet aus München von der Mobilisierung des dortigen Armeekorps.

Erst um acht Uhr trifft der erste NS-Vertreter ein, der Rechtsanwalt Hugo Jury, und fordert kategorisch die Absage der Volksbefragung. Schuschnigg lehnt ab und ersucht Jury – den er in seinen Memoiren sogar als »sympathisch« bezeichnet –, auf die Nazis »beruhigend« einzuwirken. Auch Jury ist noch nicht ganz im Bild und antwortet: »Herr Bundeskanzler, ich werde schauen, was sich noch tun läßt.«

Um 9.30 Uhr kreuzt endlich Seyß-Inquart auf. Er hat seinen Kollegen Glaise-Horstenau, der zur »Befehlsübernahme« nach Berlin geflogen war, auf dem Wiener Flugplatz Aspern abgeholt. Seyß-Inquart berichtet von der Empörung Hitlers. Dann rutscht es aus ihm heraus: Er übermittelt ein Ultimatum Görings: Das Referendum sei innerhalb einer Stunde abzublasen. Erhalte er (Göring) bis dahin keine Nachricht, werde er sich »danach richten«.

Nun erst erkennt Schuschnigg den vollen Ernst der Lage. Er läßt sich beim Bundespräsidenten anmelden, nachdem er Skubl ersucht hat, den Ballhausplatz zu sichern. Dieser zögert. Der Kanzler will wissen, ob er sich noch auf die Polizei verlassen kann. Skubl: »So wie die Lage steht, nein.«

Bleiben noch das Bundesheer und die Frontmiliz, jener blasse Schatten der einstigen Heimwehr. Zuerst läßt Schuschnigg die Frontmiliz aufbieten. Was aber deren Kampfbereitschaft betrifft, warnt der Milizchef Vizekanzler Hülgerth: »Nicht gegen Deutschland.«

Der Regierungschef weiß, daß er sich der Krise zum Trotz noch immer auf das Bundesheer verlassen kann. Dies bestätigt auch Heeresinspekteur General Sigismund Schilhavsky, nach Staatssekretär Zehner der höchste Offizier der Streitkräfte. Vorerst versichert der General, das Heer würde jeden Befehl der Regierung ausführen, koste es, was es wolle. Als ihn aber Schuschnigg fragt, ob er einen Widerstand gegen Deutschland für sinnvoll halte, antwortet dieser ähnlich wie Hülgerth zuvor. Es wäre sinnlos. Was auch der vorgefaßten Meinung des Kanzlers entspricht.

Inzwischen laufen auf dem Ballhausplatz die Telefone heiß. Ausländische Missionschefs wollen wissen, was gespielt wird: Ist die Regierung noch Herr der Lage, befindet sich Graz bereits in den Händen der Nazis?

Nur von der deutschen Botschaft ist nichts zu hören. Sie ist weit besser informiert als Außenminister Schmidt, der sich auf seine Unwissenheit beruft. Diesmal wahrscheinlich zu Recht.

Am späten Vormittag ringt sich Schuschnigg zum bisher schwersten Entschluß seiner Kanzlerschaft durch. Er sagt die Volksbefragung ab. Er bittet seine engsten Vertrauten, Guido Zernatto und Unterrichtsminister Hans Perntner, zu sich und teilt ihnen seinen Beschluß mit. Noch will er Gesicht wahren: »Technische Schwierigkeiten« sollten als Grund für eine Verschiebung des Termins angegeben werden. Die beiden Minister nehmen den Entschluß kommentarlos zur Kenntnis, danach auch die anderen engen Mitarbeiter, allen voran Bürgermeister Schmitz und Niederösterreichs Landeshauptmann Josef Reiter sowie Sekretär Frölichsthal und der Gesandte Hornbostel. Während von draußen noch immer die »Österreich«-Parolen vaterländischer Demonstranten in das Gebäude dringen.

Um 11.30 Uhr empfängt Schuschnigg die »Sieger« Seyß-Inquart und Glaise-Horstenau, die noch nicht ahnen, daß auch sie einmal bei den Verlierern enden werden – Seyß durch Hinrichtung, Glaise durch Selbstmord. Der Kanzler bittet sie, Göring von der Annahme des Ultimatums zu informieren. Sie laufen zum Telefon und kehren nach Minuten etwas verwirrt zurück: Göring sei noch immer nicht zufrieden. Jetzt fordere er den Rücktritt Schuschniggs und die Ernennung von Seyß-Inquart zum Regierungschef. All das müsse innerhalb von zwei Stunden geschehen. Andernfalls marschierten die Deutschen ein. Seyß ist trotz der sich abzeichnenden »Beförderung« eher betreten. Er und Glaise erkennen, daß sie zu Verrätern geworden sind und geben dies dem Kanzler gegenüber auch zu. Doch ihre Reue wird sich bald verflüchtigen.

Nun erst eilt Schuschnigg zum Bundespräsidenten. Doch dieser zeigt, wahrscheinlich zum erstenmal in seiner stets konzessionsbereiten Laufbahn, daß er echtes Rückgrat besitzt. Er weigert sich, das Rücktrittsangebot anzunehmen. Unter den Anwesenden beginnt eine heftige Debatte. Einige plädieren für militärischen Widerstand, und sei er aussichtslos. Sie zitieren das Beispiel Belgiens im Ersten Weltkrieg. Andere schlagen einen Appell an London und Paris vor, schließlich einen letzten Hilferuf an Mussolini. Was auch geschieht, doch der Duce läßt sich einfach verleugnen. »Da hast du deine Römischen Protokolle«, muß sich der Kanzler von einem seiner Minister sagen lassen.

Die britische Regierung antwortet zumindest indirekt. Gesandter Palairet erhält folgende Instruktion von Lord Halifax: »Die Regierung Seiner Majestät kann keine Verantwortung dafür übernehmen, dem Kanzler irgendeine Richtung seines Handelns anzuraten, welche sein Land Gefahren aussetzen könnte, gegen welche die Regierung Seiner Majestät nicht in der Lage wäre, einen Schutz zu garantieren.«
Palairet solle aber dem Kanzler sagen, »daß wir ernsthaft mit Ribbentrop (der sich gerade zu seinem Abschiedsbesuch in London eingefunden hatte) gesprochen haben, über die Wirkung, die eine solche direkte Einmischung in österreichische Angelegenheiten, wie das Ultimatum . . . in diesem Land haben wird«.
»Ernsthaft gesprochen« klingt in diesem Zusammenhang wie bitterer Hohn.
Schuschnigg weiß nun, daß er – und Österreich – verloren sind. Doch seine Gedanken bewegen sich noch immer in strikt völkerrechtlichen Bahnen. Es gelte, klaren Kopf zu bewahren und sich nicht im letzten Augenblick ins Unrecht zu setzen. Er entschließt sich zu einem letzten Schachzug, um die Legalität seines Vorgehens zu bewahren. Er besteht darauf, daß der deutsche Militärattaché General Wilhelm Muff, seit dem endgültigen Abgang Papens*, wenn nicht schon zuvor, der mächtigste Mann an der deutschen Botschaft, das Ultimatum Miklas persönlich übergebe. Und er beharrt dem Präsidenten gegenüber auf seiner Demission. Er befürwortet aber nicht die Beförderung Seyß-Inquarts, der in einigen Zimmern des Ballhausplatzes seine Tätigkeit als Chef einer Schattenregierung bereits aufgenommen hat.
Miklas gibt widerstrebend nach: »Ich sehe also, daß man mich jetzt alleine läßt.« Dieser Vorwurf richtet sich in erster Linie gegen Schuschnigg, der ja die Zügel immer selbst geführt hat. Nun kommt es zur Konfrontation. Der Kanzler beharrt auf seinem Rücktritt; Miklas weigert sich, den »Verräter« Seyß-Inquart zum Nachfolger zu ernennen. Wie wäre es mit Altkanzler Ender,

---

* Papen hatte am 26. Februar Wien verlassen.

wirft er ein, einem guten Österreicher, aber nicht so exponiert wie Schuschnigg? Oder mit Bürgermeister Schmitz? Beide lehnen ab. Da hat Miklas eine neue Idee: Wie wäre es mit einem General? Verteidigungsminister Zehner kommt nicht in Frage, denn der ist für Hitler ein rotes Tuch (deshalb wird er gleich nach dem Anschluß von den Nazis ermordet, die dann von einem »Selbstmord« sprechen). Als nächster General wäre Heeresinspekteur Schilhavsky an der Reihe, doch auch er antwortet: »Nein, ich bin zu alt und außerdem nur Militär, kein Politiker.« So erhält er lediglich den Auftrag, die Truppen von der deutschen Grenze zurückzunehmen, um einen direkten Zusammenstoß mit einmarschierenden deutschen Truppen zu vermeiden. Vor dem Kanzleramt haben sich inzwischen dunkle Gestalten gesammelt. Einige von ihnen sind trotz der Polizeisperre bereits in das Gebäude gelangt. Dennoch gewinnt Schuschnigg einen allerletzten Punkt: Er behält das Schlußwort im österreichischen Trauerspiel – was ihm den ewigen Haß Hitlers eintragen wird. Doch an Mut hat es ihm nie gefehlt. Aus dem Roten Salon des Bundeskanzleramtes richtet er seine Abschiedsworte an das österreichische Volk: »Die deutsche Regierung hat dem Herrn Bundespräsidenten ein befristetes Ultimatum gestellt, nach welchem der Herr Bundespräsident einen ihm vorgeschlagenen Kandidaten zum Bundeskanzler ernennen und die Regierung nach Vorschlägen der deutschen Reichsregierung zu bestellen habe, widrigenfalls der Einmarsch deutscher Truppen für diese Stunde in Aussicht genommen würde. Ich stelle fest vor der Welt, daß die Nachrichten, die in Österreich verbreitet werden, daß Arbeiterunruhen gewesen seien, daß Ströme von Blut geflossen seien, daß die Regierung nicht Herrin der Lage wäre und aus eigenem nicht Ordnung machen könne, von A bis Z erfunden sind ... Der Herr Bundespräsident beauftragt mich, dem österreichischen Volk mitzuteilen, daß wir der Gewalt weichen. Wir haben, weil wir um keinen Preis deutsches Blut zu vergießen gesonnen sind, unserer Wehrmacht den Auftrag gegeben, für den Fall, daß der Einmarsch durchgeführt wird, ohne wesentlichen Widerstand – ohne Widerstand – sich zurückzuziehen und die Entscheidung

der nächsten Stunden abzuwarten ... So verabschiede ich mich in dieser Stunde von dem österreichischen Volk mit einem deutschen Wort und einem Segenswunsch: Gott schütze Österreich!«
Nachdem Schuschnigg seine Ansprache beendet hatte, herrschte im Raum bedrückendes, nur durch Schluchzen unterbrochenes Schweigen. Der Regierungskommissar für Kulturpropaganda, Hans Hammerstein-Equord, war so erschüttert und empört, daß er die Krücken auf denen er sich (nach einem Unfall) bewegte, hochriß und ausrief: »Hoch Österreich!« Leise, aber doch hörbar, fügte er hinzu: »Heute schäme ich mich, Deutscher zu sein.«
Dann humpelte er auf seinen Weltkriegskameraden Glaise-Horstenau zu, der sich hinter Seyß-Inquart zu verstecken suchte, und sagte ihm ins Gesicht: »Dies ist das Ende Österreichs, aber Sie können sicher sein, es ist auch das Ende Deutschlands.«
Seyß und Glaise schwiegen betreten. Doch schon wenige Minuten danach hatte sich zumindest der Sicherheitsminister wieder in der Hand. Er lief zum Telefon und informierte Göring, die Bundesregierung hätte »sich selbst außer Amt gesetzt«.
Dem »dicken Hermann« war dies nicht genug. Als Miklas knapp vor 20.00 Uhr noch immer keinen neuen Kanzler ernannt hatte, ordnete der spätere Reichsmarschall den Einmarsch an: »Jeder, der Widerstand leistet oder Widerstand organisiert, verfällt augenblicklich damit unseren Standgerichten.«
Aber Göring benötigte noch ein Feigenblatt, um die offene Aggression zu verhüllen. Er verlangte ein Telegramm von Seyß-Inquart, in dem die deutsche Wehrmacht um Hilfe gegen »Arbeiterunruhen« gebeten werde.
Das war selbst Seyß-Inquart in seiner momentanen seelischen Verfassung zu viel. Er antwortete, es gäbe keinerlei Unruhen. Ein militärischer Einmarsch sei daher unnötig. Miklas werde schon nachgeben.
Göring bestand indessen kategorisch auf einen »Hilferuf« aus Wien. Als dieser nicht eintraf, befahl er seinem Adjutanten, Seyß-Inquart zu sagen, dieser müsse gar kein formelles schriftliches Hilfeansuchen stellen: »Es genügt, wenn er sagt, er braucht Hilfe.«

Beim Nürnberger Hauptkriegsverbrecherprozeß beteuerte Seyß-Inquart, niemals ein derartiges Hilfeansuchen gestellt zu haben. Dennoch befindet sich in den Akten des Auswärtigen Amtes eine Depesche mit diesem Inhalt. Vielleicht hat sich Göring selbst dieses Telegramm schicken lassen.

Jedenfalls ging Seyß-Inquart noch vor seiner formellen Ernennung daran, sein erstes Kabinett zu bilden. Wobei er nicht ahnen konnte, daß diese »Regierung« nicht einmal 48 Stunden lang im Amt bleiben würde. Natürlich mußten die verschiedenen österreichischen Nazi-Bonzen mit entsprechenden Ministerien belohnt werden, doch der Bundeskanzler-in-spe war offensichtlich bestrebt, Hitlers Beispiel von 1933 zu folgen und auch einige nominell Unabhängige in die Regierung aufzunehmen. So offerierte er Guido Schmidt allen Ernstes das Außenministerium, was dieser ansonsten als Opportunist und Ehrgeizling verschriene Politiker kategorisch ablehnte. Er sei mit Schuschnigg gekommen und werde mit diesem gehen – eine Aussage, die 1947 wesentlich zu seinem Freispruch beitrug. Als neuer Außenminister wurde ein »katholisch-nationaler« Beamter des Bundeskanzleramtes, Wilhelm Wolf, bestimmt. Seyß-Inquart hatte sogar eine weitere Überraschung für seine neuen Kollegen in petto: Er wollte Michael Skubl als Staatssekretär für das Sicherheitswesen weiter im Amt behalten, ihm allerdings den »Parteigenossen Ernst Kaltenbrunner« als Aufpasser vor die Nase setzen. Damit konnte er sich aber bei den anderen Nazis nicht durchsetzen, für die Skubl weiterhin ein »Häscher« war.

Nur Miklas machte den Nazis noch immer Sorgen. Erst knapp vor Mitternacht betraute er Seyß-Inquart mit der Regierungsbildung, und es war bereits 0.30 am 12. März, als er die Kabinettsliste unterzeichnete.

Noch in der Stunde seines Sieges mußte sich der neue Kanzler einer für ihn äußerst unangenehmen Aufgabe zuwenden. Was sollte er mit Schuschnigg tun, der sich noch immer im Gebäude befand? Auf dem Ballhausplatz hatte sich bereits Stunden zuvor ein johlender Nazimob versammelt. Viele von ihnen befanden sich dank der immer lückenhafter werdenden Polizeiabsperrung bereits im Haus. Seyß-Inquart machte sich, glaubhaft, wie Zeitzeugen versichern, Sorgen um Schuschniggs Sicherheit, befanden sich doch unter den Besetzern des Kanzleramtes zahlreiche »Veteranen« des Juli-Putsches, die mit dem gestürzten Regierungschef – wie sie glaubten – noch eine Rechnung zu begleiten hatten. Der neue Kanzler von Hitlers oder Görings Gnaden drängte nun seinen Vorgänger, in der nahen ungarischen Gesandtschaft Zuflucht zu suchen. Schuschnigg lehnte jedoch ab.

Die Turmuhr auf dem Wiener Rathaus schlug gerade zwei Uhr morgens, und die Nazi-Rabauken hatten sich bereits zerstreut – sofern sie nicht noch einige jüdische Geschäfte plünderten –, als Seyß-Inquart Schuschnigg in einem Dienstwagen in dessen Wohnung im Belvedere eskortierte. Mit von der Partie waren Guido Schmidt und dessen Sekretär Max Löwenthal-Chlumetzky. Während der Fahrt bedankte sich Seyß-Inquart noch einmal bei Schuschnigg für dessen Haltung in den vergangenen Stunden und riet ihm, eine ausländische Gesandtschaft aufzusuchen. Immerhin seien es nur Minuten zur italienischen Mission auf dem Rennweg. Doch der Gestürzte lehnte neuerlich ab. Im Belvedere wurde Schuschnigg abgesetzt. Die alte Polizeiwache war noch im Dienst. Seyß versprach, am Vormittag vorbeizukommen, um alles zu regeln. Adjutant und Dienstwagen stünden Schuschnigg natürlich weiter zur Verfügung. Soweit bekannt ist, haben die beiden einander erst beim Nürnberger Kriegsverbrecherprozeß, wo Schuschnigg als Zeuge aufgerufen wurde, wiedergesehen.

Danach wurde Schmidt in seiner Wohnung abgesetzt. Löwenthal begleitete ihn noch in seine Wohnung. »Er war völlig fertig«, erinnerte sich der Sekretär, der seine Karriere nach dem Krieg als Botschafter in Rom beendete.

Schuschnigg erläuterte später, sein Ehrgefühl hätte ihn daran gehindert, in einer Gesandtschaft politisches Asyl zu suchen. Oder ins Ausland zu fliehen, wie es noch in der gleichen Nacht Guido Zernatto und Handelsminister Fritz Stockinger getan hatten. Seyß-Inquart erklärte übrigens beim Nürnberger Prozeß, er hätte den beiden Ausreisepapiere verschafft, wofür ihn Hitler noch wüst beschimpft habe.

Unabhängige Zeitzeugen bezeichnen Schuschniggs Verhalten in jener Nacht als ehrenhaft, aber unklug. Durch sein Ausharren in Wien sei Österreich die Möglichkeit genommen worden, eine Exilregierung zu bilden, mit der sich auch die linke Emigration hätte solidarisieren müssen. Wie bei der Volksbefragung.
Noch heute umstritten bleibt indessen Schuschniggs einsamer Beschluß, keinen militärischen Widerstand zu leisten. Wobei sich die Befürworter und Kritiker die Waage halten. Schuschnigg hat in seinem späteren Leben viele Fehler während seiner Kanzlerschaft freimütig zugegeben. In puncto militärischer Widerstand versicherte er jedoch – praktisch bis zu seinem Tod –, genau richtig gehandelt zu haben. Er hätte Hitlers Plan eines völkerrechtlich legalen Anschlusses durchkreuzt. Das sei das Maximum des Erreichbaren gewesen. In einer militärischen Konfrontation hätte Österreich keine Chance gehabt, wobei die Zahl der österreichischen Opfer in die Zehntausende gegangen wäre. Überdies hätten die Westmächte eine kompromißlose Haltung Österreichs auf Grund ihrer eigenen Inaktivität nicht gutgeheißen und die Regierung in Wien sogar für das Ende des Friedens in Europa verantwortlich gemacht.
Rückblickend gestand Schuschnigg nur einen einzigen Fehler in diesem Zusammenhang ein. In seine Abschiedsbotschaft hätte ein Satz über passiven Widerstand hineingehört. Aber das hätte nicht viel geändert, angesichts des triumphalen Empfanges, den ein guter Teil der Bevölkerung den einmarschierenden Deutschen bereitete. Vielleicht aber später...
Der Versicherung Schuschniggs, im guten Glauben gehandelt zu haben, kann man nicht widersprechen. Aber faktische Gegenargumente kommen sogar von einstigen Parteigängern des Kanzlers. So etwa meint der ehemalige Vizekanzler der Zweiten Republik, Fritz Bock, der 1938 die Propaganda gegen die Nazis innerhalb der Vaterländischen Front organisierte, das Land hätte unbedingt im Rahmen seiner Möglichkeiten kämpfen müssen: »Das ist die Basis der Existenzberechtigung jedes Landes, wobei es nicht von der Stärke der Bataillone abhängt.«
Sicher wären viele Opfer zu beklagen gewesen, aber diese sollten

Österreich so oder so nicht erspart bleiben. Und nach dem Krieg hätte Österreich dann sofort und ohne zehnjährige Besatzung als souveräner Staat wiedererstehen können.

Einen interessanten Standpunkt aus der Sicht des erfahrenen Berufsoffiziers präsentiert der langjährige Armeekommandant der Zweiten Republik, General Emil Spannocchi, der zur Zeit des Anschlusses gerade die Militärakademie in Wiener Neustadt absolviert hatte. Er argumentiert, man unterschätze allgemein die Kampfkraft des damaligen Heeres. Die Truppe wäre gut ausgebildet und jedenfalls kampfbereit gewesen. Sogar illegale Nationalsozialisten im Heer hätten gekämpft, so wie sie es bei der Niederschlagung des Juliputsches von 1934 getan hatten. Allgemein sei der Anteil der Nazis im Bundesheer wesentlich geringer gewesen, als später von der Nazipropaganda angegeben. Darüber hinaus möge man auch nicht vergessen, daß die deutsche Wehrmacht 1938 noch nicht für eine größere militärische Konfrontation bereit gewesen sei. Das hätten die technischen Schwierigkeiten gezeigt, die sich bereits beim Einmarsch ohne Feindeinwirkung gezeigt hätten. Göring hätte den Befehl zum Einmarsch nicht so leichtfertig gegeben, wäre er nicht zu 95 Prozent sicher gewesen, auf keine bewaffnete Gegenwehr zu stoßen.

Spannocchi hat noch ein weiteres, höchst überzeugendes Argument in petto: Schuschniggs kardinaler Fehler hätte darin bestanden, General Schilhavsky zu fragen: Sollen wir schießen oder nicht? Ein Regierungschef, notabene einer mit fast diktatorischen Vollmachten, dürfe eine derartige Entscheidung niemals den Militärs überlassen. Er mußte diese Entscheidung selbst oder im Rahmen seiner Regierung treffen, um sie dann an die Militärs weiterzuleiten. Diese hätten jeden Befehl, der ihrem Gewissen nicht widersprochen hätte, ausgeführt. »Nur in Militärdiktaturen treffen die Generäle selbst die Entscheidung, und was auch immer Österreich vor 1938 war, eine Militärdiktatur war es nicht.«

8. Kapitel

»Im Vorhof der Hölle«

Schuschniggs Leidensweg durch Hitlers Kerker

Militärisches Heldentum wird in allen Armeen der Welt mit mehr oder weniger eindrucksvollen Orden in verschiedenen Rangstufen gewürdigt. Zivilcourage in »großen Zeiten« gegenüber einem schwer definierbaren Feind bleibt dagegen in den meisten Fällen unbelohnt, wenn nicht unbekannt. Bestenfalls gibt es einige Gedenktafeln für jene, die für ihren persönlichen Einsatz den höchsten Preis bezahlen mußten. Sie verstauben bald, unleserlich geworden, an Mauern und Wänden.

Von jenen mutigen Männern und Frauen, die mit etwas Glück gerade noch davongekommen sind und ihren Mut nicht an die große Glocke hängen wollten, weiß kaum noch jemand. Jedenfalls hat ihnen die Nachwelt keinen Kranz geflochten.

Einer von jenen weitgehend vergessenen Helden im Kampf um Österreichs Freiheit war Hofrat Emil Löbl, Chefredakteur des »Neuen Wiener Tagblattes«, einer Zeitung, auf deren Titelseite die Worte »Demokratisches Organ« noch lange zu lesen waren, nachdem die Demokratie der Ersten Republik ausgelöscht worden war.

Emil Löbl versah sein Amt bis zum Tag der nationalsozialistischen Machtübernahme. Oder, genau genommen, wirkte er noch einen Tag danach, am 12. März 1938, als die braune Flut Österreich bereits überschwemmt hatte. An jenem Tag überboten sich die »Wendehälse« in den Reihen der österreichischen »Journaille« – in diesem Fall ist das Schimpfwort berechtigt – bereits in Lobgesängen auf die neuen Machthaber. Während die Vorsichtigen kommentarlos die Proklamation aus den Machtzentralen wiedergaben.

Nur ein einziger Zeitungsmacher in Österreich überschritt am

12. März 1938 jene unsichtbare Grenze von anständiger Zivilcourage zum wahren Heldentum »jenseits des Rufes der Pflicht«. Eben jener müde alte Hofrat Löbl, den bislang niemand für einen Helden gehalten hätte. Nicht einmal er selbst. In der Morgenausgabe des »Tagblattes« erschien aus seiner Feder ein Nachruf auf den in der vergangenen Nacht gestürzten Bundeskanzler Schuschnigg – der an jenem Tag in anderen Gazetten bereits unflätig beschimpft wurde.
Zugegeben, das »Tagblatt« druckte Löbls Würdigung nicht auf dem Titelblatt, sondern erst auf Seite 4, aber rechts oben, an prominenter Stelle. Und die Überschrift allein sprach Bände: »Kurt Edler von Schuschnigg«. »Edler« war im österreichischen Ständestaat, der die alten Titel wieder zugelassen hatte, ein Teil des Namens. In diesem Fall war es jedoch ein demonstratives Attribut, ein Zeichen der Hochachtung für einen Verfemten.
Eben weil diese Würdigung bis heute nur wenigen bekannt ist – in der Abendausgabe des »Tagblattes« war sie natürlich schon verschwunden – verdienen es die wesentlichen Passagen, in vollem Wortlaut zitiert zu werden:

»Mit dem Rücktritt Dr. Kurt von Schuschniggs schließt sich jäh und unvermutet die Laufbahn eines hochbegabten Staatsmannes ab, die ihn in jungen Jahren zu maßgeblichen Einfluß und zu einer historischen Stelle emporgeführt hat... Dr. von Schuschniggs Politik war von streng katholischen Grundsätzen geleitet und von den Überlieferungen des alten Österreichs bestimmt. Jedoch strebte Schuschniggs Österreichertum stets danach, eine Synthese mit einem Deutschtum herzustellen, das auch der Überlieferung des alten Römisch-Deutschen Reiches folgte. In diesem Sinn wollte Dr. von Schuschnigg am Bau eines neuen Mitteleuropa mitwirken.«

Heute, in Zeiten weitestreichender Pressefreiheit, scheint dieser »Nachruf« keineswegs spektakulär. Ganz anders in den Terrortagen von 1938.
Dabei hatte gerade Löbl noch Glück. Treue Kollegen im »Tagblatt« verrieten ihn nicht als Autor des provokanten Kommen-

tars – wiewohl dies leicht festzustellen war –, sondern brachten den alten Mann, dessen Gesundheitszustand ohnehin angegriffen war, unverzüglich und vorerst unbemerkt in ein Spital, wo er nur Wochen danach verstarb. Ein fast ebenso mutiger Kollege, Rudolf Holzer, ehemaliger Chef der »Wiener Zeitung«, der in der »Tagblatt«-Redaktion Unterschlupf gefunden hatte, hielt die Grabrede vor einer Handvoll treuer Freunde.
Es gibt keinen sachlich einleuchtenden Grund, warum dieser historisch zu bedeutende Kommentar in den meisten zeitgeschichtlichen Werken einfach übergangen wird, besonders aber in den Unterlagen zum zeitgeschichtlichen Unterricht in den Mittelschulen. Oder bei der Ausbildung junger Journalisten.
Schuschnigg selbst hat das »Tagblatt« vom 12. März nie in die Hand bekommen. Vielleicht hätte es ihn getröstet, als innerhalb von 24 Stunden seine Welt zusammengebrochen war. Am Vortag noch österreichischer Bundeskanzler, wachte er am späten Morgen des 12. März bereits als Hitlers Gefangener auf. Was hat er in dieser Nacht gefühlt? »Eigentlich gar nichts«, gestand er einmal dem Autor. »Natürlich war ich erschüttert und dachte ›Was soll aus Österreich und aus mir werden?‹. Doch das überwältigende Gefühl war das der Erschöpfung.«
Am Morgen des 12. März wurden die Wachen um Schuschniggs Domizil verstärkt und der Gestapo unterstellt. Aber noch waren die Bedingungen des Hausarrests erträglich. Als am 14. März Hunderttausende Nazis, Mitläufer und einfache Schaulustige Hitler bei seinem Einzug in Wien begeistert empfingen, war die Aufmerksamkeit der Wächter – Schuschnigg hatte sich ehrenwörtlich verpflichtet, nicht zu fliehen – so weit abgelenkt, daß es seinem Sekretär Frölichsthal gelang, in die Wohnung zu schlüpfen und etliche inkriminierende Dokumente des Kanzlers herauszuschmuggeln.
Die beiden sollten sich erst sieben Jahre später wiedersehen. Als die Gestapo von Frölichsthals Visite bei Schuschnigg erfuhr, erhielt dieser den Wink, so rasch wie möglich aus Wien zu verschwinden. Worauf er sich nach Rom absetzte, wo Mussolini ihm – und sei es nur aus schlechtem Gewissen – Asyl gewährte.

Es besteht kein Zweifel, daß sich der Duce in jenen Tagen gar nicht wohl in seiner Haut fühlte. Hitler hatte ihm zwar durch seinen Sonderemissär Prinz Philipp von Hessen eine überschwängliche Dankesbotschaft zukommen lassen (»Das werde ich Ihnen nie vergessen!«), aber schon die erste Depesche der deutschen Botschaft in Rom nach dem Anschluß sprach eine ganz andere Sprache: »Mussolini ist zweifellos von der österreichischen Entwicklung ebensowenig begeistert wie die meisten Italiener. Dies verändert aber nichts daran, daß man hier in weiten italienischen Kreisen einer Verständnislosigkeit, wenn nicht Kritik an Mussolinis Haltung (in der Österreich-Frage) begegnet. Zusammenfassend ist festzustellen, daß der Anschluß Österreichs in Italien in weiten politischen Kreisen unpopulär ist.«
Von schlechtem Gewissen überschattet war auch die »post festum«-Reaktion Großbritanniens und Frankreichs. Unter dem Eindruck des Anschlusses wurde in Paris in aller Eile eine neue Regierung unter dem Sozialisten Leon Blum auf die Beine gestellt – übrigens einem späteren Haftgefährten Schuschniggs. Schon zuvor waren der amtierende Außenminister Delbos und sein britischer Kollege Lord Halifax übereingekommen, in Berlin schärfsten Protest einzulegen.
Was Halifax betraf, so hätte er sich am Nachmittag des 11. März noch mit einer erzwungenen Absage des Referendums abgefunden, nun aber wies er Botschafter Henderson an, dem inzwischen nach Berlin zurückgekehrten Ribbentrop einen persönlichen Brief zu übergeben, in dem es hieß: »Die Regierung Seiner Majestät hält sich verpflichtet, stärksten Protest zu erheben, gegen die Ausübung eines durch Gewaltanwendung unterstützten Zwanges gegen einen unabhängigen Staat, um eine mit dessen nationaler Unabhängigkeit unvereinbare Lage zu schaffen ... Ein derartiges Vorgehen ist geeignet, die schwerstwiegenden Rückwirkungen auszulösen, deren endgültiger Ausgang unmöglich vorausgesehen werden kann.«
In ähnlichem Tenor war der Protest des französischen Botschafters François-Poncet gehalten.
Ribbentrop wies beide Proteste in ungewöhnlich brüsker Form

zurück: London und Paris hätten kein Recht, sich als Schutzmächte Österreichs zu gebärden.
Was die Frage aufwirft, welchen Lauf die Geschichte genommen hätte, wären Frankreich und England schon einige Tage früher zu einer ähnlichen Demarche bereit gewesen.
Über weiterreichende Schritte der Westmächte mußten Hitler und Ribbentrop keinen Schlaf verlieren. So definierte die deutsche Botschaft in London hämisch die Haltung der beiden Großmächte: »Großbritannien und Frankreich sind schockiert, aber es überwiegt die Meinung ›Da kann man nichts machen‹.« Eine Ansicht, die übrigens auch von Premier Chamberlain im Unterhaus vertreten wurde – der dafür noch Applaus von den konservativen Bänken erhielt.
Nicht einmal die britische Presse reagierte annähernd so empört, wie man es von demokratischen Zeitungen hätte erwarten können. Der damals sehr einflußreiche »Daily Express«, das Flaggschiff der Zeitungen Lord Beaverbrooks, nannte den westlichen Protest »voreilig« (»rash«).
Revisionistische Historiker behaupten heute, Hitler hätte ursprünglich gar keinen vollständigen Anschluß Österreichs vorgehabt. Erst als Reaktion auf den anglo-französischen Protest hätte er sich zu diesem Schritt entschlossen – eine Version, die sich auf Grund des zeitlichen Ablaufs der Ereignisse leicht widerlegen läßt.
Wesentlich besorgter zeigte sich die Schweiz, wo die Presse eine bevorstehende Vergewaltigung der Eidgenossenschaft befürchtete. Trotzdem drückte Außenminister Giuseppe Motta gegenüber dem deutschen Gesandten Köcher seine Bewunderung aus »über das größte weltgeschichtliche Ereignis seit dem Ersten Weltkrieg«.
Eher zwiespältig reagierten die Vereinigten Staaten. Der deutsche Botschafter Hans Dieckhoff erwartete keine allzu kritischen Einwände, als er Vizeaußenminister Sumner Welles offiziell die Kunde vom Anschluß überbrachte. Welles zeigte sich indes keineswegs »einsichtig« und weigerte sich konsequent, die Vollziehung des Anschlusses zur Kenntnis zu nehmen. Eine derartige

Benachrichtigung, meinte er, hätte von der österreichischen Regierung kommen müssen.
Das brachte den deutschen Diplomaten in einige Verlegenheit. Woher eine derartige Benachrichtigung nehmen, wenn es doch keine österreichische Regierung mehr gab? Daraufhin entschied er sich für eine Taktik, die kein gutes Licht auf den damaligen österreichischen Gesandten in Washington, Edgar Prochnik wirft, der – so Dieckhoff – schon unmittelbar nach dem Anschluß die deutschen Kollegen um eine Hakenkreuzfahne für seine Gesandtschaft gebeten hatte. Am 17. März wurde Prochnik nachträglich von den Deutschen ins State Department geschickt, um den Amerikanern mitzuteilen, die österreichische Regierung hätte aus eigenem Antrieb den Anschluß beschlossen. Eine derartige Anweisung aus Wien ist logischerweise in keinem Archiv zu finden, doch die offenkundige Manipulation wurde von Außenminister Cordell Hull gegen besseres Wissen ignoriert, als er nunmehr den Anschluß »de facto« anerkannte. Eine De-Jure-Anerkennung von Seiten der USA hat es übrigens nie gegeben.
Auf die Haltung Prochniks angesprochen, erläuterte Schuschnigg später dem Autor: »Die Erklärung des Gesandten ist mir bis heute im genauen Wortlaut nicht bekannt. Sollte diese aber die Freiwilligkeit des Anschlusses impliziert haben, konnte – und auch das nur formal – daraus eine Handhabe für die Anerkennung herausgelesen werden . . . Jedenfalls war es nicht die Sache des Gesandten, überhaupt eine entsprechende Erklärung abzugeben; es sei denn in der Art wie es Franckenstein (der österreichische Gesandte in London) getan hat, der spontan alle seine Funktionen niederlegte. Über die persönliche Seite möchte ich mich nicht äußern.«
Von all diesen Vorgängen erfuhr Schuschnigg natürlich erst nach dem Krieg. Allein die Tatsache seiner De-facto-Inhaftierung erregte dennoch den Unmut jener Regierungen, die ihn zuvor im Stich gelassen hatten. Doch hielt sich dieser Ärger in Grenzen. In Berlin fragte Botschafter Henderson Ribbentrop geradezu devot, ob er »privatim« einmal über die »großen Persönlichkeiten in Österreich sprechen dürfe, die durch die Wiedervereinigung in

Schwierigkeiten geraten sind«. Wobei er ausdrücklich betonte, daß er sich nicht offiziell an den Minister wende, da er dafür keinen Auftrag habe.

Da fehlte nicht viel, und Henderson hätte das Wort »submissest« verwendet. Kein Wunder, daß sich Ribbentrop nicht beeindruckt zeigte und den Botschafter mit einer nichtssagenden Antwort abwimmelte.

Persönliches Interesse an Schuschnigg zeigte dagegen US-Präsident Franklin D. Roosevelt, sehr zum Mißbehagen des State Departments. Auf seinen ausdrücklichen Wunsch traf sich der ehemalige Geschäftsträger und nunmehrige Generalkonsul in Wien, John Wiley, mehrere Male mit Schuschniggs Verlobter, der Gräfin Vera Czernin, die unmittelbar vor dem Anschluß in die Wohnung des Kanzlers übersiedelt war, wo dieser schon zuvor mit seinem Vater, dem alten General, gelebt hatte. Vera Czernin konnte das Gebäude, zumeist unter Beschattung, verlassen und durch sie wurde der Diplomat über das Schicksal des Ex-Kanzlers informiert. Erleichterungen konnte jedoch auch er, mangels politischer Kompetenz, nicht erreichen. Daraufhin ersuchte der Präsident den US-Botschafter in Berlin, Hugh Wilson, sich für Schuschnigg einzusetzen. Was dieser auch tat. Er meldete jedoch zurück nach Washington, führende Beamte des deutschen Außenamtes hätten ihm erklärt, Hitler sei von einem derartigen Haß auf Schuschnigg besessen, »daß schon die Erwähnung des Namens einen Tobsuchtsanfall hervorrufe«.

Seyß-Inquart, der Schuschnigg hoch und heilig versprochen hatte, sich um ihn zu kümmern, tat, wie bereits erwähnt, nichts dergleichen. Wobei man zugeben muß, daß er andere Sorgen hatte: Unvermittelt wurden die Verräter nämlich zu Verratenen. Um 11.30 Uhr am 12. März trat das Kabinett Seyß-Inquart zu seiner ersten und, wie sich alsbald herausstellen sollte, vorletzten Sitzung zusammen. Die Sitzung dauerte nur 45 Minuten, aber aus dem Protokoll geht eindeutig hervor, daß der Kanzler von Hitlers Gnaden zu jenem Zeitpunkt noch überzeugt war, er werde auf absehbare Zeit Chef einer nationalsozialistischen österreichischen Regierung bleiben. So befaßte sich die Sitzung

mit langfristigen und politisch völlig belanglosen Themen, wie einem Bundesgesetz über einen neuen Nationalfeiertag, die Verschärfung der Devisenvorschriften und dem Bundesgesetz über die Zulässigkeit außerordentlicher Abgaben. Einziger politischer Punkt auf der Tagesordnung war die formelle Aufhebung des Verbots der NSDAP. Bezeichnenderweise war es Skubl, sozusagen als Konsulent noch immer bei der Sitzung anwesend, der mit dem Vorschlag auftrat, dies über eine Novellierung des Ordnungsschutzgesetzes zu tun. Glaise-Horstenau stimmte begeistert zu und schlug vor, man könne in einem Aufwasch den Begriff der »verbotenen Partei« durch den Ausdruck »Partei mit staats- und volksfeindlicher Gesinnung« ersetzen. Schließlich kam man überein, eine entsprechende Novelle zu entwerfen und »dem Ministerrat zur Behandlung vorzulegen«.
Dazu sollte es nicht mehr kommen. Am Abend des 12. März hatte sich Hitler zur vollständigen Eingliederung Österreichs entschlossen, und Seyß-Inquart blieb nichts anderes übrig, als seine »Regierung« am 13. März um 17.00 Uhr zu ihrer letzten Sitzung zusammenzutrommeln. Skubl war übrigens nicht mehr dabei. Die Sitzung dauerte genau 15 Minuten, wie der protokollführende Ministerialrat Troll verzeichnete. Bei den Akten im Wiener Verwaltungsarchiv liegt ein handgeschriebenes Dokument: »Antrag des Bundeskanzlers Seyß-Inquart, der Ministerrat wolle beschließen, das im Entwurf vorliegende Bundesverfassungsgesetz über die Wiedervereinigung Österreichs mit dem Deutschen Reich auf Grund des Ermächtigungsgesetzes zu erlassen. Beschluß genehmigt.«
Anschließend vermerkt das maschinengeschriebene Sitzungsprotokoll: »Die Mitglieder der Bundesregierung erheben sich zur Feier der Stunde von den Sitzen und leisten den Deutschen Gruß.«
Schuschnigg hatte somit seinen direkten Ansprechpartner, was seine Internierung – noch konnte man den Hausarrest so nennen – betraf, verloren. Von nun an war er der Gefangene der Gestapo. Und die Geheime Staatspolizei hatte in jenen Tagen ganze Arbeit geleistet. Noch am 11. März war die Vorhut auf dem

Flughafen Aspern gelandet. Es folgte eine umfassende Menschenjagd nach Funktionären des gestürzten Regimes. Von den illegalen Verhaftungen, besonders von Juden, durch die österreichische SA ganz zu schweigen.

Zu den ersten Opfern des Anschlusses zählte übrigens auch Papens Privatsekretär Baron von Ketteler. Der Botschafter hatte ihn vor seiner Abreise aus Wien beauftragt, seine Privatpapiere vorsorglich in die Schweiz zu bringen – dies selbst zu tun, war er zu feige. Als Papen dann unmittelbar nach dem Anschluß wieder nach Wien kam, um die Früchte seiner Arbeit zu betrachten, war Ketteler »verschwunden«. Der Ex-Botschafter bat Heydrich persönlich, nach ihm zu suchen, doch schon nach einigen Tagen wurde die Leiche des Vermißten aus der Donau gezogen. Sein Chef zog daraus keine Konsequenzen und blieb seinem Führer treu ergeben – bis zu dessen unrühmlichem Ende.

Eine besondere Gemeinheit leisteten sich die tschechoslowakischen Behörden. Der »letzte Zug aus Wien«, voll mit Flüchtlingen, darunter vielen Prominenten, wie dem Sozialistenführer Robert Danneberg, wurde in Lundenburg aufgehalten, und die Passagiere wurden nach Wien zurückgeschickt, wo die Gestapo bereits auf sie wartete.

Die Zahl der Inhaftierten wuchs so rasch, daß in den österreichischen Gefängnissen und Polizeiarresten bald kein Platz mehr war. So wurde schon nach zwei Wochen der erste »Prominententransport« ins KZ-Dachau zusammengestellt. Dort starben auch Robert Danneberg und Dollfuß-Berater Robert Hecht.

Gerade dieses charakterlose Verhalten der tschechoslowakischen Regierung – man mußte kein Prophet sein, um zu erkennen, daß sie das nächste Opfer Hitlers sein würde – erschütterte die tschechischen Politiker der alten, demokratischen Schule. So schrieb der tschechoslowakische Gesandte in London, Jan Masaryk, der Sohn des Staatsgründers, unter dem Eindruck der Ereignisse einen Brief an seinen bisherigen österreichischen Kollegen Franckenstein, der es verdient, als historisches und menschliches Dokument in die Geschichte einzugehen:

»Geehrter und lieber Freund, ich habe früher nicht geschrieben, erstens haben Sie bestimmt genug zum Lesen gehabt, zweitens was immer ich gesagt hätte, konnte in keinem Sinn das ändern, was geschehen ist. Daß ich Sie gerne habe, daß ich Ihnen dankbar bin für Kollegialität und Freundschaft, daß ich es immer bleiben werde – das wissen Sie ja. All die Länder Europas sind daran schuld, daß heute so schreckliche Sachen geschehen können und ich fürchte, daß alle Länder Europas dafür bestraft werden – mein Land sehr inklusive. Vielleicht wird die übernächste Generation wieder in anständige, christliche Verhältnisse zurückkehren – das ist meine Hoffnung und mein Gebet. Ich hoffe Sie bald zu sehen – my home is your castle – ich möchte stolz sein, wenn Sie sich meiner erinnern.«

Fast auf den Tag zehn Jahre später »stürzte« Jan Masaryk, damals amtierender Außenminister der eben von den Kommunisten gleichgeschalteten tschechoslowakischen Regierung, aus dem Fenster seines Büros im Prager Palais Czernin. Sein Tod wurde von den Machthabern als Selbstmord dargestellt. Heute neigen Historiker dazu, Masaryk als Opfer eines politischen Mordes zu betrachten.

Humanität und Weitblick zeigte auch der ehemalige amerikanische Gesandte George Messersmith in einem Brief an seinen Nachfolger in Wien: »Lieber Wiley, zunächst laß mich sagen, daß Worte nicht ausreichen, um Dir zu erklären, wie ich über die Entwicklungen auf der österreichischen und allgemeinen Szene denke und wie mein Herz mit unseren österreichischen Freunden fühlt. Die barbarischen Horden haben Österreich wieder einmal überrannt. Während die Situation zumindest zeitweilig verloren erscheint, kann ich mich persönlich nicht dazu bringen, die deutsche Herrschaft über Österreich als dauernd anzusehen. Natürlich muß für die nächste Zeit der Status quo ins Kalkül gezogen werden, und niemand kann die Zukunft voraussagen. Ich persönlich habe keine Illusionen. Ich glaube, es kann kein Zweifel darüber bestehen, daß die Dampfwalze weiterrollen wird, bis eine grundsätzliche Änderung im allgemeinen Weltbild eintritt.«

Aber zurück nach Wien im März 1938. Die Gestapo hatte sich im Hotel Metropol auf dem Morzinplatz am Wiener Donaukanal häuslich eingerichtet. Dort fühlte sie sich offensichtlich so wohl, daß SD-Chef Reinhard Heydrich (1942 in Prag ermordet) am 10. November die formelle Enteignung des Gebäudes – es hatte sich in jüdischem Besitz befunden – anordnete. Die Bezeichnung »Hotel Metropol« (das Haus fiel 1945 einem alliierten Bombenangriff zum Opfer und wurde nicht wieder aufgebaut) wurde zu einem Synonym für den nationalsozialistischen Terror in Österreich schlechthin. Wie es auch heute auf einem Granitblock an der Stelle des Hotels heißt: »Es war für die Bekenner Österreichs die Hölle, es war für viele der Vorhof des Todes.«

In seiner Abgeschiedenheit im Belvedere wußte Schuschnigg noch nichts vom Hotel Metropol, wahrscheinlich hatte er zuvor den Namen des Mittelklassehotels nie gehört. Solange er sich in seinen eigenen vier Wänden befand – und sei es als Gefangener –, zählte er zu den Glücklichen. Doch die Bewachung wurde von Tag zu Tag verschärft, besonders nachdem die Gestapo von Frölichsthals Besuch und dessen darauffolgender Flucht erfahren hatte. Bevor sich der Ring um das Haus im Belvedere-Garten endgültig schloß, hatte sich Vera Czernin, wie bereits erwähnt, freiwillig zu ihrem Verlobten begeben (Sohn Kurt befand sich noch im Internat Kalksburg). Die erschwerten Lebensbedingungen nahm sie bedenkenlos auf sich: »So weit es auf sie ankam«, schrieb Schuschnigg in seinem »Requiem in Rot-Weiß-Rot«, »war sie entschlossen, ohne Gewaltanwendung nicht zu weichen.«

Der Gefangene meldete sofort bei den neuen Machthabern seine Heiratsabsicht an. In gewisser Hinsicht betrachtete er sich, der nunmehr Verfemte, gerade jetzt als freier Mann, nachdem er alle seine öffentlichen Ämter – und sei es erzwungenermaßen – niedergelegt hatte. Es gab also keinen Grund mehr, seine Heirat aufzuschieben.

So einfach war dies allerdings nicht. Obwohl Göring, der »Dirigent« des Anschlusses, seine Zustimmung gegeben hatte, legte sich die Gestapo quer. Und sogar der zweitmächtigste Mann des Dritten Reiches wollte es auf keine Konfrontation mit Himmler und Heydrich ankommen lassen. So wichtig war ihm Schuschnigg nicht.

Dazu noch ein Wort über die zwiespältige Persönlichkeit des »dicken Hermann« überhaupt. Als Opfer der Sippenhaftung war Schuschniggs völlig unpolitischer Bruder Arthur von seinem Posten bei der Ravag, der damaligen österreichischen Rundfunkanstalt, fristlos entlassen worden. Eine zeitlang völlig erwerbslos, wandte er sich schließlich an Göring, der damals für den Kulturbereich zuständig war, und erhielt von ihm den Posten eines Custos am Berliner Kaiser-Friedrich-Museum. In den Genuß von Görings guter Laune kam sogar Guido Schmidt. Kurz nach dem Anschluß wurde er unvermittelt nach Berlin beordert. Er erwartete, dort verhaftet zu werden, wurde indessen zu Göring gebracht, der ihm einen Posten in der Industrie offerierte. Schließlich brachte er es bis zum Direktor bei den Hermann-Göring-Werken, der heutigen VOEST. Dazu Schmidts einstiger Sekretär Löwenthal-Chlumetzky: »Göring war ein seltsamer Mensch. Es gab Leute, die ihm sympathisch waren, und andere, die er nicht ausstehen konnte. Die politische Einstellung der Betroffenen war da nicht ausschlaggebend, solange sie nicht allzu belastend war. Und das war Schmidt in Görings Augen nicht.«
Schuschnigg war natürlich aus anderem Holz geschnitzt. Nachdem ihm die Gestapo die Heiratserlaubnis vorerst nicht gewährt hatte, wußte er, daß er in dieser Hinsicht rasch etwas unternehmen mußte. Noch war die kirchliche Trauung im einstigen Österreich – auch »in contumatium« – möglich, ein noch nicht abgeschafftes Relikt aus der Zeit des klerikalen Ständestaates. Innerhalb kürzester Zeit würde jedoch das deutsche Eherecht in der Ostmark eingeführt werden, und dann wäre eine kirchliche Trauung allein nicht mehr gültig gewesen. Was übrigens noch heute der Fall ist.
Obwohl der Ex-Kanzler mit der stillschweigenden Kooperation kirchlicher Stellen rechnen konnte – die Sympathie des Wiener Erzbischofs Theodor Innitzer war ihm trotz dessen umstrittener Loyalitätserklärung für Hitler gewiß –, war es schwer, die notwendigen Formalitäten zu erledigen. Und die Kontakte mit der Außenwelt wurden immer komplizierter. Die Absperrung wurde weiter verschärft, und die nächsten zwei Monate verstrichen,

ohne daß der Verfemte irgendeine definitive Antwort auf sein Heiratsgesuch – und sei es eine negative – erhalten hätte.
Gleichzeitig wurden die Bewacher immer aggressiver, nachdem die österreichischen Polizisten von SS-Leuten ersetzt worden waren. Schuschnigg wurde nur noch einmal täglich ein kurzer Spaziergang im Garten erlaubt. Schließlich durfte nur noch das Dienstmädchen Elisabeth Wieland, streng überwacht, aus und ein gehen, um die nötigsten Besorgungen zu erledigen. Schuschniggs Bitte, in der nahegelegenen Salesianerkirche die Messe besuchen zu dürfen – was durch eine Hintertür ohne Aufsehen möglich gewesen wäre –, wurde rundwegs abgelehnt. Schon vor Ende März war das Telefon abgestellt und die Postzusendung unterbrochen worden.
Einige der SS-Wachen erwiesen sich als Sadisten. Während der ganzen Nacht trampelten sie laut vor den Schlafzimmerfenstern, um den Bewohnern die Nachtruhe zu rauben. Überdies wurde das kleine Haus bei Nacht von Scheinwerfern bestrahlt.
Am 26. März wurde der Gefangene erstmals von der Gestapo verhört, wobei es ausschließlich um seine Beziehungen zu den Monarchisten ging und nicht etwa um seine eigentliche Politik als Kanzler. Richtlinien für ein mögliches Gerichtsverfahren gegen ihn gab es zu jenem Zeitpunkt offensichtlich noch nicht. Erst am 25. April konstituierte sich auf direkten Befehl des Reichsführers SS eine »Historische Kommission«, um die Ereignisse rund um den Dollfußmord und eventuelles »schuldhaftes Verhalten Schuschniggs« zu untersuchen. Diese Kommission arbeitete streng geheim, und der Ex-Kanzler wurde bei wiederholten Einvernahmen über den eigentlichen Zweck der Untersuchungen im dunkeln gelassen – zweifellos mit der Absicht, den psychischen Druck auf den Betroffenen zu verstärken. Kurz danach beschloß Himmler, die Kontrolle über die Untersuchung an sich zu ziehen. Er vermutete nämlich – zu Recht, wie sich herausstellen sollte –, daß sich das Justizministerium der Causa Schuschnigg bemächtigen wolle.
Als Schuschniggs Hauptfeind hatte sich inzwischen der Gauleiter der Ostmark, Josef Bürckel, entpuppt – Seyß-Inquart hatte man

schon längst auf den völlig bedeutungslosen Posten eines »Reichsstatthalters« abgeschoben. Was Bürckel betraf, so war er unter den vielen miesen Persönlichkeiten des NS-Regimes wohl eine der miesesten. Was selbst dem Mann auf der Straße in Wien nicht entging, der hinter vorgehaltener Hand von »Bierleiter Gauckel« sprach.

Bürckel war es dann, der die zuständigen Stellen im »Altreich« mit Eingaben bombardierte, man möge Schuschnigg aus dem Belvedere in ein sicheres Gewahrsam überführen. Die Bewachung der bisherigen Wohnung sei nicht effizient und koste Unsummen. Der Akt ging in erster Instanz zu Heydrich, der sich seinerseits an Göring wandte, als den noch immer für Österreich Zuständigen – nachdem dieser ja den Anschluß »organisiert« hatte. Doch der drückte sich vor der Verantwortung: Schuschnigg sei »Führersache«.

Schließlich hatte Bürckels Drängen Erfolg. Am 28. Mai erhielt Schuschnigg den Befehl, ein Minimum an Habseligkeiten zu packen. In einem Wagen der Gestapo mit verhängten Fenstern wurde er ins Hotel Metropol verfrachtet. Noch konnte er nicht wissen, daß ihn dort der härteste Teil seiner Haft erwartete.

Der Ex-Kanzler erhielt eine Einzelzelle im fünften Stock des ehemaligen Hotels. Sie war mehr als spartanisch eingerichtet: Ein Bett, ein Sessel, ein Tisch, ein alter Kasten und ein Waschbecken. Was aber noch ärger war – im Raum selbst und vor der Zimmer-, sprich Zellentür, war Tag und Nacht eine Wache postiert. Sie hatte den Auftrag, jede Konversation mit dem Häftling »militärisch kurz« zu halten und keinesfalls mit ihm Gespräche zu führen. Überdies hatte sie Schuschnigg auf die Toilette und in den Waschraum zu begleiten – eines der Zimmer mit Bad des alten Metropol hatte man ihm natürlich nicht überlassen.

So hing seine Behandlung weitgehend von der Person des Wachpostens ab. Einige von ihnen waren echte Sadisten, andere »ganz anständig«. Und auch die Bewacher wurden überwacht. Als einer der Posten einige englische Worte mit dem Gefangenen wechselte – dieser war bestrebt, in der Haft sein mangelhaftes Englisch zu verbessern –, wurde er sofort gemaßregelt.

Auf die Dauer konnte Schuschniggs Überführung nicht geheim bleiben. So bestürmten Auslandskorrespondenten Gauleiter Bürckel um eine Stellungnahme. Und dieser ließ sich zu einer einmaligen Geschmacklosigkeit hinreißen: Die Überführung sei notwendig gewesen, da er als guter Katholik gezwungen gewesen sei, dem »skandalösen Konkubinat« im Belvedere ein Ende zu bereiten.

Davon erfuhr Schuschnigg natürlich nichts, aber die Äußerung eines SS-Mannes blieb unauslöschbar in seinem Gedächtnis haften: »Vergessen Sie nicht, daß es überall Schweine gibt.«

Einer der wenigen, der sich auf deutscher Seite Sorge um Schuschnigg und die anderen inhaftierten österreichischen Spitzenbeamten machte – und sei es nur mit Rücksicht auf die Reaktion des Auslandes –, war der damalige Ministerialdirektor im Auswärtigen Amt, Ernst von Weizsäcker. Bei einer Besprechung mit Heydrich brachte er den Fall Schuschnigg auf. Darüber notierte er später in einem Gedächtnisprotokoll: »Heydrich sagte, Schuschnigg befände sich in einer nach unserem Verständnis durchaus tragbaren Haft. Ob über ihn ein gerichtliches Verfahren zu eröffnen sein werde, sei nach dem vorliegenden Material nicht klar ersichtlich ... Eine Freilassung käme wegen der Gefahr subversiver Tätigkeit nicht in Frage.«

Diese Äußerungen kommentierte Schuschnigg in seinem zweiten biographischen Buch »Im Kampf gegen Hitler«: »Ob es Heydrich mit seiner Äußerung über die ›nach unserem Verständnis durchaus ertragbare Haft‹ ernst war, läßt sich bezweifeln, weil er über diese Umstände genau informiert war. Er wußte, daß es für die Häftlinge im Hotel Metropol – schon wegen dessen Lage (im Herzen von Wien) und der befohlenen strengen Geheimhaltung – kein Luftschöpfen gab, und er wußte genau, was ein SS-Wachposten im Haftraum zur damaligen Zeit in Österreich bedeutete.«

Der gestürzte Politiker war übrigens nicht der einzige prominente Häftling im Hotel Metropol. Einer seiner Leidensgefährten war der Bankier Baron Louis Rothschild, der erst viel später gegen ein enormes Lösegeld freigelassen wurde.

Inzwischen verstärkte sich der psychologische Druck auf Schuschnigg mit jedem Tag. Unmittelbar nach seiner Einlieferung ins Hotel Metropol waren sein Vater und seine Braut aus der Dienstwohnung delogiert worden. Sie durften jedoch in Wien bleiben. Dem Häftling erzählte man hingegen, die beiden hätten die Stadt »mit unbekanntem Ziel« verlassen.
Vera Czernin, die in jenen harten Tagen über sich selbst hinauswuchs, wußte, daß die kirchliche Trauung sofort stattfinden mußte. Sonst würde es nie dazu kommen. Und sie setzte ihren Willen durch. Trotz des ausdrücklichen Verbots der Gestapo genehmigte der spätere Wiener Weihbischof Jakob Weinbacher, einer der mutigsten Männer innerhalb des höheren österreichischen Klerus, die Trauung, die am 1. Juni in der Wiener Dominikanerkirche stattfand. Schuschniggs Bruder Arthur fungierte als Stellvertreter des Bräutigams, der alte General Schuschnigg und der Mesner der Kirche dienten als Zeugen. Drei Tage später berichtete der Londoner »Daily Express« über die Hochzeit Schuschniggs durch Stellvertreter (»Schuschnigg marries by proxy«). Daraufhin beschloß die Gestapo, böse Miene zum guten Spiel zu machen. Nach einiger Zeit wurde Schuschnigg im Metropol sein Ehering übergeben.
Bis heute ist es unklar, ob und wann die Gestapo von der Trauungszeremonie erfuhr. Selbstverständlich konnte die Geheimpolizei nicht zugeben, von dem Ereignis erst im nachhinein erfahren zu haben. Also hieß es in einem Bericht an die Gestapozentrale: »Als Gräfin Fugger-Babenhausen (der Name von Veras geschiedenem Ehemann) die für die Trauung mit Dr. Schuschniggs notwendigen Papiere aus ihrer Privatwohnung in Wien IV., Theresianumgasse 7, abgeholt hat, wurde sie von einem SS-Führer und einem Kriminalbeamten begleitet. Die in der Privatwohnung vorgenommene Haussuchung hat zur Erfassung von größeren Mengen Schriftenmaterial geführt.«
Diese Meldung trägt aber das Datum des 20. Juni, also fast drei Wochen nach der Trauung. Auf die Zeremonie selbst findet sich in den Wiener Gestapoakten keinerlei Hinweis. Dabei wurde in der Causa Schuschnigg ansonsten täglich Buch geführt.

Die Nachricht von der vollzogenen, rechtsgültigen Trauung war der erste Trost für den Gefangenen im Metropol, auch wenn er an der Zeremonie nicht hatte teilnehmen, geschweige denn die Ehe vollziehen können. Es war aber nur ein schwacher Trost. Über die geheime Hochzeit erbost, erteilte die Gestapo der nunmehrigen Vera Schuschnigg erst am 5. August eine Besuchserlaubnis. Briefliche Kontakte blieben weiter verboten, doch am 19. August bequemte sich die Gestapo schließlich, Besuche der Gattin jeweils am Freitag für eine Viertelstunde zu gestatten. Lebensmittel, um Schuschniggs karge Versorgung aus der Hauskantine etwas aufzubessern, durfte sie allerdings nicht mitbringen. Auch keine Zigaretten – was dem unter dem Streß zum Kettenraucher Gewordenen besonders hart traf und akute Entziehungserscheinungen hervorrief, die selbst der ansonsten gar nicht vorsorglichen Gestapo Kopfzerbrechen bereiteten. Man wollte ja einen lebenden Schuschnigg, den man möglicherweise vor Gericht würde präsentieren müssen.
Unter diesen Umständen wäre die untergeordnete Wiener Leitstelle der Gestapo Schuschnigg liebend gern losgeworden, ebenso wie dessen Mithäftling Rothschild. In diesem Sinne schrieb der Wiener Gestapochef Humbert Pifrader an SS-Standartenführer Müller in Berlin: »Ich schlage vor, Dr. Schuschnigg und Rothschild ins Altreich zu verbringen, da es für die Dauer unter Berücksichtigung der gegebenen Verhältnisse untragbar ist, sie weiter im Hause zu behalten. Bei Schuschnigg, der nun schon seit drei Monaten im Hause ist, kommt noch dazu, daß er derartig nervös geworden ist, daß bei Nichtänderung des gegenwärtigen Zustandes in absehbarer Zeit mit der Abgabe ins Krankenhaus zu rechnen ist. Der SS-Arzt hat festgestellt, daß Schuschnigg zwar organisch gesund, jedoch hochgradig nervös ist. Er hat ihm ein Nervenpräparat verschrieben. Ich bitte um Weisung, ob ich Schuschnigg eine Tageszeitung zukommen lassen kann.«
Zu einer »Verlegung ins Altreich« war Berlin noch nicht bereit, nicht zuletzt, weil über einen möglichen Prozeß noch heftig debattiert wurde. Was die SS bei der Einsetzung der Historischen Kommission befürchtet hatte, war inzwischen eingetreten: Ohne

sich um die Kommission oder deren Alleinvertretungsanspruch zu kümmern, hatte das Justizministerium am 17. August einen »Staatsgerichtshof« in der gleichen Causa eingesetzt. Zwischen diesen beiden Gremien entspann sich sofort ein heftiger Konkurrenzkampf, der auf dem Rücken Schuschniggs ausgetragen wurde, der von all dem nichts wußte.

Tatsächlich befanden sich die beiden rivalisierenden Gremien, die über den Ex-Kanzler richten sollten, unter akutem Zugzwang. In ausländischen Zeitungen wurde immer häufiger über einen bevorstehenden Schuschnigg-Prozeß spekuliert. Und dieser schien immer näher zu rücken. Von höchster Stelle in Berlin war ein Sondergesetz über die Verantwortlichkeit ehemaliger Regierungsmitglieder angenommen worden, das sich nur auf Schuschnigg und dessen Team beziehen konnte, denn Ex-Minister der Weimarer Republik waren längst von der Bildfläche verschwunden. Zum Termin eines Prozesses wollte sich indes niemand äußern. Regierungssprecher in Berlin deuteten nur vage an, daß ein Prozeß frühestens in zwei bis drei Monaten beginnen könnte.

So weit waren aber weder die Historische Kommission noch der Staatsgerichtshof, gab es doch Risiken, die nicht einmal Hitlers Gewaltregime – noch herrschte ja Frieden in Europa – ignorieren konnte. Wollte man Schuschnigg den Prozeß machen, dann mußte die Verhandlung öffentlich, also im Beisein ausländischer Beobachter stattfinden. Wohl hatte Stalin erst relativ kurz zuvor Schauprozesse als politische Waffe genutzt, aber das Dritte Reich hatte diese Technik noch nicht zur gleichen Perfektion entwickelt. So konnte man nicht erwarten, daß sich Schuschnigg wie die Altkommunisten reuig zu seiner Schuld bekennen würde. Und die Zeit der Volksgerichtsprozesse von 1944 war noch nicht angebrochen.

Also mußte ein eindeutig strafbarer Tatbestand gegen Österreichs letzten Kanzler konstruiert werden. Dieser glaubte inzwischen, man werde ihm seine Haltung zwischen dem Berchtesgadener Treffen und dem 11. März zum Vorwurf machen. Doch da hatte er sich geirrt. Die Kronjuristen des Dritten Reiches waren zur Überzeugung gelangt, daß eine Anklageerhebung, wenn überhaupt, nur in Zusammenhang mit dem Dollfußmord und dem widerrufenen Versprechen des freien Abzugs für die Verschwörer möglich sei. Deshalb ging es ihnen darum, den damaligen Tatbestand durch die Einvernahme überlebender Zeugen und die Überprüfung von Dokumenten zu rekonstruieren. Was sich als schwieriger und zeitraubender erwies, als ursprünglich angenommen. Insbesonders wenn das Ergebnis einen eindeutigen Schuldbeweis liefern sollte.

Himmler lehnte eine Überführung der beiden Spitzenhäftlinge aus dem Metropol nach Deutschland kurzfristig ab. Mehr noch: Er ordnete eine Verschärfung der Haftbedingungen an. Die Bewacher sollten künftig ausschließlich von »verläßlichen deutschen Polizisten« gestellt werden.

Die neuen Verordnungen für das Wachpersonal gingen mit teutonischer Genauigkeit bis ins letzte Detail. Zutritt in die Zellen sollte nur nach Nennung der Parole gewährt werden. Die Türen sollten »geschlossen aber nicht verschlossen« bleiben; das rechte Fenster verschlossen, das linke offen. Auf keinen Fall dürfe Schuschnigg von außen gesehen werden. Seine Besuche der Toilette sollten »taktvoll« überwacht werden, ebenso die tägliche Rasur. Großzügig wurde ihm ein Bad alle 14 Tage zu nächtlicher Stunde gestattet. Schreiben und Lesen wurde ihm erlaubt, seine Briefe mußten aber der Leitstelle vorgelegt werden. Schließlich wurde auch die medizinische Betreuung geregelt. Dreimal täglich sollte ihm das Beruhigungsmittel Lubrokal verabreicht werden. Pro Tag dürfe er nicht mehr als 30 Zigaretten rauchen. Daß ein Rauchverbot unzumutbar war, hatte die Gestapo erkannt.

Was Schuschnigg in jenen Tagen von der Außenwelt erfuhr, war nicht geeignet, seine Depressionen zu mildern. Die Nachricht vom Münchner Abkommen und die beginnende Zerstückelung der Tschechoslowakei traf ihn wie ein Keulenschlag. Niemand, so schien es ihm, könne Hitlers Vormarsch aufhalten. Am wenigsten die Westmächte, die nach Österreich nun einen echten Verbündeten – Prag hatte einen formellen Beistandspakt mit Paris – hatten fallen lassen.

Dazu kam noch ein persönlicher Schlag. Der alte General Schuschnigg, der zuerst zusammen mit seiner Schwiegertochter Vera und dann allein gewohnt hatte, starb nach kurzer Krankheit. Am Begräbnis durfte der ältere Sohn natürlich nicht teilnehmen.
Anfang Dezember 1938 erhielt das Hotel Metropol »hohen Besuch«.
Bei ihrem »Kontrollgang« durch die Ostmark ließen es sich Himmler und Kaltenbrunner – letzterer war als Staatssekretär für das Sicherheitswesen als einziger österreichischer Nazi bis in die höchste Führungsschicht durchgedrungen – nicht nehmen, ihre prominentesten Häftlinge Schuschnigg und Rothschild persönlich in Augenschein zu nehmen. Der desolate Zustand der Hafträume fiel sogar dem sicher nicht zartbesaiteten SS-Chef auf. Das Metropol sei ja kein KZ, erklärte er und erteilte sofort die Weisung, die Hafträume im 5. Stock, wo der Ex-Kanzler und der Baron einsaßen, »wohnlich herzurichten«. Er gestattete den Häftlingen, Sonderwünsche zu äußern. Zwei Radioapparate sollten ihnen zur Verfügung gestellt werden, einer auf Kosten der Dienststelle, der andere auf Kosten des Insassen. Es ist nicht bekannt, ob Schuschnigg oder Rothschild den Gratisapparat erhielt. Wahrscheinlich war es der von Geldsorgen geplagte Ex-Kanzler. Seine finanzielle Lage war tatsächlich prekär. Er mußte nicht nur für seine Verpflegung selbst aufkommen, man hatte ihm auch eine hohe Rechnung für die »Sonderbeleuchtung« seiner Wohnung im Belvedere von März bis Mai vorgelegt.
Was Schuschnigg am meisten deprimierte, war jedoch weder die Weltlage noch der finanzielle Engpaß, sondern die Ungewißheit bezüglich seines eigenen Schicksals. Auf Grund diskreter Fragen wußte oder ahnte er zumindest, daß eine Untersuchung gegen ihn im Gange war.
Was man ihm vorwarf, wußte er nicht. Und diese Unsicherheit verschärfte in erster Linie sein einziges Laster, das Kettenrauchen. Das 30-Zigaretten-Limit konnte nicht eingehalten werden. Da über seinen Konsum genau Buch geführt wurde, wissen wir, daß er im Februar 1939 täglich 36 bis 45 Stück konsumierte. Dagegen aß er immer weniger, was er seinen Kerkermeistern

damit erklärte, daß er mit seinen bescheidenen Geldmitteln genau haushalten müßte.
Überdies verschlang die Erziehung seines Sohnes – dieser hatte nach der Schließung von Kalksburg in ein Internat in München übersiedeln müssen – den Großteil seiner finanziellen Reserven. Die Gestapo vermutete, daß Schuschnigg durch die mangelnde Nahrungsaufnahme seinen Gesundheitszustand dermaßen zu verschlechtern suche, daß man ihn in ein Krankenhaus würde einliefern müssen. Als Strafe für diese mangelnde »Kooperationsbereitschaft« wurde die Besuchszeit seiner Frau auf jeweils acht Minuten reduziert.
Sicher hätte sich das Opfer nun schon monatelanger Gestapotortur besser gefühlt, hätte er gewußt, daß die Untersuchungen gegen seine Person an einem toten Punkt angelangt waren. Schon am 24. November 1938 hieß es in einem Schreiben von SS-Gruppenführer Fehringer an Reichsleiter Martin Bormann, daß die Historische Kommission wohl die Rechtswidrigkeit des autoritären österreichischen Systems (Die Bezeichnung »Austrofaschismus« war in NS-Dokumenten mit Rücksicht auf Mussolini natürlich tabu) festgestellt habe, daß aber ein Prozeß gegen den ehemaligen Bundeskanzler augenblicklich auf Grund der politischen Lage »bedenklich« sei. Bormann wurde aufgefordert, dieses Schreiben Hitler persönlich vorzulegen.
In einem weiteren Brief an Gauleiter Bürckel, der wie kein anderer ein Verfahren gegen Schuschnigg gefordert hatte, wurde der Chef der Sicherheitspolizei Dr. Stahlechner noch deutlicher: »Es ist zu befürchten, daß bei der jetzigen außenpolitischen Lage die Tendenz verstärkt zum Durchbruch kommt, daß wie gegen Juden auch gegen die katholische Kirche vorgegangen wird. Schuschnigg wird als Angeklagter zweifellos auf seine bisherigen ausländischen Verbindungen zu sprechen kommen. Ich fürchte, daß sich daraus auch während des Prozesses eine sehr schwierige Lage ergeben kann. Wenn Schuschnigg verurteilt wird, wird er nachher ins Ausland abgeschoben werden müssen. Damit würde sich Deutschland einen weiteren prominenten Emigranten schaffen, welcher wiederum Sammelpunkt für deutschfeindliche

Kreise wird. Die mit Dimitroff und Brüning* gemachten Erfahrungen rechtfertigen diese Bedenken genügend. Schuschnigg erhält weisungsgemäß den ›Völkischen Beobachter‹. Seit Monaten beschäftigt er sich mit jedem einzelnen Punkt, der in der Presse einen Angriff gegen ihn darstellt auf das eingehendste, um ihn sich zu überlegen und durch lange Schriftsätze zu widerlegen. Schuschnigg wird im Prozeß ein außerordentlich gefährlicher Angeklagter werden, der versuchen wird, dieselbe Rolle wie seinerzeit Dimitroff zu spielen.«
Daraufhin schlug Himmler persönlich im Dezember 1938 die Auflösung der Kommission vor, da diese, angesichts der Bedenken gegen einen Schuschnigg-Prozeß, nutzlos geworden wäre. Die Gruppe legte am 27. Jänner 1939 einen Abschlußbericht vor, welcher das ganze Unterfangen als Hornberger Schießen demaskierte. Daraufhin fiel am 14. Februar die endgültige Entscheidung – »vorbehaltlich der Zustimmung des Führers« –, die Kommission aufzulösen. Was wiederum einen Protest des konkurrenzierenden Staatsgerichtshofs führte, der aber als »nicht stichhaltig« abgelehnt wurde.
Am 29. Februar hielt die Kommission noch eine formelle Abschlußsitzung, die keine neuen Erkenntnisse erbrachte. Und am 15. März bestätigte Hitler, daß es keinen Prozeß gegen Schuschnigg geben werde: »Über sein weiteres Schicksal ist noch nicht entschieden.«
In jedem Rechtsstaat wäre ein Beschuldigter von der Einstellung seines Verfahrens sofort informiert, wenn nicht freigelassen worden. Doch genau das lag dem NS-Regime fern. Es war den Machthabern nur recht, sollte Schuschnigg noch immer mit einem Prozeß rechnen. Was diesen dazu bewog, weiter an seinen Verteidigungsschriften zu arbeiten. Bis zum Tag seiner Befreiung nach dem Krieg hatte er keine Ahnung, warum es wirklich zu keinem Prozeß gekommen war. Er selbst führte dies auf eine Interven-

* Der bulgarische Kommunist Georgi Dimitroff mußte nach einer blendenden Verteidigung im Leipziger Reichstagsbrandprozeß (1933) freigesprochen werden. Ex-Reichskanzler Brüning war in die USA emigriert.

tion des Königs Leopold der Belgier zurück, der sich tatsächlich für ihn einmal eingesetzt hatte. Allerdings zu einem Zeitpunkt, da die Akte bereits abgelegt war.

Was die Wiener Leitstelle der Gestapo betraf, so hatte sie nunmehr, da ein Prozeß nicht mehr auf der Tagesordnung stand, einen weiteren Grund, Schuschnigg loswerden zu wollen. In einem Bericht an Himmler wurde betont, die Unterbringung des Häftlings im Hotel Metropol sei auf Dauer unmöglich. Irreversible Gesundheitsschäden seien zu befürchten, was wiederum »ausländischer Greuelpropaganda« Auftrieb geben würde.

Dabei war Schuschnigg gar nicht auf die Idee gekommen, seine Gesundheit absichtlich zu ruinieren. Er hatte sich eine eigene Therapie ausgedacht, die an Stefan Zweigs »Schachnovelle« erinnerte. Er konzentrierte sich ganz auf sein Englischstudium und begann seine Notizen auf Englisch niederzuschreiben – was seine Bewacher ziemlich irritierte.

Im Juli ergab sich ein weiteres Problem für die Gestapo. Die gebäudeeigene Kantine wurde geschlossen, und die Versorgung mußte nun vom Gasthaus Dorndorfer auf dem nahegelegenen Rudolfsplatz geholt werden. Wobei der Wirt zuerst genau auf seine politische Verläßlichkeit durchleuchtet worden war.

Am 1. September 1939 fielen Hitlers Truppen in Polen ein, und zwei Tage später brach der Zweite Weltkrieg aus. Was einige Änderungen für den Gefangenen nach sich zog. Die Gestapo beschloß, daß der Häftling Dr. Kurt Schuschnigg zu existieren aufgehört habe. Dem Kanzler wurde mitgeteilt, er habe sich künftig »Dr. Auster« zu nennen. Und da bei den Nazis Ordnung über alles ging, mußte der Ex-Kanzler am 4. September sogar einen Meldezettel auf seinen neuen falschen Namen ausfüllen.

Inzwischen hatte Vera Schuschnigg – sie hatte Mitte September ihre Wohnung aus Kostengründen aufgeben müssen und war in die Pension Wiener in der Seilergasse übersiedelt; »wo viele Juden wohnen«, wie es im Gestapo-Report hieß – Himmler mit Eingaben bombardiert, man möge die Haftbedingungen ihres Mannes verbessern, solange man ihn nicht auf freien Fuß setzen wolle. »Dr. Auster«, schrieb sie, sei bereit, »neutrale Persönlichkeiten« zu empfangen, um sie von seinem Zustand zu überzeugen und »unglaubliche Berichte« über ihn in den Auslandsmedien zu widerlegen. Die Gestapo durchschaute den Zweck der Eingabe und lehnte rundwegs ab, fragte aber gleichzeitig in Berlin: »Wie lange soll Dr. Auster noch in Wien bleiben? Er bindet 24 Beamte.«

Erstmals kam eine positive Antwort, wahrscheinlich durch die veränderte weltpolitische Lage bedingt: Dr. Auster werde Ende September verlegt werden. Dieser Termin wurde allerdings nicht eingehalten, aber am 29. Oktober erhielt der Häftling, bei dem der SS-Arzt »starke Depressionen« festgestellt hatte (»Er schläft nur zwei bis drei Stunden in der Nacht«), den Befehl, zum zweitenmal seine Koffer zu packen; wobei der Ordnung halber verzeichnet sei, daß es sich um zwei lädierte Gepäckstücke handelte, in die er seine ganze Habe zu verstauen hatte. Als Verpflegung erhielt er in einer Papiertüte noch zwei Wurstsemmeln. Und der Kerkermeister Humbert Pifrader sagte, zum erstenmal in freundlichem Ton: »Sehen Sie, jetzt haben Sie es durchgestanden. Fühlen Sie sich stark genug für eine fünf- bis sechsstündige Autofahrt?« »Natürlich«, antwortete der Gefangene.

Somit verließ Schuschnigg zum erstenmal seit eineinhalb Jahren den »Vorhof zur Hölle«. In einem Auto mit verhängten Fenstern – die Vorhänge wurden erst nach Verlassen des Stadtgebietes gelüftet – ging die Fahrt nach Westen. Der Ex-Kanzler vermutete, daß Dachau das Ziel der Reise sein werde, was seine Erwartungen, alles überstanden zu haben, beträchtlich dämpfte.

Doch er hatte sich geirrt. Endstation war das Wittelsbacher Palais in München, nunmehr die Gestapozentrale für Süddeutschland. Doch diesmal war die Überraschung positiv: Die Einzelzelle war zwar klein, aber »gottlob sehr sauber«. Es gab sogar einen bequemen Sessel, ein Radio und Lichterlaubnis bis 22.00 Uhr. Was jedoch noch wichtiger war: Er durfte einmal täglich im Hof des Palais spazierengehen, und die Freitagsbesuche seiner Frau wurden weiterhin gestattet. Ein Beamter, den Schuschnigg als »korrekt« bezeichnete, eröffnete ihm, daß es sich um eine »Übergangslösung« handle. In spätestens acht Wochen werde sein end-

gültiges Quartier fertiggestellt sein. Aus den acht Wochen sollten mehr als zwei Jahre werden.
Das allgemeine Regime im Wittelsbacher Palais war wesentlich milder als jenes im Metropol. Erstmals durfte sich Schuschnigg mit seiner Frau unter vier Augen treffen. Worüber der ehemalige »nationale« Minister Glaise-Horstenau, mit der ihm eigenen Geschmacklosigkeit, in seinem Tagebuch verzeichnete: »Ich glaube wirklich, daß Schuschnigg während seiner München-Haft zum ersten Mal mit seiner Frau intim wurde.«
Die Besuchserlaubnis wurde nun auf Schuschniggs gleichnamigen Sohn ausgedehnt, dem sofort der Schlendrian bei der Kontrolle auffiel. Der diensthabende Unteroffizier erklärte dem Jungen, er könne von nun an jeden Bücherwunsch seines Vaters erfüllen. Subversive Literatur ausgenommen, aber die war im Dritten Reich ohnehin nicht aufzutreiben.
Jedenfalls begann sich der Häftling, wenn nicht gut, so doch erheblich besser zu fühlen. »Ich esse hier in zwei Tagen sicher mehr, als in einer ganzen Wiener Woche«, verzeichnete er in seinen Notizen. »Nicht zu glauben, um wieviel besser meine versperrte kleinwinzige Zelle gegenüber dem früheren Zustand ist. Alles, nur keinen Posten im Zimmer.«
Nach einigen Tagen erhielt Schuschnigg sogar seine Toilettenutensilien, die man ihm bei der Ankunft in München abgenommen hatte, zurück. Und ein tägliches Brausebad wurde ihm zugestanden, »ohne daß ein Wachorgan als Kontrolle danebensteht«.
Nach zwei Wochen in München wurde der Gefangene von Heinrich Himmler mit einem persönlichen Schreiben beehrt: »Ein Beziehen der neuen Unterkunft wird in absehbarer Zeit nicht in Aussicht genommen«, hieß es darin lapidar. »Das durfte eigentlich keine Enttäuschung sein«, notierte Schuschnigg in seinem inoffiziellen Tagebuch. »Und trotzdem ein Peitschenschlag.« Sogar die Bewacher zeigten ein gewisses Mitgefühl. Der Gefangene solle doch Himmler persönlich antworten, riet man ihm, und ihn an dessen Versprechungen erinnern. Das Schreiben wurde abgesandt, die Weiterleitung versprochen. Antwort kam keine.
Dennoch erhielt Schuschnigg eine Art Weihnachtsgeschenk. Er

durfte in den bisherigen Tagesraum der diensttuenden Wachbeamten übersiedeln. Der Raum war wesentlich größer, »mit einem leibhaftigen Schreibtisch«. Und die Besuchszeit für seine Frau wurde auf jeweils drei Stunden verlängert. Schriftstücke durften sie allerdings nicht austauschen, und Gespräche über politische Themen blieben verboten. Was Schuschnigg ohnehin nicht im Sinne hatte: »Ich bin dermaßen unpolitisch geworden, daß dies, glaube ich, schon wieder ans Verbotene anstreift.«

Die Tagebucheintragungen werden nun sporadischer, als hätte der Schreiber diesen Trost nicht mehr nötig. Im Juli 1940 wird neuerlich die Übersiedlung des Gefangenen angekündigt, doch nichts geschieht. Worauf Vera Schuschnigg endgültig aus Wien in eine kleine Münchner Pension übersiedelt.

Die nächste Tagebucheintragung erfolgt erst am 23. März 1941: »Gott hat uns ein Kind geschenkt: Dolores Maria Elisabeth. Wir sind beide selig. Vierzehn Tage lang kann meine Frau in der Klinik des Roten Kreuzes bleiben – dann zurück ins Pensionsprovisorium.«

Im September 1941 kommt es nach langer Pause wieder zu einem hochnotpeinlichen Verhör: Wem hat Schuschnigg im Februar 1938 von der Besprechung und den Vorgängen in Berchtesgaden erzählt? Ausgelöst wurde die Befragung durch einen Dokumentenfund in Paris: »Die Aussage des Befragten ist schriftlich festzuhalten«, heißt es. Schuschnigg fügt sich, doch der Zwischenfall bleibt ohne Folgen.

Im Dezember 1941 tritt endlich das ein, womit der Ex-Kanzler kaum noch gerechnet hatte. Im reservierten Abteil eines Nachtzuges wird er von zwei Gestapoleuten nach Berlin eskortiert. Doch das ist nur ein Zwischenstopp. Endstation ist nicht etwa der erhoffte Hausarrest irgendwo auf dem Lande, sondern das Konzentrationslager Sachsenhausen.

Dort wird der ehemalige Politiker nach dreieinhalb Jahren Isolation mit der offenen Brutalität des NS-Regimes – und sei es nur indirekt – konfrontiert: In der ungeheuren Barackenstadt des Konzentrationslagers, von elektrisch geladenem Stacheldraht und Wachtürmen umgeben. Darüber notiert er in seinem »Requiem«: »Hinter der Trostlosigkeit der berüchtigten Mauern haust das Heer des grauen namenlosen Elends. Anonyme Nummern bis 60 000 und darüber, deren Lebensinhalt auf unbestimmte Zeit KZ-Sachsenhausen ist... KZ ist nichts anderes als die Umschreibung für zum Schweigen verurteilte Verzweiflung. Es hat wohl kaum eine europäische Nation gegeben, die durch keinen Gesandten des Elends in Luzifers Residenz vertreten war.«

Dennoch: KZ ist auch hier nicht gleich KZ. Schuschnigg wird in einem Sondertrakt untergebracht. Erstmal kann er Frau und Tochter nachholen. Im folgenden Sommer (1942) darf sogar sein Sohn eine Woche seiner Sommerferien bei seinem Vater verbringen. Und dann, ohne Vorwarnung, erhält Schuschnigg erstmals einen »Häftlingssold«. Ab Juli 1942 werden ihm monatlich 450 Mark in die Hand gedrückt, die er aber nicht nur als Zubuße zu seinem Unterhalt, sondern auch für die Erziehungskosten seines Sohnes in einem Münchner Internat verwendet.

Die Tatsache, daß »Dr. Auster« von den Behörden einen finanziellen Zuschuß erhielt, wurde von seinen verbissenen politischen Gegnern nach dem Krieg als Beweis dafür gewertet, daß die Nazis bereit waren, seine »kooperative Haltung« zu honorieren. In Wirklichkeit handelte es sich um keine auf Schuschnigg beschränkte Regelung. Ähnliche Zuwendungen wurden nämlich an fast alle »Sonderhäftlinge« ausbezahlt.

So oder so erscheinen Schuschniggs Haftbedingungen in Sachsenhausen eher ungewöhnlich. Seine Frau durfte des öfteren das Lager verlassen, wobei sie diese »Ausflüge« zumeist dazu benützte, um ihren Schwager Arthur in Berlin zu besuchen.

Was in der Außenwelt vorgeht, erfährt Schuschnigg über seinen »Volksempfänger« und aus dem »Völkischen Beobachter«. Bis in den späten Herbst 1942 erfährt er aus diesen linientreuen Informationsquellen nichts Ermutigendes. Doch dann ändert sich der Ton in Josef Goebbels Sprachrohren. Hatte man bisher nur von »gescheiterten Gegenoffensiven« des Feindes gesprochen, so meldete der »Völkische Beobachter« plötzlich, daß sich Rommels sieggewohntes Afrikakorps in Ägypten »vom Feind

absetze«. Und dann kommt die Kunde von Stalingrad. Drei Tage Staatstrauer: »Durch das bisherige planmäßige Ausharren an der Wolga wurde die deutsche Ostfront gerettet«, verkündet der »VB«.
Schuschnigg weiß es besser, denn es ist ihm gelungen, sein Radiogerät so zu manipulieren, daß er gelegentlich auch »Feindsender« empfangen kann.
Die Tagebucheintragungen des Ex-Kanzlers reduzieren sich in den folgenden Monaten auf kurze Notizen. Nur der Sturz Mussolinis, auf den Tag genau neun Jahre nach der Ermordung Dollfuß', veranlaßt ihn zu einer grundsätzlichen Betrachtung: Wäre Mussolini der Stresa-Front treugeblieben, dann würde Österreich noch bestehen, und Italien wäre der Zusammenbruch erspart geblieben.
Über die Lebensbedingungen in Sachsenhausen hat sich »Dr. Auster« nie beschwert, verglich er sie doch mit seiner vorhergegangenen Einzelhaft im Hotel Metropol und dann in München. Von den Zuständen im übrigen KZ, von denen er natürlich wußte, ganz zu schweigen. Seine Unterkunft bestand aus einem Wohnzimmer, Schlafzimmer, Bad und Küche, sowie aus einer Art Kinderzimmer. Im Vorgarten konnte das Ehepaar sogar Gemüse anpflanzen. Zur Hausarbeit stand eine Bedienerin zur Seite, zuerst eine Deutsche, welche die Familie wegen ihrer »preußischen Art« unausstehlich fand. Schließlich wurde sie durch eine russische »Ostarbeiterin« ersetzt.
Mit Hilfe seines Bruders in Berlin baute sich Schuschnigg eine größere Hausbibliothek auf, die hauptsächlich aus literarischen und belletristischen Werken bestand. Politische Bücher waren natürlich verboten. Später wunderte sich Bruder Arthur in einem Gespräch mit dem Autor über die schöngeistigen Neigungen des Gefangenen in einer so geistlosen Zeit. »Aber wahrscheinlich dienten ihm gerade diese Bücher zur Ablenkung. Grammophon und Schallplatten standen ihm ja nicht zur Verfügung und die Musiksendungen im Rundfunk wurden immer martialischer. Für Marschmusik hatte Kurt nie etwas übrig.«
Nur ein einziges Mal konnte Arthur seinen Bruder aus größerer

Distanz sehen. Er selbst war zum Militär eingezogen und der Photoabteilung der Luftwaffe zugeteilt worden. Seine Dienststelle war nicht weit von Sachsenhausen entfernt, und so konnte »konspirativ« einmal ein Sichtkontakt über den Stacheldraht hinweg arrangiert werden.

Inzwischen war auch Kurt junior einberufen worden – zur Marine. Seinen Dienst versah er auf der »Prinz Eugen«, eines von Großadmiral Raeders kampfstärksten Kriegsschiffen. Für den Vater war dies eine Erleichterung und eine Sorge zugleich. Eine Sorge, weil er nun seinen Sohn inmitten des Kriegsgeschehens wußte – die »Prinz Eugen« wurde oft in den Kriegsberichten erwähnt –, Erleichterung, weil ihm bekannt war, daß es in den Streitkräften – vor dem 20. Juli 1944 – keine Sippenhaftung gab und die Marine sogar als eine Art Refugium für politisch Belastete galt. Der Junior bestätigte diesen Eindruck: Schon bei seiner ersten Meldung auf seinem Schiff forderte ihn der Kapitän auf, sich nicht einfach »Schuschnigg«, sondern »von Schuschnigg« zu nennen. Gegenteilige Vorschriften gäbe es auf der »Prinz Eugen« nicht.

Nur noch einmal konnte er während eines Urlaubs zu Ostern 1944 seinen Vater in Sachsenhausen besuchen und ihm bei dieser Gelegenheit das »Sanctissimum« bringen, das ihm der mutige Bischof Graf Preysing übergeben hatte. Dazu der Vater: »So wurde jeder Wohnraum unseres Verbanntenexils kurze Momente lang zur Kirche.«

Erst Anfang 1945, als sich der Nazi-Terror auch in den Streitkräften breitmachte und der 19jährige sich gerade in einem Lazarett befand, erhielt er den Wink, schleunigst zu verschwinden. Wobei ihm seine Vorgesetzten sogar assistierten: Sie gaben ihm einen Marschbefehl in den äußersten Süden Deutschlands, wo es höchstens auf dem Bodensee eine Marineeinheit gab. Von dort konnte er unerkannt in die Schweiz flüchten.

Doch wir eilen der Zeit voraus. Daß Deutschland den Krieg verlieren würde, war Schuschnigg spätestens ab Ende 1942 klar, doch es zeichneten sich noch keine Vorboten des totalen Zusammenbruchs ab, bestenfalls einige Abbröckelungsprozesse. Rund um Schuschniggs Sonderbaracke wurde es immer unruhiger. Vorerst Schreie und Schüsse aus benachbarten Baracken, dann Salven von den Wachtürmen, Stöhnen und Wimmern am Stacheldraht.

Seltsamerweise wird die Moskauer Deklaration vom 1. November 1943 in den Sachsenhausener Aufzeichnungen mit keinem Wort erwähnt. Schuschnigg erklärte dazu, er hätte von diesem ersten Schritt zur Wiederherstellung Österreichs erst viel später erfahren. Der »Völkische Beobachter« hätte dieses Ereignis einfach totgeschwiegen, wohl aber über die alliierten Gipfelkonferenzen von Kairo und Teheran berichten müssen. Und natürlich von der anglo-amerikanischen Landung auf dem italienischen Festland.

Mit dem Tag der alliierten Invasion in der Normandie wurde Schuschniggs Tagebuch zu einem Frontbericht. Offensichtlich hatte er sich eine Landkarte Europas besorgt, auf der er jede Frontveränderung einzeichnete.

Im September fuhr Vera Schuschnigg mit der kleinen Tochter nach Wien, kam aber schon nach 14 Tagen zurück. Die Situation in der Hauptstadt der Ostmark sei nicht geheuer, berichtete sie. Da schien das KZ noch sicherer. Soweit war das Tausendjährige Reich in zehn Jahren gekommen!

Etwa in jene Zeit fällt eine seltsame Episode, die niemals voll durchleuchtet wurde. In Österreich wurden einige Widerstandskämpfer verhaftet und kurz danach hingerichtet, die angeblich eine Befreiung Schuschniggs aus Sachsenhausen geplant hatten. Der Betroffene erklärte dazu dem Historiker Jagschitz, er hätte von der geplanten Aktion durch seine Frau erfahren und dringend geraten, von einem derart aussichtslosen Vorhaben abzulassen. Weiteres wisse er selbst nicht. Ende September 1944 erhielt er jedoch eine Nachricht, die ihm symbolhaft für die Zukunft des NS-Regimes schien. Sein ärgster Feind, Gauleiter Bürckel, war verstorben. Sein, von christlichem Vergeben bestimmter Kommentar: »Möge seine Seele in Frieden ruhen.«

Schuschniggs 47. Geburtstag – noch konnte er nicht wissen, daß es der letzte hinter Stacheldraht sein würde – bot weiteren Anlaß zur Besinnung: »Wahrhaftig kein Anlaß zum Feiern, wohl aber zu einer Zwischenbilanz... Und trotzdem, Reue? Nein! Auch wenn der Zahltag vorzeitig gekommen ist. Ich wußte, daß er einmal kommen würde; wann immer, der Termin wäre niemals willkommen. Manches war sicher falsch; ich gäbe viel darum, die Wiederholungsprüfung machen zu dürfen; ich glaube, daß ich manches anders, besser machen könnte... Mögen die Fehler einem gnädigen Richter begegnen und die, die mir einst nahestanden, trotz mancher Enttäuschung, die sie erlebten, drüben wieder auf mich warten, verzeihend, verstehend und helfend aus Liebe.«

Anfang Februar 1945 tauchen in Sachsenhausen die ersten Gerüchte von einer bevorstehenden Evakuierung auf. Innerhalb weniger Tage ist es soweit. Schuschnigg soll wieder einmal nur das Nötigste packen. Koffer werden »eventuell nachgeschickt«. Alles andere bleibt zurück. Seltsam, daß die Gefangenen, an diesem entscheidenden Moment ihres Lebens oder Überlebens an ihren irdischen Besitzungen so sehr hängen: »Der Abschied vom Konzentrationslager wird schwer, nämlich von Erinnerungsstücken und Büchern. Es geht ins gänzlich Ungewisse.«

Die Abfahrt verzögert sich bis zum Abend des 6. Februar. In einem Polizeiwagen mit abgedeckten Scheinwerfern wird die Familie, eskortiert von drei schwer bewaffneten Beamten, abtransportiert. Doch die Reise geht nur bis Berlin, genauer gesagt, in eine geräumige Gefängniszelle in der Gestapozentrale in der Albrechtsstraße. Dort bleiben sie ohne Licht oder Wasser. Tags darauf geht es weiter, diesmal in einem Bus zusammen mit anderen, zum Teil handgefesselten Inhaftierten. Sprechen ist streng verboten. Nur ahnungsweise können die Insassen die Route erkennen. Jedenfalls geht es in den Süden, in irgendein anderes KZ. Erst später erfahren sie, daß sie in Flossenburg angekommen sind: der Ortsname steht auf einer gekritzelten Inschrift auf der Innenseite eines Spinds. Die Familienmitglieder werden vorerst voneinander getrennt, dann aber in einem größeren Raum wieder zusammengeführt – neben dem Bordell für die Lagerwache.

Der Alltag in Flossenburg vollzieht sich ähnlich wie in Sachsenhausen, nur daß auch der Großteil von Schuschniggs bescheidener Habe verlorengegangen ist. Dafür ist die Wachmannschaft plötzlich freundlicher geworden. »Rückversicherung« heißt nun die Devise, denn selbst verbohrte SS-Männer haben erkannt, daß der Krieg verloren ist. Der Lagerkommandant legt Schuschnigg nahe, die kleine Sissy (Elisabeth) zu Verwandten in Tirol zu schicken: Ein KZ sei doch kein geeigneter Aufenthaltsort für ein Kind. Der Ex-Kanzler wäre dazu bereit, doch die höheren Gestapostellen legen sich quer. Für ein Mitglied der Familie Schuschnigg, und sei es ein Kind, käme Österreich als Aufenthaltsort nicht in Frage. Wie überhaupt Himmlers Sicherheitsdienst weiter arbeitet, als stünden die Deutschen noch immer in Paris und an der Wolga. Und nicht die Alliierten an der Oder und am Rhein. Doch die niedrigeren Dienstgrade, zumeist ältere Männer, wissen es besser.
Langsam finden die Inhaftierten einen Weg aus der erzwungenen Anonymität und erkennen ihre Schicksalsgefährten. In Schuschniggs Fall sind es, unter anderen, Hitlers ehemaliges Finanzgenie Hjalmar Schacht, die Generäle Franz Halder und Georg Thomas, der Abwehrchef Admiral Wilhelm Canaris (der aber das Kriegsende nicht mehr erleben sollte) sowie eine Anzahl von Hocharistokraten wie Prinz Albrecht von Bayern oder Prinz Louis von Bourbon-Parma samt Familie. In einem anderen Sonderblock sind die französischen Ex-Premierminister Edouard Daladier und Paul Reynaud interniert, werden aber noch immer sorgfältig abgeschirmt. Ebenso wie der preußische Industrielle Fritz Thyssen, einer der ersten Financiers der NSDAP.
Einige der Häftlinge, mit denen Schuschnigg – nicht zuletzt durch Bestechung der Wächter mit einem Paket Kaffee – in Kontakt kommt –, wissen selbst nicht, warum sie im KZ gelandet sind. So etwa Prinz Philipp von Hessen, ein Schwiegersohn des Königs von Italien, der seinerzeit als Verbindungsmann zwischen Hitler und Mussolini gedient hat. Man hat ihm nicht einmal mitgeteilt, daß seine Frau, Prinzessin Malfalda, bereits Monate zuvor im KZ Buchenwald ums Leben gekommen ist.

Anfang April – das Ende naht – verschärfen sich wieder die Haftbedingungen. Jeder Kontakt zur Außenwelt und innerhalb des Lagers wird strengstens untersagt. Am 8. April ist es wieder einmal soweit: Abfahrt ins Unbekannte. Allerdings unter veränderten Bedingungen. Diesmal dürften die Häftlinge miteinander reden. Es muß eine interessante Konversation gewesen ein. Immerhin handelt es sich um die Creme von Hitlers Gefangenen: Politiker, Generäle, zum erstenmal auch Briten und Russen.

Die Reise dauert diesmal nicht lange. Vorläufige Endstation ist Dachau, noch heute, nach fast einem halben Jahrhundert, ein Symbol des Schreckens. Für »Sonderhäftlinge« trifft dies nicht zu – zumindest nicht im Frühjahr 1945. Sie dürfen miteinander reden, soviel sie wollen. Nur Kontakte zu anderen Häftlingen, also den gewöhnlichen Sterblichen, sind streng verboten. Doch sie lassen sich nicht gänzlich unterbinden. Etwa mit jenen Mithäftlingen, welche die Gartenarbeit für die VIPs besorgen. Und was diese erzählen, läßt die Neuankömmlinge erschaudern, wiewohl sie sicher nicht ahnungslos waren.

Die »Sonderhäftlinge« haben inzwischen ihre eigene verschworene Gemeinschaft gebildet. Nationale Schranken und politische Differenzen von einst sind längst überwunden – so wie dies schon Jahre zuvor bei österreichischen politischen Häftlingen aus dem vaterländischen und sozialistischen Lager der Fall war und Dachau zur Wiege des neuen Österreich gemacht hat.

Als einer der letzten trifft der ehemalige französische Premierminister Leon Blum mit seiner Gattin in Dachau ein, zu dem sich Schuschnigg besonders hinzugezogen fühlt. Vielleicht, weil dies sein erster direkter und menschlicher Kontakt zu einem »waschechten« Sozialisten ist.

In diesem Klima der relativen Redefreiheit dominiert natürlich die politische Diskussion. Jeder denkt zuerst an die Vergangenheit und die Zukunft seines eigenen Landes. Doch da ist Schuschnigg isoliert, weil es in der Gruppe keinen zweiten Österreicher gibt. Und was die Deutschen betrifft, so kann er deren Niedergeschlagenheit wohl verstehen, aber nicht teilen. Nur Hjalmar Schacht sieht Deutschlands Zukunft, wenn nicht in einem rosigen, so doch in einem positiven Licht. Gegen den Krieg sei er von Anfang an gewesen, erläutert er seinen Gesprächspartnern, im Bewußtsein, daß Deutschland diesen Konflikt nie würde gewinnen können. Er hätte für die Rückgabe von Kolonien und einen Verzicht auf Expansion in Europa plädiert, aber daran hätte Hitler – trotz der Gründung großangelegter »Kolonistenschulen« – kein Interesse gehabt. Eine Version, die Leon Blum aus dem anderen politischen Lager bestätigt.

Am 20. April beginnt in Dachau der Abtransport. Zuerst trifft es die deutschen Generäle und damit beginnt für die übriggebliebenen Zivilisten das Rätselraten über die militärische Lage an den Fronten. Zeitungen gibt es keine und den Rundfunknachrichten traut keiner mehr, seitdem das Abhören von »Feindsendern« ohne Geräte unmöglich geworden ist. Die Unsicherheit erstreckt sich über eine ganze Woche. Dann erst beginnt der allgemeine Abtransport. Als die Sonderhäftlinge zu den wartenden Bussen geführt werden, sehen sie die brutale Wirklichkeit Dachaus erstmals aus nächster Nähe: 35 000 bis auf die Knochen abgemagerte Menschen, die zu Fuß weiter nach Süden ziehen sollen. Dazu Schuschnigg: »Ein grauenhafter, schlechthin unmöglicher Gedanke.«

Am folgenden Tag erreichen die Gefangenen das KZ Reichenau bei Innsbruck. Erstmals setzt Schuschnigg wieder Fuß auf österreichischen Boden. Dort trifft er auch einen alten Freund, den Wiener Bürgermeister Richard Schmitz, auf den sich die Hoffnungen der Österreicher in den kritischen Märztagen konzentriert hatten. Dazu kommen auch Tiroler Widerstandskämpfer, und der Bischof von Clermond Ferrand kann den ersten Gottesdienst für die Gefangenen zelebrieren. Die meisten Anwesenden haben noch wesentlich Schwereres mitgemacht als Schuschnigg, und dieser gibt offen zu, daß er zu den vom Schicksal Bevorzugten gezählt hat: »Man wird sehr klein, angesichts dieser Fülle von Schicksal. Da ist alles nichts, gar nichts und höchst unwichtig, was man selbst an Erlebten in Gedanken trägt, gemessen an dem Übermaß von Not, die – so Gott will – unserem Volk einmal zum Segen gereichen muß. Wenn es sich nur stets daran erinnert.«

Ein frommer Wunsch. Schon in der folgenden Nacht geht der Geleitzug weiter. Diesmal erkennt Schuschnigg die Route sogar bei totaler Verdunkelung. Ohne anzuhalten, geht die Fahrt durch Innsbruck in Richtung Pustertal. Der erste Stopp am frühen Nachmittag bei strömendem Schneeregen, der die duftenden Frühlingswiesen wieder in eine Winterlandschaft verwandelt hat, erfolgt bei Niederndorf an der Abzweigung zum Pragser Wildsee. Vorsichtig nähern sich die ersten Bauern aus der Gegend dem triefend nassen Haufen, werden aber sofort von der SS-Wache und dem Begleitkommando der Gestapo vertrieben. Unter den Gefangenen kursieren die wildesten Gerüchte. Es soll einen Geheimbefehl der Gestapo geben, eine Anzahl von Häftlingen zu liquidieren. Doch die haben schon zuviel mitgemacht, um zu erschrecken. Resümiert Schuschnigg: »Trotzdem fühlte ich eigentlich weder Sorge noch richtige Beunruhigung.«

Gerade das hätte ins Auge gehen können. Die schwarze Liste existierte tatsächlich, und sein Name stand ganz hoch oben.

Endstation ist das Berghotel Pragser Wildsee, wo die Neuankömmlinge zum erstenmal als willkommene Gäste und nicht als »Einquartierung« von der Besitzerin empfangen werden. Jetzt ist es an der SS-Eskorte, unruhig zu werden. Praktisch unbehindert können die mitgefangenen deutschen Offiziere Kontakt mit dem Heeresgruppenkommando in Bozen aufnehmen, das sofort – mit Zustimmung des kommandierenden Generals – die SS-Leute und die Gestapo-Begleiter durch eine Wehrmachtkompanie unter dem Befehl des Hauptmannes von Alvensleben ersetzen läßt. Das ist nicht einmal so mutig, wie es erscheint, denn zu jenem Zeitpunkt ist die Kapitulation an der italienischen Front schon praktisch perfekt.

Die Gefangenen aus über 20 Nationen – Schuschnigg spricht von einem »kleinen Völkerbund« – sind damit praktisch frei. Bei einer »Generalversammlung« in der Hotelhalle versichert Alvensleben, er sei ausschließlich zum Schutz der Anwesenden und nicht als Bewacher da. Und dann folgt die große Überraschung: Der Tiroler Anton Ducia heißt alle »im Namen der Tiroler Landesregierung« willkommen. Keiner hatte bisher gewußt, daß

sich ein derartiges Gremium bereits in Innsbruck konstituiert hatte.
Es gibt aber noch Probleme. Rein völkerrechtlich betrachtet, befinden sich alle auf italienischem Boden, und eine lombardische Partisanengruppe möchte ebenfalls den »Schutz« übernehmen.
So folgen drei weitere Tage der Unsicherheit – immerhin hatten andere Partisanen eben erst Benito Mussolini auf kurzem Weg liquidiert – doch am 4. Mai trifft die Vorhut der Amerikaner in Südtirol ein. Für Schuschnigg ist der siebenjährige Leidensweg zu Ende. Noch ahnt er nicht, daß er erst nach weiteren 20 Jahren in seine Heimat zurückkehren wird.

9. Kapitel

Heimkehr einer »Unperson«

Die Zweite Republik will ihren Vorgänger vergessen

Kurt von Schuschnigg ist nun ein freier Mann. Offiziell, aber nicht ganz. Zuerst ärgern ihn die vielen Reporter, die im Troß der Amerikaner aufgekreuzt sind, hatte er doch niemals ein besonders kordiales Verhältnis zu den Medien. Doch nun soll er, bei der Beantwortung der Reporterfragen, die ganze schmerzhafte Vergangenheit wieder aufrollen.

Der Ex-Kanzler hat nur einen – rückblickend betrachtet – reichlich naiven Wunsch. Er will sofort nach Hause, nicht ein Jahr warten, wie nach dem Ersten Weltkrieg. Die amerikanischen Befreier haben jedoch andere Pläne. Ihre Schützlinge sollen, wenn es sich nicht um Bürger alliierter Staaten handelt, zuerst nach Neapel in ein Sammellager – sofern der Ausdruck »Lager« auf dieses noch zutrifft – gebracht werden. Per Auto geht es vorerst bis Verona, dann per Flugzeug nach Neapel. Und von dort per Schiff nach Capri. Einen besseren Erholungsort hätte sich Schuschnigg nicht wünschen können.

Auch die Verbindung zur Außenwelt ist wieder hergestellt. Als ersten möchte der Befreite seinen alten Kampfgefährten Guido Zernatto in den USA kontaktieren, von dem er weiß, daß ihm die Flucht über den Atlantik gelungen ist. Doch sein Brief kommt zurück mit der traurigen Nachricht: Zernatto ist schon 1942 verstorben. Buchstäblich an Heimweh.

Nur nach Österreich gibt es keinen Draht. Wohl weiß Schuschnigg, daß es wieder eine provisorische österreichische Regierung unter Karl Renner gibt, mit seinem alten Freund Leopold Figl als Vizekanzler und Vertreter des bürgerlichen Lagers. Doch das Land ist viergeteilt, und in Wien selbst haben sich die Westmächte noch nicht einmal etabliert.

Er ahnt noch nicht, daß es nicht alleine die Alliierten sind, die seine rasche Rückkehr sabotieren, sondern ebenso, wenn nicht noch mehr, die eigenen Landsleute. Sogar seine einstigen Parteifreunde. Als er dies schließlich erkennen muß, meint er bitter: »Daß ich noch lebe, dafür kann ich nichts und habe nichts dazu getan.«
Wirklich unbelastet ist sein Verhältnis nur zu jenen einstigen Mitkämpfern, die den Krieg in Rom zuerst unter dem Schutz Mussolinis und dann der katholischen Kirche überstanden haben – in erster Linie Ex-Botschafter Berger-Waldenegg, der wohlweislich von seinem letzten Posten nicht nach Hause zurückgekehrt war, wie sein naiver Kollege in Budapest, Baar-Barenfels (der sofort verhaftet wurde) und der getreue Sekretär Frölichsthal.
Den Höhepunkt seines ersten Besuches in Rom nach fast einem Jahrzehnt bildet eine Audienz – zusammen mit den anderen katholischen Mitgliedern der »Capri-Gruppe« – bei Papst Pius XII. im Vatikan. Wobei der Heilige Vater Sinn für das Praktische demonstriert: Er läßt Schuschnigg 50 000 Lire überweisen, auch damals nicht sehr viel, aber der Befreite benötigt jede Lira, besonders nachdem ihn die Amerikaner freundlich, jedoch mittellos im August 1945 auf die Straße gesetzt – heute würde man sagen »aus der Bundesbetreuung entlassen« haben.
Vorerst mußte Schuschnigg noch einmal nach Deutschland zurückkehren. Im November 1945 wurde er nach Nürnberg geflogen, um beim Hauptkriegsverbrecherprozeß auszusagen. Für den ehemaligen Häftling war dies kein Vergnügen. Rachegefühle lagen ihm charakterlich fern, überdies fühlte er sich durch die ganze Atmosphäre in der »Stadt der Reichsparteitage« in eine Vergangenheit zurückversetzt, die er liebend gern verdrängt hätte. Überdies war die Prozeßführung dem Zeugen gegenüber nicht gerade rücksichtsvoll. Man wollte sie einfach für die Gesamtdauer des Verfahrens »auf Eis legen«, weil man ihre Aussage vielleicht noch ein zweitesmal benötigen würde. Schuschnigg mußte, entgegen seiner Natur, sehr energisch werden, um nach seiner Aussage einen raschen Rückflug nach Italien

durchzusetzen. Und das, obwohl die Kosten seines Aufenthalts in Nürnberg – plus Spesen – von den Alliierten bezahlt wurden. Auf sich allein gestellt, war Österreichs einstiger »starker Mann« praktisch mittel- und erwerbslos. Sein Besitz und seine bewegliche Habe in Österreich waren längst verloren, sofern er in den Wirren der ersten Monate nach Kriegsende überhaupt eine Chance gehabt hätte, an sie heranzukommen. Und seine engen Freunde von einst befanden sich zumeist in einer ähnlichen prekären Lage.

Als einziger Ausweg bot sich eine publizistische Betätigung an. Dabei sollte ihm der immer hilfsbereite Frölichsthal assistieren. Dessen Sohn Friedrich, bis vor kurzem nach einer langen erfolgreichen diplomatischen Laufbahn österreichischer Botschafter in Italien, erinnert sich: »Schuschnigg kam zu uns in Rom, mit einem Bündel von Papieren unter dem Arm. Es waren, im wesentlichen, seine Aufzeichnungen aus München und Sachsenhausen. Diese wollte er nun als Memoirenband veröffentlichen. Mein Vater las das Manuskript und kam dabei zu dem Schluß, daß es in dieser Form nicht zur Publikation geeignet war. Es war ja ursprünglich als Verteidigungsschrift für einen möglichen NS-Prozeß gegen den Autor bestimmt. So sagte ihm mein Vater: ›In dieser Form mußt Du Dich nicht mehr verteidigen. Das hast Du nicht mehr nötig.‹ Also ging Schuschnigg daran, das Manuskript entsprechend umzuarbeiten, das dann von meiner Mutter abgetippt wurde. Das Ergebnis war das ›Requiem in Rot-Weiß-Rot‹.« Jetzt ging es darum, einen Verleger zu finden. Schuschnigg wandte sich zuerst an Bermann Fischer in der Schweiz, doch dieser lehnte ab. So wurde das »Requiem« zuerst einmal ins Italienische übersetzt und von Montadori in Mailand veröffentlicht. Dadurch wurde die deutschsprachige Öffentlichkeit auf das Buch aufmerksam. Schließlich erschien das deutsche Original bei Amstutz in Zürich.

Wieweit entsprach nun dieses Buch den ursprünglichen Aufzeichnungen des Ex-Kanzlers? Dies wurde prompt in Frage gestellt und führte in Österreich zu einer heftigen Debatte. Dazu der Hintergrund: Das Originalmanuskript war Schuschnigg in

Flossenburg abgenommen worden (ihm blieb nur eine Kopie). Es geriet zuerst in den Besitz der Gestapo und gelangte dann auf unübersichtlichen Wegen nach dem Krieg in die Hände der österreichischen Kommunisten. Diese wiesen prompt auf Unterschiede zwischen dem Original und der gedruckten Version hin. Aus der Distanz konnte sich Schuschnigg schwer verteidigen, und so blieb seinen – wenigen – Freunden in Österreich der Nachweis überlassen, daß der Ex-Kanzler bei der Überarbeitung – die er übrigens freimütig zugab – nichts Unehrenhaftes getan hatte.

Schuschnigg wurde überdies zur Zielscheibe eines ernsteren Diffamierungsversuchs. Unvermittelt tauchte ein »Brief«, datiert Juni 1938, auf, der eine in unterwürfigem Ton gehaltene »Loyalitätserklärung« Schuschniggs an Hitler enthielt. In einer eidesstattlichen Erklärung bestritt der Altkanzler, jemals eine derartige Erklärung verfaßt zu haben. Er wies darauf hin, daß seine Kritiker nur ein mit der Maschine geschriebenes Dokument hatten vorweisen können. Im Juni 1938 sei ihm im Metropol aber keine Schreibmaschine zur Verfügung gestanden.

Die meisten Historiker meinen, daß Schuschniggs Dementi der Wahrheit entspricht. Offen bleibt nur die Frage, ob das »Dokument« von den Nazis oder nach dem Krieg von Kommunisten »produziert« wurde.

Diese Querschüsse zeigten jedoch, daß Schuschnigg, trotz seiner siebenjährigen Haft, in den Augen seiner politischen Gegner in Österreich noch immer ein Problem, wenn nicht ein Feindbild abgab. Und daß ihn die Zweite Republik am liebsten zur »Unperson« abgestempelt hätte.

Ein reifer gewordener Schuschnigg zeigte Verständnis für die nicht gerade noble Haltung der ÖVP-Führung in den unmittelbaren Nachkriegsjahren, die mit gewaltigen Problemen wirtschaftlicher und sozialer Natur im Lande selbst und gegenüber den Alliierten zu kämpfen hatte. Da sollte das Problem Schuschnigg nicht noch dazukommen!

Dem Schuschnigg von 1945 fehlte dieses Verständnis. Er fühlte sich zuerst als Opfer des Nationalsozialismus und wollte nicht einsehen, warum das neuerstandene Österreich, das so viele

Kriegsbeile begraben hatte, gerade bei ihm eine Ausnahme machen sollte. Es entspann sich eine rege Korrespondenz mit seinem alten Kampfgefährten Leopold Figl, der nach dem Sieg seiner Partei bei den ersten Nachkriegswahlen das Amt des Kanzlers übernommen hatte. Figls Antworten an seinen Vorgänger waren immer im gleichen Ton gehalten: Er plädierte für Geduld. Doch Schuschniggs Langmut wurde nicht zuletzt durch seine prekäre finanzielle Lage in Italien über alle Maßen strapaziert, die ihn zwang, immer billigere Quartiere zu suchen.
Einige Freunde in Österreich glaubten auf einen Ausweg gestoßen zu sein: Wenn der Emigrant nicht in seine alte Heimat zurückkehren konnte, dann müßte man ihm zumindest einen entsprechenden Auslandsposten verschaffen. Es begann damit, daß das »Neue Österreich«, die Zeitung der drei damaligen Regierungsparteien (ÖVP, SPÖ, KPÖ), am 1. Jänner 1946 eine Nachricht lancierte, die eher in die Ausgabe vom 1. April gepaßt hätte: »Der ehemalige österreichische Kanzler Schuschnigg hat den Wunsch ausgedrückt, österreichischer Gesandter beim Heiligen Stuhl zu werden.«
Schuschnigg selbst stellte diese Version energisch in Abrede, hat aber über ihre Entstehung etwas zu sagen: Kurz zuvor hatte der Wiener Kardinal Innitzer Rom besucht und war bei dieser Gelegenheit mit dem Altkanzler zusammengetroffen. Dazu Schuschnigg: »Da war zunächst eine frostige Begrüßung, von meiner Seite nämlich. Ich kann auch nicht über meinen Schatten springen. Aber er hat sich wirklich bemüht und mir bei dieser Gelegenheit gesagt, es wäre doch eine ausgezeichnete Sache, würde ich Gesandter beim Vatikan werden. Diese Idee werde eben in Wien ventiliert. Ich sagte ihm: ›Das wäre sehr schön, aber ich glaube nicht, daß das möglich wäre.‹«.
Kurz darauf berichtete die amerikanische Soldatenzeitung »Stars and Stripes«, daß der österreichische Bundespräsident Karl Renner erklärt hätte, wenn der österreichische Nationalrat etwas derartiges vorschläge, würde er selbstverständlich zustimmen, doch er halte dies nicht für realistisch.
Schuschnigg abschließend: »Ich habe die Sache überhaupt nicht

ernstgenommen und mich jedenfalls nicht um diesen Posten beworben.«

Ganz desinteressiert an einem österreichischen Staatsposten war er allerdings nicht. Er hatte ein anderes, realistischeres, weil niedrigeres Ziel im Auge: Er wäre liebend gerne Leiter eines wiedererrichteten österreichischen Kulturinstituts in Rom geworden. Doch auch mit diesem, privat ausgesprochenen Wunsch stieß er bei der Wiener Regierung – oder zumindest bei der linken Reichshälfte – auf kalte Ablehnung. Langsam mußte er erkennen, daß im Europa der unmittelbaren Nachkriegszeit für den Österreicher Schuschnigg kein entsprechender Platz war.

Inzwischen war sein »Requiem« in etliche Sprachen übersetzt und von der Kritik mit viel Interesse aufgenommen worden. Von den Tantiemen allein konnte der Autor mit seiner Familie indes nicht leben, ebensowenig von Honoraren für Beiträge in verschiedenen internationalen Zeitungen. Die staatlichen Radiostationen in Europa blieben für ihn verschlossen, sieht man von einigen Kommentaren ab, die von Radio Vatikan ausgestrahlt wurden.

Wie bereits erwähnt, hatte die Familie schon im Sommer 1946 aus finanziellen Gründen Rom verlassen und sich in einer Pension in Maltrasio einquartiert. Nach einigen Streitigkeiten mit der Wirtin zog Schuschnigg weiter nach Rapallo, wo er nach einem kurzen Hotelaufenthalt ein kleines Haus mieten konnte.

Inzwischen hatte er eine neue Geldquelle entdeckt: Bezahlte Vortragsreisen, zumeist als Gast konservativer und katholischer Organisationen. Seine erste »Tournee« in der neutralen Schweiz war ein voller Erfolg, wenngleich linke Gruppen gegen seine Anwesenheit protestierten. Es gab jedoch keine nennenswerten Zwischenfälle. Nur in Belgien kam es zu größeren Demonstrationen. Alles in allem, konnte er mit seinen Vortragsreisen zufrieden sein. Zumindest verfügte er nun über gewisse finanzielle Rücklagen, doch konnte dies keine Dauerlösung darstellen.

Die Störversuche der Linken gingen dem sensiblen Ex-Politiker natürlich unter die Haut, wiewohl er diese so gut wie möglich wegzustecken versuchte. Doch auch das offizielle Österreich benahm sich ihm gegenüber nicht gerade würdig. Im Februar 1947 begann in Wien der Guido Schmidt-Prozeß, und die Zeugenaussage des einstigen Kanzlers war für das Verfahren natürlich von größter Bedeutung. Für die Justiz stellte dies ein Problem dar. Einerseits wollte man den Ex-Kanzler aus politischen Gründen von Österreich fernhalten, andererseits bestand der Angeklagte auf dessen Einvernahme, von der er sich eine gewisse Entlastung erhoffte. Also ließ sich die Justiz zu einer beispiellosen Entgleisung verleiten: Sie bot Schuschnigg einige Monate vor der Verhandlung »freies Geleit« nach Österreich an, als handle es sich um einen kriminellen Kronzeugen, mit dem man einen Handel eingehen wollte. Naturgemäß lehnte Schuschnigg diese Demütigung empört ab, worauf ein Untersuchungsrichter zu ihm nach Italien geschickt werden mußte. Kein Wunder, daß sich der Zeuge diesem gegenüber nicht sehr kooperativ zeigte, jedenfalls nicht im Sinne des Staatsanwalts. Das Gericht fand Schuschniggs Aussage ungenügend, und der Vernehmungsbeamte mußte noch einmal nach Italien geschickt werden, um offene Punkte zu klären.

Um es gleich vorwegzunehmen: Schuschnigg hat seinen einstigen Schulkameraden von der Stella Matutina entlastet. Ob diese Aussage entscheidend für den Freispruch war, bleibt nach der Urteilsbegründung offen, konzentrierte sich die Anklage doch stark auf Schmidts angebliche Geheimkontakte zu Hermann Göring – und zu diesem Punkt hatte Schuschnigg nichts zu sagen.

Kein Wunder daher, daß er bei dieser Behandlung sein Augenmerk immer mehr auf Verdienstmöglichkeiten in den USA richtete, sei es aus politischen oder finanziellen Gründen. Noch dachte er nicht an eine langfristige Übersiedlung, als er sich im Jänner 1947, nachdem er seine erste Aussage für den Guido-Schmidt-Prozeß gemacht hatte – von Antwerpen aus in die USA einschiffte. Bei seiner Ankunft in New York wurde er bereits von Vertretern der Medien empfangen. Doch diesmal war die Stimmung durchaus positiv. Die umfangreiche Berichterstattung half ihm sogar, die Zahl seiner Vorträge wesentlich zu vergrößern. Schließlich waren es über 50, die er im ganzen Land hielt.

Die arrivierten Spitzen der österreichischen Kolonie in den USA bereiteten dem Ex-Kanzler einen herzlichen Empfang – von Bruno Walter über Richard Tauber bis zu Lotte Lehmann. Schuschnigg bedauerte nur, daß es ihm nicht vergönnt war, mit seinem Freund Franz Werfel zusammenzutreffen. Allzu gerne hätte er diesen noch einmal Sonette lesen gehört. Doch Werfel war kurz zuvor gestorben.
War der Empfang in den USA von alten Freundschaften bestimmt, so reagierte die österreichische Linkspresse um so kritischer auf die Vortragsreise. Die »Österreichische Zeitung«, das Organ der sowjetischen Besatzungsmacht behauptete, der Tenor seiner Vorträge hätte bewiesen, daß er noch immer ein »Freund Deutschlands« sei – was an sich stimmte, nur daß es sich eben um Sympathie für das »bessere Deutschland« und nicht das Dritte Reich handelte.
Im April 1947 war die Familie wieder zurück in Rapallo, wo zum zweitenmal der Untersuchungsrichter auf Schuschniggs Aussage wartete. Doch hatte sich Schuschnigg zu jenem Zeitpunkt bereits entschlossen, Europa den Rücken zu kehren und sich auf Dauer im Land der unbegrenzten Möglichkeiten niederzulassen. Mit diesem Ziel im Auge, trat er schon im August 1947 seine zweite Amerikareise an. Das Programm war diesmal bereits im vorhinein bis ins Detail geplant und der Terminkalender praktisch bis zum letzten Tag gefüllt. Schon in den ersten drei Monaten hielt er nicht weniger als 70 Vorträge an verschiedenen Universitäten, Colleges und anderen Bildungsstätten, wobei ihm neuerlich die umfangreiche Publicity in den Medien zugute kam, an die er sich allmählich gewöhnt hatte.
Das alles ging auf Kosten seines Privatlebens, denn noch verdiente er nicht genug, um Frau und Tochter auf allen Reisen mitzunehmen. Die beiden – Sohn Kurt stand inzwischen bereits auf seinen eigenen Beinen – mußten inzwischen mit einer provisorischen Unterkunft in New York vorlieb nehmen.
Vorträge allein hätten für eine solide Existenz in den USA nicht genügt, wäre doch das Interesse an seiner Person bald abgeflaut. Da kam ihm ein alter Freund aus früheren Tagen zu Hilfe. An

der katholischen Universität von St. Louis hatte ein Tiroler Landsmann, Professor Wilhelm Bauer, die Kanzel für Zahnheilkunde inne. Diesen hatte Schuschnigg noch während seiner Amtszeit als Unterrichtsminister zum Chef der Innsbrucker Zahnklinik ernannt. 1938 hatte Bauer, wie so viele andere, Posten und Heimat aus rassischen Gründen verlassen müssen und war schließlich in St. Louis gelandet. Wo er nun seinen einstigen Gönner mit offenen Armen empfing. Und nicht nur das. Er vermittelte den Kontakt zu den geisteswissenschaftlichen und juridischen Fakultäten der Universität, die Schuschnigg auf Grund seiner Lebenserfahrung und seiner Vortragstätigkeit auf Anhieb zum ordentlichen Professor für Völkerrecht, mitteleuropäische und osteuropäische Studien ernannten.

»Ordentlicher Professor« an einer amerikanischen Universität, das klingt wie ein gesicherter Posten auf Lebenszeit. Was aber unter den Umständen der ersten Nachkriegsjahre nur teilweise zutraf. Erstens wurden Professoren im geisteswissenschaftlichen Bereich in den USA damals wesentlich schlechter bezahlt als etwa Mediziner oder Naturwissenschaftler mit ihren vielen Zulagen. Überdies hatte Schuschnigg seine akademische Laufbahn zu spät in seinem Leben begonnen, um in den Genuß des universitätseigenen Pensionsfonds zu kommen – Nachzahlungen hätten einen beträchtlichen Teil seines Gehalts aufgefressen –, und er wußte daher, daß er nach Ende seiner Laufbahn nur mit einer mageren amerikanischen »Social Security«-Pension würde rechnen können.

Dennoch war er mit seinem neuen Job zufrieden, und die einzige negative Reaktion kam bezeichnenderweise wieder aus Österreich. Die Kommunistische Jugend protestierte beim Rektor der Universität gegen die Ernennung. Was Schuschnigg eher genutzt als geschadet hat, denn zu jenem Zeitpunkt hatte in den USA bereits die große »Kommunistenhatz« begonnen. Und wer ein Feind der Kommunisten war, paßte zwangsläufig in das amerikanische System.

Jedenfalls zog nun – zum erstenmal seit 1914 – eine große Ruhe in Schuschniggs Leben ein; ein Zustand, den er zumindest in seinen ersten amerikanischen Jahren in vollen Zügen genoß. Über seine Tätigkeit an der Universität von St. Louis gibt es fast nur positive Stimmen, doch in einigen Punkten gehen die Meinungen der Kollegen und Studenten auseinander. Die Professoren lobten sein umfassendes Wissen, das hoch über dem Niveau anderer Lehrer an den eher mittelmäßigen Universitäten des amerikanischen Mittleren Westens lag. Allerdings fanden auch sie, daß er im gesellschaftlichen Bereich – so wichtig im amerikanischen Campus-Leben – nicht genug kontaktfreudig war.

Was die Studenten betraf, so waren sie – in bezug auf ihren Lehrer – in zwei Lager gespalten. Für die einen war er eine »Quelle der Offenbarung«, einer, der wirklich einmal selbst Geschichte gemacht hatte und mit dem sie noch lange nach Beendigung ihres Studiums in brieflichem oder persönlichem Kontakt blieben. Andere hielten ihn für »zu streng« und vor allem »teutonisch humorlos«. Es irritierte die Studenten überdies, daß ihr Professor seine Referate immer vom Papier ablas, beziehungsweise Notizen hinzuzog, was dem freieren amerikanischen Vortragsstil nicht entsprach.

Im Gegensatz zu seinen Kollegen unterließ es Schuschnigg, Studenten aus seinen Seminaren regelmäßig zum Kaffee oder Tee nach Hause einzuladen, was diese auf seine Distanziertheit zurückführten. Wahrscheinlich war es eher Geldmangel. Dieser führte auch dazu, daß Schuschnigg jede freie Woche dazu benützte, um auch an anderen Universitäten – besonders in Kalifornien – Vorträge zu halten, um sein Einkommen aufzubessern. Universitäten in Kalifornien und New York waren ja als spendabel bekannt. Dabei gab es auch Rückschläge. Ein Referat in New York wurde von linksintellektuellen Kollegen verhindert.

Anfang der fünfziger Jahre begann Schuschnigg – sein Englisch war nun wirklich »druckreif« – eine umfangreiche Publikationstätigkeit in amerikanischen Zeitschriften. Dadurch wurde Europa auf ihn aufmerksam. Österreichische und deutsche Publikationen baten ihm um Beiträge, wobei ihm Otto von Habsburg als »Vermittler« zur Seite stand.

Mit der Zeit manifestierte sich immer stärker das schlechte Gewissen seiner Parteifreunde in der alten Heimat. Der erste österreichische Politiker, der Schuschnigg in den USA besuchte, war der spätere Nationalratspräsident Alfred Maleta, ebenfalls ein Verfolgter des NS-Regimes. Dagegen hatte Schuschniggs Treffen mit Guido Schmidt rein persönlichen Charakter.

Den Durchbruch, wenn man ihn so nennen kann, brachte der offizielle Besuch von Bundeskanzler Julius Raab und Außenminister Karl Gruber in den Vereinigten Staaten. Raab ließ es sich nicht nehmen, nach Washington und New York in St. Louis Station zu machen, um seinem Vorgänger die längst überfällige Reverenz zu erweisen. Das Treffen verlief herzlich und ohne Ressentiments, wie Schuschnigg später seinem Bruder Arthur versicherte. Was Raab indessen auffiel und offensichtlich bedrückte, waren Schuschniggs finanzielle Schwierigkeiten. Der Kanzler beschloß daher nach seiner Heimkehr, etwas für den »Verbannten« zu unternehmen. Im Rahmen der österreichischen Bundesregierung war in dieser Hinsicht nichts zu erreichen – der Ex-Kanzler hatte zu jenem Zeitpunkt noch nicht einmal seine Haftentschädigung erhalten. So beschloß Raab, »seine« Bundeskammer der gewerblichen Wirtschaft ins Spiel zu bringen. Weil aber gut Ding' in Österreich Weile braucht, konnte sich die Kammer erst im September 1956 – nach wiederholten Urgenzen des Kanzlers – dazu durchringen, »Professor Dr. Kurt Schuschnigg zum ehrenamtlichen Leiter einer extra zu diesem Zweck errichteten Expositur in St. Louis (mit Amtsbereich für den ganzen Mittleren Westen)« zu ernennen. Von »ehrenamtlich« konnte allerdings nicht die Rede sein. Wie Raab später zugab, handelte es sich in Wirklichkeit um einen Akt später finanzieller Wiedergutmachung. Wiewohl die Kammer selbst immer wieder beteuerte, Schuschnigg habe auf Grund seiner guten Kontakte im Geschäfts- und Wirtschaftsleben die Interessen der österreichischen Firmen durch viele Jahre erfolgreich vertreten und zahlreiche Exportmöglichkeiten erschlossen. Er behielt diesen Job übrigens bis zu seinem 70. Lebensjahr. Dann wurde die Expositur geschlossen.

An eine Rückkehr nach Österreich dachte Schuschnigg erst nach dem frühen Tod seiner Frau Vera. Danach gab er sein Haus am Stadtrand von St. Louis auf und übersiedelte mit seiner Tochter in eine Stadtwohnung. Zuvor hatte er an seinem 59. Geburtstag, am 14. Dezember 1956, die amerikanische Staatsbürgerschaft erworben, sicher kein leichtfertiger Schritt für einen überzeugten Österreicher.

Doch an seine alte Heimat tastete er sich nur zögernd heran. Im Frühjahr 1957 kam er erstmals nach Vorarlberg, als Gast von Guido Schmidt, wobei man gleichzeitig von offiziöser Seite in Wien betonte, es handle sich um einen reinen Privatbesuch. Ein Jahr später wagte er sich bereits einige hundert Kilometer weiter – und weniger privat – nach Osten, um an den Salzburger Hochschulwochen teilzunehmen. Danach kam er fast jedes Jahr, allein oder zusammen mit seiner Tochter, doch erst im September 1961 erstmals nach Wien.

Die Aufregung um seine Person hatte sich inzwischen weitgehend gelegt, was Schuschnigg selbst auf die Bemühungen des neuen Außenministers Bruno Kreisky innerhalb der Sozialistischen Partei zurückführte: »So wie Kreisky später mit dem Habsburger Kannibalismus aufräumte«.

1963 hatte Schuschnigg endlich eine Haftentschädigung erhalten. Zuvor hatte der österreichische Amtsschimmel indes noch jämmerlich gewiehert. Schon im Sommer 1954, also noch vor dem Raab-Besuch in den USA – hatte der Ex-Kanzler einen formellen Antrag beim Opferfürsorgeamt eingereicht, wobei er auf seine 86 Haftmonate, darunter 19 unter besonders erschwerten Bedingungen, sowie den Verlust seiner gesamten beweglichen Habe hinwies. Die Behörden ließen sich reichlich Zeit. Erst nach eineinhalb Jahren bestätigte die Wiener Landesregierung den Erhalt der Eingabe, forderte aber gleichzeitig Einsicht in Haftbelege und eine Kopie des Entlassungsscheines. Wobei der – nachträglich durchgestrichene – Rat erteilt wurde, die Israelitische Kultusgemeinde in Wien als Bevollmächtigten namhaft zu machen. Und es folgte noch eine Mahnung: »Sollten Sie die angeforderten Unterlagen bis 31. März 1956 nicht beigebracht haben, müßte der Antrag abschlägig beschieden werden.«

Dazu meinte Schuschnigg in einem Privatbrief an seinen alten Freund Friedrich Funder, nunmehr Herausgeber der Wiener »Furche«: »Ich weiß nicht, ob dieses seltsame Aktenstück nur mir so humorvoll erschien, nachdem ich schon so lange weg bin.«
Um es gleich vorwegzunehmen: Der Antragsteller hat die Belege erbracht, die Erledigung erfolgte indessen, wie erwähnt, erst nach ganzen acht Jahren. Vom Amt der Wiener Landesregierung wurde dem Altkanzler eine Entschädigung von sage und schreibe 37 514 Schilling und 40 Groschen gewährt, also rund 13 Schilling pro Tag in Hitlers Haft.
Schuschnigg nahm den Bescheid, wie sein Sohn Kurt dem Autor versicherte, philosophisch zur Kenntnis. Seinen Wunsch, so rasch wie möglich in die Heimat zurückzukehren, hat die »Entschädigung« sicher nicht verstärkt.
Eine dauernde Rückkehr kam jedenfalls nicht in Frage, solange Schuschnigg seinen Lehrstuhl in St. Louis, den Grundpfeiler seiner Existenz, innehatte. War doch dies seine einzige verläßliche Einkommensquelle. Er wußte, daß er von der Universität keine »Firmenpension« erhalten und danach von der mageren »Social Security« abhängig sein würde. In diesem Sinne arbeitete er, so lange es ihm die Universität ermöglichte. Im Winter 1966/67 ließ sich seine Emeritierung nicht mehr aufschieben. Im Frühjahr 1967 hielt er seine letzte Vorlesung.
Inzwischen war ihm ein Akt der Selbstversorgung österreichischer Politiker zu Hilfe gekommen. 1962 beschloß das österreichische Parlament die Ministerpension. Und von der Reihe der Nutznießer konnte man Schuschnigg nicht ausschließen. Immerhin war er zwei Jahre lang Minister und vier Jahre lang Bundeskanzler gewesen. Von seiner Abgeordnetenzeit ganz zu schweigen. Natürlich mußte er wieder einmal einreichen und danach den langen Instanzenweg durchgehen. Als er die Universität verließ, hatten sich die Verhältnisse indes zu seinen Gunsten geändert. Zum erstenmal seit 1945 war er finanziell unabhängig.
Der fast Siebzigjährige beurteilte die Beweggründe seiner späten Heimkehr nüchtern und emotionslos: »Nachdem ich keine Frau mehr hatte und nicht wollte, daß mein Kind drüben bleibt und

heiratet, obzwar sie Amerikanerin ist, kam ich nach Beendigung des Ehrenjahres herüber.«

Der Abschied aus Amerika wurde ehrenvoll gestaltet. Die Universität und die Stadt St. Louis verliehen ihm die Fleur-de-Lis-Medaille, die höchste Ehrung dieser ursprünglich von Franzosen gegründeten Metropole von Missouri. Nach 18 Jahren verließ er die USA, die er nie wiedersehen sollte. Das erwies sich für den amerikanischen Staatsbürger nicht mehr für nötig, da der US-Kongreß inzwischen jenes diskriminierende Gesetz annulliert hatte, wonach naturalisierte US-Bürger alle zwei Jahre, und sei es nur für kurze Zeit, in ihre neue Heimat »für einen Stempel« zurückzukehren hatten.

Schon vor seiner Heimkehr hatte er durch Freunde einen geeigneten Aufenthaltsort in Österreich suchen lassen. Besonders im Raum Innsbruck, der einzigen wirklichen Heimat des Vielgereisten. Schließlich fiel seine Wahl auf den kleinen Tiroler Ort Mutters, oberhalb der Tiroler Landeshauptstadt. »Mutters habe ich aus sentimentalen Gründen gewählt«, erzählte er dem Historiker Jagschitz. »Ich bin Tiroler und kannte Mutters seit meiner frühesten Kindheit. Nach Wien werde ich oft genug kommen, denn dort befindet sich das Grab meiner Eltern. Aber jetzt bin ich lieber ein Tiroler.«

Ausschlaggebend für Mutters war überdies die Tatsache, daß ein einheimischer Gewerbetreibender bereit war, ihm ein geeignetes Quartier zu vermieten: Den ersten Stock eines im Tiroler Stil erbauten »gehobenen« Bauernhauses – mit Balkon und Gartenbenützung.

Man kann Schuschnigg ruhig glauben, daß er beabsichtigte, in Mutters zurückgezogen zu leben, fern von der Großstadt und der Politik. Was ihm aber nicht gelang, zumindest nicht ganz. Die Bewohner von Mutters hatten ihn natürlich mit offenen Armen empfangen, stolz, daß sie zum erstenmal in ihrer langen Geschichte einen so berühmten Mann in ihren Reihen hatten. Für die Mutterer war er, wie man im Wirtshaus immer zu hören bekam, »unser Kanzler«. Mit seiner Popularität im Ort konnten sich nicht einmal die Tiroler Landeshauptleute messen. Auch der

Fremdenverkehr lebte in der kleinen Gemeinde auf, »wo der Schuschnigg lebt«.
Der Sonntagsbesuch in der Kirche war für ihn eine Selbstverständichkeit, aber auch der Abstecher in den Gasthof Altenburger, wo er regelmäßig seine Mahlzeiten einnahm, nachdem seine Tochter Sissy weggezogen war. Zu seinen ständigen Gefährten zählte übrigens sein kleiner schwarzer Pudel, der zu seinem Kennzeichen wurde. Es waren aber nicht nur Neugierige, die nach dem alten Herrn im Lodenmantel Ausschau hielten. Historiker, Politologen sowie Journalisten aus dem In- und Ausland sorgten dafür, daß es um dem Heimkehrer nicht allzu ruhig wurde. Sogar politische Gegner aus den dreißiger Jahren. So etwa der Soziologe und ehemalige revolutionäre Sozialist, Professor Walter Simon, der ihm freimütig gestand, daß er und seine Gesinnungsgenossen einmal ein Attentat auf den Regierungschef erwogen hätten: »Aber Otto Bauer hat es uns aus Brünn verboten. Er sagte: ›Wir sind Sozialisten, niemals Terroristen!‹.« Ein anderer, etwas anrüchigerer Besucher war jener Leopold Tavs, dessen terroristische Verschwörung zum vorzeitigen Anschluß zumindest beigetragen hatte.
Schuschnigg haben diese Besucher eher amüsiert. Weniger erfreut war er dagegen, wenn ihn Reporter sensationslüsterner Boulevardzeitungen aufsuchten, um – ohne eigene Geschichtskenntnisse – einen »Knüller« aus ihm herauszupressen. Dies zwang ihn, nach einiger Zeit eine gewisse »Selektion« bei Gesprächen mit Journalisten vorzunehmen.
Während er sich also der Presse gegenüber immer reservierter verhielt, öffnete er sein Domizil für Vortragsabende und Diskussionsgruppen, insbesondere im Rahmen der »Austria«, seiner alten Studentenverbindung.
Ein befreundeter Verleger, der ehemalige Widerstandskämpfer Fritz Molden, den er bereits aus den USA kannte, überredete ihn, ein zweites Buch zu schreiben, »Im Kampf gegen Hitler«, im wesentlichen eine Ergänzung seines »Requiems«.
1972 unternahm Schuschnigg seine letzte große Reise, diesmal nach Südamerika, also in eine Region, mit der er bisher wenig

Kontakt gehabt hatte. Diese Reise fand dann ihren Niederschlag in einer Reihe von grundsätzlichen Artikeln über lateinamerikanische Probleme.
Daheim, wenn er nicht gerade über seinen Büchern oder an der Schreibmaschine saß (»Was man im KZ erlernt«, erinnerte er sich, »das vergißt man nicht. Eine Sekretärin habe ich nach 1938 nie gebraucht.«), dann bildeten Gartenarbeiten seine liebste Freizeitgestaltung: »Langeweile ist für mich ein Fremdwort.«
Seine Beziehung zu seinem gleichnamigen Sohn hatte sich aus »geographischen Gründen« eher gelockert. Der jüngere Kurt hatte sich, im Gegensatz zu seinem Vater, in den USA gut eingelebt. In den achtziger Jahren eröffnete er in New York eine Kunstgalerie. Er kam jedoch fast jährlich zum Skilauf nach Kitzbühel, und Vater und Sohn unternahmen weiterhin gemeinsame Reisen. Die Visiten des alten Herren in Wien wurden indes immer seltener. Lediglich an den Todestagen seiner Eltern kam er regelmäßig auf den Friedhof.
Die Problematik des Kalten Krieges und die Gefahr einer atomaren Konfrontation bewegten ihn, nach eigenen Angaben, nicht allzu sehr. Um so mehr befaßte er sich mit der Vergangenheit, seiner eigenen »großen Zeit«, im Guten und im Bösen.
Die ganzen Jahre blieb Schuschnigg von robuster Gesundheit. Oder er glaubte es zumindest. Über Geld, das er nun ausreichend hatte, konnte er nach Belieben verfügen – seine Kinder benötigten es nicht. Nachdem es ihm in seiner Tiroler Heimat doch etwas zu eng geworden war, erfüllte er sich im Frühjahr 1977 einen langgehegten Wunsch – eine Reise zu den französischen Loire-Schlössern. Und noch im Juni desselben Jahres begleitete er seinen Sohn auf einer Reise zu den Bahamas.
Das Ende kam dann überraschend schnell. Seine Ärzte hatten bei ihm Lungenkrebs festgestellt und ihm sofort ein totales Rauchverbot auferlegt. Aber gerade daran wollte – und konnte – er sich nicht halten. »Heute, wo wir soviel über das Rauchen wissen, würden wir sagen, das war die eigentliche Todesursache«, meint sein Neffe Arthur, Spitzenbeamter im österreichischen Außenministerium.

Doch gerade das wollte der fast Achtzigjährige nicht zur Kenntnis nehmen. Im Oktober 1977 überredete er seinen Sohn zu einem letzten Besuch in seiner Lieblingsstadt Venedig. Die Lagunenstadt bedeutete ihm sehr viel. »Er redete immer wieder von seinem letzten entscheidenden Treffen mit Mussolini, als sich der Verrat des Duce bereits abzuzeichnen begann«, erinnerte sich der jüngere Kurt.

Plötzlich auftretende starke Schmerzen zwangen den alten Mann, den Besuch, auf den er sich so gefreut hatte, vorzeitig abzubrechen. In Innsbruck begab er sich – viel zu spät – in intensive Behandlung, allerdings nur in der Ordination seines Facharztes oder zu Hause.

Eine stationäre Behandlung lehnte er weiter ab. Er wollte in seinen vertrauten vier Wänden sterben. Einer der letzten Besucher an seinem Krankenbett war sein Zeitgenosse Otto von Habsburg. Diesem ist ihr letztes Gespräch noch in reger Erinnerung: »Schuschnigg war geistig präsent, wie eh und je. Es scheint, als hätte man ihn über den Ernst seiner Krankheit nicht voll informiert.«

Zwei Tage später, am 18. November 1977 starb Kurt von Schuschnigg.

Eine »schöne Leich«, so beliebt in Österreich, hätte sich der letzte Kanzler der Ersten Republik ausdrücklich verbeten. Er selbst hätte sich ein stilles Begräbnis, nur im engsten Familienkreis, gewünscht, doch das ließ sich angesichts seines Bekanntheitsgrades nicht durchführen. So drängten sich bei sonnigem, aber eiskaltem Wetter rund tausend Menschen in und um die Mutterer Pfarrkirche. Das kleine Gotteshaus konnte bei weitem nicht alle aufnehmen. Viele harrten während der ganzen Zeremonie in der Kälte auf dem rund um die Kirche angelegten Friedhof aus. Dort wurde der Altkanzler auch begraben, neben seiner zweiten Frau Vera, deren sterbliche Überreste er schon zuvor aus Amerika nach Mutters hatte überführen lassen.

Gemäß dem letzten Willen des Verstorbenen wurde nur eine Trauerrede gehalten – und Bürgermeister Hermann Arnold würdigte denn auch eher den Katholiken als den Politiker

Schuschnigg. Das politische Österreich war nur durch die Landeshauptleute von Tirol und Vorarlberg, Wallnöfer und Kessler sowie durch Tirols Landeshauptmannstellvertreter Prior und den Innsbrucker Bürgermeister Lugger vertreten. Prälat Steger vom Stift Wilten vertrat das katholische Österreich, und die Bürger seiner Tiroler Heimat verabschiedeten sich mit einem Salut der 90 Mann starken Schützenkompanie.
Wie in seinem Leben sollte auch Schuschnigg im Tod gemischte Emotionen auslösen. Das alte Lagerdenken der Zwischenkriegszeit feierte plötzlich in der Zweiten Republik fröhliche Urständ'. Würdige Töne kamen von einstigen Mitkämpfern. Heinrich Drimmel, ehemaliger Unterrichtsminister der Zweiten Republik, schrieb unter dem Titel: »Einer, der nicht hassen konnte« in der Wiener »Presse«: »Im Pandemonium sich tausendfach kreuzender Ideen war Schuschnigg einerseits maßlos verhaßt, andererseits anerkannt, wenn auch nie populär wie sein Vorgänger Engelbert Dollfuß. Und während die einen seinen ›vom Jesuitismus verbogenen und verdorbenen Intellekt‹ verachteten, bewunderten andere seine Intelligenz, der er mit rhetorischer Brillianz Ausdruck zu geben verstand... Schuschnigg war ein schlechter Hasser, das war entschieden ein Manko in jenen dreißiger Jahren, in denen der politische Haß Triebfeder Nr. 1 auf der radikalen Linken, wie der Rechten gewesen ist... Schuschniggs politische Existenz war primär religiös-weltanschaulich begründet. Damit mußte er in den Frontalzusammenstoß mit all jenen Kräften seiner Zeit kommen, die nicht erst lang fragten, ob Gott etwa tot sei, sondern Gott, den religiösen Glauben und die Kirche längst außer Evidenz gebracht hatten, soweit es daran nicht noch etwas zu zerstören gab. Die Welt der dreißiger Jahre sah Schuschnigg keineswegs als ›heile‹ Welt an und noch weniger ersehnte er eine ›gute alte Zeit‹ zurück. Der ›Klerikalfaschist‹ war von Anfang an überzeugt davon, daß Hitler die Welt ins Chaos führen und der radikale Marxismus in Europa schließlich das Erbe dessen wird, was nach Hitlers Ende von Europa übrigbleibt. Schuschnigg dachte als Sohn des Vielvölkerstaates übernational, europäisch.«

Ähnlich urteilte ein anderer Mitkämpfer, der ehemalige Vizekanzler Fritz Bock: »Schuschnigg zählte immer zu den unbedingten Vertretern einer selbständigen und unabhängigen Republik, der er ihren Platz als zweiten deutschen Staat in der europäischen Völkergemeinschaft zuwies. Er wollte alles tun, was geeignet erschien, die Freiheit und Unabhängigkeit Österreichs zu erhalten. Daß er selbst und seine Freunde daran scheiterten, ist die große Tragik Kurt von Schuschniggs, die er wie viele seiner Mitarbeiter mit jahrelanger schwerster Haft bezahlte.«
Und die Grazer »Kleine Zeitung«: »Die Tragik Österreichs ist in der Gestalt des nun verstorbenen Altbundeskanzler zusammengebündelt. Er sah sich vor eine Aufgabe gestellt, die nicht zu lösen war. Man darf aber nicht verkennen, daß kein einziges Land Kontinentaleuropas sich länger gegen die Aggression Hitlers zur Wehr setzte, als das kleine Österreich, das fünf Jahre lang Widerstand leistete. Und gerade in jenen Jahren wuchs das neue österreichische Selbstbewußtsein, das nach 1945 die gemeinsame Basis des Wiederaufbaus und einen neuen Anfang bot.«
Ganz anders der Ton von Manfred Scheuch im damaligen sozialistischen Parteiorgan »Arbeiterzeitung«: »De mortuis nil nisi bene: das ist für die Geschichte ein völlig unbrauchbares Wort. Und der frühere Bundeskanzler Kurt Schuschnigg steht für einen Abschnitt in unserer Geschichte, den die Sozialdemokraten als düstere Tragödie erlebt haben. Das Wort ›Bundeskanzler‹ bezeichnete, als Schuschnigg es trug, nicht mehr die Funktion des Chefs einer demokratischen Regierung, sondern die eines autoritären Staatschefs, eines Diktators ... Der Untergang Österreichs brachte für Kurt Schuschnigg bitteres persönliches Leid. Das alleine konnte freilich nicht ausreichen, um nach dem Wiedererstehen Österreichs eine Rückkehr in seine Heimat zu rechtfertigen. Es war gut, daß er ihr fernblieb. Unter Berufung auf sein Regime wäre der gemeinsame Wiederaufbau Österreichs nicht möglich gewesen. Sein Tod möge Erinnerung an einen tragischen Irrtum sein, der sich nie mehr wiederholen darf.«
Wesentlich differenzierter als sein Parteiorgan reagierte der da-

malige Bundeskanzler Bruno Kreisky, was ihm auch von bürgerlicher Seite Lob einbrachte. So schrieb Heinz Ritschel in den unabhängigen »Salzburger Nachrichten«: »Das Kondolenztelegramm Bruno Kreiskys an den Sohn Schuschniggs zeigt, daß mit dem Abstand von Jahrzehnten Schuschnigg eben aus seiner Zeit beurteilt werden muß, vor allem als Mann, der für das, was er getan hat, und für seine Überzeugung auch schwer gelitten hat. So heißt es heute, sich an der Bahre eines Mannes zu verneigen, der ein Stück österreichischer Geschichte gemacht hat.«
Inzwischen sind weitere fünfzehn Jahre vergangen. Würde man heute versuchen, Schuschniggs Leben mit nur wenigen Worten zu umreißen, dann müßte man auf Emil Löbls Nachruf vom 12. März 1938 zurückgreifen: »Kurt Edler von Schuschnigg“.
Womit alles gesagt ist.

10. Kapitel

Das weggelegte Kind

Die Tragödie der Ersten Republik

Welchen Stellenwert hat der »Austrofaschismus« oder der »christlich-deutsche Ständestaat«, jenes weggelegte Kind der Zweiten Republik, das nicht einmal einen richtigen Namen hat, in der österreichischen Geschichte? Oder, anders formuliert: Hat er überhaupt einen Stellenwert?

Die Antwort ist wohl eindeutig »Ja«, wenngleich sich dieses unbestreitbare Faktum noch nicht überall herumgesprochen hat – etwa im österreichischen Geschichtsunterricht. Weil es eben keine bedeutungslose Periode in der Entwicklung eines Landes geben kann. Was weder als positive noch als negative Wertung aufzufassen ist. So etwa wie das amerikanische Nachrichtenmagazin »Time« seinen »Mann des Jahres« nach objektiven Kriterien kürt. Gleichgültig, ob es sich um einen Churchill oder einen Hitler handelt, die beide die Titelseite des Magazins zierten.

So plädiert der deutsche Historiker Karl Dietrich Brach für eine Beurteilung der umstrittenen Periode in einem größeren Zusammenhang: »Wir sehen uns in den dreißiger Jahren drei verschiedenen Formen antidemokratischer Bewegung und Herrschaft gegenüber. Da war der faschistische Nationalimperialismus italienischer Prägung, in der Realität freilich nur ein ›totalitarismo imperfetto‹; von anderen, imitierenden ›Faschismen‹ abgehoben durch die starke Betonung des möglichst totalen Staates und der römisch-imperialen Tradition. Da waren sodann die zwei ausgeprägten Totalitarismen in der Sowjetunion und im ›Dritten Reich‹, die nicht nur auf ein ungleich radikaleres Unterdrükkungsregime zielten, sondern auf einer klassen- und weltrevolutionären, oder sozialdarwinistisch- und rassenrevolutionären Totalideologie pseudoreligiöser Art beruhten. Und da war schließ-

lich das weite Feld autoritärer Diktaturen, zu denen sich im Schatten sowohl des italienischen Faschismus wie des deutschen Nationalsozialismus seit 1933/34 auch Österreich gesellte. Dabei stammten nicht nur Hitler und sein Antisemitismus, sondern auch die frühen Anfänge des Nationalsozialismus aus dem alten Österreich, was einer ambivalenten Spannungslage entsprach.«*
Ambivalent bleiben auch die Reaktionen jener überlebenden österreichischen Politiker, welche die Jahre des österreichischen Totalitarismus zumindest bewußt miterlebt haben, sofern sie in dieser Epoche nicht bereits politisch tätig waren.
Nüchtern urteilt der amtierende österreichische Vizekanzler und Chef der Österreichischen Volkspartei Erhard Busek: »Die einen waren die besseren Demokraten, die anderen die besseren Österreicher.«
Anton Benya, der ehemalige sozialistische Nationalratspräsident und Chef des Gewerkschaftsbundes, hält etwa die Bezeichnung »Austrofaschismus« in bezug auf das bürgerliche, beziehungsweise das Regierungslager der Ersten Republik für durchaus zulässig. Immerhin habe sich das Gedankengut eines Teiles der bürgerlichen Rechten bewußt an Italien orientiert, schon zu einem Zeitpunkt, da der Nationalsozialismus noch ein weitgehend unbekanntes Wesen war. Unzulässig sei lediglich die Gleichsetzung der austrofaschistischen mit der nationalsozialistischen Bewegung – wiewohl gerade diese Gleichsetzung bei Teilen des linken Lagers noch immer gang und gäbe wäre.
Die Gründe des Scheiterns des Ständestaates ortet Benya weniger im rein politischen als im wirtschaftlichen Bereich. »Die Wirtschaftspolitik der Regierungen Dollfuß und Schuschnigg war völlig verfehlt. Trotz der Wirtschaftskrise war in den Regierungskassen genügend Geld vorhanden, mit dem die Arbeitslosigkeit hätte bekämpft werden können. Etwa bei der Elektrifizierung der Eisenbahnen.«

---

* Aus: »Österreich, Deutschland und die Mächte. Internationale Aspekte des ›Anschlusses‹ vom März 1938.« Hrsg. Gerald Stourzh und Birgitta Zaar, Wien 1990

Auch der arbeitsintensive Ausbau der Wasserkraft sei vernachlässigt worden, weil man die böhmischen Kohlemagnaten nicht hatte verärgern wollen.
Das bürgerliche Lager hätte überdies, laut Benya, keinen ernsthaften Versuch unternommen, die erste große Koalition (1918–1920) wiederzubeleben – solange dazu noch eine Möglichkeit bestand: »Die bürgerlichen Parteien hatten eine satte parlamentarische Mehrheit, bis die Christlichsozialen 1930 die relative Majorität verloren. Daher sahen sie vorerst keine Notwendigkeit eine unbequeme Koalition einzugehen.«
Aber auch bei seinen sozialistischen Parteifreunden der Zwischenkriegszeit ortet Benya schwerwiegende Fehler. »Nach dem Zwischentief in den zwanziger Jahren hatten wir von Wahl zu Wahl zugelegt. Die Führung unter Otto Bauer glaubte fest daran, bei den nächsten Wahlen die absolute, für eine Regierung notwendige Mehrheit gewinnen zu können und hat dabei die Umschichtungen innerhalb des bürgerlichen Lagers, besonders das Aufkommen der Nationalsozialisten nicht richtig eingeschätzt.« Die Sozialisten hätten erkennen müssen, daß die Christlichsozialen, als die bisher dominierende Kraft in allen Regierungen seit 1920, keine weiteren Wahlen riskieren konnten und daher eher bereit waren, den Parlamentarismus zu opfern.
Für das Ausbleiben von Versöhnungsversuchen in den späteren dreißiger Jahren macht der große alte Mann der österreichischen Sozialisten zumindest teilweise Schuschniggs unzugängliche Persönlichkeit verantwortlich, »mit seiner instinktiven Abneigung gegen alles Marxistische. Oder was er für marxistisch hielt.«
Auf der Gegenseite sieht der ehemalige Vizekanzler Fritz Bock, einer der letzten überlebenden Funktionäre des Ständestaates, die Dinge natürlich anders. Den Ausdruck »Austrofaschismus« lehnt er, auf das Regime als ganzes angewandt, energisch ab. Er könnte lediglich auf gewisse Kreise der Heimwehr bezogen werden, und diese wären nicht die bestimmende Kraft innerhalb des Regierungslagers gewesen. Jedenfalls nicht mehr, nachdem Schuschnigg die Wehrverbände entmachtet hatte.
Ob der Kanzler dadurch möglicherweise die militärische Vertei-

digungsbereitschaft geschwächt habe, läßt Bock weiterhin offen. Bei aller Wertschätzung steht er Schuschnigg selbst nicht kritiklos gegenüber: »Seine große Schwäche war sein Glaube an ein mystisches besseres Deutschtum. Davor habe ich selbst ihn mehrmals gewarnt. Wenn es um Deutschland ging, konnten wir Hitler nicht überhitlern.«

Letztlich meint der ehemalige Vizekanzler jedoch, daß auch ein demokratisches Österreich einem Hitler nicht hätte auf Dauer widerstehen können. Und dem Westen war die Art des Regimes in Österreich eigentlich egal.

Was die Ausschaltung der Demokratie betraf, sei Österreich kein Einzelfall gewesen. Mit Ausnahme der Tschechoslowakei hätte es in Ost- und Mitteleuropa – von den baltischen Staaten im Norden bis nach Griechenland im Süden – kein einziges demokratisches Regime gegeben. Und das zumeist schon seit den zwanziger Jahren.

Im übrigen sei eine Rückkehr Österreichs zu demokratischen Institutionen auf ständischer und nicht parlamentarischer Basis Schuschniggs Ziel gewesen. Die »vertikalen« ständischen Institutionen der Wirtschaft, in welcher der Generaldirektor ebenso wie der Betriebsvertrauensmann vertreten war, hätten sich mit der Zeit unweigerlich in »horizontale« verwandelt – also Arbeitgeber auf der einen, Arbeitnehmer auf der anderen Seite. So wie das System heute praktiziert werde.

In diesem Punkt stimmt sogar Benya mit Bock überein: Der »Kammernstaat Österreich« sei durchaus ein Kind der »ständischen« Ära.

Differenzierter als die Politiker resümiert der Historiker Professor Gerald Stourzh vom Institut für Geschichte an der Universität Wien und einer der besten Kenner der neueren österreichischen Geschichte, hält den Ausdruck »Austrofaschismus« nicht für adäquat, und würde deshalb lieber von einer »Regierungsdiktatur« sprechen. Und er meint weiter: »Die Geschichtswissenschaft und vor allem die Zeitgeschichte steht in besonderem Maße unter dem Druck politischer Zuordnung oder Zurechnung, bisweilen sogar der politischen Vereinnahmung. Die ›Wahrheit im Proporz‹ ist ein Phänomen, an das man sich in Österreich vielleicht zu sehr gewöhnt hat... Es ist kein österreichisches Spezifikum, bestimmte ›Vergangenheiten‹ als Knüppel in parteilichen Auseinandersetzungen einzusetzen, aber diese Haltung ist doch in Österreich stärker verbreitet, als es, um einen besonders in der Diskussion in der Bundesrepublik Deutschland viel verwendeten Begriff zu gebrauchen, der Historisierung bestimmter vorbelasteter Epochen unserer Geschichte entspräche.«*

In einem Punkt sind sich jedoch die Politiker beider Lager – vom Historiker ganz zu schweigen – bei der rückblickenden Beurteilung der tragischen Jahre zwischen 1934 und 1938 einig: Nie wieder dürfe der Haß die politische Auseinandersetzung in Österreich dominieren.

Was auch der Überzeugung des »Spätheimkehrers« Schuschnigg entspräche, des »Mannes, der nicht hassen konnte«.

---

* Aus »Wissenschaft und Freiheit. Ideen zur Universität und Universalität«. Hrsg. Erhard Busek, Wolfgang Mantl und Meinrat Peterlik, Wien 1989.

Literaturverzeichnis

(Aus Platzgründen auf die wichtigsten Werke beschränkt)
Andics, Hellmuth: Der Staat, den keiner wollte, Wien 1962
Bärnthaler, Irmgard: Die Vaterländische Front, Wien 1971
Bauer, Otto: Der Aufstand der österreichischen Arbeiter, Wien o. J.
Benedikt, Heinrich Hrsg.: Geschichte der Republik Österreich, Wien 1954
Bock, Fritz: Dr. Kurt Schuschnigg zum Gedenken, in: Österreichische Monatshefte Nr. 12, Wien 1977
Botz, Gerhard: Vom Anschluß zum Krieg, Wien 1978
Braunthal, Julius: The Tragedy of Austria, London 1948
Brook-Shepherd, Gordon: Der Anschluß, Graz 1963
Ib.: Engelbert Dollfuß, Graz 1961
Broucek, Peter Hrsg.: Ein General im Zwielicht, Die Erinnerungen Edmund Glaises von Horstenau, 3 Bände, Wien 1983
Busek, Erhard, Mantl, Wolfgang, Peterlik Meinrad, Hrsg.: Wissenschaft und Freiheit, Wien 1989
Carsten, Francis: Faschismus in Österreich, München 1977
Chorherr, Thomas Hrsg.: 1938 – Anatomie eines Jahres, Wien 1987
Drimmel, Heinrich: Gott mit uns. Das Ende einer Epoche, Wien 1977
Dubrovic, Milan: Veruntreute Geschichte, Wien 1985
Eichstädt, Ulrich: Von Dollfuß zu Hitler, Wiesbaden 1955
Enderle-Burcel, Gertraud Hrsg.: Protokolle des Ministerrates der Ersten Republik, Wien 1988
Ib.: Christlich-ständisch-autoritär, Wien 1991
Funder, Friedrich: Als Österreich den Sturm bestand, Wien 1957
Gedye, George Eric Rowe: Gefallene Bastionen, Wien 1957
Goldinger, Walter: Geschichte der Republik Österreich, München 1962
Goldner, Franz: Dollfuß im Spiegel der US-Akten, St. Pölten 1979
Griffith, Richard: Fellow travellers of the right, London 1980
Gulick, Charles: Österreich von Habsburg bis Hitler, Wien 1949
Hopfgartner, Anton: Kurt von Schuschnigg, Wien 1988
Ingrimm, Robert: Der Griff nach Österreich, Zürich 1939
Jedlicka, Ludwig: Vom alten zum neuen Österreich, St. Pölten 1975
Ib.: Österreich 1918–1938, in: 50 Jahre Republik Österreich, Vorträge der Steirischen Akademie, Graz 1967
Ib. und Rudolf Neck Hrsg.: Die Juliabkommen von 1936, Wien 1976
Ib. Hrsg.: Vom Justizpalast zum Heldenplatz, Wien 1975

Kindermann, Gottfried Karl: Hitlers Niederlage in Österreich, Hamburg 1984
Leichter, Otto: Zwischen zwei Diktaturen, Wien 1968
Löwenthal, Max: Doppeladler und Hakenkreuz, Innsbruck 1985
Maleta, Alfred: Bewältigte Vergangenheit, Graz 1981
Papen, Franz von: Der Wahrheit eine Gasse, München 1952
Schausberger, Norbert: Der Griff nach Österreich, Wien 1978
Schuschnigg, Kurt: Dreimal Österreich, Wien 1937
Ib.: Ein Requiem in Rot-Weiß-Rot, Mailand 1946, Wien 1978
Ib.: Im Kampf gegen Hitler, Wien 1969
Slapnicka, Harry: Oberösterreich zwischen Bürgerkrieg und Anschluß, Linz 1975
Starhemberg, Ernst Rüdiger: Memoiren, Wien 1971
Steinböck, Erwin: Österreichs militärisches Potential im März 1938, Wien 1988
Stourzh, Gerald: Vom Reich zur Republik, Wien 1990
Ib. und Birgitta Zaar, Hrsg.: Österreich, Deutschland und die Mächte, Wien 1990
Strohal, Eberhard: Die Erste Republik, Wien 1988
Tallos, Emmerich und Neugebauer, Wolfgang Hrsg.: Austrofaschismus, Beiträge über Politik, Ökonomie und Kultur 1934–1938. Wien 1984
Weinzierl, Erika, und Skalnik, Kurt, Hrsg.: Österreich 1918–1938, Graz 1983
Ib. und Weissensteiner, Friedrich Hrsg.: Die österreichischen Bundeskanzler, Wien 1983
Zernatto, Guido: Die Wahrheit über Österreich, New York 1938
Zöllner, Erich: Die Geschichte Österreichs, Wien 1984

Protokolle des Hochverratsprozesses gegen Dr. Guido Schmidt, Wien 1947
Rot-Weiß-Rot Buch, Gerechtigkeit für Österreich! Wien 1946
Gesammelte Akten der Außenministerien des Deutschen Reiches, Großbritanniens, Italiens, Frankreichs und der Vereinigten Staaten

Namenregister